新型城镇化视角下
道路建设效益研究

A STUDY OF THE BENEFIT OF ROAD CONSTRUCTION
FROM THE PERSPECTIVE OF NEW URBANIZATION

王崇锋 李福华 著

中国社会科学出版社

图书在版编目(CIP)数据

新型城镇化视角下道路建设效益研究/王崇锋、李福华著.—北京:
中国社会科学出版社,2016.12(2017.6重印)

ISBN 978-7-5161-9666-3

Ⅰ.①新… Ⅱ.①王…②李… Ⅲ.①城镇—道路建设—
研究—青岛 Ⅳ.①F542.852.3

中国版本图书馆 CIP 数据核字(2016)第 317183 号

出 版 人	赵剑英	
选题策划	刘 艳	
责任编辑	刘 艳	
责任校对	陈 晨	
责任印制	戴 宽	

出 版	中国社会科学出版社	
社 址	北京鼓楼西大街甲 158 号	
邮 编	100720	
网 址	http://www.csspw.cn	
发 行 部	010 - 84083685	
门 市 部	010 - 84029450	
经 销	新华书店及其他书店	

印 刷	北京明恒达印务有限公司	
装 订	廊坊市广阳区广增装订厂	
版 次	2016 年 12 月第 1 版	
印 次	2017 年 6 月第 2 次印刷	

开 本	710×1000 1/16	
印 张	27.75	
字 数	468 千字	
定 价	118.00 元	

前　　言

　　道路是城市社会活动、经济活动的纽带和动脉。道路建设水平在很大程度上反映了城市的建设水平。一方面，道路建设有利于推进新型城镇化进程，对缓解城市交通紧张局面、提高市政管网保障能力、提升生态人文景观以及带动沿线开发建设具有重大意义；另一方面，道路建设能够顺应城市发展，延续城市中轴线功能，缓解城市交通紧张局面，实现城市交通发展战略，强化市区市政基础设施，引导城市发展空间拓展，提升道路沿线生态人文景观，打造城市景观新名片，助力区域统筹发展，促进组团发展新格局。

　　然而，随着我国经济的快速发展与汽车新技术的广泛应用，我国原有城市道路已经不能满足现有的交通需求，加之路面结构破坏及城市规模扩大等因素的影响，各地政府亟须进行旧路改造。随着道路改造的日益推进，越来越多的学者参与到道路建设效益的研究当中。

　　本书在新型城镇化视角下以道路建设的五大影响层面——交通、环境、文化、管网与房地产为基础对道路建设综合效益进行系统研究。

　　本书第一部分主要是新型城镇化背景下道路建设项目综合效益的评价研究。如何对道路建设项目设计标准化的综合效益评价范式逐渐成为学界、政府以及公众的关注焦点。就道路建设而言，合理地优化道路空间布局，以及科学全面地评估道路建设项目的效益尤为重要，这也是本部分着重讨论的内容。第二部分是新型城镇化进程中道路改造的环境效益评价研究。首先在调研国内外相关资料及系统分析道路建设和营运对生态环境的影响的基础上，借鉴国内外生态环境评价研究中指标的设置以及建设项目环评的指标体系，初步确立道路生态环境评价指标体系。并以青岛市重庆路的改造为例，结合层次分析法与模糊综合评价法对道路生态环境进行综合评价。第三部分从道路建设、交通优化与新型城镇化以及文化发展的视角对新型城镇化下的城市文化发展进行了研究。将青岛市重庆路作为实例进行分析，针对新型城镇化视角下的城市文化发展从居民素质、道路交通文化、我国文化遗产保护以及国家制度文化四方面提出了建议。道路建设有利于土地优化使用，发展旅游业，便于居民生活、工作，进行文化娱乐活动。第四部分是新型城镇化进程中的管网建设研究。市政管道是城市的重要基础设施，为城市居民的生产、生活提供最基础的公共服务。随着城市现代化的加快发展，社会分工越来越细，自动化程度越来越高，现代城市对地下管网的依赖也越来越强。加强城市管道网络的优化设计和工程的合理规划有利于促进城镇化的良好发展，并且管网的优化设计及工程的合理规划也会为城市居民带来很大的便利，有助于提高居民的生活质量。第五部分是新型城镇化背景下道路建设与房地产升值效益研究。作为基础性、先导性的产业，房地产业是世界各国经济的重要支柱之一，基于已有的研究可知，结合城市道路建设和房地产业进行研究，利用道路建设来引导房地产的开发，可以充分挖掘土地升值潜力，最大限度地提升由房地产业带来的区域经济增长幅度。

通过对上述五部分的研究，我们得出了道路改造的综合效益。最后根据我们在实地调研与研究分析过程中的发现提出了有针对性的对策建议，希望能够对道路建设的健康发展做出贡献。

目　　录

第五篇　新型城镇化背景下道路建设与房地产升值效益研究

第一篇

新型城镇化背景下道路建设项目
综合效益评价研究

伴随着城镇化进程的推进，中国经济得到迅速发展。许多学者对于城镇化进程与经济增长的关系做了相关的实证研究，研究发现我国城镇化进程与经济发展水平存在长期稳定的均衡关系[1][2][3]。然而与此同时，也逐渐暴露出许多矛盾，其中较为突出的便是由城市人口高度集聚、机动车拥有量激增以及道路建设滞后等原因所造成的交通拥堵问题。自进入 21 世纪以来，我国城镇化、机动化进程在逐渐加快。据国家统计局发布的 2015 年国民经济运行情况，中国城镇化率为 56.1%，与 2000 年城镇化率的 36.2% 相比，净增长约 20 个百分点，城镇常住人口由 4.6 亿人增至 7.7 亿人，净增 3.1 亿人。根据公安部交管局的统计，2000 年到 2016 年全国机动车保有量由 1609 万辆增长到了 2.83 亿辆。截止到 2016 年 3 月底，全国机动车驾驶人已达 3.35 亿人，全国 15 个主要城市的汽车保有量超过 200 万辆。交通拥堵已经对社会及个人产生诸多负面影响。就微观层面而言，交通拥堵将影响居民的日常出行，进而影响其生活满意程度；就宏观层面而言，交通拥堵也将阻碍社会的进步，不利于经济可持续地良性发展。因此，在大量资源涌入城市的城镇化进程中，亟须优化完善城市交通系统，进而保证城市高效运作。

城市交通系统的优化设计离不开对道路建设项目的合理决策，城市交通系统优化完善的主要方法之一便是发展城市道路建设项目。然而，由于城市道路建设项目具有联动属性，对其进行效益综合评价的复杂程度较

① 朱孔来、李静静、乐菲菲：《中国城镇化进程与经济增长关系的实证研究》，《统计研究》2011 年第 9 期。
② 蒋冠、霍强：《中国城镇化与经济增长关系的理论与实证研究》，《工业技术经济》2014 年第 3 期。
③ 李小瞳儿：《中国城市化与经济增长关系的实证研究》，《中国经贸导刊》2014 年第 20 期。

高，进而使得基于不同评价视角所得到的评价结果存在一定的差异。如何对道路建设项目设计标准化的综合效益评价范式逐渐成为学界、政府以及公众的关注焦点。

为拓展城市道路建设项目综合效益评价问题的评价维度，本篇引入产业聚集这一视角，以产业聚集作为中间变量，在定性分析其作用机理的基础上，量化了道路建设项目通过促进产业聚集，对城市经济发展的贡献程度，并以此作为城市道路建设项目的间接综合效益评价结果。除此之外，通过与传统的直接效益评估方法（即通过建立道路建设投资额度与经济增长的回归关系以预测新一期道路建设项目的经济贡献程度）对比，本书发现传统的效益评价模型忽略了大量道路建设项目所引起的间接效益，进而极大地低估了道路建设项目的综合效益。建立科学的间接效益评价范式，有利于提高道路建设项目综合效益评估的全面性以及合理性。

第一章　绪论

第一节　研究背景及问题的提出

20 世纪 80 年代，我国政府提出了以"严格控制大城市规模，合理发展中等城市，积极发展小城市"为基本方针的城镇化发展战略，为我国的城镇化建设指明了方向。中共十八大的报告中，城镇化发展战略得以落地，并进一步转变为新型城镇化发展战略，即"坚持走中国特色新型工业化、信息化、城镇化、农业现代化道路，推动信息化和工业化深度融合、工业化和城镇化良性互动、城镇化和农业现代化相互协调，促进工业化、信息化、城镇化、农业现代化同步发展"。《国家新型城镇化规划（2014—2020)》（以下简称《规划》）中强调，"走以人为本、四化同步、优化布局、生态文明、文化传承的中国特色新型城镇化道路"。《规划》指出，"新型城镇化"中的"新"主要包括以下五个方面：城镇化水平和质量稳步提升、城镇化格局更加优化、城市发展模式科学合理、城市生活和谐宜人、城镇化体制机制不断完善。然而，不可否认，我国在城镇化进程中依旧存在着许多问题和矛盾亟须解决[1]，伴随着城镇化进程的推进，中国的城市在进入汽车社会的同时也进入了一个"拥堵时代"，城市中的交通拥堵无处不在[2]，日益严重的城市交通拥堵制约了城市的可持续良性发展。

快速的城镇化进程会导致越来越多的人口涌入城市。调查数据显示，我国城市数量由新中国成立前的 132 个增加至 2012 年的 658 个，人口数量超过百万的城市由新中国成立时的 10 个增加至 2012 年的 127 个；建制

---

① 刘爱梅：《多维视角的新型城镇化战略研究》，《现代经济探讨》2013 年第 9 期。

② 何玉宏、谢逢春：《制度、政策与观念：城市交通拥堵治理的路径选择》，《江西社会科学》2011 年第 9 期。

镇数量平均以每年 521 个的速度增长,由 1978 年的 2173 个发展到 2012 年的 19881 个,净增 17708 个[①]。不仅如此,伴随着城市数量以及城镇人口的增加,我国机动化水平也随之提高,机动车保有量平均每年以超过 10% 的速度高速增长[②]。由于城市人口数量的剧增以及出行方式机动化,交通拥堵现象日渐严重,城市交通状况的改善迫在眉睫。据中国社会科学院数量经济与技术经济研究所估计,北京市由于交通拥堵造成的经济损失为每年 146 亿元,全国范围内的经济损失每年可达 1700 亿元。目前,全国 600 多个城市中,大约有 60% 的城市交通在高峰段出现拥堵,随着此种现象从北京、上海、深圳、广州、成都等一线城市向二、三线城市逐步蔓延,在城市交通拥堵中损失的财富将会变得更多[③]。

整体而言,我国的交通拥堵问题主要由两类原因导致:其一是社会发展阶段的原因。相较于发达国家,我国城市发展水平普遍较低,处于城镇化进程的初期阶段,城市交通建设力度欠缺,导致交通供给滞后于交通需求。交通矛盾的日益加剧使得城市的拥堵问题日益明显,特别是大城市中心区小汽车无序发展以及过度使用,使中心区的道路网经常处于超负荷状态[④]。其二是资源分布的原因。我国在公共服务方面空间分布不均程度较高,交通资源分布与交通需求分布的不匹配也加重了我国城市交通状况的恶化程度。对于具体城市而言,城市交通承载能力上限是由城市空间所决定的,缓解城市交通拥堵问题应当从道路建设以及道路使用效率两方面着手。就道路使用效率而言,优先发展公共交通将成为城镇化地区特别是城镇密集区解决拥堵问题的主要方法[⑤]。而就道路建设而言,合理地优化道路空间布局,科学全面地评估道路建设项目的效益尤为重要,这也是本篇将着重讨论的内容。

① 张晓杰:《新型城镇化与基本公共服务均等化的政策协同效应研究》,《经济与管理》2013 年第 11 期。

② Downs A. Stuck in traffic: Coping with peak-hour traffic congestion. Brookings Institution Press, 1992.

③ 刘治彦、岳晓燕、赵睿:《我国城市交通拥堵成因与治理对策》,《城市发展研究》2011 年第 11 期。

④ 彭军、王江锋、王娜:《我国大城市交通拥堵成因及治理策略分析》,《中国科技信息》2011 年第 6 期。

⑤ 李红梅、奚宽武:《适应新型城镇化战略交通运输发展对策分析》,《学术论坛》2013 年第 8 期。

第二节　交通拥堵问题的治理现状及道路建设意义

一　交通拥堵问题治理现状

为缓解城镇化进程中所暴露的城市交通拥堵问题，许多国家或地区出台了诸多相应措施，总体上可分为限制性措施、收费调节性措施以及城市优化措施。

（一）限制性措施

限制性措施主要分为限制购车、提高购车成本、限制车辆使用三类。

限制购车政策的实施国家主要有新加坡。新加坡作为世界上人口最稠密的国家之一，为解决交通拥堵问题，于20世纪90年代初首先推行"拥车证（COE）"制度控制调整机动车保有量。新加坡政府相关部门每月都会以举行公开竞标的方式，对"车辆拥有权"进行竞拍。消费者只有在购得"车辆拥有权"的前提下，才能购买车量。"车辆拥有权"的价格由政府每月计划投放的数量以及申请者的数量共同决定[①]。

提高购车成本政策的实施国家主要有丹麦以及中国香港地区。在丹麦，购买私家车所需要缴纳的税款高达车辆自身价格的2—3倍，并随着车辆体积等参数的增大而逐渐提高；在中国香港，当地政府早在20世纪80年代就开始征收车辆登记税，2011年香港政府为了进一步调控私家车保有量，缓解交通拥堵现状，又在之前的基础上进一步调高私家车登记税。

限制车辆使用政策在我国北京、深圳等一线城市较为常见。例如，在北京奥运会期间，为了缓解交通压力，北京市政府采取了一系列的临时交通行驶限制举措：机动车在不同时间根据车牌号单双号上路，全天严禁将近30万辆黄标车上路行驶，各政府企业单位采取错峰上下班，在高峰时段增加公交系统的发车频率以此提高运行能力。2012年，深圳提出了公务车以及黄标车按照不同尾号，每周强制停止行驶一天，以此来缓解交通压力。

---

① 李洪波：《破解城市道路交通拥堵的实践——新加坡道路交通管理的价格机制运用措施》，《市场经济与价格》2014年第12期。

由于限制政策具有利于监督和实施的优点，并且对于实施的基本条件要求不高，而且见效快，容易得到舆论支持，便于大众接受，因此越来越多的国家将限制性措施作为缓解交通压力的切入点。但在实施此项措施的过程中，行政强制执行会损害到一部分人的利益，因此实施政策的过程中需要注意，如果不能妥善处理由于限制性政策所产生的外地车牌管理问题，不仅很难达到预期的结果，而且会造成不必要的财政损失；与此同时，还需要注意该政策对当地汽车行业的影响。因此，在实施该措施的同时，应权衡各方的利弊，做好各项前期准备工作，以力求将损失降到最低。

（二）收费调节性措施

收费调节性措施主要分为高额停车收费、拥挤区域/时段收费两类。

高额停车收费政策是限制车辆增加的又一举措。香港土地紧张，停车位与车辆的比值不到1∶3，在市中心停车位与车辆的比值更小。在香港，每小时的平均停车费用为30—100港币，如果想要在中环以内拥有一个固定的停车位需要交纳数十万港币。曼哈顿区的情况与香港相似，即使是购买了车位的车主，仍然需要交纳数百美元不等的费用，非长期的停车位，每小时大约20美元。

拥挤区域/时段收费政策最初是由新加坡提出并实施的，后来被广泛采用。例如，在21世纪初，伦敦对拥挤的中心区域采取了上述方法，后来通过不断地完善改进，该方法逐渐成熟，取得了较好的效果。伦敦政府的拥挤区域/时段收费政策中所限定的收费时间为工作日的上下班之间，收费区域为人口密集的中心居住区，主要对私家车及货车进行收费。该政策实行之后，据伦敦交通局的统计，实行地区的汽车流量降低了大约30%，车速提升了大约20%，而公交系统的提速则高达70%。

（三）城市优化措施

城市优化措施主要体现于对城市公共交通体系的优化以及城市布局优化两个方面。

城市公共交通系统可分为4个子系统：公共交通运输系统、公共交通设施、公共交通规划和公共交通运营管理，其具有运载量大、运送效率低、相对污染少、运输成本低等优点[①]。城市公共交通体系的优化极大地

---

① 杨欣茹：《城市公共交通系统分析》，《科技信息》2010年第7期。

缓解了城市交通压力。20 世纪 90 年代，我国主要城市纷纷建立了完善的城市公交系统。21 世纪开始，国家首次把"发展地铁交通"列入国民经济"十五"计划发展纲要，并作为拉动国民经济持续发展的重大战略。目前，国内地铁建设以大城市与省会城市为主。城市公共交通系统的完善在一定程度上减少了人们出行时对私家车的使用，缓解了交通压力。每个城市的公共交通系统所包含的公共交通方式，与城市的规模、特征有非常密切的关系，城市规模越大公共交通方式的种类也就越多，见图 1－1。因此，要形成良好的城市公共交通体系必须充分发挥不同交通方式的优势，建立城市综合交通系统[①]。最近几年，由于轨道交通具有占地空间较小、运行速度快、出行方便、节能环保等一系列优点，因此在全球范围内掀起了一股修建轨道交通的热潮，以此来改善城市交通状况。东京是世界上典型的以轨道交通为主导的大都市，利用轨道交通的快捷和大容量，整个区域交通系统年运送乘客约为 158.5 亿人次，使东京形成了高效发达的区域公共交通系统[②]。不久的将来，轨道交通将成为城市交通的主要承担力量。轨道交通不仅可以直接缓解交通压力，还具有长远的可持续的战略意义。

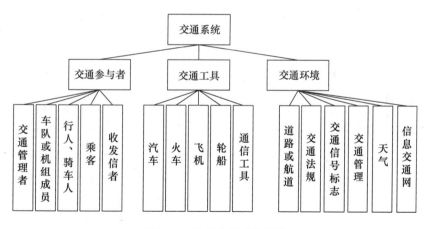

图 1－1　公共交通系统分类

---

① 边经卫：《发展大城市公共交通体系化的研究》，《城市交通》2006 年第 3 期。
② 张壮云：《东京城市公共交通优先体系的经验及借鉴》，《国际城市规划》2008 年第 3 期。

城市布局优化主要体现于就业地点优化、基础设施布局优化以及全国层面的城市协调发展优化三个方面。就业地点优化的主要措施如下：首先，应恢复和鼓励机关、企业、事业单位自建并拥有职工住宅的方法，采用单位和职工出资共建并供职工家属所有和使用，或单位及国家出资建设然后低价出租给本单位职工使用的方法。其次，应制定政策鼓励换房解决就近上班、上学问题，包括保留产权换房使用。基础设施布局优化主要体现于软硬件两方面，应分散教育、医疗、商业、娱乐等公共活动中心，分片、分社区均衡建设学校、医院、商场、剧院等公共活动场所，减少或取消重点公共活动中心，使人们就近入学、就医、购物、娱乐。全国层面的城市协调发展优化应限制超大城市的建设和发展，集中主要力量发展中小城市，统筹兼顾大中小城市与城乡之间的发展，均衡配置公共资源和国家投入，减少大城市的流动人口，降低大城市人口和环境与管理压力，降低公共管理成本，方便群众，也减少交通拥堵。城市交通与城市空间结构布局具有紧密的相互联系，良好的城市交通促进城市空间结构布局的发展，同时良好的城市空间结构布局又反过来促进城市交通的发展。面对目前中国城市的交通问题，城市空间结构布局的优化是改善中心城市交通的治本之策，虽是一个渐进的过程，但可从根本上缓解中心城市交通紧张的状况①。

二　道路建设的研究意义

相较于发展水平较高的大型城市，中小型城市正处于高速发展之中。我国经济的快速发展与汽车新技术的应用使得我国汽车保有量不断扩大，这样的环境使得我国原有城市道路已经不能满足现代汽车数量的增加，加之路面结构破坏等因素的影响，现有的城市道路已经难以维持正常的交通需求②。城市规模的扩大和人口的增加也使得道路的功能发生了显著的变化，原有道路通行能力、舒适性、经济性等属性水平较低，已不能适应城市发展的需要。由于城市道路交通拥挤产生的成本主要表现在：时间价值的损失，因发动机的无效工作而增加的大气污染，影响驾驶者和乘客的心

---

① 姜晴：《城市空间结构布局优化研究》，《经济研究导刊》2009年第13期。
② 高海斐：《对以城市道路设计缓解城市交通压力的探考》，《中国新技术新产品》2012年第2期。

情，增加燃料的消耗以及增大交通事故的发生机率①。因此，城市建设亟须进行旧路改造。

道路是城市社会活动、经济活动的纽带和动脉，道路建设水平在很大程度上反映了城市的建设水平，既是一个地区经济活动顺利运行的基础工程，也是人们日常生活中不可或缺的重要组成部分②。近年来，随着国民经济的发展，城市化的步伐不断加快，使得人民的生活水平不断提高，因此对道路交通也有了更高的要求。而大部分修建于 20 世纪 90 年代以前的道路，由于受到当时社会经济水平低和城市建设相对落后的影响，道路定性混乱、断面狭窄、平面线形不规范、路基路面结构薄弱、缺少对地下管线的考虑等，逐渐显露出各种弊病，导致城市的可持续发展受到影响。因此，道路改造是城市发展和更新的内在要求和重要手段，具有如下意义：

（1）道路改造使得原有的道路更加宽阔平缓，并且缓解了道路拥堵的问题，大大缩减了人们出行的时间，减少了交通事故的发生率，提高了道路运行效率，减少了因交通而造成的经济损失。

（2）机动车辆在道路上行驶时的停滞时间缩减，减少了交通拥挤所造成的机动车低速行驶、频繁加速和减速过程中增加的耗油量，从而减少了汽车污染物的排放，不仅缓解了城市的污染问题，还减少了疾病的发生率。

（3）城市道路除了具有承担公共交通的作用之外，还是城市景观和文化的窗口。城市道路旧路改造不仅可以改善道路交通，完善道路功能，与此同时还为观赏城市风景和景观提供了良好场所。道路改造将道路的基本功能和道路与周边环境的协调，做到功能性、人文性、景观性的统一。由此，道路使用者能拥有一个安全、舒适的行驶环境，使他们在漫长单调的旅途之中能够欣赏优美的自然风光和道路景色，避免单调、昏昏欲睡的精神状态，保证行车安全③。对改善城市基础设施条件，提高居民生活水平，以及构建和谐社会都具有非常重要的意义；对改善城市面貌，美化城市环境，提高环境保护及卫生水平，彰显城市特色和文化品位具有重要

---

① 任宏、王春杨：《城市道路交通拥挤问题的经济学分析和对策》，《经济地理》2007 年第 4 期。

② 于婧、冯莎、郭珊珊：《武汉市道路建设与经济发展的相关系研究》，《科技经济市场》2010 年第 12 期。

③ 杨钒：《道路建设与环境协调性研究》，《科技经济市场》2006 年第 5 期。

作用。

（4）道路改造可以促进市政工程建设的投资，促进先进生产力的发展。增加就业渠道，开辟经贸、旅游、文化等多方面的经济服务平台，增加民营商业铺面，提高商业经营水平，改善商品经销条件和城市居民生活条件。

（5）缓解交通、电力、通信等部门的发展压力，利于车辆通行及强弱电管线的维修管理，加速交通、电力、通信等部门的发展。

第三节　道路建设社会效益理论基础及研究综述

一　道路建设的社会效益理论基础

（一）外部性理论

外部性（externality）又被称为外部成本、外部效应，指的是企业或者个人给他人带来有利或不利影响，但却未就这种影响得到或付出补偿的情况。外部性有正外部性和负外部性之分，即外部不经济和外部经济。然而不管是负外部性还是正外部性都可能导致市场机制失灵，即影响均衡市场的经济效率，此时就需要政府采取措施进行适当的干预。巨大的正外部性是重庆路所具有的，我们可以从三个方面来分析：（1）经济效应。区域经济学界就道路建设对区域经济增长的作用机制进行了重点研究，结果表明，道路建设在企业市场范围、实现规模经济和专业化方面发挥了巨大作用，而市场扩展促进了竞争和知识技术的扩散，由此促使收益增长[①]。由于青岛市重庆路改造项目的实施，导致重庆路沿线土地升值、房地产价格上涨，带给沿线土地开发商巨大的经济效益。（2）社会效益。道路建设所产生的众多影响中，其中十分重要的是社会环境的影响，包括对沿线的社会结构、经济发展、文化环境产生影响[②]。重庆路改造之后，道路容量增大，通车快速、准时、安全，对于缓解城市路面交通拥挤、减少居民乘车时间、减少交通事故等发挥了重要作用，带动道路沿线商业的发展，给城市生活带来了便利。（3）环境效应。道路建设及绿化景观的质量直

---

① 鞠晴江、庞敏：《道路基础设施影响区域增长与减贫的实证研究》，《经济体制改革》2006年第4期。

② 刘世梁、崔保山、温敏霞：《道路建设的生态效应及对区域生态安全的影响》，《地域研究与开发》2007年第3期。

接影响到城市的环境质量①。重庆路改造完成之后，美化了沿线的环境，提升了该区域环境质量和景观面貌。

（二）外部性与公共产品

城市道路是公共产品。公共产品（public goods）与私人物品（private goods）相对应，是指既无排他性又无竞争性的产品，其提供的周期比较长，盈利较低，甚至不能盈利。萨缪尔森认为，纯公共产品（pure public goods）指的是任何人对该物的消费都不会减少其他人对其的消费。由于经济高速增长，城市化进程加快，对城市公共产品的需求扩大，城市公共产品的供给严重不足：城市交通、能源、通信产业"瓶颈"存在已久②。

非竞争性和非排他性是公共产品的两个特点。非排他性指的是一旦这类产品被生产出来，生产者不能够排除消费者不支付价格的可能；正是由于这种排他，一方面在技术上做不到，另一方面即便是技术上能做到，但是排他的成本仍然要高于排他收益。而非竞争性指的是对于生产者来说，多一个或者少一个消费者对生产成本即边际消费成本为零不会产生影响；但对于正在消费的消费者而言，不产生拥挤便不会影响到自己的消费水平③。消费的非竞争性和排他性是城市道路交通所具有的特征，这种特性主要体现在：由于城市道路的改造所带来的路面交通拥挤的改善、空气污染降低等好处，城市里的所有居民都可以享受到，增加一个人或者减少一个人并不会影响这些好处的发挥，所以说城市道路具有非竞争的性质。

（三）外部性内部化

社会效益属于正外部性的范畴，外部性的存在使得竞争性的市场机制失效，市场均衡不复存在，极大地降低了经济的效率，因此必须正视外部性的影响，将这种外部效应内部化。在正外部性内部化方面，目前主要有庇古津贴和科斯的产权制度两种理论。阿瑟·塞西尔·庇古（Arthur Cecil Pigou）首次采用现代经济学的方法并且从福利经济学的方面系统地研究了外部性问题。同时，在边际社会成本与边际私人成本、边际社会效益与边际私人收益相背离的前提下，要想达到社会福利最大化仅仅依靠自由竞

---

① 李智博、马力、杨岚等：《从城市规划看城市道路绿化景观设计》，《国土与自然资源研究》2011 年第 1 期。

② 王凯涛、顾志明：《论城市公共物品及其供给》，《武汉冶金科技大学学报》（社会科学版）1999 年第 4 期。

③ 傅江景、李军：《西方经济学》，西南财经大学出版社 2009 年版，第 239—258 页。

争是不可能的。而应该是由政府通过适当的经济政策来消除背离情况,换言之,就是对边际私人成本小于边际社会成本的部门实施征税的政策,也就是当存在外部不经济效应时,政府向企业征税;同时对边际私人收益小于边际社会收益的部门实行津贴和奖励,也就是当存在外部经济效应时,政府给企业以补贴。庇古认为这种征税和补贴能够实现外部效应的内部化,因此将这种征税和补贴称为"庇古税"(Pigou taxes and subsidies)[①]。

科斯则认为,交易是有成本的,不同产权制度下的交易成本可能是不同的,资源配置的效率也可能不同,由于产权制度没有很好地界定导致了外部效应的存在,若产权制度有了清晰的界定,那么外部性也就会被消除,资源也能够得到合理配置。科斯的思想被总结为"科斯定理"。科斯第一定理指的是如果交易成本为零,则资源配置效率将不会被权利的初始配置所影响;科斯第二定理指的是如果交易费用大于零,效率将会受到权利的初始配置的影响,所以应当减少交易成本;科斯第三定理指的是如果交易费用大于零,那么政府就能够直接选择最优的产权安排,进而减少交易成本,从而使得资源得到最优配置,社会效益达到最大。换言之,科斯第三定理的实质就是政府通过界定初始权利,从而优于私人之间通过交易的方式来纠正权利的初始配置。

二 产业集聚与道路建设社会效益研究综述

在工业化进程不断发展的时代背景下,随着工业化发展到一定阶段,必然会出现产业集聚的现象,而工业化所带来的必然产物——产业集聚,指的是在一定的地域范围内,为实现集聚效益而组成一定数量企业的现象,一般包括同一类型和不同类型两种产业的集聚[②]。产业集聚与经济增长是现代经济增长理论的核心问题之一。由于意识到产业集聚对于企业的发展以及区域经济的发展都有重要意义,国内外都对产业集聚理论的研究给予了高度关注。

西方对产业集聚的研究开始于 19 世纪末期,其中马歇尔是最早关注产业集聚的经济学家,他做出了开创性的研究。马歇尔不仅提出了产业集

---

① 傅江景、李军:《西方经济学》,西南财经大学出版社 2009 年版,第 239—258 页。
② 刘磊、任煜:《国内外产业集聚理论研究》,《西南农业大学学报》(社会科学版) 2007年第 5 期。

聚的内涵和外延并探讨了产生产业集聚的基本原因，还提出了内部经济和外部经济两大重要概念并且强调了外部经济的重要性①。马歇尔的研究是从新古典经济学的角度出发，对工业组织这一生产要素进行研究，从而间接表明了为追求外部规模经济，企业形成了集聚，强调了外部经济对产业集聚产生的重要性。但是他的研究还仅仅是初步、单一而不完全的，对于产业集聚的效应问题、功能问题以及度量问题等均未有所涉及。

继马歇尔之后，产业集聚理论的研究有着不断地进步，并出现了许多流派，其中影响较大的有韦伯的区位集聚理论、熊彼特的创新产业集聚论以及胡佛的产业集聚最佳规模论②。德国经济学家阿尔弗雷德·韦伯的产业集聚理论具有一定的创新性，他首次提出了决定工业区位的最小成本理论并且是首次提出区位因素概念，创造性地提出了原料指数、等运费线以及临界运费线等有关区位分析的概念和工具，并针对运输、劳动力以及集聚等几个关键因素对工业区位的影响进行了系统性的分析③。韦伯从微观企业的区位选择角度阐明了集聚的好处和成本间的对比是企业是否会形成集聚现象的决定因素，但是由于他忽视了社会文化、需求等因素的影响以及缺乏对区位的宏观分析和动态研究而存在很大的局限性。美籍奥地利经济学家对技术创新和产业集聚的发展进行了整合研究，从创新的角度说明了产业集聚现象。而美国区域经济学家埃德加·M. 胡佛认为，对于任何一种产业而言，规模经济均有由单个区位单位规定的经济、由单个公司的规模决定的经济以及由该产业在某一区位的集聚体的规模决定的经济三个不同的层次④。胡佛指出了产业集聚存在一个最佳的规模，也是第一次涉及了从量化方面来对集聚度进行研究，但是他仅着重于从规模经济的角度来解释同类产业的集聚，并未对产业集聚问题建立起完整的理论分析模型⑤⑥。

除上述理论之外，国外学者还从不同角度对产业集聚进行了研究和讨论，并且由于随着现实中科技产业的进步，第一阶段的规范区位理论和相对规范区位理论以及更具张力和参考价值的新古典框架下的集聚理论已经

---

① 张长立：《产业集聚理论探究综述》，《现代管理科学》2004 年第 12 期。

② 黄曼慧、黄燕：《产业集聚理论研究述评》，《汕头大学学报》2003 年第 1 期。

③ ［德］阿尔弗雷德·韦伯：《工业区位论》，李刚剑、陈志人、张英保译，商务印书馆1990 年版。

④ ［美］埃德加·M. 胡佛：《区域经济学导论》，张翼龙译，商务印书馆 1990 年版。

⑤ 陆治原：《产业集聚理论的历史发展与展望》，《西安财经学院学报》2006 年第 5 期。

⑥ 高鹏飞：《产业集聚理论述评》，《中国证券期货》2012 年第 3 期。

无法解释一些产业集聚所表现的各种特性，在新制度经济学的启发下又出现了将分析社会群体行为规律的网络理论引入到经济分析中的网络集聚理论。国外对产业集聚的研究较早且已较为成熟，已从经济学、创新研究、社会学以及管理学和技术经济学等众多角度进行了分析研究。国外对产业集聚理论的研究值得我们借鉴和学习，但是由于我国目前经济环境以及政府政策不同于西方发达资本主义国家，国外的产业集聚理论并不完全适合我国。

产业集聚对经济的重要影响在发达国家得到了证实，因此在 20 世纪 80 年代的中后期，我国学术界就开始了对产业集聚现象的研究，但是直到 20 世纪 90 年代才开始了对产业集聚系统性的研究，并且这些研究大多是在国外产业集聚理论的基础上来分析研究我国产业集聚的发展现状[①]。我国最早关注产业集聚的学者是王缉慈，他系统地引进了国外企业集聚的理论成果，并针对我国产业发展现状提出了"发展企业集群，营造区域创新环境，走多样化的、具有特色的区域发展道路"的政策性建议[②]。国内外学者均基于不同的角度对产业集聚现象进行了研究，因此下文将主要基于不同角度对近年来产业集聚相关理论研究进行概述，见图 1 - 2。

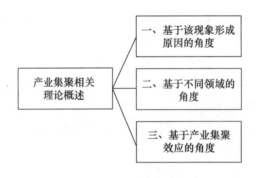

图 1 - 2   产业集聚理论分类

（一）基于该现象形成原因的角度

邱成利（2001）在探讨制度创新与产业集聚之间的作用机制时提出，

---

① 李仙娥、刘光星：《国内外产业集聚理论研究现状评述》，《生产力研究》2010 年第 5 期。

② 王缉慈：《集群战略的公共政策及其对中国的意义》，《中外科技信息》2001 年第 11 期。

制度创新能够通过降低交易成本而为产业集聚的形成提供保障[1]。徐强和陈甬军（2004）认为，产业集聚现象是由资源短缺性带来的竞争或是共生的行为促使产生的[2]。陈柳和刘志彪（2008）从理论和实证两方面出发，论证了人力资本的增加达到一定阶段后会有新企业通过模仿出现，从而增加区域密集度[3]。他们将人力资本作为形成产业集聚的内生因素，但是他们所提出的员工创业型的形成机制并不能充分解释资金和技术密集型的重工业的产业集聚现象。刘湘辉和孙艳华（2010）经过讨论分析认为，在中小企业集群和城镇化耦合发展的情况下会促进产业集聚现象的发生[4]。

（二）基于不同领域的角度

利用信息经济学的原理，仇保兴（1999）通过实证分析表明了信息分布不对称会使得产业集聚中出现因过度竞争而导致产品质量不断退化的现象[5]。从经济学角度，潘世明和胡冬梅（2008）在分析产业集聚的经济效应的同时结合我国制造业现状以及存在的问题，针对我国国情提出了适合我国的产业集聚政策[6]。袁晓玲和杨万平（2008）通过运用符合中国实际的 CES 生产函数，表明了产业集聚对城市发展会起到重要作用[7]。

（三）基于产业集聚效应的角度

梁小萌（2000）通过对规模经济与产业集聚之间关系的研究，认为产业集聚不仅有助于实现外部规模经济，还有助于内部规模经济的实现，提出了产业集聚能够促进规模经济进而增强产业竞争优势[8]。在探

---

①　邱成利：《制度创新与产业集聚的关系研究》，《中国软科学》2001 年第 9 期。

②　徐强、陈甬军：《产业集聚形成机理的理论研究——一种基于资源稀缺前提下的解释》，《产业经济评论》2004 年第 2 期。

③　陈柳、刘志彪：《人力资本型员工的创业行为与产业集聚生成机制》，《产业经济评论》2008 年第 3 期。

④　刘湘辉、孙艳华：《集聚效应：中小企业集群与城镇化耦合发展的机理分析》，《甘肃社会科学》2010 年第 5 期。

⑤　仇保兴：《发展小企业集群要避免的陷阱——过度竞争所致的"柠檬市场"》，《北京大学学报》（哲学社会科学版）1999 年第 1 期。

⑥　潘世明、胡冬梅：《论产业集聚的经济效应及其政策含义》，《上海经济研究》2008 年第 8 期。

⑦　袁晓玲、杨万平：《中国西部城市产业集聚经济效应实证分析——以西安市和成都市为例》，《中国地质大学学报》（社会科学版）2008 年第 5 期。

⑧　梁小萌：《规模经济和产业集聚及区域协调——入世后我国产业竞争优势的培育》，《改革与战略》2000 年第 5 期。

讨产业集聚和区域竞争之间关系的基础上，张元智（2001）认为产业集聚在帮助本区域的产业提高竞争优势的同时，其发展又受制于本区域企业间竞争和合作关系①。产业集聚从多方面提高了企业竞争优势，在丁云龙和李玉刚（2001）的研究下，表明了产业集聚还会从创新资源、创新成本以及创新压力等方面提高企业的持续创新能力，从而增加企业的竞争优势②。鲍永安（2006）则以软件产业集聚为例，研究表明了产业集聚能够增强区域企业的竞争力，并且提出了可以通过采取优化投资环境、加强人才培训以及加强企业管理等措施来促使产业集群的形成③。

除此之外，国内学者还从其他角度对产业集聚理论进行了研究分析，比如：叶建亮（2001）基于知识溢出的角度进行分析，认为知识溢出是产业集聚现象出现的重要原因之一，它在决定产业集聚规模的同时还影响着产业集聚组织内企业的生产函数④；刘华军（2009）从产业集聚持续发展的角度出发，为我国产业集聚应在区域经济发展中如何实现可持续性发展做出了解释回答⑤。

综上所述，可以看出国内外产业集聚理论已经有了较长的发展过程，虽然我国对产业集聚理论的研究起步较晚，但也已经经历了从简单的引述到系统性研究分析，从单一学科到多领域结合分析的过程，并取得了不错的成果，但是我国对产业集聚理论研究依旧落后于国外研究，尤其缺少动态的、系统性的研究。在经济全球化的今天，产业集聚现象已经日益成为世界经济发展的焦点，但是至今尚未有较为完整的理论体系形成，产业集聚的研究还应在如今世界经济格局下从多领域进一步深化发展。

三 产业集聚与新型城镇化研究综述

产业集聚与城镇化是区域经济发展的两个重要路径，二者具有紧密的互动关系。产业集聚是城镇化的基础和前提，并降低了城镇化的成本。一个地区城镇化进程的快慢、水平高低，城镇基础的优劣，城镇化规模的大

---

① 张元智：《产业集聚与区域竞争优势探讨》，《国际贸易问题》2001年第9期。

② 丁云龙、李玉刚：《从技术创新角度看产业结构升级模式》，《哈尔滨工业大学学报》（社会科学版）2001年第1期。

③ 鲍永安：《依托软件产业集聚增强区域竞争力》，《学术界》2006年第1期。

④ 叶建亮：《知识溢出与企业集群》，《经济科学》2001年第3期。

⑤ 刘华军：《区域经济发展模式研究——基于产业集聚持续发展的视角》，《中南财经政法大学学报》2009年第1期。

小都直接影响着产业集聚发展的快慢，城镇化水平较高的地区，其产业集聚也往往发展得比较快；反之，产业集聚发展得则相对较慢①。我国的国情和政策都不同于西方发达国家，而我国目前正处于新型城镇化为发展方向的确定时期，产业集聚和城市化的互动发展也已逐渐成为新型城镇化理论所探讨的热点问题。张弘（2001）提出了产业集聚的不断发展能够带动城市化发展模式的形成的同时，专业化的产业集聚区域还给城市功能结构的合理布局带来积极影响②。纪良纲、陈晓永和陈永国（2005）也通过研究提出了产业会在集聚过程中带动技术和资本、人口等各项生产要素的集聚，从而使得城市服务业、交通运输业以及其他相关产业集聚发展，为城市化的发展提供根本动力③。李耀尧和邱永华（2011）基于城镇化过程中产业演化的视角，对成本最小化、理论最大化以及综合最优化的产业集聚理论进行了归纳，指出了产业集聚研究中所存在的产业升级缺失等缺点，指出了有选择地、多学科地研究产业集聚和产业升级的关系的重要性④。

张廷海和戴倩雯（2015）对我国在产业集聚与城市化互动发展方面已有的研究进行了理论的梳理与回顾，提出了我国尚缺乏空间产业集聚与城市化的研究，在地域上城市化与产业集聚尚存在不均衡以及在推进新型城镇化的过程中，协调产业集聚同城市化关系值得进一步研究⑤。因此，我们将在后文中对城镇化与产业发展进行分析讨论。

---

① 王换娥、孙静、田华杰：《我省新型城镇化建设与产业集聚互动研究》，《现代商业》2012 年第 18 期。

② 张弘：《开发区带动区域整体发展的城市化模式——以长江三角洲地区为例》，《城市规划汇刊》2001 年第 6 期。

③ 纪良纲、陈晓永、陈永国：《京津冀产业转移应注意的几个问题》，《河北日报》2005 年 2 月 22 日。

④ 李耀尧、邱永华：《从产业演化视角看产业集聚理论的最新进展》，《云南财经大学学报》2011 年第 5 期。

⑤ 张廷海、戴倩雯：《城市化与地区经济增长的互动效应——来自广东省的经验证据》，《学术论坛》2015 年第 2 期。

第二章　道路建设项目社会效益综合评价方法

第一节　道路建设项目社会效益的内涵

一　社会效益的定义

从本质上来说，社会评价便是对社会效益的分析。社会评价指的是人们对一个项目所产生的社会效果的认识。对项目的评价可以分为技术评价、经济评价及社会评价，其中国民经济评价和财务评价包含在经济评价当中，而社会评价则是除经济评价之外，包含社会问题和环境问题的一类评价内容。社会评价是西方发达国家在 20 世纪 60 年代以后逐渐兴起的一种评价方法，各国政府和世界银行、亚洲开发银行等国际双边和多边金融组织，为保证援助资金的合理使用，纷纷建立了各自不同的评估和后评价体系，创造和发展了评价的理论和方法[①]。我国于 20 世纪 90 年代引入社会效益评价，21 世纪初，我国提出了"科学发展观"，由此引起了学者们对社会效益评价的广泛关注与研究。到目前为止，水利项目、民航项目、油田开发项目、退耕还林和铁路项目等已经应用到了社会效益评价。2001年底，国家计委在全国范围推荐使用《投资项目可行性研究指南》，首次将社会评价列为项目评价的重要组成部分[②]。然而，对于交通建设项目的社会效益评价仅仅表现在城市公路和地铁建设项目。对社会效益的定义一直让学界感到困扰，不同的学者对社会效益有不同的定义，因而对于社会效益的定义并没有统一的界定标准。在《现代管理技术经济大辞典》中

[①] 郭峰、张飞涟：《建设项目社会评价中的几个重要问题及对策研究》，《长沙铁道学院学报》（社会科学版）2002 年第 1 期。

[②] 花拥军、陈迅、张健：《公共工程社会评价指标体系分析》，《重庆大学学报》（自然科学版）2005 年第 7 期。

董福忠将社会效益评价定义为人们对其社会行为所产生的社会效果或对其所从事的社会活动的评价分析[①]，其中包含政治、福利、就业、环境、资源、精神文化等内容；高学栋将社会效益划分为社会经济效益、社会精神效益、社会生态效益三方面内容；颜伦琴则认为社会效益指的是社会活动（包括一个项目、一种事件、一个行为）的发生所带来的公益性服务的收益，具体体现在提供就业、改善环境、协调城市发展、提高生活质量等方面[②]。

在分析过程中，常常将经济效益和社会效益混淆，在此有必要对其进行分析说明。财务效益、国民经济效益同属于经济效益。从企业角度出发来考察收支和盈利情况是财务效益评价的标准，进一步可以判断投资该项目的财务可行性，其目标是追求企业财务盈利最大化。当前的国民经济评价除了进行经济效益指标评价之外，还对其他有形和无形的效果进行分析，主要方面有：对流通状况的影响，对经济结构的影响，对产业结构、布局等的影响，对技术水平及扩散和示范效果的影响，对生态环境的影响，对劳动就业的影响及对文化教育的影响[③]。国民经济效益评价是从国家整体角度出发，考察费用和效益，通过采用影子价格和社会折现率等国家经济参数，进一步计算项目给国民经济带来的净贡献，进而确定投资的经济可行性，其目标便是实现国民收入的最大化；社会效益评价是从整个社会角度出发，考察该项目的建设和运营对社会经济发展、自然与生态环境、技术进步等方面的影响，从而综合考察该项目的社会效益，社会效益的评价涉及国家、地方、社区的各个领域，进而追求社会整体效益的最大化[④]。城市交通改造所带来的社会效益是从整个社会角度出发，分析建设期间和运营期间给社会宏观经济的发展、科技的发展、社会进步、自然和生态环境等方面带来的影响和促进。其评价的主要目的是保证改造项目的顺利实施，增强项目与社会的相互适应性，减轻和消除不良影响，以保持社会稳定，促进社会的进步与发展[⑤]。由于城市交通的改造，引起社会科

①　董福忠：《现代管理技术经济大辞典》，中国经济出版社 1995 年版。
②　颜伦琴：《我国铁路提速社会效益的评价》，硕士学位论文，北京工业大学，2004 年。
③　花拥军、陈迅、张建：《公共工程社会评价指标体系分析》，《重庆大学学报》（自然科学版）2005 年第 7 期。
④　杨佩佩：《公路建设项目社会效益评价研究》，硕士学位论文，长安大学，2008 年。
⑤　郭峰、张飞涟：《建设项目社会评价中的几个重要问题及对策研究》，《长沙铁道学院学报》（社会科学版）2002 年第 1 期。

技、城市环境、沿线土地价格、居民生活、社会进步和谐以及可持续发展等各个方面产生效益和效果，这些基于外部性的效益和效果是巨大的，并且大部分都无法用货币来度量。

关于交通社会效益，目前还没有统一的定义。惠东旭在观察研究自然保护区之后总结出了社会效益的定义，他认为从本质上看，社会效益会在人类社会中对人类活动起到积极作用①。王捷提出社会利益的实现程度是社会效益，同时社会利益也包含了许多方面，如人民的利益、公司的利益和政府部门的利益，各利益之间相互关联。为了更好地统计计算社会效益，投入产出模型是他在论文中所构建的，但是该模型存在着许多缺陷，主要是该模型的分析缺乏深度与广度，没有坚实的理论基础作为支撑。颜伦琴通过自己的研究，提出所谓社会效益，是在有一些活动事件以及项目工程发生时所能供给的社会服务的效益②。张颖在研究森林资源所能产出的社会效益的统计计算中总结出森林的社会效益内涵十分丰富，其中最为重要的是森林的旅游开发价值、森林对人类社会文明进步的作用、就业效益以及对优化产业结构、推动产业结构升级的效益等。以上可以看出，提到社会效益具体内涵概念的时候，有几个方面是至关重要的，其中包含了社会效益与生态效益以及社会效益和经济效益之间的关系，如何清晰地区分它们的界限，是一个非常困难的问题。

二　社会效益的具体体现方面

从道路建设效果形成的过程看，道路建设效果可分为直接效果和间接效果。直接效果是指通过道路设施利用所产生的效果，其影响的主体是道路设施的使用者及道路设施的投资者；间接效果是指与道路设施功能相关的效果，即没有直接利用道路设施的主体受到道路建设的影响所产生的效果。比如，企业由于道路建设导致生产的外部订单增加，生产量发生变化，地区的产业或商业的外部投资发生变化等③。对道路建设所产生的效果或是为社会带来的效益进行适当的划分，可分为以下五种效益（见图1 - 3）：

---

① 惠东旭：《自然保护区社会效益评估研究——甘肃白水江国家级自然保护区案例研究》，硕士学位论文，兰州大学，2003年。
② 颜伦琴：《我国铁路提速社会效益的评价》，硕士学位论文，北方工业大学，2004年。
③ 春燕：《区域发展中的道路建设综合效果评价研究》，《上海经济研究》2009年第12期。

（一）生态效益

"生态道路"在近几年越来越受到人们的关注，是生态学与道路建设相结合的产物。"生态"代表和谐、健康、环保和舒适，所以生态道路是建立在交通发展与环境相协调的基础上，以生态系统的良性循环为原则，简言之，生态效应是现代道路建设所具备的重要的特性[①]。道路在城市中呈网状密集分布，加上与道路平行布置的道路绿化形成的绿道网络，不仅可以为生物提供生存的场所与迁徙的通道，也能为道路沿线的乘客、司机营造舒适愉悦的景观，有助于改善生态环境，降低噪声、净化空气。增加道路绿化可以缓解人工构筑物迅速升温造成的空间蓄热，同时植物通过蒸腾作用释放的水蒸气能够增加空气湿度，改善空气质量。而车辆产生的噪声，道路绿化尤其是高大林木能够有效地降低噪声，从而减少对居民的影响。道路绿化是城市整体规划的补充，是城市的美容师，绿化规划应与周围的环境相协调，其绿化内容主要包括行道树、分车带、中心环岛和林荫带[②]。道路绿化除了能够美化环境、净化空气之外，还有其他的优点，如植物还可以吸收工厂生产、交通运输以及居民生活中产生的废气，净化城市空气，促进自然排水体系的构建。自然排水，这种排水模式不仅可以使雨水充分补充地下水，而且也免除了市政排水管道的需求，节约了建设城市的投入。我国大部分城市道路没有考虑绿化带排水，而缩减车道有利于建设道路绿化网络，进而给道路自然排水提供了可能。道路不仅要反映交通运输的功能，还要兼顾生态、文化等需求，生态优先、以人为本。通过车道宽度的合理调整，道路各方面资源的重新分配，在满足机动车行驶的同时，还可以节约城市的土地资源，扩大绿化，改善环境等[③]。

（二）直接投入效益

直接投入效益指的是在道路的建设过程中，通过直接促进道路建设范围内相关部门和产业的发展，带动经济的增长的社会效益。道路建设历来是促进区域经济增长和减缓贫困的重要政策工具，对于区域经济系统而言，道路交通承载着整个系统的循环功能，把区域生产、流通和消费领域之间以及城市和农村之间有效地连接起来，从而强有力地保证了区域生

---

① 李根、杨庆媛、何建等：《生态道路建设中绿化植物的功用及选择配置》，《林业调查规划》2015 年第 4 期。

② 刘向骏：《浅谈我国城市道路绿化建设管理》，《中国高新技术企业》2010 年第 7 期。

③ 廖桂贤：《遇见好城市》，浙江大学出版社 2011 年版。

产、生活的正常运转①。伴随着经济系统的复杂化，道路改造项目投资形式由传统的国家单一投资形式逐渐转变为如今的国家、企业、个人等多方形成的联合投资形式，投资主体日益多元化。道路改造投资的目的不仅在于民生需求，更要体现在获取投资效益上面，对于国家而言是促进经济的发展，对于企业来说则是总资产的增长。直接投入效益的扩散途径是由交通直接投资转化为社会需求，并通过市场机制转化为对相关产业的间接投资，进而实现区域国民经济的增长。

（三）产出效益

通过道路项目建设所形成的新建道路不仅能够缓解交通压力，改善交通状况，还能够降低运输成本，进而有利于增加客流量，促进交通运输业的发展，对相关部门净产值的增长起到推动作用。道路运输业除了本部门的经济效益直接贡献外，还通过客运和货运功能实现物资资源和人力资本在不同市场和空间的再分配，对国民经济其他部门产生间接贡献②。除此之外，受产业间投入产出关联因素的影响，某一产业受益，将引发其他连带产业的发展，同时这些连带产业的发展又会反过来使该产业的效益增加，如城市的交通状况的改善还可以推动该城市旅游业的发展。

（四）诱导效益

在现代化社会条件下，道路建设对区域社会经济发展的影响日益增强。诱导效应是指道路项目建设实施过程中以及建成通车后，由于地区道路交通条件的改善，以及形成的有利地理环境和宏观经济形势，使得道路沿线地区成为投资发展的热点，导致沿线土地增值，进而使得沿线影响区域潜在资源得到开发和利用，促进区域经济超常增长所产生的社会经济效益。

（五）其他效益

道路交通的建设还有其他的效益。最直接体现的是交通事故大大减少，进而使得死亡人数减少，造成的直接或间接损失降低。此外，还体现在加强各民族之间的团结交流、社会安定、促进区域内文化交流、科技发展以及沿线地区人们思想观念的转变和开放开发竞争意识的增强、改变人

---

①　鞠晴江、庞敏：《道路基础设施影响区域增长与减贫的实证研究》，《经济体制改革》2006年第4期。

②　袁春旺、秦惠敏：《道路运输业对经济社会发展贡献的量化评价》，《社会科学战线》2015年第11期。

口分布结构、保护环境等方面。

图 1 - 3　社会效益的具体体现

三　社会效益的特点

　　城市交通建设和运营所产生的社会效益具有与其自身技术和经济特性相关联的特点。其中，社会效益所具有的特点如下：（1）宏观性。与城市交通改造带来的微观经济效益相比，宏观性是社会效益所产生的特点。城市交通的社会效益指的是对各个社会及各个领域所做的贡献和影响，因而是对社会众多因素的一个全面分析，具有宏观性。（2）间接性。城市交通建设产生的社会效益既有直接效益也有间接影响，但主要以间接效益为主。城市交通建设的社会效益是通过它与社会生产各个环节间的相互作用来实现的。它的产生对促进社会宏观经济的发展、提高居民生活质量水平、促进社会进步等的间接效益是巨大且意义深远的。（3）长远性。城市交通带来的社会效益是长远的。城市交通建设，能够带动道路沿线商业经济的发展，同时也会促进城市空间的合理布局。社会效益的长远性主要表现在两方面：首先，形成社会效益是一个漫长的过程，譬如形成道路沿线的产业带一般需要3—4年，甚至更长时间，对城市空间布局的影响，也需要道路交通的线网达到一定规模来实现。其次，一旦交通建设产生的社会效益开始体现，这种效益的持续也是一个长期的过程，对整个城市的影响是不间断且长期的。（4）对费用效益的识别较复杂，影响较大。首先，城市交通建设的巨额投资将会对经济的增长产生乘数效应，对社会的影响波及范围很广。其次，城市交通建设与运营是社会生产过程中的一部分，不仅连接着生产与生产，还连接着生产与消费，因而其效益、产出和投入的费用涉及面比较广，与此同时对它的认识也较为复杂。（5）城市交通社会效益测度的困难性。城市交通在促进国民经济增长、促进社会科技进步、提高居民生活水平等方面发挥了巨大的社会效益，但对它的测度是比较困难的。目前，对城市交通社会效益的研究大多以定性分析为主，定量分析为辅。各种分析方法并存，缺乏一个统一的衡量标准。（6）成熟系统的方法和数据的缺乏。我国在社会效益的研究方面起步较晚，最早的研究是1987年上海交通大学的黄渝祥教授阐述的社会评价的基本方法和理论。到目前为止，缺乏成熟系统的分析方法，同时城市轨道交通的社会效益与社会许多领域相关联，收集对其进行分析的数据相对困难。

四　社会效益分类

通过不同的扩散途径，城市交通建设项目的社会效益表现为不同性质、不同类型的效益。因此，按照不同的分类原则进行划分，城市交通的社会效益将会有不同的表现形式。

（一）根据产生的时期和扩散途径不同划分

根据产生的时期和扩散途径不同，社会效益可分为开发效益、产出效益、投入效益、波及效益、传递效益、潜在效益六种。（1）开发效益，指的是因为城市交通改动使得沿线地区土地得到升值，进而使得土地资源得到开发和利用所产生的经济效益。道路改造影响区域的土地增值、旅游业等包含于交通所产生的开发利益，其能够可持续发展的重要条件便是道路改造后增加的客流量。（2）产出效益，指的是道路通车之后所带来的效益，即：道路建成通车后，一方面缓解了路面交通拥堵，进而节省了乘客乘车时间，从而带来交通得到改善的效益；另一方面也完善了交通网络，诱导居民增加了出行次数和频率，综合影响了城市的发展等。（3）投入效益，指的是交通投资刺激了相关产业的发展，进而促进了经济发展的效益。基于自身的需要，城市交通将直接投资转化成对其他相关产业的间接投资，不仅带动各个产业的发展，提供了更多的就业机会，还进一步提升了城市整体经济的水平，从而促进了城市的发展。（4）波及效益，指的是道路改造项目不仅对道路进行了改造，而且对城市的交通环境也进行了改造，从而提高了区域的可达性，在改善投资环境的同时，还诱发了城市进一步投资的效益。（5）传递效益，是指城市交通与受益对象虽无直接联系，但由于受到投入产出关系的影响，又或者由于受到受益产业的发展产生的新的需求，进而使得一些产业在道路改造中受益的效益。（6）潜在效益，指的是道路的改造能够促进社会科技进步、促进交通合理布局以及可以改变城市的人口分布等。虽然这种效益不能够用货币衡量，但其产生的作用却是巨大的，因而称为潜在效益。

（二）按照效益产生的地域与空间划分

按照效益产生的地域与空间，可以将社会效益划分为回波效益和集聚效益。回波效益是指在经济发展到一定的阶段，能够向四周扩散，进而形成一个又一个的产业带的效益。而集聚效益是与回波效益相对应的一种效益，是指由于城市可达性的提高、交通条件的改善，使得交通沿线不同区域间存在差异，从而能够为交通产业带来效益。一般在此类情况形成的初期，会以交通沿线区位优越的区域为中心，并向四周扩散，由此导致相关产业集聚区位优越的区域，集聚效益由此形成。

（三）按照产生的时间顺序划分

按照产生的时间顺序，可以将社会效益分为延迟效益和同步效益。同步效益指的是在交通建设运营的同时所一并产生的效益。这种效益存在于交通建设项目的整个过程中。通常，开发效益和投入效益包含于同步效益之中，而同步效益受益的主体则是同时享有开发和投入效益的部门。当然，并非所有的效益的产生都与交通建设及其运营同步，之所以存在某些社会效益滞后于城市道路交通的运营与建设，是因为道路社会效益的特点中包含长远性。与此同时，多种因素能够影响效益延迟的时间，传递效益和波及效益包含于延迟效益中，长期影响着整个社会的发展。

综合上述对交通社会效益的分类，并且从交通的建设期和运营期的角度对其产生的效益进行全面客观的分析。投入效益是交通建设期间社会效益的主要内容，也就是直接投资效益；而开发效益、产出效益和潜在效益则主要存在于运营期间。

第二节　道路建设项目社会效益评价

一　社会效益的评价原则

为了客观全面地对交通社会效益进行评价，在评价过程中应当遵守以下原则：（1）全面、客观原则。国家或区域制定的国民经济和社会发展目标是社会效益评价的依据，而且从影响对象、时间和空间的角度出发，为使得效益评价能全面反映社会各阶层利益，应当客观全面地从有利影响与不利影响两方面考虑。（2）实用性原则。社会效益评价所具有的特性便是反馈效应，新项目的立项与评估的基础便是其给政府的反馈结果，进而作为调整投资与规划的论据。（3）可操作性原则。社会效益评价虽说有明确的定义，但与之对应的外在表现形式也是存在的，因而可以通过观察和计算得到。（4）定量与定性相结合的原则。当然，并不是所有的指标都可以量化，由于社会效益包含的内容杂而广，即使是有些指标可以通过量化，但也不能够表现具体问题。因而，定性描述则是社会效益评级过程中所需要注意的，因为这样才更有利于对社会效益进行表达和理解。

二 社会效益的评价特点

由于影响交通建设的社会因素较多，使得其所涉及的方面较为广泛，进而对国民经济的影响也比较大。由此看来，道路建设所产生的影响远远要高于道路作为运输方式所做的贡献，道路建设所具有的是经济和社会两方面的双重影响。不仅如此，对于交通效益评价也有许多鲜明特点：（1）宏观性。道路沿线区域非运输领域的产业部门大多是道路建设的受益者，为国家和地方的每项发展目标所做出的影响与贡献则是其分析的重点，此处的发展目标涉及各个领域。不仅如此，对道路建设的全面分析评价是交通效益评价的基础，而且还要注重效益的宏观性。（2）间接性。道路建设对经济和社会的整体发展所带来的影响是通过其与国民经济各部门和社会再生产各环节之间的技术经济联系和相互作用反映出来的，这其中既有直接效益也有间接效益，而间接效益则占了大部分。（3）长远性。一般道路建设投资大，相较其他建设而言配备设施也比较多。不仅如此，道路建设所产生的影响一般要等到多年以后甚至更长时间才能体现出来。因而滞后性和长期性等是道路建设所带来的社会效益的特点。（4）定量难。社会效益的表现形式多种多样，一些既不能用实物定量也很难用货币定量。因此，定量与定性分析相结合的方法是针对解决社会效益评价定量难这一问题的有效措施。

三 社会效益的评价指标体系

针对不同的项目来评价它的社会效益的时候，要根据实际情况构建不同的社会效益指标。根据目前国内外的研究，对于社会效益的评价指标主要是在高速公路、新闻业、森林等方面有着较为深入的进展。赵凤山等基于对高速公路的研究调研提出了一个有关高速公路所产生的社会效益评价理论体系，该体系主要分为两个方面，一方面主要概括了四个大方向的评价指标：一是推动社会发展程度，二是推动经济发展程度，三是推动政治稳定程度，四是推动高速公路建设部门素质指标等[1]。在另一方面每个上层评价指标之下又涵盖了更为详细的小指标。与此同时，关于新闻对于社会效益的研究也初具成果，如杨绪忠构建了关于新闻业所产生社会效益的指标体系[2]。道路建设工程所产出的社会效益不仅涵盖了因为工程的存在给这个社会带来的有利因素，同时也体现了该工程对实现社会发展目标所具有的作用，在此过程中所产生的作用不单单是积极的社会效益，也不排除存在负面的社会效益。如张力研究了道路绿化改造所带来的城市景观、意象等社会效益[3]。当然，由于各国的国情不同，导致了国内与国外在社会效益的理解上存在着许多偏差，有着不同的理解。所以关于社会效益的评价在以国外的某些理论和做法作参考和研究的时候，要结合我国的现状，具体问题具体对待。

四　社会效益的综合评价方法

合理的道路建设对改善城市交通环境具有巨大作用，有利于解决各类交通及其他方面问题，并能够带来无形的、长期的、巨大的社会效益。由此如何有效合理地建立指标体系并评价其社会效益成为一个有价值的研究课题，而评价方法的科学性是客观评价的基础，值得进行深入探讨。由于交通建设项目社会评价指标较多，各个指标的重要性有所区别，所以综合评价的结果具有一定模糊性。目前，常用于社会评价的方法主要有矩阵分析总结法、专家会议法、问卷调查法、德尔菲法、层次分析法等[4]。下面就对各类评价方法进行具体的介绍，并对其在交通领域的应用进行总结，以期对接下来的研究起到指导作用。

（一）系统动力学方法

系统动力学（System Dynamics，SD）由美国麻省理工学院福瑞斯特

---

① 赵凤山、秋露、胡连杰：《高速公路间接社会效益指标体系研究》，《东北公路》1996 年第 1 期。

② 杨绪忠：《新闻业社会效益指标体系研究》，《财经理论与实践》2002 年第 2 期。

③ 张力：《城市景观中的道路绿化设计研究——以江南部分城市为例》，《杭州师范大学学报》（社会科学版）2011 年第 5 期。

④ 郭铜元、何慧斌：《城市道路交通建设项目后评价中的社会评价的研究》，《交通与运输》（学术版）2007 年第 1 期。

创立于 1956 年，是一种以反馈控制理论为基础、以计算机仿真技术为手段、用于复杂社会系统定量研究的方法①。我国于 1980 年引进系统动力学，1986 年召开了首届全国系统动力学学术交流会，此后许多研究机构开展了这门学科的研究和应用②。在区域社会经济系统这个开放的动态复杂系统下，交通作为一个子系统，而交通建设项目能改善区域交通子系统的功能，进而促进区域内其他子系统的发展演化，最终加速区域内经济的发展，这其中存在着非常复杂的多环反馈机制。因此，运用系统动力学方法比较区域内建设公路项目与不建设该项目两种情况下国民经济发展状况的差值，侧面体现交通建设项目对区域经济发展的综合效益，即社会效益。

邹苏华等③在对吉茶高速公路的社会效益研究中，通过系统评价方法构建了交通运输与地区经济发展的系统动力学模型，利用计算机模拟技术计算分析了高速公路的各种情形，预测出了从 2012 年到 2032 年的湘西州的 GDP 差值，通过该数据来评价高速公路修建后所具有的社会效益。邹苏华等的研究结果显示，高速公路的修建对于湘西州的经济具有 1%—2% 的促进效果，具有良好的社会效益。

（二）动态投入产出模型

在当今的商品经济社会中，投入产出模型用来刻画社会经济活动的全过程是非常必要的。投入产出模型是指利用大量实际经济数据，构造反映国民经济各部门之间生产联系的投入产出表，根据该表可计算出各部门的投入系数（即直接消耗系数）和完全消耗系数，并可进一步计算各部门的影响力系数和感应度系数，分析判断各部门对国民经济其他部门的影响或其他部门发展对某一部门的影响。投入产出模型，按分析过程是否包括时间变动因素分为静态模型和动态模型。静态投入产出模型只是考察某一个时点（通常为年度）上经济系统各部分间的投入产出数量的依有关系仅包括劳动对象和生产服务方面的生产技术联系。由于该模型本身不能反映生产性投资与下一期生产活动的内在联系，因而具有一定的局限性④。

---

① 王其藩：《系统动力学》，清华大学出版社 1998 年版。
② 姜洋：《系统动力学视角下中国城市交通拥堵对策思考》，《城市规划》2011 年第 11 期。
③ 邹苏华、刘睿劼、张智慧：《高速公路社会效益的系统动力学评价——以吉茶高速公路为例》，《工程管理学报》2011 年第 5 期。
④ 边刚：《对动态投入产出模型的探讨》，《黑龙江财专学报》1993 年第 2 期。

动态投入产出模型通过引入具有一个多年延迟效应的投资过程，使动态投入产出模型可以从时间上反映国民经济在某一个时期的发展轨迹，表述国民经济各部门之间实物上的平衡和结构上的协调。

王海霞[①]等选取系统动力学法、投入产出法建立了评价指标体系，对高速公路网的经济社会效益和环境影响进行了评价分析，并通过对两种方法的结合更加全面地衡量了高速公路网的各项效益，对政府的工作有指导意义。

本书运用动态投入产出模型来分析评价公路建设项目所带来的社会经济效益，可以有效地分析特定时期的区域结构与生产技术联系，以及项目对国民经济各部门的增长和结构的影响，因此可以直观地得到社会经济效益值。

（三）数据包络分析法

数据包络分析法（Data Enevlopment Analysis，DEA）是运筹学、管理学与数学、经济学交叉研究的一个新领域，是评价决策单元间相对有效性的非参数的统计方法。它把相对效率概念作为基础，用来测评分析决策单元（具有相同类型）是否技术有效。其中一种基本方法是把将要评价单位看成一个决策单元（DMU），再由许多决策单元组成被评价的群体，人们再对投入和产出值所占有的比重进行分析，根据每个决策单元的投入和产出指标所具有的权重并以其作为变量进行运算，从而求得有效生产前沿面，然后通过有效生产前沿面和每一个决策单元之间的距离判断出每一个决策单元是否是有效的。与此同时，人们也可以利用投影的方法来说明解释非 DEA 有效或者是弱 DEA 有效的 DMU 理由和与之对应的改进方法。因为数据包络分析法并不需要对参数进行提前的估计处理，所以该方法可以减少因主观因素对最后的结果带来的影响。与此同时，该方法具有减少运算量、减少误差等优点。最近几年，DEA 法越来越多地被应用到技术和生产力进步、技术创新、关于成本收益利润问题、资源配置、金融投资、非生产性等各个领域进行有效性分析，从而进行评价决策。DEA 法并不直接对数据进行综合，因此决策的最优效率指标与投入指标值、产出指标值的量纲选取无关，应用 DEA 法建立模型前无须对数据进行无量纲处

① 王海霞、陆伟、刘洋等：《高速公路网规划中期评价理论方法》，《公路交通科技》2012 年第 8 期。

理。与传统的统计方法相比，数据包络分析法在处理多输入、多输出方法问题上具有特别的优势①。

比如袁海婷②将四川的高速路建设与当地社会经济的发展之间的关系作为实际案例，通过将 DEA 法同因子分析法融合在一起的途径来构建评价模型，初步验证了指标体系评价法，最终得出结论：建设四川高速路有效推动了该地区社会效益的增加，带动了该地区经济的全面持续发展。

（四）灰色关联分析法

道路建设产生社会效应的影响因素诸多，而不同影响因素对效应的产生影响程度不尽相同，表现出明显的灰色性。灰色系统理论是一门研究信息部分清楚、部分不清楚并带有不确定现象的应用数学学科。客观世界包含大量的确定信息和非确定信息。既含有已知的信息又含有未知的、非确定的信息的系统，被称为灰色系统③。灰色关联分析法是用来探寻分析系统中每个因素相互之间联系的方法，该方法通过有限的数据对灰色系统展开分析、与通常的回归分析相比较，灰色关联需要较少的数据并且具有很高的分辨率，因而有着较优越的实用性及扩展性。灰色关联分析法是通过计算评价指标值序列与评价基准序列的灰色关联度来对方案进行综合评价和优选排序。客观性是灰色关联分析法的最大优点，减少了因为主观判断产生的不必要的影响。该方法利用样本数据经过一系列的数学计算得到权重，实际上结论完全是由数学信息得来的。相对于层次分析法而言，该方法具有操作简单的特点，应用者如果能够熟练掌握，可以自己对数据进行处理，得到结论。

灰色关联分析法对样本量要求不高，且不需要样本具有典型的分布规律，具有计算量小、计算结果与定性分析一致的优点，有广泛的适用性④。张晓春等⑤把建立在单个指标评价基础上而开展的综合评价分析称

---

① 李海燕：《数据包络分析法（DEA）在新增建设用地利用效率评价中的运用》，《福建建材》2015 年第 12 期。

② 袁海婷：《区域高速公路网社会效益评价》，硕士学位论文，西南交通大学，2009 年。

③ 王宇、解宝新：《灰色关联法在湛江大道路线比选中的应用研究》，《山西建筑》2015 年第 2 期。

④ 李猛、刘虎城、韩晓猛等：《基于灰色关联度的高速公路新建与改扩建项目造价影响因素对比分析研究》，《北方交通》2015 年第 7 期。

⑤ 张晓春、覃裔：《城市轨道交通近期建设方案灰色关联评价分析方法》，《城市轨道交通研究》2010 年第 9 期。

作一个"灰色"概念，通过构建灰色关联综合评价分析法，综合分析评价轨道交通的建设方案。通过"目标—准则—指标"的层次结构评价系统，确立了一种方法用来计算参考序列与灰色关联分析基准序列以及关联系数和关联度。最终该方法获得了比较合理的结果，具有很好的可行性。

（五）模糊综合评价法

道路建设产生的社会效益种类较多，包括生态效益、直接投入效益、产出效益、诱导效益等，对其的社会评价指标较多，所以综合评价的结果具有一定的模糊性。采用模糊综合评判的方法能反映以上特点，有利于对道路建设项目的社会效应和可持续性发展进行全面深入的分析[①]。以模糊数学为基础的模糊综合评价，是一种利用模糊关系的合成原理，进而将一些不易定量、边界不清的因素定量化综合评价的方法[②]。同时应用其合成的原理，对评判事物隶属度等级从多个因素状况进行综合评判。模糊综合评判包括模糊关系矩阵、评语等级论域、评判因素论域、评判因素权向量、评判结果向量和模糊算子六个基本要素。模糊评价对于模糊的评价对象采用的是精确的数字手段处理的，对于具有模糊性的信息资料可以作出比较合理的、科学的、贴近实际的量化评价；由于评价结果不是一个点值而是矢量，因而包含着比较丰富的信息，在对被评价对象进行比较准确刻画的同时，又能够深入加工，以得到更多的参考信息。

牟能冶、张锦和陈菊将城市轨道交通规划综合评价指标体系通过利用层次分析法的原理划分成了经济效益评价、技术能力评价、社会效益评价、工程建设评价和环境影响评价五个准则层，并对各准则层的指标隶属度和评价指标进行了确定[③]。对每个评价指标所进行的单因素评价采用了模糊综合评价模型，进而又进行了第二级模糊评价，最后才得出总评价矩阵的结果。

杭艳秀和杭艳红在建立深圳地铁社会效益指标评价体系时，采用了模糊评价法和层次分析法，并且通过对深圳地铁的社会效益进行预测评价，

---

① 郭铜元、何慧斌：《城市道路交通建设项目后评价中的社会评价的研究》，《交通与运输》（学术版）2007 年第 1 期。

② 柳军：《模糊综合评价在水环境质量评价中的应用研究》，硕士学位论文，重庆大学，2003 年。

③ 牟能冶、张锦、陈菊：《城市轨道交通规划模糊综合评价方法研究》，《铁道运输与经济》2007 年第 1 期。

得出了地铁的建设对于促进可持续发展存在积极的作用且社会效益结果显著的结论①。

刘洋等建立了区域综合交通体系社会效益的层次—区间模糊综合评价模型，首先利用层次分析法确定了区域综合交通体系社会效益评价指标体系，并在模糊综合评价模型中引入了区间值的概念，充分利用原始数据的有效信息，避免了传统方法在数据处理上的缺陷②。

（六）德尔菲法

德尔菲法是利用通信方式的方法，又被称为专家调查法。通过利用系统的程序，采用的发表意见的方式是匿名的，使得专家们只能与调查人员发生关系，而各个专家之间不发生相互联系，同时也不能相互讨论，经过多次调查专家对问卷问题的看法，并不断征询、归纳、修改，最终以专家们的一致看法作为预测结果。德尔菲法比较可靠并且具有广泛代表性；通过集思广益，充分发挥各个专家的作用，因而准确性较高。正是由于其具有反馈性、匿名性、统计性等特点，调查过程中对专家意见的统计、分析和反馈，充分发挥了信息反馈和信息控制的作用。因此，德尔菲法已经在各个领域得到了广泛应用，不仅可以用于预测领域，还能够在各种评价指标体系的建立和具体指标的确定过程中广泛应用。此外，该方法使可能较为分散的评价意见逐渐接近，最后集中在比较一致的测定结果上。德尔菲法既能充分发挥有关专家的集体职能，又可以避免专家会议的特点。

刘瑞超等③则将德尔菲法、层次分析法及模糊综合分析法巧妙结合，构建了"指标遴选—权重确定与修正—评价运算"评价体系流程，充分研究高速公路对区域发展影响的态势与差异性，从经济社会环境角度建立指标体系，设计 DAEF 评价模型。该算法集成了德尔菲法（Delphi）、层次分析法（AHP）、信息熵（Entropy）、模糊综合评价法（FCE）的成功之处，简称 DAEF 算法，其将实践经验和科学理论相结合、从定性到定量的数学方法体现了这四种算法各自的优势。经实证检验：高速公路对山东

---

① 杭艳秀、杭艳红：《地铁的社会效益指标体系构建及评价研究》，《科技与企业》2015 年第 1 期。

② 刘洋、朱彦东、于世军等：《基于区间数的区域综合交通体系社会效益定量评价》，《现代交通技术》2012 年第 3 期。

③ 刘瑞超、丁四保、王成新等：《高速公路对区域发展影响的评价体系研究——以山东省为例》，《地理科学》2012 年第 7 期。

省区域经济、社会发展呈正向影响，对区域环境变化呈负向影响，影响力逐渐增强；评价体系能够准确反映高速公路对区域经济、社会影响的空间差异。

（七）C–D生产函数法

C–D生产函数是美国数学家柯布（Charles W. Cobb）和经济学家道格拉斯（Paul H. Douglas）共同探讨投入和产出关系时创造的生产函数。该生产函数以农业生产经营成果为目标，描述了农业产出与生产要素之间的关系，在很大程度上能够反映农业生产过程的客观实际[1]。许多学者也将此种方法应用于其他领域的研究。生产函数是"从资源的角度，分析生产过程中所投入的生产要素与其产出量间的技术关系"[2]。根据所投入生产要素数量的变化种类，生产函数可以分为一种可变投入生产函数和多种可变投入生产函数；"较常见的生产函数有柯布–道格拉斯生产函数（即C–D生产函数）和固定投入比例生产函数"，其中柯布–道格拉斯生产函数在实践中被大家普遍应用，$Y = A \times K^{\alpha} \times L^{\beta}$ 是其基本形式，描述的是在一定的技术前提下，生产过程中劳动力的数量以及所投入的资本与能够产出的最大产量之间的依存关系[3]。

综上所述，项目财务评价、项目国民经济评价和社会效益评价构成了城市交通项目效益评价分析的主要内容。对于前两方面的研究已经比较成熟，而对于社会效益的研究则停留在定性研究方面。在城市交通项目效益的研究上，主要成果体现在效益的分类和效益的分析方法两方面。在项目效益的分类上，虽然国内很多学者对城市交通项目效益的分类各不相同，但大致都体现在两方面，即经济效益和社会效益；项目效益的分析方法有定量分析和定性分析，但大都以定性分析为主，在社会效益的定量测算分析上，采用的是柯布–道格拉斯生产函数（C–D生产函数）的系统动力学和投入产出法等。系统动力学为交通项目社会效益的分析提供了一种方法，并且适用于研究复杂的系统，但系统动力学模型认为模型结构的正确

---

① 唐焱、吴群、刘友兆等：《基于C–D生产函数的农用地估价实证研究》，《南京农业大学学报》2003年第3期。

② 齐亚伟：《环境约束下要素集聚与区域经济可持续发展》，博士学位论文，江西财经大学，2012年。

③ 聂红隆：《开放经济条件下贸易保护对技术进步的影响》，博士学位论文，江西财经大学，2009年。

性比模型参数的精度更重要，这对于解释和预测系统状态来讲不尽合理；同时城市交通系统动力学模型还不够成熟，缺乏研究的基础①。投入产出分析主要用于分析特定时期的区域经济结构与生产技术的联系，进行区域综合评价、短期预测和政策模拟，但在投入产出模型分析中假定其系数不变，忽视技术进步、产业结构变化等对社会经济的影响，并且许多区域的投入产出表仍是空白，从而限制了该方法的应用。C－D生产函数能很好地描述所投入的生产要素与其产出量间的技术关系，模型发展比较成熟。但就国内外研究而言，主要存在两大问题：一个是城市交通项目效益的分类不统一，对城市轨道交通社会效益的形成过程和作用机理缺乏系统的分析研究；另一个则是尚未形成成熟、全面的评价指标体系②。

---

① 刘丽、周亚平：《基于北京私车消费系统动力学模型的城市交通发展研究》，《城市发展研究》2008 年第 6 期。

② 陈世勋、陶小马：《上海城市轨道交通体系社会经济效益估算分析》，《城市轨道交通研究》2004 年第 1 期。

第三章　新型城镇化与产业发展

第一节　新型城镇化与产业发展现状

城镇化是指分散的农业人口向城市集中的过程[①]。我国当前城镇化率已超过50％，这标志着我国已经进入城镇化高速发展阶段。新型城镇化建设需要产业升级来支撑。那么，新型城镇化能否推动产业的发展与升级，引领产业结构趋于合理化和高度化呢[②]？这也是本章节重点研究的问题。随着城镇化的发展，农村人口逐渐流向城市，城市规模不断扩大，城市经济结构、社会结构逐步优化升级，人民群众的生产生活方式也随之发生根本变化[③]。在此过程中，产业结构和产业布局不断发展，并趋于合理。以往研究中曾指出产业结构和产业布局与城镇化之间存在明显互动关系。龙奋杰等基于全国层面上城镇化率对第二产业就业结构存在很大的影响，同时第三产业就业结构对城镇化率也有较大影响，并且以贵州省为例分析得出城镇化率对产业就业结构不存在显著影响，产业就业结构却显著影响城镇化率的结论[④]。因此，分析产业现状不仅有利于国民经济及社会的发展，更有助于推动城镇化的进程。下面从主导产业、先导产业与战略性新兴产业三个方面来剖析产业发展的现状。

[①]　宋栋：《我国农村城镇化的现状及其未来发展的构想》，《人口学刊》1993 年第 2 期。

[②]　蓝庆新、陈超凡：《新型城镇化推动产业结构升级了吗？——基于中国省级面板数据的空间计量研究》，《财经研究》2013 年第 12 期。

[③]　龙奋杰、王雪芹、王爵等：《产业发展与城镇化互动关系分析》，《城市问题》2015 年第 7 期。

[④]　同上。

一　主导产业

主导产业是在一定时期内依靠科学技术进步带动区域经济、促进其他相关产业发展的产业类型[①]。主导产业形成的主要动因包括产业技术创新、产业结构升级、需求水平与需求结构变动等。罗斯托对主导产业进行系统的研究后首次提出"主导部门"概念，并认为主导部门的序列随经济发展也相应发生变化[②]。

关于主导产业的选择基准主要包括收入弹性基准、生产率上升基准、产业关联度基准以及比较优势基准[③]。基于不同视角，各基准选择的主导产业存在较大差异。收入弹性基准基于市场的供求视角认为应该选择收入弹性高的产业作为主导产业。生产率上升基准基于供给视角认为应该选择技术水平高、生产率高的产业作为主导产业。产业关联度基准基于产业链角度认为应该选择能带动其他产业发展的产业作为主导产业。比较优势基准基于国际视角认为应该选择在国际竞争中占据优势的产业作为主导产业。

国内主导产业研究最早起源于区域经济发展理论，基于发达国家资本主义国家经济发展经验，旨在研究我国工业化不同阶段的不同带动型部门。国家在"九五"计划及未来长远规划中提出要着力振兴机电、石化、汽车以及建筑业四大支柱产业之后，主导产业研究从国家层面转到区域层面，各地方政府纷纷提出要选择和培育自己的区域主导产业。从国内外发展趋势来看，产业内以企业为载体的主导产业以及主导产业群的研究、主导产业使区域从依赖发展走向内生发展的路径研究是今后关注的重要领域[④]。因此，围绕着区域主导产业的研究主要有以下几个方面：（1）主导产业选择基准的研究。李新和刘朝明（2007）结合我国高新区发展状况

---

①　陈刚：《主导产业概念内涵新探》，《理论导刊》2003 年第 9 期。

②　卢武强：《论罗斯托的经济发展阶段论及其影响》，《高等函授学报》（自然科学版）1994 年第 1 期。

③　童江华、徐建刚、曹晓辉等：《基于 SSM 的主导产业选择基准——以南京市为例》，《经济地理》2007 年第 5 期。

④　秦耀辰、张丽君：《区域主导产业选择方法研究进展》，《地理科学进展》2009 年第 1 期。

有针对性地提出高新区主导产业的选择基准①。王晨琪和王爽（2010）对省级主导产业选择特殊性进行研究后提出了适合我国国情的省级主导产业的相关选择基准②。（2）区域创新与主导产业。马永红和王展昭（2014）从目标因素、区位因素及主体因素三方面对区域主导产业与区域创新系统的关联性进行分析，提出了促进区域主导产业与区域创新系统互动发展的相关对策③。 （3）主导产业与区域经济。王春艳、蔡敬梅和李卫东（2013）分析了技术创新、产业政策等因素对主导产业及经济增长的制约，并通过实证验证了主导产业对经济增加的重要的引领与促进作用④。

综上所述，主导产业在我国经济发展中占据主体地位，其对相关产业发展具有带动作用。同时主导产业这一概念是指短期至中期发展阶段中在国民经济发展中占据重要地位的产业。

二 先导产业

先导产业是指在一个国家或地区的中长期发展中具有战略性，同时能够引导其他产业向某一方面发展并在国民经济中占据重要地位的产业。先导产业是引领新一轮经济增长的主导产业，其实质是以生态经济、知识经济和就业经济为基础的经济模式，是解决经济转型、追求绿色 GDP、能源与气候变化、全球就业危机等问题的路径⑤。先导产业的特征主要表现为：（1）发展潜力大，可发展成为主导产业；（2）技术密集型产业，能够发展成为未来的高科技产业；（3）具有较强的产业关联度，优先发展则可带动其他相关产业发展⑥。

先导产业的发展着眼于国民经济和产业结构调整中的长期目标，关于先导产业选择基准目前尚无专门研究，可以借鉴国内外学术界关于产业选

---

① 李新、刘朝明：《基于区域创新视角的中国高新区主导产业选择基准》，《科技管理研究》2007 年第 9 期。

② 王晨琪、王爽：《主导产业的界定以及省级主导产业选择基准问题研究》，《中国物价》2010 年第 5 期。

③ 马永红、王展昭：《区域创新系统与区域主导产业互动的机理及绩效评价研究》，《软科学》2014 年第 5 期。

④ 王春艳、蔡敬梅、李卫东：《主导产业引领区域经济增长——基于禀赋约束理论模型》，《科技进步与对策》2013 年第 13 期。

⑤ 许正中、高常水：《后危机背景下先导产业发展路径探析》，《中国软科学》2009 年第 11 期。

⑥ 陈晓锋、王琼：《试论先导产业的概念、特征及其选择》，《新闻世界》2011 年第 4 期。

择基准的研究成果加以确立。结合先导产业对于区域经济发展的"龙头"使命，先导产业的选择应符合以下基准：比较优势基准、产业关联基准、技术进步基准、市场潜力基准以及经济效益基准等[①]。比较优势基准是基于区域角度进行区域间优劣势比较，认为应重点发展区域内具有优势的产业。产业关联基准是基于产业链角度认为应选择具有较大带动效应的相关产业。技术进步基准基于产业发展角度认为应该选择技术水平高、技术发展速度快、技术密集的产业作为先导产业。市场潜力基准从市场角度出发认为应该以一个产业的市场前景作为先导产业的选择基准。经济效益基准主要是从短期的经济效益角度出发认为应该选择经济效益具有上升性的产业作为先导产业。

目前学术界关于先导产业的研究并不多，而且主要集中在：（1）先导产业与经济发展。许正中和高常水（2009）认为区域创新促进先导产业集聚并进而能够促进区域经济发展[②]。（2）对某一特定产业的相关研究。黄慧玲（2013）应用SWOT方法[③]分析科技先导产业的发展形势，提出厦门科技先导产业的选择与其发展路径[④]。张丽英（2000）分析了发展生态旅游的障碍，并认为拥有范围内丰富生态旅游资源的西部地区应以旅游业为先导产业[⑤]。

综上所述，先导产业也具有产业联动性，但发挥作用的阶段与主导产业不同，先导产业总体上是指在国家或地区的中长期内具有重要作用的产业，在短期内其作用有限。

三 战略性新兴产业

科技创新与新旧产业更替对经济增长和社会进步的显著作用早已为人所共知。进入21世纪以来，各国科技竞争、产业竞争和综合国力竞争日益激烈，世界多极化、经济全球化深入发展，科技创新不断取得重大突

---

① 陈晓锋、王琼：《试论先导产业的概念、特征及其选择》，《新闻世界》2011年第4期。

② 许正中、高常水：《后危机背景下先导产业发展路径探析》，《中国软科学》2009年第11期。

③ 刘卫东、单娜娜、肖平：《利用SWOT方法分析县级土地利用的方向——以浙江省东阳市为例》，《华中师范大学学报》（自然科学版）2007年第3期。

④ 黄慧玲：《科技先导驱动是调结构、转方式的战略抉择——厦门科技先导产业发展路径分析》，《北京化工大学学报》（社会科学版）2013年第1期。

⑤ 张丽英：《生态旅游：西部地区先导产业》，《生态经济》2000年第9期。

破，世界范围内以知识技术密集、绿色低碳增长为主要特征的新兴产业蓬勃兴起，日益成为引领新一轮产业革命的主导力量。顺应发展潮流，近年来我国也开始对战略性新型产业积极部署，推动相关工作的全面展开[①]。2010 年，国务院发布了《关于加快培育和发展战略性产业的决定》，将培育发展新兴产业这一举措提升到战略高度，并确立了节能环保产业、新一代信息技术产业、生物产业、高端装备制造产业、新能源产业、新材料产业、新能源汽车产业七个重点方向。对于战略性新兴产业的定义，学者们观点不一。温太璞[②]认为战略性新兴产业应该具有外部经济效益和创新特征。江世银[③]认为战略性新兴产业是对产业结构合理化的长远性、关键性和全局性以及对区域经济发展具有影响的产业。综合大多学者的观点，本书认为战略性新兴产业是成长潜力大、综合效益好、知识技术密集、渗透性极强且对区域经济发展具有带动作用，以技术突破以及革新作为基础的产业。

周晶（2012）认为战略性新兴产业的特征主要有全局性、创新性、导向性[④]。此外，还有学者对此进行补充，提出其特征还包括技术先进性、互动紧密性和发展传导性等重要特征。综合大多学者研究，本书认为战略性新兴产业的特征主要有：（1）战略性。战略性不仅指一个产业对国家经济发展具有重要作用，还包括对国家整体上发展的宏观把握，从总体上体现国家的综合实力并维持国家内部各要素的稳定。（2）前瞻性。前瞻性是指战略性新兴产业既表现为在国家的发展中占据重要的地位，又表现在其对于国家未来相关产业的发展方向的把握上。（3）带动性。战略性新兴产业不仅需要谋求产业自身的发展，还需要在产业链上体现对其他产业的带动作用，从而促进相关产业以及整个区域的发展。（4）可持续性。可持续性既包括产业发展可持续性，也包括相关技术发展的可持续性以及创新能力的可持续性。

根据战略性新兴产业的特征，有学者提出战略性新兴产业的选择原

---

① 薛澜、林泽梁、梁正等：《世界战略性新兴产业的发展趋势对我国的启示》，《中国软科学》2013 年第 5 期。

② 温太璞：《发达国家战略性产业政策和贸易政策的理论思考和启示》，《商业研究》2001 年第 10 期。

③ 江世银：《区域战略性产业结构布局的模型建立和指标体系设计——兼论我国东中西部地区战略性产业结构布局》，《云南财贸学院学报》2005 年第 6 期。

④ 周晶：《战略性新兴产业发展现状及地区分布》，《统计研究》2012 年第 9 期。

则，即前瞻性原则、现实性原则、市场需求原则、技术创新原则、产业集聚原则、低碳与生态化原则①。

目前学者对于战略性新兴产业的研究主要集中在：（1）战略性新兴产业的评价与选择。贺正楚和吴艳（2011）结合战略性新兴产业的特点，采用 Weaver-Thomas 产业评价模型②，建立评价战略性新兴产业的指标体系以及相应的模型③④。（2）战略性新兴产业与经济增长。李强和楚明钦（2013）建立了能源产业对经济增长贡献率公式，用于计算能源方面的战略性新兴产业对经济增长的贡献率⑤。（3）战略性新兴产业与创新。李扬和沈志渔（2010）从战略性新兴产业集群的内涵、创新发展过程，以及相关政策角度分析战略性新兴产业集群的创新发展规律⑥。刘美平（2011）基于技术创新路径的视角，提出以战略性新兴产业技术创新为路径的共生模式⑦。

综上所述，战略性新兴产业是对国家的整体发展具有重要推动作用并能够促进国家综合实力增长的具有前瞻性与战略性的产业。国家在未来将重点培育和扶持节能环保产业、生物产业、新能源产业、新材料产业和新能源汽车产业等基础薄弱、发展空间大的战略性新兴产业，鼓励各地因地制宜，发展具备优势的战略性新兴产业，在财政、金融、税收政策等各方面继续加大对战略性新兴产业的倾斜力度，企业创新鼓励机制，完善知识产权的激励和保护机制，营造战略性新兴产业拓展的良好环境⑧。

结合上文，主导产业、先导产业与战略性新兴产业的相关概念的不同

---

① 刘洪昌：《中国战略性新兴产业的选择原则及培育政策取向研究》，《科学学与科学技术管理》2011 年第 3 期。

② 张丽：《模糊信息下战略性新兴产业评价模型构建及应用》，《统计与决策》2015 年第 10 期。

③ 贺正楚、吴艳：《战略性新兴产业的评价与选择》，《科学学研究》2011 年第 5 期。

④ 贺正楚、吴艳、蒋佳林等：《生产服务业与战略性新兴产业互动与融合关系的推演、评价及测度》，《中国软科学》2013 年第 5 期。

⑤ 李强、楚明钦：《新能源和常规能源对经济增长贡献的比较分析——兼论战略性新兴产业的发展》，《资源科学》2013 年第 4 期。

⑥ 李扬、沈志渔：《战略性新兴产业集群的创新发展规律研究》，《经济与管理研究》2010 年第 10 期。

⑦ 刘美平：《战略性新兴产业技术创新路径的共生模式研究》，《当代财经》2011 年第 11 期。

⑧ 周晶：《战略性新兴产业发展现状及地区分布》，《统计研究》2012 年第 9 期。

之处体现在：（1）在国家发展中，主导产业主要针对国家近期至中期发展的产业，先导产业针对的是国家未来的中期至长期发展的产业，而战略性新兴产业针对的是居于先导产业与主导产业之间的时期。（2）由于战略性新兴产业所处时期具有特殊性，所以战略性新兴产业不仅具有主导产业相关的特性，还具有先导产业的相关特性。（3）战略性新兴产业兼具主导产业的主导地位，又在一定程度上降低了先导产业发展的高度不确定性。所以，战略性新兴产业研究的是国家未来产业的相关发展方向，并且由于相对于先导产业其具有较小的风险性，因而更具有现实研究意义。

第二节　新型城镇化与产业发展历程

　　2001 年诺贝尔经济学奖得主斯蒂格利茨认为，影响 21 世纪世界进程的有两件大事，一是美国的高科技，二是中国的城镇化。这从一个侧面揭示出我国城镇化进程对人类文明发展的影响和贡献[①]。在当前的新形势下，探索中国新型城镇化理论与实践问题，具有重要的学术价值与实践意义。中共十八大报告指出："坚持走中国特色新型工业化、信息化、城镇化、农业现代化道路，推动信息化和工业化深度融合、工业化和城镇化两性互动、城镇化与农业现代化相互协调，促进工业化、信息化、城镇化、农业现代化同步发展。"李克强总理强调，以人为核心的新型城镇化必将成为拉动内需的最大潜力所在[②]。城镇化的推动会产生巨大的新产业空间。积极稳健推进城镇化进程，全面提高城镇化质量，必须处理好城镇化与产业发展的关系，促进城镇化与产业发展良性互动的新型格局的形成。从新中国成立至今，我国既出现过两者关系失调的情况，也经历过两者相互促进的历程。新中国成立以来，我国重点推进工业化发展，在短时间内建立起较为完善的工业体系；同时，随着国家经济、政治和社会环境的变化，城镇化也经历了不同的发展阶段。城镇化在不同时期各种因素综合影响下进展也不相同。基于此，可以将我国城镇化历程大致分为三个阶段：改革开放之前的波浪起伏时期（1950—1977 年）、改革开放之后的稳步推

---

　　① 唐任伍：《我国城镇化进程的演进轨迹与民生改善》，《改革》2013 年第 6 期。
　　② 姚士谋、张平宇、余成等：《中国新型城镇化理论与实践问题》，《地理科学》2014 年第 6 期。

进时期（1978—1995 年）和加速推进时期（1996—2011 年）①。

一　波浪起伏时期（1950—1977 年）

新中国成立以后，我国借鉴苏联模式建立计划经济体制，并迅速开展国民经济的恢复建设。"一五"期间苏联援华的 156 个重点项目奠定了我国工业化的基础，工业项目的建设吸纳了大量农民进入城市和厂矿工作，从而扩大了城镇人口规模，推动了城镇化进程。同时，大量工业基地建设促进了一批新兴的工业城市陆续崛起，这些城市依托坚实的产业基础不断扩大生产规模、延伸产业链，吸纳了大量就业。土地改革的顺利推进解放了农村生产力，农业生产连年丰收，为城镇化奠定了良好的基础。在这一背景下，城市数量和规模都有所增长。1949—1957 年，我国城市总数由 136 个增加到 177 个，城市平均人口规模由 42.4 万人增加到 56.2 万人，城镇总人口由 5765 万增加到 8285 万，城镇化率由 10.64% 提高到 15.49%。

1957 年中共中央国务院发布《关于制止农村人口盲目外流的指示》，1958 年国务院发布《中华人民共和国户口管理等级条例》，此后，以户口制度为基础，先后制定了粮食、副食品、燃料、住房、教育、就业、医疗、养老、婚姻等制度，在此制度限制下，中国城镇化缺乏农村劳动力流动和人口转移支持，导致城镇化长期落后于工业化②。1958 年后，"大跃进"运动开始全国性开展。小工厂、小钢炉、小煤窑遍地开花，城市人口剧增，城镇化率由 1958 年的 16.4% 提高到 1960 年的 19.7%。然而，重工业导向的盲目、急速、粗放发展导致产业结构严重失调。1960 年，重工业产值占工业总产值比重达到 66.6%，而轻工业和农业却出现负增长，农业发展受到抑制导致粮食产量连年减产，农产品供应严重不足，工业化质量也急剧下降，次品丛生。与此同时，重工业超高速发展也带来资源浪费和生态环境严重破坏、城镇人口规模超过了经济的承载力的问题，急速工业化和超高速城镇化暴露出不可持续性问题。1962 年的"七千人大会"提出"调整、充实、巩固、提高"的国民经济调整方针，要求大

① 李浩：《城镇化率首次超过 50% 的国际现象观察——兼论中国城镇化发展现状及思考》，《城市规划学刊》2013 年第 1 期。

② 马晓河、胡拥军：《中国城镇化进程、面临问题及其总体布局》，《改革》2010 年第 10 期。

规模精减城镇人口，压缩基本建设支出。1961—1963 年，全国精减职工1940 万人，压缩城镇人口 2600 万人，城镇化进程出现倒退，城镇化率降至 16.84％。大批城镇职工离开城市下乡务农，城市对农业需求压力降低，工业就业支出减少，工业生产效率提高，政府行为在表面上为城镇化与工业化的可持续发展创造了条件。

1966 年爆发的"文化大革命"使国民经济遭受严重破坏，国内生产总值增长陷入停滞。由于社会动乱，工农业生产受阻，农村经济和小城镇迅速衰落，同时随着"三线"建设的推进，大量企业被分散布局在交通不便的地区，工业建设对城镇化的推动作用被大大弱化。在此过程中，随着上山下乡运动的大规模开展，城市新增劳动力被有计划地安排下放到农村。城镇人口比例保持了比较稳定的状态。我国经济发展和城镇化进入低水平徘徊阶段。

改革开放之前，我国的城镇化进程总体上进展缓慢且伴随波折性。主要特点是：（1）以重工业为主导的工业化资金投入大、劳动力需求相对较低，因此整体上对农业人口转移带动作用较小[1]。（2）计划经济时代的工业化主要通过工农业剪刀差来积累工业发展资金，为保证这种资源流动的可持续性，控制城市基础设施和公共服务业，我国实行了严格的户籍管理制度，城市规模被严格限定，城镇化受到了人为的抑制。（3）城市作为区域经济增长发动机的功能未能充分发挥。由于人为限制农村和城市之间生产要素流动，城市更多是作为完整的经济体运行，与周边乡村的互动明显不足，由此导致城乡发展差距过大。（4）新中国成立之后，由于经济建设的经验不足导致挫折不断，"大跃进"、三年自然灾害、"文化大革命"等重大事件让国民经济发展遭受重大冲击。因此，在难以获得充足经济支撑的条件下，城镇化发展缓慢也成为必然。总之，经济发展整体形势不佳、城市自身效率低下、缺乏来自农村地区的需求刺激等问题导致我国城镇化的动力严重不足，发展进程缓慢[2]。

二　稳步推进时期（1978—1995 年）

1980 年全国城市规划工作会议确定了"控制大城市规模，合理发

---

① 辜胜阻：《中国城镇化的发展特点及其战略思路》，《经济地理》1991 年第 3 期。

② 王本兵：《我国城镇化发展的制度创新研究》，博士学位论文，中国海洋大学，2011 年。

中等城市，积极发展小城市"的方针[1]。改革开放以来，中国经济的高度发展，以及城市人口的恢复补偿性增长，使城镇化进入快速发展的轨道。1948年到2006年，中国城镇化率每年提高7个百分点[2]。1986年中国取消人民公社，"撤社建乡"、降低建制镇标准等行政举措推行，促使建制镇数量迅速增加；1984年，中央新户籍管理制度允许农民自带口粮进城务工、经商和进城落户，从而促进了农村人口向城镇流动。随着拨乱反正政策的实施，国家先后允许知青回城、下放干部返城，城镇人口迅速增长。

以农村改革为开端的改革开放极大地解放了农村生产力。1978—1982年期间，第一产业生产总值占GDP的比重由28.2%提高到33.4%，而第二产业所占比重则由47.9%下降到44.8%。农村经济迅速发展，带动整个国民经济逐渐活跃，中国逐步告别农产品短缺时代，为城镇化的推进提供了基本物质保障。农业生产率的提高让更多的农村剩余劳动力向非农产业转移就业。然而，在城乡二元分割的背景下，农村人口向城市转移仍然受到诸多限制，许多剩余劳动力流向乡镇企业，过着"离土不离乡"的生活。在大量廉价劳动力的支撑下，农村乡镇企业迅速崛起，农村工业化、就地城镇化模式逐渐成型，小城镇和农村集镇也得以迅速发展。

农村经济蓬勃发展的同时，城市经济体制改革也逐步打开局面，企业经济自主权增大、商品经济逐渐发展和投资来源多元化使得城市自我发展能力迅速增强。同时国家大力推进行政区划管理体制改革，城市数量增长较快。20世纪80年代中期以后，国家实行"市管县"制度，各地纷纷撤地建市，截至1995年，全国已有各级城市640个，其中20万人口以下的小城市323个；全国城镇人口达到35174万，城镇化率已经达到29.04%，比1978年提高11.12个百分点。

1978—1995年期间，我国第一产业增加值由1027.5亿元增加到12135.8亿元，第二产业增加值由1745.2亿元增加到28679.5亿元，第三产业增加值由872.5亿元增加到19978.5亿元。与此同时，各产业就业吸纳能力也逐渐增强。1978—2010年中国城镇化率与产业发展相关系数的

---

① 张宗书：《浅析城镇化方针与区域经济可持续发展》，《生产力研究》2012年第7期。

② 姚士谋、张平宇、余成等：《中国新型城镇化理论与实践问题》，《地理科学》2014年第6期。

分析结果（见表 1 – 1）表明：第一，城镇化水平与非农产业就业的相关性最高，其中，城镇化水平与非农产业就业人数的相关系数为 0.971，与非农产业就业比重的相关系数为 0.978。第二，城镇化水平与第三产业增加值的相关系数较高，第三产业发展对城镇化有较强促进作用。第三，城镇化率与非农从业人员比重的相关系数高于城镇化率与第三产业从业人员比重的相关系数，说明非农产业就业与城镇化发展的同步性更强，而第三产业在促进城镇化中的作用尚未充分发挥。

表 1 – 1　　　　1978—2010 年中国城镇化率与产业发展的相关系数

指标	第二产业	第三产业	非农产业
产值	0.792	0.824	0.806
产值比重	− 0.398	0.943	0.839
就业	0.983	0.954	0.971
就业比重	0.959	0.961	0.978

资料来源：《2011 年中国统计年鉴》。

这一阶段，我国开始实行小城镇为主的发展战略，在城乡二元结构的体制背景下，可以挖掘农村经济的潜力。通过发展乡镇企业使农民离土不离乡，实现农民生产、生活方式的就地转换，降低国家制度变革成本和农民迁移成本，成为当时我国城镇化和工业化互动的有效途径。然而，随着我国经济进入新的发展阶段，小城镇为主的城镇化战略暴露出局限性，如小城镇集聚效率低，规模经济不明显。并且随着城市改革的逐渐深入，来自城市的产业发展对乡镇企业造成巨大的竞争压力，乡镇企业进工业园区成为必然趋势，农民离土不离乡、就地城镇化的既有模式难以长期持续。

三　加速推进时期（1996—2011 年）

进入"八五"时期，东亚金融危机对国民经济造成很大的冲击，乡镇企业发展遇到前所未有的困难，国有企业不得不推进减员增效改革。在此不利的背景下，国家一方面鼓励下岗职工自谋职业或自主创业，出台各种援助政策促进下岗职工再就业，同时向城市转移积极劳动力，城镇化步伐继续加快。进入 21 世纪之后，中国初步形成了以大城市为中心、中小城市为骨干、小城镇为基础的多层次的城镇体系。随着城镇化进程的逐步展开，传统的以经济发展为中心目标、以外向型工业化为中心动力、以地方政府为主导、以土地为主要内容、以规模扩张为发展方式、以物资资本大量投入为驱动要素的城镇化模式已经不可持续，同时该阶段的城镇化进程也存在诸多问题①。

同时，随着多种所有制经济的蓬勃发展，我国彻底告别了短缺经济时代。为增强经济增长的动力，扩大内需成为首要的宏观经济政策取向②。为此，一方面，通过积极的财政政策，发行中长期国债来募集社会资金，进行基础设施投资，为经济持续发展打下基础，同时也为城镇化提供基本的物质保障；另一方面，我国政府改革房地产产业，确定了"住宅产业成为新的消费热点和经济增长点"的方针③。房地产业的快速发展带动了其他相关行业的联动发展，水泥、钢材、家居用品等行业迅速繁荣，居民消费需求得到释放，整体经济发展日趋繁荣。房地产业发展也直接推动城镇化发展，城市的居住环境得到改善，城市吸纳人口的能力得到增强。房地产业也带动了建筑业发展，吸引了大量劳动力就业。此外，房地产业迅速发展使得地方政府可以通过土地财政募集城市发展所需资金，弥补分税制带来的财政资金不足，从而进一步充实城市建设资金、维持市政基础设施投资和公共服务开支，为城镇化稳步发展提供保障。同时，中国在 2001 年加入 WTO，工业化进入重化工业阶段，外部需求和内部需求使得国民经济从 2003 年开始进入快速增长通道，钢铁、有色金属、建材、石化、化工等重化工行业出现产能扩张，汽车、机械、电子信息等行业发展势头迅猛，服装纺织、鞋帽、造纸等轻纺工业也迎来发展机遇期。

为与产业政策相配套，我国对城镇化战略进行调整。2001 年，国家提出"有重点地发展小城镇，积极发展中小城市，完善区域性中心城市功能，发挥大城市的辐射带动作用，引导城镇密集区有序发展"战略。2002 年，中共十六大报告中提出"坚持大中小城市和小城镇协调发展，走中国特色的城镇化道路"路线。自此，国家对大城市的发展限制得以放松，并确立了大中小城市协调发展的战略。2006 年，"十一五"规划进

---

① 倪鹏飞：《新型城镇化的基本模式、具体路径与推进对策》，《江海学刊》2013 年第 1 期。

② 岳文海：《中国新型城镇化发展研究》，博士学位论文，武汉大学，2013 年。

③ 曹振良：《论住宅作为新的经济增长点和消费热点》，《中国房地产》1998 年第 9 期。

一步提出，"要把城市群作为推进城镇化的主体形态"、"加强城市群内各城市的分工协作和优势互补，增强城市群的整体竞争力"、"具备城市群发展条件的区域，要加强统筹规划，以特大城市和大城市为龙头，发挥中心城市作用，形成若干用地少、就业多、要素集聚能力强、人口分布合理的新城市群"。2011 年，"十二五"规划进一步明确"两横三纵"的城镇化格局①。2012 年，党的十八大报告中提出"科学规划城市群规模和布局，增强中小城市和小城镇产业发展、公共服务、吸纳就业、人口集聚功能。加快改革户籍制度，有序推进农业转移人口市民化，努力实现城镇基本公共服务常住人口全覆盖"，由此形成大中小城市和城市群城镇化和产业发展的良性互动、共同促进新格局。

在国家政策与市场经济的双重推动下，我国城市人口的集聚趋势明显，大城市规模迅速扩张。其中人口超过 400 万的超级大城市由 2001 年的 8 个增加到 2010 年的 14 个，200 万—400 万人口的特大城市由 1995 年的 10 个增加到 2010 年的 30 个②。与此同时，长三角、珠三角和京津冀城市群也进一步发展，2008 年三大城市群的经济总量已占全国总量的 36.4%，固定资产投资占全国的 30.7%③。到 2010 年，我国已经形成大中小城市和小城镇协调发展、城市群迅速扩张的城市发展格局，为我国经济的快速发展提供了强大的载体和发展空间。我国虽然已进入中等收入国家行列，但是发展还不平衡，尤其是城乡差距量大面广。2012 年召开的中央城镇化工作会议指出，城镇化是现代化的必由之路，并提出了推进城镇化的主要任务，进一步阐述了城镇化的丰富内涵：推进农业转移人口市民化，提高城镇建设用地利用效率，建立多元可持续的资金保障机制，优化城镇化布局和形态，提高城镇建设水平，加强对城镇化的管理④。我国大力推进新型城镇化进程，能够在一定程度上改变农村落后的政治面貌，拉动内需，促进经济增长。

传统的城镇化的定义，是指城镇人口数量不断增长，城镇不断扩张的

---

① 《中华人民共和国国民经济和社会发展第十二个五年规划纲要》，《中国乡镇企业》，2011 年。

② 相关年份《中国统计年鉴》。

③ 《2010 年中国统计年鉴》。

④ 关一、苗大林：《我国新型城镇化进程中的机遇、挑战与建议》，《经营与管理》2014 年第 6 期。

过程。随着社会的变迁，城镇化的特点更多地表现为人口职业的转变、产业结构的转变、空间形态的变化，也包括人类社会的组织形式、生产方式和生活方式的变化。随着社会的不断变迁以及现阶段的时代特征，新型城镇化的模式应当逐渐向以科学发展观为指导方针，坚持"全面、协调、可持续推进"的原则，以人口城镇化为核心内容，以信息化、农业产业化和新型工业化为动力，以"内涵增长"为发展方式，以"政府引导、市场运作"为保障机制，走可持续发展道路，建设城乡一体的城市中国①。

第三节　新型城镇化与产业发展特点

我国的城镇化与产业发展之间关系紧密。产业发展是我国城镇化快速推进的动力源泉，城镇化则为产业发展提供了有力支撑。从区域层面看，城镇化和产业发展是伴随着区域经济水平的不断提高而相互促进。从产业发展角度看，通过产业向园区集中使得产业集聚发展趋势更加明显，并且在一些比较成熟的都市圈新型产业分工开始出现。从城镇发展角度看，城市规模不断扩大，城镇体系不断完善，城市群逐渐成为推动经济增长的重要力量。从动力机制来看，政府与市场的有效结合是我国城镇化和产业发展互动的重要保证。

由于各地区自然环境、区位条件和经济发展水平差异性较大，因而不同地区在产业发展和城镇化的阶段性上也存在较大差异，并表现出明显的区域非均衡性。人口、产业布局与自然禀赋密切相关也使得城市布局与人口、产业发展水平呈正相关关系。我国东部、中部、西部和东北四大板块的城镇化率也表现出与产业发展水平相似的差异。

改革开放以来，中西部地区的城镇化水平一直都低于全国的平均水平。2009 年，西部地区的贵州和西藏城镇化率依然低于 30% 的城镇化加速临界点，同时期的北京、天津、上海三个直辖市城镇化率则分别高达 85%、78.01%、88.6%，东部地区平均水平也比全国高约 5 个百分点，为 62.04%。而早在 2000 年，东部地区的北京、天津、上海、广东和东

---

① 倪鹏飞：《新型城镇化的基本模式、具体路径与推进对策》，《江海学刊》2013 年第 1 期。

北部的辽宁、黑龙江的城镇化率就超过 50%。此外，跟自身的自然资源禀赋和人口规模相比，中西部地区城镇化水平呈现发展水平较低、互动不强等特点。可以看出，不同地区的城镇化水平与本地经济发展阶段、产业发展水平和非农就业结构总体上是相适应的。

随着西部大开发、中部崛起和东北等老工业基地振兴战略的出台，中西部地区城镇化水平快速提升，同时东部沿海地区也因本地的劳动力、土地等生产要素成本上涨较快，一些劳动密集型产业开始向内地转移，这为中西部地区加快产业发展和城镇化的快速推进带来机遇。但由于各地区差异较大，因此未来在各地区产业发展与城镇化的非均衡性仍将长期存在。

现阶段，我国产业园区在产业集聚过程中提质增效，园区企业区间的联系更加紧密。过去，许多产业园区只是物理意义上的地理集中，各类企业缺乏有机联系的地理集中并不能真正实现产业效率提升，反而造成资源低效使用。为避免上述情况并实现"1＋1＞2"的发展效果，园区产业积极推进转型升级，使得相关产业及其机构之间形成共生、共荣状态。

在"中国速度"的城镇化进程中，许多挑战性问题已经初露端倪，其中产业发展与城镇化的摩擦和冲突表现得尤为突出。近年来随着经济的快速发展，工业化水平明显提高，城市人口迅速增加，城镇化速度加快，使得在城市分布相对集中、经济区位较为优越、经济比较发达的地区出现一批城市群。都市圈并不是单个城市的简单加总，其内部存在着竞争、分工与协作等积极关系。除此之外，大城市产业污染过度集中，小城镇造城运动中由于缺乏产业支撑而上演"空城计"，农业由于城镇大规模粗放式扩张而生存空间不断萎缩无不是这一问题的真实写照①。在全球化的背景下，受益于现代交通和通信技术的迅猛发展，传统分工向新型分工转变的趋势已在中国的部分发达地区尤其是大都市圈内的城市间及城市内部开始显现，这种产业分工转变是由产业间分工拓展到产品间分工，再到产业链不同环节，是一种更为细化和专业化的分工模式②。

目前，长三角、首都经济圈等地区已经或正在形成按产业链不同环节、工序甚至模块进行分工的新态势。按照这种分工模式，大都市圈的中

---

① 谢方、徐志文：《城镇化进程中产业的共生互动发展研究》，《商业时代》2014 年第 30 期。

② 魏后凯：《大都市区新型产业分工与冲突管理——基于产业链分工的视角》，《中国工业经济》2007 年第 2 期。

心城市或地区主要形成总部经济，重点承接研发、设计、培训、物流、销售、批发零售、商标广告管理和技术服务等环节，侧重于产业链的两端，形成生产性服务业，并实现高端人才集聚，而大都市圈郊区及其周边大中城市侧重核心制造环节，并与中心城市的产业形成产业链分工协作关系。在更为外围的小城市和小城镇则专门发展一般制造业和零部件生产，走专业化、特色化的路线。

以长三角为例，上海市中心区正逐步成为一些跨国公司和江浙民营企业总部集中地，而上海郊区和江浙地区则成为生产制造业基地，长三角地区内部的城市间形成一个一体化的产业链分工体系。基于这种产业链，分工可以整合区域内城市的整体竞争优势，实现优势互补、合理分工，形成良性互动、互促和错位竞争的产业发展格局，在充分发挥市场在资源配置中的决定性作用的同时，推进区域经济一体化，进而加快社会发展一体化的进程。

在计划经济时期，政府在工业化和城镇化互动中起着主导作用。为确保完成重工业发展目标，政府限制城乡人口流动，进而限制大城市发展。改革开放以后，农村包产到户率先突破计划经济束缚，受市场经济力量引导在城乡二元体制约束下发展乡镇工业，走出一条"就地转移"农村剩余劳动力的小城镇发展道路[1]。紧接着城市也缓慢地进行国企改革，引入市场等价交换激励机制。1992年，我国确立了社会主义市场经济体制的改革方向，逐步认可了市场在资源配置中的基础作用，尤其是在加入WTO后，我国城市发展逐渐融入世界经济体系中，并通过国际竞争推动市场经济体制的完善，产业发展和城镇化快速推进[2]。

具体而言，进入20世纪90年代，尤其是2000年以来，国家逐步认识到城镇化对于调整城乡经济结构、推动经济发展与社会协调发展的意义，开始强调城镇化要遵循客观规律，适应市场经济体制，同时也逐渐认识到大城市有集聚效应，资源和人才利用效率高，效益好。因此，控制发展的思路开始发生变化。党的十八大报告明确指出："坚持走中国特色新型工业化、信息化、城镇化、农业现代化道路，推动信息化和工业化深度融合、工业化和城镇化灵性互动、城镇化和农业现代化同步发

---

① 白南生：《关于中国的城市化》，《中国城市经济》2003年第4期。
② 周其仁：《工业化超前，城市化滞后》，《中国对外贸易》2012年第5期。

展。"我国正处在工业化和城镇化加快发展的关键时期，城镇化与产业发展息息相关，城镇化是产业发展的产物，城镇化的发展又能促进产业发展①。

从以上总结的特点来看，无论是产业结构调整、产业集聚发展，城市规模和城镇体系的完善，还是区域差异的变化都无不受益于市场机制自发拉动和政府政策积极引导的双重作用。在我国政府对城镇化规律深入认识的过程中，"三农"问题重视加深。从构建新型城乡关系，到新农村建设，再到统筹城乡，"三农"已经开始被纳入到城镇化的大框架中来统筹考虑。从国际经验来看，城镇化水平高的国家往往以发达的农业为基础，农业生产率的提高和农业现代化是城镇化健康推进的前提和基础②。对于农业人口占主体的中国而言，更须认真对待并协调好城镇化与农业现代化的关系。总之，随着市场经济体制的完善，以及政府在其与市场作用关系协调中对自身功能定位准确度不断提高，我国城镇化与产业发展关系进一步协调及合理化。

第四节　新型城镇化与产业发展实践

我国作为一个发展中国家，城镇化曾滞后于工业化，改革开放以后逐渐步入正轨，现处在协调互动阶段。不同于发达国家的城镇化模式，中国特色的城镇化模式具有政府主导、大范围规划和整体推动的特点。例如欧美国家以连续发展为主，即通常所说的城市蔓延。在我国，跳跃的城镇化发展方式更为突出，建立开发区、建设新区域新城等已成为中国推进城镇化的重要手段，也是十分具有中国特色的发展方式③。城镇化与产业互动发展也出现许多特色的实践形式。根据驱动力主体的不同及其对城镇化作用力的大小来看，城镇化模式主要有三种：一是以中央政府和地方政府共同驱动为主，实施影响范围广、实施力度大、体现国家战略导向的区域；二是以地方政府驱动为主推动了数以千计的、成为推动地方经济增长的产

①　赵小平：《城镇化与产业发展之间的关系研究》，《中国物价》2013 年第 12 期。

②　李瑞林、王春艳：《巴西城市化的问题及其对中国的启示——兼与中国城市化相比较》，《延边大学学报》（社会科学版）2006 年第 2 期。

③　李强、陈宇琳、刘精明：《中国城镇化"推进模式"研究》，《中国社会科学》2012 年第 7 期。

业园区；三是以市场驱动为主，形成主要吸纳农业转移劳动力、富民强国、广泛分布于全国各地的产业集群。

一　国家战略带动城镇化

国家战略是中央政府基于全局统筹考虑而提出的战略部署，具有明确的战略意图。改革开放以来，中国在不同的历史阶段，根据当时的经济社会发展背景，制定了一系列体现国家意志、给予全局和长远考虑的国家战略。近年来，国务院则比较密集地出台区域性规划或政策文件，对多个省（市、区）进行战略定位。《国家新型城镇化规划（2014—2020年）》（以下简称《规划》）将建设新型城镇化提升到了国家战略高度，《规划》对于城镇化的背景、意义、目标、原则、指导思想与具体实施计划进行了全面阐述并且对城镇化水平、基本公共服务、基础设施、资源环境指标做了明确的数量化设定，其中最为重要的是城镇化水平的指标，依据相关统计，2012年我国常住人口城镇化率为52.5%，户籍人口城镇化率为32.5%，预计到2020年，两项指标将分别达到60%和45%。《规划》的发展目标直接涉及日常生活、就业、社会保障、公共服务以及社会治理等一系列的全方位的变革。可见，国家策略对于未来推动新型城镇化具有重要的意义①。

（一）制定国家战略的重要意义

首先是深化国家各项改革的需要。通过选择一批有特点和有代表性的区域进行综合配套改革试验，以便于为全国深入推进体制改革积累经验、提供思路。其次是可以更好地融入地区经济和全球经济的需要。国家为扩大沿海、沿边、沿岸以及内陆对外开放水平，分别选择一些地区进行战略布局，并上升为国家战略。再次是能够促进区域协调发展的需要。中部崛起战略和西部大开发战略都是以实现区域协调发展为主攻方向，深入实施区域发展总体战略的重要举措。最后是促进国家产业结构升级、培育新的经济增长点的需要。

（二）实施国家战略的现状

目前，国内绝大多数省份都承担着特定领域的国家战略，但都处在起

---

① 朱逸、纪晓岚：《探究农村集体化的未来转向——基于"新型城镇化"国家策略的几点思考》，《天府新论》2014年第6期。

步阶段。现有的国家战略大致归纳为四类①：

（1）国家级新区。国家级新区级别较高，承担着国家经济社会发展战略，在开发开放、体制创新、产业发展能力等方面具有重要战略定位。目前，国家级新区发展总体规划一半由国务院或经国务院授权、国家发改委牵头负责规划编制和审批或报批，同时新区发展接受国家发改委业务指导和评估。2005年6月，上海浦东新区成为全国首个综合配套改革试验区。此后，为探索新的改革和发展模式，我国又陆续批准了3个全面型试验区和6个专题型试验区②。目前，国家已批准设立了重庆两江新区、浙江舟山群岛新区、兰州新区、广州南沙新区等国家级新区。

（2）国家综合配套改革试验区。国家综合配套改革试验区是我国社会主义现代化建设和社会发展中的新生事物。2005年6月，国家批准设立"上海浦东新区综合配套改革点"第一个综合配套改革试验区，由此拉开了我国批设国家综合配套改革试验区的序幕③。设立国家综合配套改革试验区是适应全面深化改革的需要，也是在科学发展观的指导下，为促进地方经济社会发展而推出的一项新举措，因而被称为"新区"。截至2011年底，国务院已经批准了上海浦东新区综合配套改革试验区、天津滨海新区综合配套改革试验区、成都市全国统筹城乡综合配套改革试验区、武汉城市圈全国资源节约型和环境友好型社会建设综合配套改革试验区、长株潭城市群全国资源节约型和环境友好型社会建设综合配套改革试验区等国家级综合配套改革试验区。此外，国家还批准了义乌市国际贸易综合改革试点和温州市金融综合改革试验区两个"综合改革试验区"。

（3）重点区域。为了加快重点区域发展，促进区域合作或扩大对外开放，国家批复中原经济区、海峡西经济区、鄱阳湖生态经济区、北部湾经济区、长吉图开发区开放先导区、皖江城市带承接产业区转移示范区等区域规划，进一步细化了国家区域政策，也体现了未来区域发展总体战略

①　可能有些地区属于其中的两类，如天津滨海新区既是国家级新区，又是综合配套改革试验区。

②　王佳宁、罗重谱：《国家级新区管理体制与功能区实态及其战略取向》，《改革》2012年第3期。

③　胡弘弘、江登琴：《对国家综合配套改革试验区法学研究的检讨与展望——基于现有学术理论成果分析的视角》，《法学评论》2012年第3期。

的要求。同时，为了落实海洋强国战略，国家批准了山东半岛蓝色经济区、浙江海洋经济发展示范区等规划，以发挥其在海洋经济、海洋生态环境保护、海陆统筹、海洋管理等方面的先行先试作用。对于未来重点区域的发展，国家也做了进一步的规划，根据"十三五"规划，坚持以深化改革为主线，全面振兴东北地区等老工业基地，进一步提升中部崛起战略的功能定位。"一带一路"战略为中部崛起提供了广阔的市场和发展空间，"十三五"时期中部地区应进一步加强区域层面的互联互通，依托长江经济带建设构建起四大区域联动发展的空间纽带，最后要进一步促进东部地区发展①。

（4）部分省（自治区）发展战略定位。除了上述几种类型之外，国务院已批复了关于云南、甘肃、新疆、内蒙古、贵州等省（自治区）发展的指导意见。这些指导意见基本体现国家总体意图，是新时期国家对这些地区提出的明确战略定位，如云南省实施桥头堡战略、海南省建设国际旅游岛、宁夏发展内陆开放型经济等。

（三）国家战略加速了城镇化进程

国家战略的实施对我国工业化和城镇化进程产生了巨大的推动力，其作用力无论从范围还是力度看，都远大于产业园区。主要表现在以下几方面：

（1）国家战略加速了城市的硬件建设，提高了城市规模的扩张速度和国际化进程。以上海浦东新区为例，20世纪90年代国家将浦东新区建设确立为国家战略，20世纪80年代经济技术开发区建设的能级得以迅速提升。强调规划先行，注重环境、形态和功能的紧密结合等新理念，以及新科技等应用作为支撑，为以后其他地区工业化和城镇化互动发展起到了引领和示范作用②。上海浦东新区的城镇化区域是设立之初的3倍左右。1990—2011年，浦东新区城市基础设施投资年均增长25%左右，2011年城市基础设施投资额达到272.02亿元（见图1-4），基本建成了"覆盖全区、东西联动"的立体化交通网络。

---

① 王业强、魏后凯：《"十三五"时期国家区域发展战略调整与应对》，《中国软科学》2015年第5期。

② 万曾炜：《浦东开发的成功是国家战略的成功》，《浦东开发》2012年第1期。

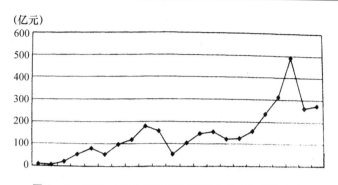

图1-4　1990—2011年浦东新区城市基础设施投资额

资料来源：《浦东年鉴（2012）》。

（2）国家战略以中心城市为依托，以大产业、大项目为重点，显著带动农业转移人口就业。在浦东新区开发开放的带动下，上海加大了大工业项目的招商，积极争取科技含量高、生产规模大、市场前景广、代表新兴产业方向的大项目的落户。产业和项目的发展大大提高了非农产业从业规模，由1990年的81.67万人增至2007年的179.90万人，而同期农业人口由52.27万人减至11.26万人，浦东新区城镇化由60.98%增至94.11%，每年约提高2个百分点，远远高于同期上海市城镇化率增速，也明显快于同期全国城镇化率年均增速15个百分点[①]。由于浦东开发开放政策红利的影响，上海市工业化水平不断提高，产业结构日益优化，2010年上海市第二产业从业人员数比重为41%，比全国同期水平高出12.3个百分点，而第三产业从业人员数比重为56%，比全国同期水平高出21.4个百分点[②]。第三产业吸纳劳动力就业能力明显增强，且远高于全国平均水平，上海市每年新增就业人数由1990年的14.17万人增至2010年的70.21万人。

（3）当前中国产业结构方面的问题主要不是各层次产业之间比例的高低，而是由产业发展方式粗放和发展质量低下引发的相关问题。产业发展方式粗放主要表现为高投入、高消耗、不协调、低效率等方面，这些问题在中国各产业部门中都有不同程度的反映，而重化工业部门尤为突出。与此同时，中国城镇化模式也同样存在粗放问题，集中表现为土地城镇化

①　相关年份《上海统计年鉴》。

②　中华人民共和国统计局：《中国统计年鉴》，中国统计出版社2011年版。

远快于人口城镇化，导致产业结构效益与城镇化效率"双低效"①。为了缓解并进一步解决此类问题，国家战略通过有效配置资源、统筹协调城市间功能和发展，增强了区域城镇化的动力。中原经济区、皖江城市带承接产业转移示范区、长株潭城市群、武汉城市圈、成渝经济区等重点区域加大承接国内外产业转移，并加快地区一体化进程，显著改善投资环境，逐步成为国家重要的制造业基地。并且，随着区域经济格局发生积极变化，中西部地区将成为支撑国家工业经济健康发展的接续板块，也将成为新时期工业化、城镇化和农业现代化协调发展的主战场。

（4）国家战略与区域特色结合，有利于提升区域竞争优势，也有利于提高本地区的全球知名度。长吉图开发开放先导区地处东北亚区域的地理几何中心，与日本、俄罗斯、朝鲜、韩国毗邻，地缘优势突出。随着国家战略的实施，长吉图开发开放先导区紧密结合当地资源禀赋，发挥产业基础优势，积极探索东北亚国际区域开发开放合作的区域发展模式，大力推进适应工业化、信息化、城镇化与农业现代化同步发展的新型城镇体系建设，区域竞争优势不断凸显。

二　产业园区推动城镇化

产业园区是区域工业化、城镇化的重要纽带和载体，是产业集聚推进的有效途径，是城镇产业支撑能力和吸纳就业能力提升的主要手段。近年来，我国许多城市从自身经济发展、城镇化建设现实出发，积极实施产业园区带动城镇化战略，充分发挥产业园区的集聚、承载、带动效应，城镇化建设步伐不断加快。产业园区能推动城镇化发展，首先园区发展集聚产业项目，带动农民就业创业，例如蓬莱市依托所规划建设的 12 个产业园区，着力培育发展 40 多个过亿元产业项目；其次园区发展提升城镇承载功能，吸纳农民向城镇集聚②。截至 2011 年底，全国已设立了 131 个国家级高新技术产业开发、88 个国家级高级技术产业开发区、13 个保税区、8 个综合保税区和 14 个边境经济合作区。此外，我国还拥有数以千计的县级、市级或省级开发区。产业园区的建设或扩大了老城范围，或形成了

---

① 张茱楠：《积极打造中国高质量城镇化战略——全球主要国家城镇化轨迹的启示与对策》，《全球化》2014 年第 3 期。

② 王占益：《以产业园区带动县域城镇化发展研究——以山东蓬莱为例》，《山东行政学院学报》2015 年第 3 期。

一批新城。产业园区发展对城镇化的推动作用主要表现为：

1. 产业园区发展大幅扩大了城市建成区面积

多数地方政府将产业园区选址在老城区外，需要征用成片土地进行大规模开发建设，这些土地一旦经过开发建设成产业园区之后将划入城镇区。可以说，产业园区的开发建设进程本身就是城镇化的过程。为了便于让产业工人在园区内工作，相应的生活配套设施随之诞生和完善。在老城区之外，以园区为基础建成一个崭新的城区，城区总面积和居住人口大幅增加，城镇建设和设施配套更加发达。例如，苏州工业园区在1994年2月经国务院批准设立，经过近20年的发展，现已变成一个产城融合的现代新城。

2. 产业园区可以定义为一大片土地细分后进行开发，供一些企业同时使用，以利于企业的地理邻近和共享基础设施

企业进入产业园区不仅可以共享基础设施和各类服务，还可能因配套企业或合作企业的地理邻近而降低物流成本甚至交易成本。尤其是对中小企业来说，进入优良的产业园区有利于发挥集体效益，享受创新的制度安排，并促使新企业繁衍[①]。因此，产业园区发展明显增强了城市的产业承载能力。综观全国各地经济发展，产业园区通过完善基础设施，优化投资环境，加快产业集聚，使得城市经济效益、集约化水平不断提高并成为当地经济新的增长点，是地方政府财政收入的主要来源。园区的繁荣与发展，保证了地方政府拥有较多的资金投入到城市建设和民生事业中，有利于营造出更好的社会生活环境。以珠海市为例，通过"4 + 4 + 1"的产业园区体系整合资源，集约发展，取得了良好效益，2010年全部园区实现工业总产值2488亿元，占全市工业总产值的比重高达83.4%[②]。同样，张家港市经济技术开发区地处杨舍镇，2011年工业总产值为1655亿元，占全市8个乡镇经济总量的近1/3[③]。开发区成为当地最具吸引力的企业和人才集聚地，进一步激发了城市的发展潜力。

3. 产业园区发展显著提高了城市吸纳劳动力的能力

绝大多数产业园区是在地方政府力量主导下建设起来的，除了原来当

---

① 王缉慈：《中国产业园区现象的观察和思考》，《规划师》2011年第9期。

② 杨康：《工业总产值占全市比重超八成》，《珠海特区报》2009年3月1日。

③ 《2012年张家港统计年鉴》。

地的一些企业搬迁至园区内之外，地方政府通过招商引资吸引更多的外地企业入驻园区。外地企业的入驻，不仅繁荣了园区经济，还吸纳了更多的劳动力就业，使得城市人口规模明显增加，城镇化水平进一步提高。经过10多年的发展，到2007年底，苏州中新工业园区周边4个乡镇90%的农村居民入住到现代化居住小区，5万余名农村富余劳动力转化为拥有技能的新型城市居民，同时吸引了超过35万的外来务工人员。

4. 产业园区发展显著提升了城市的知名度和美誉度

城市的知名度增强了城市集聚各种生产要素的能力，从而促进城市更好地发展。如一个具有影响力的城市首先可以吸引到更多的高端人才落户当地，支持当地经济发展。其次，吸引更具竞争力的国内外知名企业入驻，可为当地经济带来先进技术、研发力量和税收收入。此外，也吸引了各类金融机构进驻，为当地经济提供资金支持。北京市中关村科技园区向国内外展现了创新创业精神，吸引了大量富有创新创业精神的人才在此研发和创业。浙江义乌小商品市场的发展，使义乌市蜚声海内外，大量的海内外贸易活动集聚于此。人流、物流和资金流呈现流动快、规模大的特点，不仅有效地带动了当地经济的迅速发展，也促进义乌市城市建设和居民生活水平提高。经过多年的发展，各类园区在功能上出现了相互融合的趋势。例如，随着经济的发展和国内外环境的变化，各地高新区逐渐强调发展外向型经济，纷纷引进外商投资，扩大出口增加外汇，使高新区具有强烈的外向化趋势[①]。在这种趋势下，使得产业园区及城市站在全球化、信息化和现代化的角度，从而使得城市的知名度走向海外。

5. 产业园区发展促进城市文化传承和创新，彰显地方特色

产业发展跟地方文化、特色资源或特色产业相结合，使园区的发展在全国范围内更具差异化竞争优势，同时园区通过市场这只"看不见的手"使城市文化和区域特色更快地扩散和提升，促使城市保持长久竞争力，带动城市经济发展。上海市张江高科技园区与上海的高端人才集聚、金融中心、对外开放等地方优势相结合，构建了三个国家级基地，即国家生物医药科技产业基地、国家信息技术产业基地、国家科技创业基地，规划发展了文化科技创意、金融信息服务（银行卡）、光电子和信息安全四大关联

---

① 温锋华、沈体雁：《园区系列规划：转型时期的产业园区智慧发展之道》，《规划师》2011年第9期。

产业，也提出要将张江建成"中国硅谷"和"中国药谷"。乌镇国际健康生态休闲产业园是中国首个国家社保基金参与投资的综合性健康养老产业园区，结合乌镇旅游小镇、风情小城的文化底蕴，力争将桐乡打造成为世界知名旅游城市和未来中国养生休闲目的地。环青海湖民族体育圈是以青海湖为中心规划建设的体育产业园区，其显著特色是少数民族文化和体育活动相结合，寓体育于旅游、休闲、娱乐中，不断扩大体育旅游在青海湖旅游收入中的贡献份额。

6. 产业园区发展有助于更好地解决城市可持续发展问题

在新型工业化阶段，产业园区具备发展信息产业和高新技术产业的各种优势，能够促进就业容量大、经济效益好、资源能耗低、环境污染少的新型工业化道路的发展[1]。产业园区的建设，可以充分发挥土地、资金、水、电、人才、信息等生产要素的集聚效益，集约利用各种资源，特别是土地资源，突破资源有限性的制约，使资源发挥更大的效益。城市发展需要实体经济的支撑，而工业企业很难避免产生污染。产业园区的发展有助于更好地解决城市生态问题，企业集聚不仅有利于污染物由分散处理变为集中处理，更重要的是企业之间容易形成一个连续的生产流，一个企业的废物成为另一个合作伙伴的有效燃料或原料，从而形成循环经济形态，既节约企业成本，增加经济效益，又可以最大限度地减少排放，保持良好的生态环境。例如，山东鲁北生态工业园区是以鲁北化工集团为依托，已形成了磷铵副产磷石膏制硫酸联产水泥、海水"一水多用"和盐碱电联产三条工业生态产业链，实现了资源的最大利用和污染物的最少排放。园区已从单纯磷铵生产变成磷铵、硫酸、硫基复合肥、木泥、海水综合利用、硫酸钾、氯化镁等多种产业的企业群，实现了经济效益与环境效益的"双赢"。

三 产业集群促进城镇化

生产要素全球范围内自由流动和优化配置，产生了新的区域分工格局，在全球经济版图中出现了集中于某些地方的企业集聚现象，即所谓的产业集群。王缉慈等认为，产业集群是一组在地理上邻近而且相互联系的

---

[1] 朱坦、王天天:《资源型城市产业园区循环化改造是实现可持续发展的重要途径》,《中国发展》2012 年第 5 期。

企业和机构，它们具有产业联系而且相互影响①。产业集群作为一种有效的生产组织方式，最适合于产业链长、中间产品交易量大、弹性专精②生产方式明显的产业。产业集群在一个地区的出现是偶然与必然的统一。在许多国家，如意大利、瑞典、德国、瑞士等国，大量的中小企业构成了产业集群的主体，是地方产业发展的一种组织形态。在我国，产业集群较多产生于专业镇或专业园区，吸纳就业能力较强，是农业转移人口的"就业池"。在城镇化与产业发展互动关系中，产业集群发挥着特殊的作用，集群的网络协作机制有效地促进要素集聚、配置以及融入当地环境之中。产业集群加快了农村人口和劳动力向城镇转移，据国家有关部门预测，到2020年之前我国的城镇化率将达到57%左右，城镇化率每年将增加1个百分点，每年将有1000万以上的农村人口转化为城镇人口③。产业集群内部形成专业化劳动力市场，增加从业人员寻找合适职位的机会，有利于扩大就业规模。同时，在产业集群中，从业人员很容易利用这种生产组织体系的内在优势融入地方社会网络，如果政策允许落户，可就地实现市民化，这是地方政府推进城镇化的探索方向。

产业集群推动了第二、三产业向城镇集聚发展。集群内的企业处于同一区域内，地理位置接近，产品相似、原料相近，因此可通过集中采购的方式节约原料成本。企业生存的需要使得众多小企业向城镇集聚，而为第二产业配套服务的第三产业也随之不断向城镇集聚④。从产业集群出现的主要动力源类型（如资源优势、能人示范、市场带动、区位优势以及产业梯度转移等）、动力源产生的来源地（区域内部或区域外部）、集群产生的路径和方向（自上而下、自下而上或自外而内）、集群行业要素密集度（劳动密集型、资本密集型或技术密集型）四个方面，本书对产业集群产生模式进行粗略划分，可分为成长型、资源驱动型、规划引导型和产业转移四种不同类型产业集群。

在信息传输和商品交易成本大幅下降的趋势下，城市的地位显得越来越突出，这与人类的知识构成有关。一个人的知识构成中，90%属于沉默知识，必须通过在一定地理空间内人与人之间面对面的交流才能产生和发

① 王缉慈等：《超越集群：中国产业集群的理论探索》，科学出版社2010年版。
② 弹性专精是指柔性化生产过程中的灵活专业化生产。
③ 陈滢：《城镇化与产业集群的互动关系分析》，《经济纵横》2007年第10期。
④ 同上。

挥作用。沉默知识的相互交流和共振，使人类的能力提高了数倍。其中的原因在于知识专业化、互相交流、启发、学习和发挥：在当今知识爆炸时代，沉默类知识更需要交流激荡①。产业集群能够充分传播沉默类知识，激发"头脑风暴"，是技术创新的良好组织形态，同时产业集群多数分布在中小城市和小城镇。"前店后厂"是最原始的集群内企业形式。可以说，产业集群集产业形态和集聚形态于一体，对于促进工业化和产业发展互动具有比较直接的意义。

第五节　新型城镇化与产业发展问题

城镇化与产业化发展之间的关系是当前国内理论界研究的一个热点问题，多数学者认为，我国的城镇化水平滞后于工业化水平，在产业发展中尤以第三产业相对滞后②。虽然我国城镇化与产业发展进程进展明显，但在工业化和城镇化快速推进的过程中仍面临着突出的问题，如城镇化与工业化的阶段不相适应、人口与产业空间分布的不协调、服务业发展相对滞后、城市产业转型升级动力不足、城市群经济效应总体偏低以及资源环境约束日益增大等问题，这类问题均需在今后的城镇化快速推进过程中予以解决。

一　城镇化与工业化的阶段不相适应

在工业化和城镇化相互促进的进程中，我国城镇化曾出现过严重滞后于工业化及与工业化不相匹配问题，主要原因是我国半城镇化问题长期未能有效解决及产业结构的不合理。其主要表现在城镇化与工业化的阶段不匹配。事实上，许多发展中国家的城镇化与产业发展之间并不同步。由于二元结构的存在，城镇具有极大的"拉力"，农村具有极强的"推力"，而劳动力的自由流动引起了所谓的"过度城镇化"（over urbanization），即相对工业化水平来说，城市化超前发展③。根据钱纳里标准与中国事实

---

① 仇保兴：《应对机遇与挑战——中国城镇化战略研究主要问题与对策（第二版）》，中国建筑工业出版社 2009 年版。

② 赵小平：《城镇化与工业化、产业发展的协调同步问题研究综述》，《商业时代》2014 年第 13 期。

③ 同上。

比较可以发现，1985 年我国城镇化率为 23.71%，处于钱纳里标准的第二级，此时我国工业就业比重、工业增加值比重均显著高于钱纳里一般模式，说明当时我国城镇化滞后于工业化。到 2000 年，中国城镇化率达到 36.22%，相当于钱纳里标准的第三级，但此时农业就业比重明显低于钱纳里一般模式，而非农就业比重则高于钱纳里一般模式，非农产业增加值比重和工业增加值比重则分别比钱纳里标准高出 90% 和 26%，这表明工业特别是重化工业的快速增长并没有吸引更多农业专业人口就业，而这个就业缺口主要通过发展第三产业来消化。2006 年，我国城镇化水平刚超过钱纳里标准的第四级，此时除工业就业比重低于钱纳里标准之外，非农产业从业人员比重与钱纳里标准基本一致，而工业增加值比重和非农产业增加值比重则分别比钱纳里标准高 17.1% 和 15.5%，这说明本阶段的城镇化与工业化阶段水平不相适应。到 2010 年，我国城镇化率达到 49.95%，达到钱纳里标准的第五级，此时工业就业比重与钱纳里标准相当，其他三项均高于钱纳里标准，进一步说明城镇化水平与工业化水平的阶段不相适应问题更加突出，但不能就此直接判断我国城镇化水平严重滞后于工业化水平[①]。

另外，产业发展对城镇化拉动不足。改革开放以来，中国城镇化率由 17.92% 增加到 2010 年的 49.95%，而同期非农产业从业人员占从业人员总数的比重也由 29.5% 增加到 62.8%。经协整分析后的格兰杰检验发现，在 1% 的显著性水平下，城镇化率的变动是非农产业就业人口增加的格兰杰原因，而非农产业就业人口的增加却不是城镇化率提高的格兰杰原因。换言之，从统计学上讲，城镇化水平的提高为第二、三产业发展创造了内需，从而促进非农产业就业增长，然而非农产业就业人口增长却不能让转移出来的农村人口真正实现城镇化。与之相对应，在对我国非农产业增加值与城镇化率进行格兰杰检验时发现，尽管两者为一阶单整并且存在长期均衡关系，但并未发现二者之间有格兰杰因果关系，即我国城镇化率与非农产业增加值之间不存在统计学意义上的规律性作用关系[②]。就现阶段我国城镇化水平来看，产业集群度不高，区域经济集聚和辐射功能发挥不充

---

① 段禄峰、张沛：《我国城镇化与工业化协调发展问题研究》，《城市发展研究》2009 年第 7 期。

② 龙奋杰、王雪芹、王爵等：《产业发展与城镇化互动关系分析》，《城市问题》2015 年第 7 期。

分。许多集群的行程基本上是靠政府推动，不是市场机制作用的产物，产业区内各企业之间没有真正的专业化分工，没有基于共同的地域文化背景下的相互认同和协调关系，也没有形成上、下游企业产业及支撑产业相互关联的互补作用效应，因而并没有使得产业发展推动城镇化的进程①。可见，下一步应继续理顺城镇化与产业发展互相联动、相互促进的协调关系，使产业发展对城镇化起到应有的拉动作用。

城镇化与产业发展不协调还表现在城镇化水平滞后于劳动人口非农化水平上。我国城镇化与产业发展不协调主要表现在城镇化滞后于劳动人口非农化水平，尤其是城市水平处于劳动人口非农化水平。由于我国二元结构的存在，经济要素市场被分割为农村和城市两个市场。在计划经济时期，国家通过非农业剪刀差将农村的资源向城市输送，同时阻止农民进入城市。这种"关门式"城镇化导致城镇化长期滞后于工业化，影响非农业化健康发展。改革开放以来，我国城乡二元体制有所改善，尤其是户籍制度逐渐松动，部分中小城市的户籍制度已经完全放开，但是配套的制度设计仍然不健全，农民迁入城市之后难以完全享受平等的市民待遇，造成"同工不同酬、同城不同权"的半城镇化现象。2011 年全国农民工总量为 2.53 亿人，其中 1.59 亿农民工在城市工作半年以上②。这部分人已经成为城市产业工人的重要部分，然而他们中多数人却不能充分享受跟当地市民大致相当的城市基本公共服务。在这种情况下，农民工被迫在城乡两地进行候鸟式迁徙，这严重影响了城市各产业劳动力供给。近年来我国东南沿海地区频现民工荒，部分原因在于我国劳动力供给存在结构上的问题，同时也说明半城镇化背景下劳动力城乡迁移模式已经出现瓶颈，在总体劳动力供给趋紧的情况下，劳动力模式迁移的弊端将进一步凸显③。由于我国产业发展的劳动力需求日益趋紧，通过有步骤、有条件地促进城市新移民的完全城镇化将是保证劳动力有效供给的重要途径。

---

① 民建南昌市委会课题组：《在推进城镇化过程中我省产业发展问题的思考与研究》，《经济界》2014 年第 3 期。

② 国家统计局发布的《2011 年全国农民工调查检测报告》。

③ 韩雪：《山东省城镇化发展与产业结构演变的互动关系研究》，硕士学位论文，山东大学，2013 年。

二　人口与产业空间分布不协调

区域差距，从空间形式看主要表现为人口空间分布与产业经济空间分布的不匹配。这种不匹配主要是指人口空间集聚与产业空间集聚的错位，即一个地区汇集了更多的产业却没有容纳相应的人口，或承载了过多的人口却没有集聚足够的产业吸收剩余劳动力，而我国现阶段的城镇化与产业发展的现状就存在这一突出问题①。改革开放之初，我国实行区域非均衡发展战略，东部沿海地区在享受政策优惠的同时率先发展，积累了雄厚的资金和技术，而中部、西部和东北地区的发展却相对缓慢。统计显示，2011 年我国东部地区以占全国 38%的人口创造了占全国 52%的 GDP，而中部、西部和东北地区的人口规模虽然占全国的 62%，创造的 GDP 却仅占全国的 48%，这表明我国产业与人口空间分布不合理比较突出。

随着城镇化的推进，城市群成为经济增长极。据统计，2007 年我国城市群以全国 48.99%的总人口创造了 78.78%的经济总量、76.09%的工业总产值、81.94%的第二产业增加值和 83.5%的第三产业增加值，吸引了全国 68.54%的固定资产投资、98.06%的外商投资，释放了 76.475%的社会消费品消费需求。产业的高强度集聚与人口集聚规模明显不匹配。这种不匹配形成了两个方向的经济作用力：其一，产业较发达区域吸引落后地区的劳动力跨地区就业，即"移民就业"；其二，劳动力成本低廉的地区对发达地区劳动力密集型产业产生吸引力，即"移业就民"。然而，这两种转移路径都存在不同的障碍。

一方面，以劳动力迁移满足产业发展需求遇到瓶颈。事实表明，我国东部地区就业机会在增加，而中西部地区有大量剩余劳动力要转移，由此导致大规模人口从中西部地区向东部地区流动。2010 年，东部地区经济比较发达的 8 个省市共吸纳外来人口 5206 万人②，而中西部地区经济相对落后的 8 个省区则向外转移劳动力 5988 万人③，以此满足劳动力和产业发展相互匹配的要求。然而，受制于户籍制度等体制障碍，外来劳动力完全融入当地既面临着体制障碍，又面临着经济障碍，于是不得不根据经

---

① 李豫新、王笛旭：《新经济地理学视角下人口与产业空间匹配性研究——以新疆地区为例》，《西北人口》2014 年第 1 期。

② 东部 8 个省（市）包括北京、天津、上海、山东、江苏、浙江、福建和广东。

③ 中西部 8 个省（市、区）包括河南、四川、安徽、广西、贵州、湖南、湖北和重庆。

济形势的变化在家乡与工作地之间进行候鸟式迁徙。这种人口迁移模式使得产业发展和劳动力供给之间的均衡状态很难维持，外出务工人员就业决策和就业地点经常发生变化，给企业带来很大的经营风险。并且，外来人口不能充分融入当地社会，易产生社会不稳定因素，造成巨大的社会管理压力。

另一方面，以产业发展和产业转移满足就业也存在较大困难。为实现区域均衡发展，1998 年我国启动西部大开发战略，2003 年开始实施振兴东北等老工业基地战略，2006 年提出促进中部地区崛起战略，力图通过政府支持来促进资源开发和产业振兴，提高相对落后地区的发展水平。然而，尽管西部大开发促进了我国区域经济差距趋于收敛，中部和西部地区的经济增长率超过东部地区，但这种增长主要是通过实物资本尤其是基础设施投资带来的，而与人力资本、城镇化、外商投资等密切相关的软环境并未得到明显改善，因此西部大开发并未明显提升西部地区对劳动力的吸引力[1]。

三 服务业发展相对滞后

自 20 世纪 60 年代以来，西方发达国家将经济发展的重心逐渐转移到服务业，产业结构由"工业型经济"向"服务型经济"转型成为总趋势，服务业成为国民经济中的最大的产业和经济增长的主要推动力量，由此顺应世界经济发展趋势，加快发展服务业，必将为我国经济社会发展提供新的动力[2]。与快速扩张的城市化相比，我国城市的服务业发展水平明显滞后，呈现出服务业存在量不足、结构不够合理、竞争力不够强等问题。改革开放以来，中国经济取得巨大的发展成就，1978—2008 年第一、二产业增加值分别增长了 38 倍和 106 倍，而服务业增加值由 872.5 亿元增加到 17.3 万亿元，增长了 197 倍，服务业成为三次产业中发展最为迅速的行业。然而，由于我国服务业起点低、底子薄，服务业发展仍然严重滞后。2009 年，我国服务业增加值占 GDP 的比重仅达到 42.4%，不仅低于高收入国家 72.7% 的平均水平，也低于世界平均水平，甚至低于中低收

---

① 胡磊：《我国第三产业发展与就业增长的关系研究》，硕士学位论文，西北师范大学，2013 年。

② 庄惠明、陈洁：《我国服务业发展水平的国际比较——基于 31 国模型的投入产出分析》，《国际贸易问题》2010 年第 5 期。

入国家 47.4% 的平均水平①。2009 年之后,我国已经进入中等偏上收入国家行列,然而中国产业结构与世界中等收入国家的一般水平之间仍有很大差距,主要体现在工业产值比重过高而服务业增加值比重过低。而制约服务业快速发展的根本原因在于:

第一,半城镇化阻碍服务业快速发展。受城乡分割的户籍管理制度影响,截至 2013 年,中国常住人口城镇化率为 53.73%,户籍人口城镇化率仅为 36%,城镇化内部出现"新的二元结构"现象②。我国服务业主要集中在城市,其中仅地级及以上城市就集中了全国 68% 的服务业增加值。然而,由于严格的户籍管理制度的阻碍,农民转变为市民困难重重。20 世纪 80 年代,农民通过"离土不离乡"就地进厂务工,走了一条就地城镇化道路;21 世纪以来,农民虽然离土又离乡,进城务工经商,但难以成为真正的城市市民,享受不到应有的市民待遇,而公共服务发展严重不足,大量农民工收入低下,难以为个人服务业发展提供足够的需求支撑③。农村转移劳动力对生活性服务业产品的需求处于较低水平,阻碍了城镇消费潜力的有效发挥,进而造成了生活性服务业滞后。

第二,城市集聚不足阻碍服务业转型升级。江小涓和李辉(2004)的研究表明,城市人口规模是影响服务业增加值的最重要因素,而城市人口密度对服务业就业比重具有重要的影响④。但中国城市集聚能力不足,许多城市没有达到最优规模,致使城市发展对服务业带动作用有限。陈建军、陈国亮和黄洁(2009)的研究表明,服务业集聚无论在受地理因素影响方面,还是受累积循环因果关系影响方面都较弱;另外,根据服务业集聚与城市规模非线性关系研究证明,中国东部与中西部地区存在截然相反的集聚路径,使得我国城市服务业发展不均衡⑤。目前,尽管交通运

---

① 张旺、申玉铭、曾春水:《十五以来中国资源型城市服务业发展研究》,《经济地理》2012 年第 8 期。

② 郭进、徐盈之:《城镇化扭曲与服务业滞后:机理与实证研究》,《财经研究》2015 年第 12 期。

③ 陈一、王静、李翼:《我国城镇化进程与服务业融合发展研究》,《未来与发展》2014 年第 5 期。

④ 江小涓、李辉:《服务业与中国经济:相关性和加快增长的潜力》,《经济研究》2004 年第 1 期。

⑤ 陈建军、陈国亮、黄洁:《新经济地理学视角下的生产性服务业集聚及其影响因素研究——来自中国 222 个城市的经验证据》,《管理世界》2009 年第 4 期。

输、商业餐饮等传统服务行业能够在小城镇发展起来，但是建立在精细的产业分工基础上的科技咨询、金融保险、信息中介等生产性服务业，其服务对象往往是制造业及相关产业，这就要求必须在产业、人才等方面集聚能力较强的大城市才能发展起来，因此集聚效应不足可能影响到服务业发展后劲。

第三，体制机制障碍束缚服务业发展。至今，我国金融、电信、保险、医疗卫生、文化传媒、教育等行业领域仍存在严格的市场准入限制，并带有很强的歧视性条件；并且，由此带来的市场竞争不充分导致服务价格畸高或隐性高价，而服务质量却提高缓慢。此外，在市场化程度不高的领域中，一些企业往往为了降低职工下岗分流的成本而把服务业的需求内部化，即将需要转移安排的职工，通过设立内部服务机构来解决就业，从而降低了服务业的发展活力。就国外的政策环境而言，服务贸易壁垒也是影响服务业发展的制约因素之一。服务贸易方面的壁垒是指 WTO 成员未能履行其在服务贸易减让表中的具体承诺，以及不符合《服务贸易总协定》有关规定的各种做法或措施。由于各国形成了各种各样的贸易壁垒，导致服务市场准入条件过于严格或缺乏透明度及存在冗长的审批程序①。国际政治、经济环境等诸多环境因素的不合理影响，也是制约我国服务业发展的不利因素之一。

四　城市产业转型升级动力不足

城市是产业发展的空间核心载体和产业升级的策源地。产业转型升级是区域经济发展的必然过程，随着工业化和城镇化的快速发展，产业转型升级已成为一种发展趋势②。城市产业发展演进轨迹代表了一个区域的产业发展路径。以纽约、伦敦、巴黎、东京为代表的国际大都市大多经历了产业演进的三个阶段：自然要素主导阶段、资本要素主导阶段、知识信息要素主导阶段。目前，我国已经进入工业化中后期，意味着需要由资本要素主导阶段向知识信息要素主导阶段过渡。创新驱动是当前城市产业转型升级的主攻方向，也是现阶段全面提高城镇化质量的主要任务之一。现在

---

① 刑学杰：《我国服务业面临的产业生态环境因素影响研究》，《改革与战略》2015 年第 3 期。

② 吴佳奇：《加快中心城市产业转型升级的思考——以北方某中心城市为例》，《才智》2014 年第 36 期。

看来，中国城市产业转型升级动力不足主要表现在以下几个方面：

第一，城市产业结构趋同化问题突出。除了北京、上海、广州、深圳等一线城市之外，许多二线和三线城市的产业结构高度趋同化，特别是工业部门的许多行业出现了不同程度的产业过剩问题，部分原因是地方政府片面追求发展那些短期能带来高利税的产业①。另外，许多企业缺乏技术积累，也未能跟踪行业技术前沿，对产业选择存在很大的盲目性，难以把握行业升级方向，于是继续在现有产业基础上进行同质化的产能扩张或者跟风投资。

第二，产业空间调整、升级困难。由于地方政府的政绩考核不完善，以 GDP 为导向的现行的政绩考核体系容易扭曲地方政府行为，经济发达的城市为了"截留"传统产业外迁而出台各种形式的补贴政策，从而滞缓了城市产业结构调整升级步伐。同样，经济欠发达的城市为了承接产业转移，不惜动用各种资源和采取优厚的补贴条件以确保项目的落地，由此容易形成新一轮产能同质化扩张②。

第三，科技创新投入不合理。无论是城市的产业转型升级还是城市规模的延伸和功能完善，最为关键的是技术进步，而技术进步在一定程度上又依托于创新的投入。投入一般分为研发人才投入和研发资本投入。随着经济的发展、教育水平的提高，我国大城市人力资本水平在不断提高，但仍然缺乏国际竞争力的高水平人才。而目前我国高水平的技术和人才都采用从国外引进的模式，长期来看，提高本土产业在国际市场的竞争力，必须提升技术的自主创新能力和人才的自身孵化③。2010 年，我国每万人从业人员中的研发人员数仅为 45 人，而美国、日本、英国等发达国家都在100 人以上，研发经费支出占 GDP 的比重明显低于发达国家。从研发投入的比重来看，2010 年我国高科技产业研发投入占工业总产值的比重为1.48%，而在发达国家中，美国为 16.89%，德国为 10.64%，甚至近年来经济不太景气的意大利也达到了 3.82%。从研发投入来看，与发达国

---

①　谭福河、孔令秋、杨立斌：《长江三角洲地区产业结构趋同化分析》，《商业研究》2003年第 17 期。

②　袁朱：《国内外大都市圈或首都圈产业布局经验教训及其对北京产业空间调整的启示》，《经济研究参考》2006 年第 28 期。

③　魏曼、刘孝成、曹慧：《后危机时代加快大城市产业转型升级的路径选择》，《北京市经济管理干部学院学报》2012 年第 4 期。

家相比，我国政府的研发投入非常分散，效益不高，企业尚未真正成为自主创新的市场主体[①]。并且，在研发类型方面，我国对基础研究和应用研究的投入均显不足，2010 年基础研究投入仅占总研发投入的 4.6%，比法国（2008 年）低 20.8 个百分点，比美国（2008 年）低 12.8 个百分点；应用研究投入占总研发投入的 12.7%，比美国（2008 年）低近 10 个百分点，比日本（2008 年）低 27.9 个百分点。由于我国科技研发资金主要由企业筹集，而研发经费又主要投向实验，基础研究十分薄弱，难以为技术创新提供有力的支撑。

五　城市群经济效率总体偏低

城市群是城市发展的高级空间形态，它是以 1 个特大城市为核心，由至少 3 个以上都市圈或大城市为基本构成单元，依托发达的基础设施网络，形成的空间组织紧凑、经济联系紧密，并最终实现同城化和高度一体化的城市群体[②]。不同等级、不同类型的城市之间通过产业分工协作、创建共同市场、基础设施一体化、社会管理协同等途径能够增强整体的经济效率和竞争力，发挥对区域经济的带动作用。目前，我国城市群高密度集聚、高速拉动经济增长，但同时又释放了超负荷的巨大能量与污染物[③]。近年来，有学者研究表明，在我国 23 个城市群中达到发育标准的城市群有 15 个，未达到发育标准的有 8 个，显示出城市群总体发育程度较低[④]。从产出效率来看，2002—2007 年我国城市群投入产出综合效率下降了12.2%，达到综合效率最优的城市群数量仅占城市群总数的 30%。我国城市群经济效率偏低的一个重要原因是城市群内部各城市之间产业缺少分工，产业结构呈现低水平同构化。以长三角城市群为例，上海与江苏、上海与浙江的相似系数都在 0.76 以上，由此导致城市发展战略雷同，难以进行明确的产业分工。城市群本质上是区域一体化在城市空间形态的表现[⑤]，是城市资源的重新整合和城市要素的相互补充。然而，在缺乏明

---

①　万勇：《中国科技创新投入的空间分布及其优化措施研究——以 R & D 投入为例》，《经济体制改革》2013 年第 1 期。

②　方创琳：《中国城市群形成发育的新格局及新趋向》，《地理科学》2011 年第 9 期。

③　同上。

④　万庆、吴传清、曾菊新：《中国城市群城市化效率及影响因素研究》，《中国人口·资源与环境》2015 年第 2 期。

⑤　方创琳等：《中国城市群发展报告》，科学出版社 2011 年版。

确、有效的产业分工情况下，绝大多数城市群形成的背后都由地方政府强力推动和主导，城市群范围也是行政规划形成的，以致某些城市只是因为距离较近而被划入同一个城市群，这样的城市群内部联系不紧，产业分工不明确，城市间一体化程度低。比如成渝城市群只是考虑到成都和重庆两大中心城市相距不远，于是把周边的城市都划了进来，以便凸显成渝在国家经济社会发展中的战略地位，但成都和重庆之间产业联系并不紧密。而某些本来具有明显经济联系的城市，却被强行排除在城市群之外，从而阻碍了生产要素的自由流动和跨区域合作。比如芜湖是一个跟长三角地区经济联系比较紧密的城市，但却在很长一段时间内未被纳入长三角城市群。我们不难发现，集聚经济是城市、城市群与多城市群形成的基本动力，城市、城市群与多城市群既是城市发展的不同阶段，也是集聚经济在不同空间层面的外在表现。除了集聚力、扩散力这两种基本的市场动力以外，政府干预、房地产开发商等人为干预则加速、缓解或扭曲这一过程①。

在缺乏紧密经济合作的情况下，城市群内部往往出现大城市"掠夺"，而在同等规模的城市之间，由于城市发展定位相近，造成同类、同层次的产业重复建设、资源无法整合、内部分工不明确②。以长三角城市群为例，苏州、无锡、常州三市的主导产业都是机械、纺织、化工、冶金、食品等。相同的产业结构容易导致城市之间陷入低水平恶性竞争，相互设置产业壁垒来保护当地产业，压低地价并利用优惠条件吸引外资，造成资源浪费、经济效率低下。而在23个城市群之外，我国尚有53.3%的城镇处于空间分散分布状态，这些城市规模较小，产业集聚程度低，很难进行深度的产业分工，城市和产业发展效率远低于城市群③。因此，下一步应加强上级政府协调，发展特色优势产业，促进城市之间的产业分工、确立差别化发展策略，才能有效提升城市竞争力，形成组团发展、集群竞争的健康局面。

六　资源环境约束日益增大

从过去几十年我国城镇化的突进模式和特点来看，是一种典型的粗放

---

①　丁建军：《城市群经济、多城市群与区域协调发展》，《经济地理》2010 年第 12 期。

②　黄武龙：《长三角城市群一体化网络研究》，硕士学位论文，华东师范大学，2015 年。

③　2012 年 5 月 8 日水利部部长陈雷在全国水资源工作会议上的讲话。

外延发展模式，高污染、高消耗、高排放，资源环境代价大，不可持续等
问题突出①。随着城镇化的快速推进，我国所面对的资源约束越来越大。
水利部的统计数据显示，2011 年中国用水量已经突破 6000 亿立方米，占
水资源可开发利用量的 74%，400 多座城市供水不足，其中 100 多座城市
严重缺水，年缺水量达 58 亿立方米。同时，一般工业用水重复利用率在
60% 左右，比发达国家低了近 30%，农业地均产出的耗水量也很高。在
城市水资源趋于紧缺的情况下，我国生活污水排放量却不断增长，由
1999 年的 2.04 亿吨增加到 2010 年的 3.8 亿吨，增长了 86.29%，人均污
水排放量相应地由 46.6 吨增长到 56.7 吨，增长了 21.6%。同时，我国能
源和资源投入也迅猛增长。能源消费总量由 1978 年的 57144 万吨标准煤
当量增长到 2010 年的 324939 万吨标准煤当量，煤炭消费量占能源消费总
量的比重由 1978 年的 70.7% 下降到 2010 年的 68.0%，仅下降了 2.7 个
百分点，可见，快速城镇化仍然建立在对传统的能源的强依赖之上②。

城市环境污染日益严重。2010 年，资源的大量消耗带来了高污染和
高排放，全国排放工业二氧化硫 1864.42 万吨，工业废气 187401 亿立方
米。由于大多数工业都集中在城镇地区，城镇化率与工业污染排放呈强相
关性。1985—2009 年，全国城镇化率与工业废气、工业废水排放总量的相
关系数分别为 0.919 和 0.916。这些工业废物作为工业发展的副产品主要
排放于全国数百个城市中。污染物排放的逐年累积造成诸多环境问题，如
空气污染、水体污染、土地污染、酸雨频繁等。2009 年，全国监测的 488
个城市中，有 258 个城市出现酸雨，占总数的 52.9%；164 个城市的酸雨
发生率在 25% 以上，占城市总数的 33.6%；53 个城市酸雨发生率 75%
以上，占城市总数的 10.9%。2013 年 1 月，我国出现连续多日的雾霾极
端天气，导致北京、天津、石家庄、郑州、成都、重庆、南京等数个城市
空气质量处在重度污染水平，给当地居民身体健康和日常出行造成严重的
影响。作为"十二五"规划纲要中的一项战略任务，城镇化被赋予了新
的历史使命：既要着力扩大内需、积极培育新的经济增长点，以确保经济
的拉动作用，又要解决城镇化过程中资源环境代价大和不可持续性等问

---

① 庄贵阳、谢海生：《破解资源环境约束的城镇化转型路径研究》，《中国地质大学学报》
（社会科学版）2015 年第 2 期。

② 卢萍萍：《资源环境约束下四川可持续城镇化研究》，硕士学位论文，西南财经大学，
2010 年。

题。在经济新常态背景下，如何提高城镇化发展的质量和效益，走出一条集约、智能、绿色、低碳的新型城镇化道路，是关于我国未来城镇化发展的一个重要课题①。

---

① 庄贵阳、谢海生：《破解资源环境约束的城镇化转型路径研究》，《中国地质大学学报》（社会科学版）2015 年第 2 期。

第四章　新型城镇化与产业发展协调机制

第一节　城镇化与产业发展的变动分析

城镇化与工业化的互动不仅表现在产业规模和就业增长方向上，还表现在产业结构变动、产业布局调整等方面。在我国的工业化过程中，产业升级和内需主导的结构调整不是像西方发达国家那样有序进行，我国的东部沿海地区和大城市产业过度集中，城镇化空间格局和规模布局比例不协调，中西部地区缺乏带动效应强的城市群，城市吸纳力相对薄弱，因此了解发展的特点、变化和趋势是十分必要的，这样有利于在宏观层面上把握增强我国新型城镇化产业支撑能力的重点。在经济稳增长的新常态阶段，如何调整经济结构，优化产业空间布局，成为促进我国经济发展、提高城镇化进程速度和质量的迫切性战略任务[①]。

到 2010 年，我国城镇化率已达到 49.95%[②]。第一、二、三产业增加值分别占我国国内生产总值的比重为 10.1%、46.8%、43.1%[③]。从较长动态数列数据来看，我国城镇化水平与非农业增加值基本保持同步上升比重的形势[④]。城镇化水平自 1978 年的 17.9% 提高到 2010 年的 49.95%，

---

①　张东、杨馥铭、杨巧：《经济增长和产业结构对城镇化影响的实证研究——基于 32 个大中城市的实证》，《产业经济评论》2016 年第 3 期。

②　周元、孙新章：《中国城镇化道路的反思与对策》，《中国人口·资源与环境》2012 年第 4 期。

③　单永贵：《新时期农村现代服务业发展探析》，《江苏对外经贸论坛》2011 年第 3 期。

④　徐维祥、舒季君、唐根年：《中国工业化、信息化、城镇化、农业现代化同步发展测度》，《经济地理》2014 年第 9 期。

年均增长 0.97%①，非农产业增加值占国内生产总值比重也从 1979 年的 68.73% 上升到 2010 年的 89.9%，年均增长 0.66 个百分点。进一步分析，我国城镇化率的增速已有适当放缓的趋势②，城镇化率从 20% 提高到 30.5% 用了近 16 年，由 30.5% 上升至 40.5% 仅用了 7 年时间③，从 40.5% 提升为 50% 则历经 8 年时间。城镇化率超过 50% 的时候，就意味着城镇化率增速在今后时期内可能逐步放慢④，但我国城镇化进程仍会继续推进⑤。

对一座城市而言，若是缺少政府的强有力干预，城镇化进程同产业结构调整的进程将会在二者的互动中行进⑥。以北京市为例，自改革开放以来，北京市依次经历了从工业化中期后半段分别向工业化后期、后工业化转变的进程⑦。在 2010 年，北京市第一、二、三产业增加值分别占本地区 GDP 比重的 0.88%、24%、75.12%。

同时，在北京市的层面上，2010 年的城镇化水平显著提高⑧，北京市常住人口达到 1961.9 万人⑨，城镇化率也由 1978 年的 55% 增长到 86%，年均增长率为 0.94 个百分点，比全国平均水平略低。1994 年，北京的第三产业首次超过第二产业⑩，本年城市化率高达 75.2%。在城市化率增长的过程中，无法忽视常住外来人口在北京人口城镇化中的影响。自 2002 年开始，北京市常住外来人口规模增速开始加快⑪。据统计，2010 年北京

---

① 成征宇：《中国西部省会城市经营绩效差异分析》，硕士学位论文，新疆财经大学，2013 年。

② 李佐军：《在增速放缓中顺势而为》，《当代贵州》2014 年第 14 期。

③ 国务院发展研究中心课题组：《我国城镇化建设存在的问题及原因》，《红旗文稿》2007 年第 19 期。

④ 贾康、孙洁：《城镇化进程中的投融资与公私合作》，《中国金融》2011 年第 19 期。

⑤ 安虎森、陈明：《工业化、城市化进程与我国城市化推进的路径选择》，《南开经济研究》2005 年第 1 期。

⑥ 王林：《城镇化与产业结构的互动关联机制研究——以关中地区为例》，硕士学位论文，西北大学，2008 年。

⑦ 黄群慧：《中国的工业化进程：阶段、特征与前景（上）》，《经济与管理》2013 年第 7 期。

⑧ 吴文佳、高斯瑶、吴殿廷：《北京市城市化水平演变进程的综合测度》，《经济研究导刊》2013 年第 22 期。

⑨ 张宏：《"以业控人"化解城市病》，《中国报道》2014 年第 3 期。

⑩ 王琴英：《北京市第三产业内部结构成长效应分析》，《统计与决策》2004 年第 9 期。

⑪ 曹洋：《北京市常住外来人口流动行为的微观分析研究》，《社会福利》（理论版）2015 年第 7 期。

市常住外来人口规模达到 704.7 万人[1]，占全市常住人口比重的 35.92%。1978 年之前，在计划经济体制、政治环境等因素的影响下[2]，工业增加值占国内生产总值比重出现大起大落的变化，而城镇化率的速率也发生相应的变化，表现为增长停滞的整体性能[3]，这是由城镇相对缓慢的人口增长、农村人口不能向城镇自由迁移导致的[4]。自 1978 年以来，由之前的赶超战略转向遵循比较优势战略[5]，而放宽了农村人口的进城政策，使工业化进程快速发展，从而在推进过程中实现城镇化水平逐步提高[6]，但在改革开放后近 20 年，国内生产总值中工业增加值份额不断上升和城镇化率水平提高之间的关系还是很弱[7]。在 21 世纪，城镇化水平迅速提高[8]，工业化与城镇化处于相互协调的形态中[9]。城镇化是我国走向现代化强国的必经之路，增强城镇化的产业支撑能力是我国城镇化健康发展的内在要求。当前，我国城镇化进程已进入质量全面提升的战略时期，大国的城镇化有自身的特殊性，有问题的复杂性和任务的艰巨性。为此，准确把握城镇化与产业发展的互动关系，把提升城镇化产业支撑能力作为重点[10]。面对中国特色的城镇化建设，本章将从多角度综合分析我国城镇化与产业发展的互动关系。

一　产业转移与人口流动

（一）中西部地区承接产业转移现状

产业转移与城镇化之间存在着一种相互协调、促进和发展的关系，从

---

① 童泉：《北京外来人口比重上升可延缓老龄化进程》，《老同志之友》2011 年第 14 期。

② 康晓光：《经济增长、社会公正、民主法治与合法性基础——1978 年以来的变化与今后的选择》，《战略与管理》1999 年第 4 期。

③ 武力：《计划经济体制下的道德预设和"阶级斗争"——从道德层面对 1978 年以前中国经济运行的分析》，《江苏行政学院学报》2008 年第 2 期。

④ 马侠：《当代中国农村人口向城镇的大迁移》，《中国人口科学》1987 年第 3 期。

⑤ 李勇：《发展战略，产权结构和长期经济增长》，博士学位论文，西北大学，2013 年。

⑥ 田培良：《城镇化进程与农民工进城》，《实践》（思想理论版）2003 年第 6 期。

⑦ 段国旭：《城镇化进程的财政动力研究——兼论城镇化率与财政收入占 GDP 比重的关系》，《财政研究》2009 年第 1 期。

⑧ 王海光：《2000 年以来户籍制度改革的基本评估与政策分析——21 世纪以来中国城镇化进程中的户籍制度改革问题研究之一》，《理论导刊》2009 年第 5 期。

⑨ 陈志峰、刘荣章、郑百龙等：《工业化、城镇化和农业现代化"三化同步"发展的内在机制和相互关系研究》，《农业现代化研究》2012 年第 2 期。

⑩ 叶振宇：《城镇化与产业发展互动关系的理论探讨》，《区域经济评论》2013 年第 4 期。

产业转移承接角度来说，产业转移为广大中西部地区的农村剩余劳动力的非农就业提供了机会，使得更多的农村剩余劳动力从农村中转移出来，并且通过产业链延伸、配套深刻影响地方的产业结构，加速第二、三产业向城镇集聚①。近年来，产业转移得到国家政策大力支持，很多企业搬迁到中西部地区②。2010 年 8 月，《国务院关于中西部地区承接产业转移的指导意见》（国发 2010〔28 号〕）的出台使产业转移上升到国家政策层面。另外，经国务院同意，国家发展改革委已批准了将皖江城市带、湖南湘南、重庆沿江、广西桂东、豫晋陕黄河三角等地区作为国家示范区承接产业转移发挥第一示范区试验，加强产业集聚效应的作用，促进区域经济发展③④。

中西部地区在产业转移上具有明显的优势，首先是成本优势，中西部地区在劳动力、土地、水、电等基本生产要素方面比较充足，具有明显的综合成本优势。资源优势，中西部地区自然资源富集，特别是水电、矿产、天然气等战略资源得天独厚，是承接产业转移最大的优势。产业优势，中西部地区在电子信息、装备制造、能源电力、油气化工等方面产业优势突出。科教优势，新一轮国际产业转移，正从一般加工项目逐步向高新技术和现代服务业延伸，从传统投建厂逐步发展到技术转让和研发转移，中西部地区科教资源比较丰富，有基础、有条件承接高新技术产业转移⑤。中西部地区在承接国内外产业转移中取得的阶段成果⑥。"十一五"期间，东部、中部、西部和东北四大板块工业产值占全国的份额发生历史性的变化，中部、西部和东北地区所占比重保持平稳上升的势头；东部地区工业产值占全国比重却持续下降，"十一五"期间下降了 6.8 个百分点⑦。从工业产值增长速度来看，中部地区是工业产值增速最快的板块，

①　周世军：《我国中西部地区"三农"困境破解：机理与对策——基于产业转移与城镇化动态耦合演进》，《经济学家》2012 年第 6 期。

②　朱涛、邹双：《中西部地区承接产业转移的现状及其模式研究》，《商业经济与管理》2013 年第 12 期。

③　李秉强：《承接产业转移的国内外经验及其借鉴——以东部向中西部转移为例》，《太原理工大学学报》（社会科学版）2014 年第 5 期。

④　同上。

⑤　刘岩：《对我国中西部地区承接产业转移的再思考》，《生产力研究》2011 年第 3 期。

⑥　吴勇：《中西部地区承接产业转移能力的影响因素分析》，《吉林工商学院学报》2012 年第 3 期。

⑦　刘锋：《关于"十一五"规划区域划分的思考》，《调查研究报告》2005 年第 65 期。

年均增长 29%，西部和东北地区工业产值增速也表现出强劲态势，分别为 27% 和 25%，明显高于东部地区①②。

从工业产值增长速度来看，中部地区是工业产值增速最快的板块③，年均增长 29%，西部和东北地区工业产值增速也表现出强劲态势④，分别为 27% 和 25%，明显高于东部地区。据统计，2011 年河南、四川、安徽三个省份实际利用境内省外资金均超过 4000 亿元，河南和四川实际利用外资超过 100 亿美元。本轮产业转移是一次大跨度的产业布局调整，从沿海的广西到西北的新疆都在兴建各种形式的产业转移示范园区⑤。从投资结构看，装备制造、电子信息、化工等行业的项目投资比重较高⑥，但吸纳就业比较有限⑦。以安徽省为例，2011 年该省利用的境内省外投资中，装备制造（13%）、家电及电子信息（12.5%）、化工（7.7%）、农产品加工（5.9%）、金属制品（4.6%）、非金属矿物制品（2.7%）等行业是承接的重点产业，资本密集型行业比重较大⑧⑨。

（二）产业转移与人口流动的不协调

经过几十年的改革和发展，我国中西部农村地区与东部农村地区经济发展的差距有增无减，而农村人口数量庞大而且大量过剩，非农产业规模较小对农村劳动力的吸纳能力不足，是最根本的差距所在⑩。现阶段，我

---

① 张观华：《我国东、中、西、东北地区各省（市、区）地区生产总值构成及建筑业主要效益指标（2007）》，《西部金融》2008 年第 10 期。

② 张志强：《西部地区工业企业技术创新评价研究》，硕士学位论文，新疆大学，2015 年。

③ 《加快中西部工业化进程研究》课题组：《中西部地区工业化战略与政策研究》，《经济研究参考》2000 年第 2 期。

④ 高国力、汪阳红、贾若祥等：《当前我国地区经济运行和规划实施的态势及对策分析》，《中国经贸导刊》2012 年第 15 期。

⑤ 居新宇：《产业转移的大战略与大布局》，《中国纺织》2016 年第 2 期。

⑥ 杨兆徐：《我国产业"能力过剩"的实证分析——投资品产业结构问题》，《经济问题探索》1998 年第 1 期。

⑦ 张宁、宋金平、刘悦：《环渤海沿海三次产业结构演变研究——以天津、河北、山东部分为例》，《生态经济》（学术版）2013 年第 1 期。

⑧ 苗恩龙：《实际使用外资对国内投资的挤出（挤入）效应研究——以安徽省为例》，《黑龙江对外经贸》2011 年第 8 期。

⑨ 任鸿博：《承接产业转移与河南省产业结构调整研究》，硕士学位论文，兰州商学院，2011 年。

⑩ 刘传江、张辉、黄云平：《中西部农村剩余劳动力转移与城镇化》，《经济评论》2004 年第 6 期。

国产业转移与人口流动方向不太一致①。在东部产业向中西部地区转移的过程中，尽管中部跨省外出务工人员有回流趋势②，但 2010 年长三角、珠三角和京津冀地区仍然集聚了全国跨省流动人口的 70.87%③。无疑，在未来几年内，如果这种情况没有发生根本扭转，中西部地区加快城镇化进程必将遇到很大的挑战，甚至影响到国家城镇化战略走向④。截至 2010 年 10 月 1 日零时，全国流动人口规模约为 2.21 亿，占全国总人口的 16.4%。我国东南沿海地区是吸纳外来流入人口的重点地区，净流入人口占当地常住人口比重最高的是北京和上海⑤，分别为 34.6% 和 31.1%⑥。从净流出规模看，江西、安徽、湖北、河南、重庆、四川、广西等省（市、区）是承接国内外产业转移的重点地区，又是人口净流出规模比较大的地区，河北是东部地区唯一人口净流出的省份，净流出人口达 161.6 万人⑦⑧。

劳动力成本是劳动密集型制造业中人力资本的核心要素，也是影响其转移的关键因素。相比东部来说，中西部地区劳动力廉价且丰富的优势明显，但我国东部沿海地区劳动密集型产业向中西部地区大规模转移的迹象并不明显，究其原因主要在于：一方面，由于劳动力区际流动相对自由，使中西部地区农村剩余劳动力可以不断供给东部发达地区；另一方面，传统户籍制度下外来劳动力不具有当地户口，这使得东部地区企业在为外来务工人员支付社保、医保等费用方面大打折扣，压低了企

① 谢振宇：《现阶段我国区域产业集群和转移研究》，硕士学位论文，上海财经大学，2007 年。

② 谭啸：《我国农村剩余劳动力转移趋势研究：理论与实证》，硕士学位论文，天津财经大学，2012 年。

③ 劳昕、沈体雁：《中国地级以上城市人口流动空间模式变化——基于 2000 和 2010 年人口普查数据的分析》，《中国人口科学》2015 年第 1 期。

④ 景朝阳：《新时期加快城镇化进程的战略思考》，《经济与社会发展研究》2013 年第 1 期。

⑤ 王海宁：《就业、工资和福利权益：中国城市劳动力市场上的外来人口》，博士学位论文，南开大学，2012 年。

⑥ 蒲钢青：《2010 年第六次人口普查流动人口在各省市区常住人口中占比统计》，《建筑设计管理》2015 年第 11 期。

⑦ 连欢欢：《河北省流动人口社会保险制度完善研究》，硕士学位论文，河北大学，2012 年。

⑧ 范珍、李万青：《承接东部产业转移与西部物流协同性研究——以重庆、四川、广西为例》，《江苏商论》2012 年第 2 期。

业使用外来劳动力的实际成本[1]。安徽、贵州、四川、重庆、江西、湖南六省（市）净流出人口占当地常住人口比重都超过10%[2]，其中安徽和贵州比重最高[3]，分别为18.2%和13.9%。国家卫生计生委的一项针对流动人口返乡就业意愿的问卷调查显示，广东省有返乡就业意愿的外来务工人员占全省流动人口数的比例为24.7%，此比例江苏省为21.7%、上海市为13.4%、浙江省为23.3%[4]。从工作年限看，20%左右的流动人口在广东、江苏和上海持续工作时间在5年以上[5]；13%左右的流动人口在广东、江苏、上海和浙江持续工作时间在3—5年[6]。可见，现阶段我国东部地区外来农民工返乡就业意愿并不高[7]。进一步使用省区层面数据分析工业和人口的集中程度。2010年，我国东部地区的工业增加值占全国的52.98%，中部、西部和东北地区分别占20.41%、17.55%和8.55%。如果按规模以上工业企业数口径计算，工业空间分布不平衡特点更加明显，东部、中部、西部和东北地区的企业数分别占全国的65.46%、17.21%、9.66%和7.67%。为了判断经济活动空间分布总体趋势[8]，这里使用空间基尼系数进行分析，发现工业增加值、企业增加值的空间分布出现分散趋势[9]，而企业数和就业人员空间分布则保持持续集中的态势，这表明中西部地区工业产出份额的增加并没有相应带来企业数和就业人数的增加，其中的重要原因是中西部地区倾向于

①　李金：《我国中西部地区承接东部地区产业转移的障碍分析》，《西南民族大学学报》（人文社科版）2010年第12期。

②　蒲钢青：《2010年第六次人口普查流动人口在各省市区常住人口中占比统计》，《建筑设计管理》2015年第11期。

③　梁海艳、符翠丽：《中国流动人口返乡原因与外出意愿研究——基于安徽、四川、河南、湖南、江西、贵州六省数据的分析》，《人口与社会》2015年第2期。

④　甄旭：《我国乡—城流动人口转移意愿研究》，硕士学位论文，华东师范大学，2012年。

⑤　谢浩然：《省际间流动人口对流入地方经济增长的贡献研究》，《决策与信息旬刊》2013年第12期。

⑥　张弘：《流动人口生活质量的差异性分析——以上海为例》，《Advances in Social Sciences》2014年第3期。

⑦　王彦：《社会保障视角下返乡农民工就业问题研究》，硕士学位论文，云南财经大学，2015年。

⑧　刘春晓、张明、白云生：《从区域差异视角分析我国规模以上工业企业效率》，《经济论坛》2013年第6期。

⑨　敬莉、张晓东：《西北五省区产业集聚与经济增长的实证分析——基于空间基尼系数的测度》，《开发研究》2013年第2期。

发展资本和技术密集、吸纳就业较少的重化工业。

二　建筑业发展与农民工就业

建筑业属于劳动密集型产业[①]，对劳动的吸纳能力较强[②]，这一特点也决定了建筑业与城镇化发展之间的紧密关系[③]。从历年的就业数据看，全国就业总人数从1995年的68065万人增加到2010年的76105万人；建筑业从业人员数从1995年的1497.9万人增加到2010年的4160.4万人，显著高于全国就业总人数的增长速度[④]。从建筑业从业人数占全国就业总人数的比例看，已由1995年的2.20%上升至2010年的5.47%[⑤]；从新增就业人数看，15年间全国就业总人数累计增加了8040万人，建筑业从业人员数累计增加2662.5万人，占全国就业总人数增加量的1/3。由此看出，建筑业是吸纳就业能力较强的部门[⑥]。

此外，建筑业的从业人员主体为农民工[⑦]。根据国家统计局发布的《2011年中国农民工调查监测报告》中提供的数据进行计算，建筑业中农民工所占比例远高于全部行业平均水平[⑧]。在建筑业从业人员中，2010年农民工人数为3899.9万人，所占比重高达93.74%，而同年的全国就业总人数中，农民工人数为23223万人，所占比例仅为31.83%。

在农民工从事的主要行业中，建筑业吸纳的农民工仅次于制造业，在2011年占到全国农民工总数的17.7%[⑨⑩]。建筑业的流动性较大[⑪]，同时

[①]　屈青山、张新毅：《建筑业人力资源市场现状调查与分析》，《技术与市场月刊》2007年第6期。

[②]　杨世兵：《发展劳动密集型产业是解决中国失业问题的有力武器》，《云南行政学院学报》2003年第5期。

[③]　姜彩楼：《我国城市化进程与建筑业发展关系实证研究》，《建筑经济》2007年第4期。

[④]　曾艺文、胥鹏波、刘富春：《新型城镇化背景下建筑的可持续发展》，《建筑工程技术与设计》2014年第21期。

[⑤]　李少林、肖兴志：《城镇化与建筑业空间结构联动研究》，《建筑经济》2014年第1期。

[⑥]　周宝静：《山东省第三产业发展的就业效应研究》，硕士学位论文，山东大学，2013年。

[⑦]　中施企协：《劳动力市场缺乏发展后劲》，《施工企业管理》2013年第3期。

[⑧]　薛志伟：《〈2011年我国农民工调查监测报告〉发布：从农民工变化看经济社会转型》，《企业家信息》2012年第7期。

[⑨]　戴国琴：《建筑业劳动力未来供给趋势及影响因素研究——基于杭州市的实证与分析》，博士学位论文，浙江大学，2013年。

[⑩]　张娟：《中国农民工从事建筑业人数占17.7%》，《建筑》2012年第10期。

[⑪]　左言华、刘文胜：《建筑空间流动性探讨》，《青岛理工大学学报》2007年第4期。

随着基础设施的逐渐饱和及房地产的降温①，从长远看，一方面，建筑业有利于推动城镇化的发展②。建筑业属于劳动密集型产业，能够为农民工进入城镇创造就业机会和收入来源③，给大量农村剩余劳动力进入城镇提供了可能；同时，建筑业发展也能为城镇化顺利推进提供物质保障④，如建设大量的房屋、路桥及其他公共设施。另一方面，城镇化也可以促进建筑业的发展⑤。城镇的兴建、扩张刺激建筑行业的需求，从而促进建筑业发展。随着城镇化水平和质量的提高⑥，城市居民对住房和生活设施的需求扩大、升级也为建筑业创造新的需求，从而使建筑业有能力吸纳更多的劳动力⑦，进一步促进城镇化的发展。

但是，实现这一互动的前提是农民工能落户城镇，而城乡二元户籍管理制度是限制农民工落户城镇的一大障碍⑧。首先，现行的户籍制度在一定程度上限制农村人口的转移⑨，阻碍了生产要素的自由流动和劳动力资源的优化配置，从而制约了城镇化的发展⑩。其次，由于户籍制度的限制，许多农民工依旧不能享受与城镇居民均等化的基本公共服务⑪，如医疗、养老、子女教育、就业等，这既不利于城镇化水平和质量双提高⑫，

---

① 郑晓泳：《经济转型下的房地产金融分析》，《浙江房地产》2014年第3期。

② 汪士和：《新型城镇化的加速推进对建筑业发展带来了哪些新的机遇和挑战》，《山西建筑业》2013年第7期。

③ 李冰：《这个时代能为"农民工"做什么》，《中国劳动》2004年第11期。

④ 杨显怡：《我国城镇化背景下基于全产业链的住宅产业化发展研究》，硕士学位论文，重庆大学，2013年。

⑤ 汪士和：《新型城镇化为建筑业带来新机遇和挑战》，《建筑》2013年第10期。

⑥ 任远：《城镇化发展需要设施建设的支撑》，《东方早报·上海经济评论》2014年8月29日。

⑦ 杨哲：《新形势下建筑市场劳动力薪酬问题研究》，硕士学位论文，武汉理工大学，2009年。

⑧ 刘小年：《政策执行视角下的农民工落户城镇过程中的问题分析》，《农业经济问题》2015年第1期。

⑨ 曾文鸿：《户籍制度改革与农村转移人口市民化》，《湖南行政学院学报》2013年第3期。

⑩ 宋嘉革：《中国户籍制度改革与农村人口城市化转移》，博士学位论文，东北财经大学，2006年。

⑪ 张展新、王一杰：《农民工市民化取向：放松城镇落户还是推进公共服务均等化》，《郑州大学学报》（哲学社会科学版）2014年第6期。

⑫ 韩靓：《基于劳动力市场分割视角的外来务工人员就业和收入研究》，博士学位论文，南开大学，2009年。

也不利于建筑业持续健康发展①。因此，逐步取消城乡二元户籍制度，稳步推进农民工市民化进程②，让他们享受到与城镇居民同等的基本公共服务和权利③，是实现城镇化与建筑业互动发展的主要途径④。除此之外，从事建筑业的农民工整体素质偏低，收入水平不高，还经常面临工资拖欠、工作环境差、岗位危险程度高等问题，这些问题如果得不到妥当解决的话，那么建筑业与城镇化互动长效机制很难建立起来。建筑业农民工可持续发展面临着许多制约因素：建筑劳务市场的非正规化就业严重影响农民工就业合法权益；承包商的低价竞标使其陷入劣币驱除良币的恶性循环，导致农民工就业歧视；建筑业的高流动性造成农民工社会保障制度不完善；建筑行业进城务工人员工资问题尤为严重，拖欠农民工工资问题始终没有得到根本解决⑤。

三　服务业发展与就业增长

现代服务业是以现代科学技术特别是网络和信息技术为主要支撑，建立在新的商业模式、服务流程和管理方式基础上的技术和知识密集型的服务产业，具有就业增长弹性大，劳动密集、技术密集和知识密集等特征。随着全球范围内服务业在国民生产总值中的比重不断增大，世界主要发达国家服务业占 GDP 的比重达到 71%。服务业的发展已经成为衡量一个国家或地区综合竞争力的重要指标。随着我国服务业的迅速发展，其在促进国民经济增长、增加就业、调整产业结构等方面发挥着重要作用⑥。服务业是吸纳农业人口转移就业的重要部门⑦，也是一个涵盖从简单技能的传统生活服务到知识技术密集的现代服务的产业部门⑧。服务业

---

① 于建嵘：《基本公共服务均等化与农民工问题》，《中国农村观察》2008 年第 2 期。
② 欧阳力胜：《新型城镇化进程中农民工市民化研究》，财政部财政科学研究所，2013 年。
③ 钟兵：《农民工基本公共服务均等化探析》，《宏观经济管理》2015 年第 8 期。
④ 姜杨：《中国新城镇化进程中的户籍制度改革研究》，硕士学位论文，东北师范大学，2014 年。
⑤ 候玲：《"民工荒"视域下建筑业农民工就业制约因素研究》，《科技视界》2013 年第 7 期。
⑥ 王晓红、盛晓娟、胡艳君：《现代服务业发展与就业吸纳能力的实证分析》，《当代经济管理》2015 年第 9 期。
⑦ 杜志雄：《农业规模经营既要讲效率亦要顾公平》，《农村经营管理》2014 年第 4 期。
⑧ 文长存：《农业现代服务业推进农业现代化的理论与实证研究——以北京市为例》，硕士学位论文，长江大学，2014 年。

吸纳的就业人数呈现大幅增长，就业比重显著提高[1]。2011 年服务业从业人员为 27282 万人，是 1978 年的 5.58 倍，服务业从业人员比重由 1978 年的 12.2% 上升到 2011 年的 35.7%。据统计，教育业是服务业中吸纳就业最多的行业[2]，2011 年该行业城镇单位就业人数达到 1617.8 万人；公共管理和社会组织，卫生、社会保障和社会福利业也是从业人员较多的产业[3]。从各行业就业发展的趋势来看，服务业呈现如下特征：

第一，新型服务行业就业吸纳能力增强[4]。信息传输、计算机服务和软件业，租赁和商贸服务业，金融业，科学研究、技术服务和地质勘察业，房地产业等行业近年来就业增长较快[5]。如信息传输、计算机服务和软件业近三年的就业增速都达到了 10% 左右。而房地产的就业量也从 2003 年的 120.2 万人增加到 2011 年的 248.8 万人，就业增长明显。目前，新型服务业吸纳就业能力占第三产业中的比重虽然很小[6]，但是就业增长的空间很大，是今后重点发展的领域[7]。此外，国家加大了对现代服务业发展的支持力度，这些政策措施的实施有利于促进产业快速发展，也有利于引导行业规模发展。

第二，国家全面深化体制改革将进一步促进文化、电子商务、公共卫生等服务业发展[8]，从而创造更多就业机会[9]。文化体制改革加快实施有利于破除影响文化事业发展的各种障碍[10]，并将带动文化体育和娱乐业发

---

[1]　王晓红、盛晓娟、胡艳君：《现代服务业发展与就业吸纳能力的实证分析》，《当代经济管理》2015 年第 9 期。

[2]　陈志和、刘厚俊：《发展服务业在促就业和调结构中的关键作用——基于美国产品生产与服务两大部门的比较研究》，《南京社会科学》2010 年第 5 期。

[3]　赵杨、刘延平：《我国产业结构与就业结构的关联性分析》，《经济学动态》2010 年第 12 期。

[4]　樊秀峰、周文博、成静：《我国产业结构与就业吸纳能力的实证分析》，《审计与经济研究》2012 年第 2 期。

[5]　李爽：《对我国服务业就业问题的分析及政策建议》，《经济学动态》2005 年第 7 期。

[6]　罗知：《贸易自由化对就业的影响——来自第三产业和个体私营企业的数据》，《经济评论》2011 年第 5 期。

[7]　王经绫：《论中国经济增长的就业效应》，财政部财政科学研究所，2014 年。

[8]　来有为：《培育和发展新兴现代服务业的政策建议》，《中国产业经济动态》2013 年第 8 期。

[9]　郑友：《电子商务平台下的本国生产性服务业发展研究》，《科技创业月刊》2006 年第 10 期。

[10]　文尚卿：《深化文化体制改革　加快文化产业发展》，《中国市场》2012 年第 35 期。

展,增加更多的就业机会。同样,医疗卫生体制改革循序渐进,不仅有利于行业健康稳定发展,也有利于促进健康养老、健康保险、中医药保健等新型业态的发展,激发市场活力,进一步扩大就业[1]。

第三,传统服务行业吸纳就业还有增长潜力[2]。随着国际金融危机的影响减弱,城镇化和工业化快速推进,传统服务业发展势头仍然较好[3],交通运输、仓储和邮政等行业出现恢复性增长。并且,随着城乡居民服务消费方式的转变,传统服务业未来仍有很大的发展空间,将继续创造更多的就业机会[4]。

四 农业现代化与城乡发展

2007年中央一号文件首次明确回答了什么是现代农业、如何理解现代农业的重大问题。在中国,究竟如何实现农业现代化是一个具有重大现实意义的复杂课题。根据对中央一号文件精神的理解,建设农业现代化要求以资源在城乡间的一体化配置为前提,而我国长期以来形成的城乡二元结构成为实现农业现代化的主要障碍,因此统筹城乡发展就是打破城乡二元结构、实现农业现代化的必然之路[5]。城镇化健康发展需要农业现代化的支持,农业现代化关系到国家粮食安全,也影响到农村的稳定和农业的增收[6]。只有实现农业现代化,才能更好地支持城镇化和工业化的顺利推进和健康发展[7]。加快农业现代化,就要从体制改革、技术创新、产业发展等方面入手,实现从传统农业向现代化的农业跨越[8]。

---

[1] 秦伟:《中国的大部门体制改革将是循序渐进的过程》,《赤峰学院学报》(汉文哲学社会科学版) 2009 年第 5 期。

[2] 李娟:《我国服务业就业变动比较分析》,《国际商务研究》2009 年第 2 期。

[3] 邱少明:《迎战国际金融危机的几点思考》,《统计与决策》2009 年第 5 期。

[4] 郭占恒:《关于加快转变经济发展方式的几点思考》,《商业经济与管理》2010 年第 10 期。

[5] 李岚红:《统筹城乡发展是我国实现农业现代化的必然之路》,《今日南国》2010 年第 166 期。

[6] 杜宇能:《工业化城镇化农业现代化进程中国家粮食安全问题》,博士学位论文,中国科学技术大学,2013 年。

[7] 长子中:《农民富裕才可能有全国人民的富裕——为什么要推进农业现代化与工业化、城镇化协调发展》,《党政干部参考》2011 年第 8 期。

[8] 王少雄:《加快传统农业改造 着力推进现代农业——实现成都农业跨越式发展的思考》,《经济体制改革》2001 年第 1 期。

　　（一）农业体制改革推进

　　改革开放以来，我国持续推进农业体制改革，实现了农业快速发展，为整体改革发展大局奠定了良好基础。当前，我国正处在传统农业向现代农业转型的关键时期，面临的外部形势复杂多变，制约农业现代化的制度性矛盾和问题长期累积，体制机制改革既存在内在需求，也面临外部压力①。我国农业生产长期处于以小农经济为主导的状态，农业产量低②，规模生产无法得到有效发挥，农业耕作技术相对落后，农业生产受自然灾害的影响较大③。然而，在城镇化快速推进的过程中，我国农业体制改革则采取渐进式改良的方法④，在承包地流转、种粮补贴、土地承包权期限、粮食直补等方面进行了一系列的体制改革并陆续实施了相关政策，以保障农民的切身利益⑤。由于没有造成传统小农经济的破产，从而引导小农经济向现代农业平稳过渡。

　　近年来，许多地方在农地托管、土地规模化经营、合作组织发展、空心村撤并、农业保险等方面积累了丰富的创新经验⑥。近期，新一轮的农业体制改革释放出来的红利既调动了农民从事现代农业生产的积极性，促进农民增加收入⑦，进而缩小了城乡差距，又有利于确保粮食增产，保障国家粮食安全⑧。

　　（二）农业机械化水平提高

　　我国农业机械化水平不断提高，有力支持了农业现代化发展⑨。据统计，我国农业机械化水平已从新中国建国初期的空白起步之后稳步提高⑩，到 2011 年已达到 54.5％，21 世纪以来提高最快，2000—2011 年期

---

　　①　蓝海涛、王为农、涂圣伟等：《加快推进农业体制机制改革》，《宏观经济管理》2013 年第 8 期。

　　②　崔丽、傅建辉：《浅析我国传统农业经济结构的特征》，《经济师》2007 年第 7 期。

　　③　李善君：《加快发展农业保险事业》，《社会主义论坛》2009 年第 7 期。

　　④　孙立双、段磊、马运涛：《借鉴国外城镇化经验　推进我国城镇化发展》，《中国集体经济》2013 年第 36 期。

　　⑤　甘庭宇：《土地使用权流转中的农民利益保障》，《农村经济》2006 年第 5 期。

　　⑥　丁天、李娟：《论经济落后地区的农地制度创新》，《地方政府管理》1999 年第 2 期。

　　⑦　张高平：《促进农民增收的路径选择》，《发展》2008 年第 7 期。

　　⑧　李亚慧：《现代农业视角下的中国国家粮食安全发展战略研究》，硕士学位论文，曲阜师范大学，2014 年。

　　⑨　张荣光、丁涛、牛海波：《应用先进科技　引领农机化发展新潮流》，《吉林农业》2016 年第 8 期。

　　⑩　杜璟：《浅谈中国农业机械化的现状与发展趋势》，《农业机械》2005 年第 4 期。

间上升了 22.5 个百分点。同时，农业机械总动力也在 2002—2011 年期间增长了约 4 亿千瓦，到 2011 年已达到 9.8 亿千瓦，创历史最高水平。目前，我国农业机械正承担着需求增长与加快转型升级的艰巨任务[1]。随着农业从业人口迅速减少，农村市场对农业机械的需求增长较快[2]。同时，随着农业耕种收综合机械化水平信息技术[3]、网络技术、人工智能技术在工业上的广泛应用，传统农业机械引入信息化、智能化技术已是今后农业现代化发展的必然方向，如电子监控技术、农业传感技术、农用机器人技术的应用[4]，未来农业机械将朝着精确农业和保护性耕作方向发展[5]。

（三）农业科技服务和信息化发生积极变化

农村信息化是信息技术在农村生产、生活和社会管理中实现普遍推广应用的过程，是一个由传统农业而现代农业而信息农业的演进过程。在农村信息化过程中，作为充分发展现代农业关键助推器的农业科技服务越来越受到人们的关注[6]。开展农业科技服务活动，一方面是推广农业适用技术、提高农民科技素质、增强农民转移就业能力的有效途径[7]，对于转变农业发展方式、加快推进现代农业具有重要意义[8]。目前，我国农业科技服务机构覆盖范围较广[9]，主要包括政府农技推广机构、示范园区基地、农业龙头企业、农村科技信息网、农民专业合作社等[10]，通过政府引导、项目支持、科技下乡、风险保障等方式有力支持了农户接受先进农业种植

---

① 陈新：《加快产业转型升级 打造美丽浙江重要生态屏障》，《政策瞭望》2014 年第 9 期。

② 刘凤阁、白桂岩：《农村地区对农业机械的需求情况研究》，《农业与技术》2012 年第 2 期。

③ 张春雷：《我国农业生产耕种收综合机械化水平已达 52%》，《科技与生活》2011 年第 17 期。

④ 程跃：《农业机器人的应用与发展》，《农机科技推广》2005 年第 7 期。

⑤ 张爱军、胡立峰、王红等：《机械化保护性耕作特点及发展方向探讨》，《河北农业科学》2008 年第 8 期。

⑥ 朱方长：《农业科技服务信息化变革的思考》，《湖南农业大学学报》（社会科学版）2012 年第 2 期。

⑦ 王明新：《积极开展农业科技服务活动 加快转变农业发展方式》，《吉林农业》2012 年第 5 期。

⑧ 王明新：《创新思路 务求实效 全面推进农业科技服务发展》，《吉林农业》2012 年第 1 期。

⑨ 刘洁：《我国农业科技推广服务组织比较分析》，《中国农技推广》2006 年第 1 期。

⑩ 赵朝娜：《新农村建设中河南省农业科技服务体系构建问题研究》，《安徽农业科学》2011 年第 9 期。

技术，也扭转了农村地处"技术洼地"的困境。同时，国家对农业科技投入也呈现增长态势①。据统计，2011年我国农业（按农、林、牧、渔口径）研发经费内部支出额已达到了88.37亿元，是2001年的1.65倍。另一方面是在农业信息化生产、经营、政务管理等多个领域全方位渗透，出现农业信息化与现代农业融合趋势②。互联网、广播、电视、通信等信息服务网络平台已覆盖了广大农村地区③，许多农民比较容易了解到农业科普、农产品销售、先进种植技术、病虫害防治等有价值信息。并且，中央和地方各级政府利用信息服务网络实现了涉农政务管理信息透明，推动"三农"管理方式创新④，并可利用这些平台开展农业技术培训活动，培养了一批懂技术、会管理、找市场的新型农民。在一些现代化农业示范园区，现代互联网技术已能够为农民和专家搭建面对面的实时沟通平台，有效地将大城市的优质智力资源整合到了农村⑤，形成面对面的辐射效应，从而改造粗放的传统农业⑥。同时，农业信息化建设带动了农产品电子商务的发展，有效解决了农产品供需对接和市场交易问题⑦。此外，农业基础设施、农业生产装备与信息技术的全面融合已在全国推广，有力推动了传统农业生产方式的升级⑧。

（四）农副产品加工业发展较快

农副产品加工业包括粮油、果蔬、畜产品、水产品和传统农产品等涉及领域广、吸纳就业人数多的劳动密集型产业，它不仅是经济全球化格局下我国农业现代化、产业化的重要组成部分，而且可以扶持农业产

---

① 隋文静：《我国财政农业科研投入效益问题研究》，硕士学位论文，山东财经大学，2015年。

② 摘编自中国农业信息网《全国农业信息化工作会议提出：扎实推进信息化与农业现代化融合》，《农村工作通讯》2003年第13期。

③ 李君钊：《整合现代信息网络资源搭建农村科技传播服务平台》，《公民科学素质建设论坛暨第十八届全国科普理论研讨会》，2011年。

④ 王化峰：《政府"三农"机制模式研究——基于项目管理方法的一种有效的政府涉农管理机制》，《农村经济与科技》2015年第11期。

⑤ 武英举、高炳辉：《整合优质信息资源推进龙江农村信息化》，《黑龙江省通信学会学术年会》，2009年。

⑥ 毕德春：《浅谈传统农业与现代农业》，《河北农业》2003年第7期。

⑦ 乐冬：《基于统筹城乡信息平台的农产品电子商务模式研究》，硕士学位论文，中国农业科学院，2012年。

⑧ 摘编自中国农业信息网《全国农业信息化工作会议提出：扎实推进信息化与农业现代化融合》，《农村工作通讯》2013年第13期。

业化经营，鼓励发展农产品加工，使农民能够更多分享加工流通增值收益[1]。延伸农业产业链，大力发展农副产品精深加工业，提高产品附加值，是农业现代化的内在要求[2]。近年来，我国农副产品加工业的工业总产值和从业人员数都呈现快速增长态势[3]，农副产品加工业已经成为关系民生和创造就业机会的重要行业之一[4]。然而，农副产品加工业发展跟国外相比差距明显，主要表现在产品质量安全保障低、产业链条短、产品精深加工度低[5]，品牌认可度不高等，从而降低了产品附加值。目前，发达国家农副产品加工业产值占制造业比重不低[6]，美国、荷兰和加拿大分别为 9.1%、13% 和 13.6%，而中国仅为 5.9%；并且，发达国家农产品加工程度一般超过 90%，农产品加工产值是农业产值的 3 倍以上，美国这个比例为 3.7:1，而中国仅为 2.1:1，差距十分明显[7]。同时，水产品和林产品加工业发展较快[8]，但也遇到保险、栽培等技术难题，原料质量制约了行业发展[9]。

今后农副产品加工业发展要继续围绕安全、健康、环保的主线，推进体制创新，完善食品安全监管机制及相关法律法规[10]；另外，要加大科技创新，打造从绿色农产品生产基地到精深加工的完整产业链[11]。同时，实施自主品牌战略[12]，提高内资企业在粮油、禽蛋等关系民生的重要领域的

---

① 宋马林：《我国农副产品加工业发展的现状分析》，《管理世界》2010 年第 7 期。
② 刘导波：《以供销合作社的形式推进农业产业化进程》，《集团经济研究》2005 年第 2 期。
③ 宋马林：《我国农副产品加工业发展的现状分析》，《管理世界》2010 年第 7 期。
④ 乔雪：《财政支持农产品加工业的效果与策略》，硕士学位论文，武汉工业学院，2012 年。
⑤ 王文志：《走产业化之路　向农业强区迈进》，《学术交流》1995 年第 6 期。
⑥ 陈广金、易静华：《发达国家农产品加工现状及趋势》，《科技致富向导》2007 年第 12 期。
⑦ 孟宪军：《国内外农产品加工现状及发展趋势》，《农业科技与装备》2011 年第 11 期。
⑧ 励建荣、马永钧：《中国水产品加工业的现状及发展》，《食品科技》2008 年第 1 期。
⑨ 黄平江：《林产品加工业的发展思路探讨与分析》，《农业开发与装备》2015 年第 6 期。
⑩ 杨惟钦：《新形势下完善食品安全法律监管的探讨》，《云南行政学院学报》2015 年第 5 期。
⑪ 国家科技部农社司农业处：《依靠科技创新做强农产品深加工产业——"十五"重大科技专项"农产品深加工技术与设备研究开发"硕果满枝》，《中国农村科技》2004 年第 12 期。
⑫ 魏浩、毛日昇：《中国出口商品结构的历史演变与优化策略》，《中央财经大学学报》2007 年第 10 期。

市场占有率①；此外，也要积极探索多元化的生产方式，如有机农业、设施农业、立体农业等②。

（五）农业生产资料的保障能力日益增强

我国农业生产资料生产规模保持较快增长③，市场秩序日趋有序，供需矛盾趋于缓解。目前，我国已经成为世界农业生产资料大国④，化肥、农药、食用菌类、牧草种子等生产资料基本能够满足国内需求⑤，并且为了适应绿色农业发展趋势⑥，我国许多农业生产资料企业开始从事有机肥⑦、低毒农药等环保型农业生产资料⑧的研发和生产。另外，中央和地方加大了对农业生产资料市场的监管，维护市场稳定供应，减小农资产品价格波动，打击了一批生产假冒伪劣农资的不法企业，挽回许多农民的损失⑨。但跟国外相比，除了杂交水稻等少数几个品种之外，我国农业发展整体水平相对发达国家明显滞后⑩，杜邦、孟山都、先正达等跨国公司生产的"洋种子"占据了中国 2010 年蔬菜种子 50% 以上的市场份额⑪。外资通过资本逐步控制国内种业市场的趋势值得警惕。为了推动这一产业的发展，应加强包括交通、通信、仓储和运输装备等方面的农业物流基础设施建设，合理规划农业物流基地，改造和利用现有农业物流资源，建设布局合理的物流网络⑫。

---

①　陈超：《猪肉行业供应链管理研究》，博士学位论文，南京农业大学，2003 年。

②　吴今朝：《有机农业园区旅游开发研究——以句容戴庄有机农业园为例》，硕士学位论文，南京农业大学，2013 年。

③　李国祥：《2011 年中国农业经济形势分析及其预测》，《农业展望》2011 年第 5 期。

④　周子洋：《我国对南亚地区农业技术输出问题研究》，硕士学位论文，华中农业大学，2005 年。

⑤　思明：《2006 年化肥农药资源可以满足市场需求》，《中国石油和化工经济分析》2006 年第 5 期。

⑥　姜衡舒：《适应入世形势大力发展绿色农产品》，《综合经济导刊》2011 年第 5 期。

⑦　李杰、赵宝玲：《增施有机肥是发展农业生产的重大战略问题》，《数量经济技术经济研究》1988 年第 3 期。

⑧　张涛：《肥价低位震荡　农药追求环保　种业科技制胜　农机保持增长——中国农业生产资料流通协会 2014 年春耕农资市场形势分析会侧记》，《中国农资》2014 年第 12 期。

⑨　李作战：《假冒伪劣农资行为的机理探求及打假的博弈分析》，《财贸研究》2009 年第 3 期。

⑩　王新利：《中国农村物流模式及体系发展研究》，博士学位论文，西北农林科技大学，2003 年。

⑪　齐慧萍：《洋种子进军粮食市场倒逼中国种业与狼共舞》，《农家参谋》（种业大观）2010 年第 8 期。

⑫　宋马林：《我国农副产品加工业发展的现状分析》，《管理世界》2010 年第 7 期。

第二节   城镇化与产业发展的互动关系

实行新型城镇化是振兴国家的必由之路，在这种情况下增强新型城镇化下的产业发展服务能力迫在眉睫。当前，我国城镇化进程已进入质量全面提升的战略时期，有自身的特殊性、复杂性和艰巨性。本节基于新型城镇化的建设视角研究城镇化与产业之间的互动关系。

一   影响城镇化和产业发展的基本因素

（一）影响城镇化的基本因素

影响城镇化进程的因素复杂多样，分析不同层面的因素对城镇化进程的作用机制是一个复杂的系统性问题，需要用更加科学的方法加以论证。城镇化作为我国"十二五"时期经济发展的一个重要策略，揭示了城镇化进程中的关键因素及其作用路径，对于经济社会的健康发展，有着重要的现实意义[1]。影响城镇化发展的基本因素包括很多方面，主要涉及经济因素、经济地理因素、社会和制度因素以及科学技术因素（见表1-2)[2][3]。其中：经济因素包括经济发展和产业结构、投资等；经济地理因素包括资源环境、区位等[4]；科学技术因素包括科技创新、科技变革、创新政策等[5]。

表1-2   影响城镇化的基本因素

领域	基本因素	具体表现
经济因素	经济发展和产业结构	经济发展是城镇化发展最根本的因素，主要通过产业结构的演变实现
	投资	大型项目的投资建设，外商投资

---

① 马孝先：《中国城镇化的关键影响因素及其效应分析》，《中国人口·资源与环境》2014年第12期。

② 张春燕：《旅游产业与新型城镇化的耦合评价模型》，《统计与决策》2014年第14期。

③ 纪立军、甄峰、孙中亚等：《新型城镇化背景下区域产业联动发展研究》，《小城镇建设》2013年第5期。

④ 陈斌：《产业集群与新型城镇化耦合度及其影响研究——以江苏省为例》，《科技进步与对策》2014年第20期。

⑤ 帅建华：《浅析科学理解新型城镇化》，《西部资源》2014年第6期。

续表

领域	基本因素	具体表现
经济地理因素	资源环境	土地资源、水资源和能源资源等传统性资源和生态环境
	区位	地理和交通区位优势，周边城市的辐射作用
	基础设施	给排水系统、通信设施以及电力、天然气、热力等能源设施，公路、铁路、机场等交通设施，医疗卫生服务设施、公共文化设施等社会事业设施
社会和制度因素	社会历史和文化教育	包括人口素质、传统习俗、文化观念、思想等
	制度	人口迁移政策和户籍管理、城镇化战略规划及配套政策、财政金融政策、产业政策、土地和住房政策等
科学技术因素	科技创新、科技变革和创新政策	提升城市承载能力和扩展发展边界，促进产业技术进步，改善生产要素的流动性，改变生产生活方式

资料来源：作者自制。

1. 经济因素

（1）经济发展和产业结构因素。

经济发展是城镇化发展最根本的驱动因素。经济是发展的基础，在人类文明的发展史上，由农耕文明过渡到工业文明，经济发展水平不断提高。在这种有经济作为支撑的情况下，逐渐孕育出城市、城市群和城市文化[1]。因此，工业化是城镇化的根本动力[2]，并主要依靠产业结构的演变得以实现。另外，经济增长提高了居民的收入水平，从而使得居民拥有更多的资源来提高其生活水平，收入的增加可以提升居民对教育、生活设施等的需求，同时增加了居民对城镇文明的需求，为城镇化提供了丰富的物质基础，因而城镇化会随着经济规模的扩大而不断加深[3]。

（2）投资因素。

投资同样影响着城镇化发展水平。一些城市的兴起源于大型项目的投资和建设，如大型钢铁厂、大型石化厂、水电枢纽和港口的投资兴建，有可能将一个原先人烟稀少的地方迅速变成一座城市，如攀枝花市[4]。从我

---

[1]　宫长义：《融入新型城镇化：改革创新》，《建筑》2014年第1期。

[2]　蓝庆新、陈超凡：《新型城镇化推动产业结构升级了吗？——基于中国省级面板数据的空间计量研究》，《财经研究》2013年第12期。

[3]　苏素、贺娅萍：《经济高速发展中的城镇化影响因素》，《财经科学》2011年第11期。

[4]　李传健、邓良：《新型城镇化与中国房地产业可持续发展》，《经济问题》2015年第1期。

国目前新型城镇化投资的实际情况来看,以政府、企业和农民作为主体的投资机制尚不成熟,其中存在投资主体单一、融资渠道不畅、建设资金不足、政府定位不准、管理效率低下等问题,严重制约了新型城镇化建设的深入推进,有待进一步发展完善①。

2. 经济地理因素

(1)资源环境。

资源环境又可以分为自然资源环境和社会环境。天然的地形、矿产资源、气候等要素对新型城镇化起着至关重要的作用;而社会人文环境在舆论、风俗等方面深深地影响着城镇化进程②。我国国土广大,但干旱地区等不适宜人类居住的国土面积超过40%,虽然目前我国经济发展处于上升的时期,工业化、城市化、现代化水平也在不断增长,但有些地区由于存在国土自然基础差、缺水高寒生态脆弱区面积大等原因,城市化、工业化的规模、速度、投入和稳定发展需要一个渐进式的漫长历程③。另外,基于我国广大的国土面积和历史悠久的风土人情,城镇化的进程还需要考虑到文化、风俗等影响因素。因此,资源环境是影响城镇化进程的一个重要因素。

(2)区位。

区位也是影响城镇化的基本因素。一个城市的区位优势越突出,越有利于吸引生产要素和产业的聚集,城镇化水平也就越高④。我国东部沿海地区的城镇化率较高,很大程度上得益于地处沿海的区位优势;而中西部地区因其地理位置偏僻和交通不便,制约了城镇化水平的提高⑤⑥。

---

① 惠恩才、刁清华:《我国新型城镇化建设的投资机制分析》,《农业经济问题》2014年第8期。

② 姜德辉、杨玉娟:《新型城镇化与县域文化产业发展的融合》,《人民论坛》2014年第8期。

③ 姚士谋、王辰、张落成等:《我国资源环境对城镇化问题的影响因素》,《地理科学进展》2008年第3期。

④ 汪大海、周昕皓、韩天慧等:《新型城镇化进程中产业支撑问题思考》,《宏观经济管理》2013年第8期。

⑤ 郁俊莉、孔维:《新型城镇化背景下农村土地制度改革研究——基于产业支撑和粮食安全的视角》,《武汉理工大学学报》(社会科学版)2015年第1期。

⑥ 舒建玲、张晔:《新型城镇化对农村流通产业的影响分析——基于VAR模型》,《改革与战略》2015年第2期。

（3）基础设施。

各项基础设施的建设和布局影响城市承载人口能力。积水排水系统、通信设施以及电力、天然气、热力等能源设施是城市发展不可或缺的重要基础[1]。公路、铁路、机场等交通设施是影响城市发展的重要条件[2]。此外，医疗卫生服务、公共文化设施等社会基础设施为城市发展提供必要的配套设施。

3. 社会和制度因素

（1）社会历史和文化教育。

社会历史同样对城镇化起着重要的影响作用[3]。较高的人口素质和先进的文化观念有助于加快城镇化健康发展的步伐，也有利于提高城镇化质量。当地传承下的文化风俗对城镇化进程有推动作用[4]。

（2）制度。

制度是影响城镇化进程的关键因素，这些制度主要包括各种体制，如人口迁移和户籍政策、城镇化发展战略和规划、财政金融政策等等。只有有了国家政策的支持，城镇化才会在整体上得到推进。从历史和现实来看，制约我国城镇化发展的制度因素主要包括：①户籍制度制约，改革开放以来，我国户籍制度改革不断有新的突破，国家有关部门制定了户籍制度改革的政策和措施，一些地区也进行了户籍制度改革试点，但从全国来看，目前户籍制度改革还没有全部启动。②社会保障制度制约，农民进城的"门槛"过高，进而以当地农民为主体发展起来的小城镇的成本也不低。目前，小城镇的就业、养老、医疗、教育等社会保障制度并没有完善[5]。

4. 科学技术因素

信息技术、通信技术和网络技术的使用改变了传统的生产和生活方

---

① 方兴起、郑贺：《新型城镇化的支柱：农业现代化与产业创新》，《华南师范大学学报》（社会科学版）2013 年第 3 期。

② 纪汉霖、耿健：《区域差异背景下城镇化水平与房地产业互动机制》，《发展研究》2016 年第 3 期。

③ 王艳秀：《新型城镇化建设与文化产业互动发展策略》，《合作经济与科技》2015 年第 9 期。

④ 花建：《新型城镇化背景下的文化产业发展战略》，《东岳论丛》2013 年第 1 期。

⑤ 孔凡文、刘亚臣：《制约我国城镇化发展的制度因素分析》，《沈阳建筑工程学院学报》（社会科学版）2001 年第 2 期。

式，使得人际间的沟通和交流更加便捷。科技变革孕育着新兴产业，新兴产业的崛起进一步提高了产业整体素质。

（二）影响产业发展的基本因素

城镇化和产业发展的联系十分紧密，二者相互影响、相互促进①。对产业发展产生重要影响的基本因素同样包括多个方面，主要包括结构因素、需求因素、供给因素以及其他因素（见表1－3），其中：供给因素包括要素禀赋、科技创新和人力资本因素；其他因素包括经济全球化、制度等②。

表1－3   影响产业发展的基本要素

领域	基本因素	具体表现
结构因素	工业化不同阶段	三次产业的更迭和主导产业的转换
需求因素	市场需求	消费需求、投资需求和出口需求
供给因素	要素禀赋	自然资源，劳动力、资本和技术资源，区位、环境和基础设施因素
	科技创新	产品创新，生产技术与工艺创新，生产组织方式和生产关系创新，改造传统产业
	人力资本	人力资本积累，引导消费结构升级
其他因素	经济全球化	产业转移和技术引进，参与国际分工和国际贸易，制度融合，产品生命周期理论
	制度	宏观、产业和微观三个层面

资料来源：作者自制。

1. 结构因素

改革开放以来，我国城镇化发展与产业结构转型升级都取得了骄人的成绩。伴随着城镇化进程的不断推进，城镇化下的各种生产要素与资源的集聚促进了第二、三产业的快速发展，产业结构朝着合理化的方向发展③。产业结构演变促进了工业化进程向前推进。通过对发达国家工业化进程进行实证分析，钱纳里等经济学家将工业化进程划分为五个阶段，即

① 裴长洪、于燕：《新型城镇化中的产业发展趋势》，《当代经济研究》2014年第10期。
② 李晓斌：《以产业转型升级推进新型城镇化的动力机制研究》，《求实》2015年第2期。
③ 蒋勇、杨巧：《城镇化、产业结构与消费结构互动关系的实证研究》，《工业技术经济》2015年第1期。

前工业化时期、工业化初期、工业化中期、工业化后期和后工业化时期（见表1-4），在不同时期具有不同的阶段特征。

表1-4　　　　　　　　　产业结构的演变过程

产业结构变化阶段	主导产业	阶段特征
前工业化时期	农业	产业结构变化速度相对缓慢
工业化初期	由轻纺工业转向基础工业	工业产值超过农业产值，第三产业有所发展
工业化中期	高加工度工业	工业仍占据首位，第三产业比重上升
工业化后期	第三产业	工业部门由资本密集型产业转向技术密集型产业，第三产业占据首位，信息产业增长加快
后工业化时期	信息产业	第三产业占据军队优势地位，工业部门中的新兴产业发展迅速

资料来源：［美］霍利斯·钱纳里等：《工业化与经济增长的比较研究》，吴奇等译，上海三联书店1989年版。

2. 需求因素

市场需求主要包括消费需求、投资需求和出口需求。消费需求受到人口数量、人均收入水平、技术状况、经济和社会发展水平等多种因素的综合影响。只有在需求旺盛的情况下才能产生市场[1]。

3. 供给因素

早在钱纳里等人的研究时代就有很多人指出，产业结构变动不仅只有最终需求因素在起作用，包括中间需求在内的供给性因素在解释产业结构变化和差异方面也起到了很重要的作用[2]。

（1）要素禀赋。

一个国家或一个地区的比较优势取决于其自身的要素禀赋，决定该产业发展的方向。自然资源富足的地区适合发展资源密集型产业，劳动力丰富的地区则适宜发展劳动密集型产业，具有充足资本的地区则适合发展资本密集型产业，而与高校、科研院所联系紧密、具有大量高端人才的地区通常表现为技术密集型产业的集聚。同时，区位、环境和基础设施也都可

---

① 何立春：《新型城镇化、战略性新兴产业与经济发展》，《财经问题研究》2015年第5期。

② 郑凯捷：《中国服务业发展的中间需求因素分析——中间需求表现及工业产业分工发展的影响》，《山西财经大学学报》2008年第2期。

以促进或制约一个国家或地区的产业发展步伐。

（2）科技创新。

科技创新在产业发展中的地位日益提升，技术进步推动了产业升级和产业结构高级化，进而影响产业发展。科技创新不仅包括产品的创新和生产技术与工艺的创新，还涉及生产组织方式和管理方式的创新。

（3）人力资本。

人力资本是研发和创新的源泉，也是创新付诸实践的主体。在产业结构升级和产业发展的过程中，对劳动力的技能要求越来越高，人力资本积累不足会严重阻碍产业发展的进程。对于人力资本的积累、提升，技能培训和"干中学"都具有不可替代的重要作用。

4. 其他因素

（1）经济全球化。

经济全球化为产业发展提供更为广阔的发展空间，后发国家可以通过承接产业转移和从先发国家引进技术得到快速发展，国际分工和国际贸易也有助于推动产业发展[1]。在全球化进程中，产品生命周期能够起到很大的作用，由于不同国家和地区在技术水平、消费结构和产业竞争态势上的不同，造成国际贸易和国际投资的差异，从而影响了产业发展[2]。

（2）制度。

制度对产业发展同样起到至关重要的作用。宏观上，社会制度、法律制度和经济制度对产业发展产生了全方位的影响。

综上可见，在工业化阶段，生产要素规模和质量、科技创新、社会历史、文化教育、制度等是影响城镇化与产业发展互动的因素。无论忽视其中的哪一方面因素，都有可能使得城镇化与产业发展互动出现脱节。

二　城镇化与产业发展相互关系的分析框架

（一）城镇化与工业化的关系

在经济发展的历史进程中，工业化是城镇化的经济内容，城镇化是工业化的空间落实。当由传统农业社会转向工业社会时，农村的富余劳

---

① 花建：《发挥文化产业对中国新型城镇化的贡献力》，《学习与探索》2014 年第 9 期。
② 王换娥、孙静、田华杰：《我省新型城镇化建设与产业集聚互动研究》，《现代商业》2012 年第 18 期。

动力离开农村，这意味着农业转向工业、服务业等非农产业，城镇人口的比重在不断上升；城市规模的扩大、基础设施的逐步完善，为工业发展提供了良好的外部环境，吸引高素质人才、资金、科技创新等有利于工业进一步发展的要素向城市集聚①。换言之，工业化是城镇化的基本动力，城镇化是工业化的空间表现。城镇化在城乡层面发生了人口结构、经济结构、地域空间、生活方式等方面变化，每种类型的结构转型背后都有工业化的推动作用。工业化水平和质量提高也是推进城镇化的至关重要力量②。

工业化和城镇化之间相互促进的关系需要具备一些基本条件，如产业结构演变③。世界大国的发展经验表明，工业化水平提高是产业结构演进的过程，离不开城镇化的支持，这既包括农业人口向非农产业转移，又包括城镇化带来的消费需求以及消费升级④。产业结构演进一般遵循轻工业—重工业—服务业的演进路线，并由此构成工业化的不同阶段，如表1-5所示。

表1-5　　　　　　　　工业化阶段与城镇化水平的关系

发展阶段	工业化初级阶段	工业化中级阶段	工业化高级阶段	后工业社会
城镇化水平	10%—30%	30%—70%	70%—80%	80%以上

资料来源：［美］霍利斯·钱纳里等：《工业化与经济增长的比较研究》，吴奇等译，上海三联书店1989年版。

（二）城镇化与产业发展的互动机制

本节尝试从经济、社会、环境等方面的多个视角出发，分析两者之间互动机制，以此阐述两者互动关系⑤。

---

① 段禄峰、张沛：《我国城镇化与工业化协调发展问题研究》，《城市发展研究》2009年第7期。

② 董芳：《新型城镇化下农业产业链融资探析》，《西南金融》2014年第11期。

③ 张宗益、伍焰熙：《新型城镇化对产业结构升级的影响效应分析》，《工业技术经济》2015年第5期。

④ 李南、刘嘉娜：《新型城镇化与产业体系现代化的双重演进——以河北沿海地区为例》，《特区经济》2012年第8期。

⑤ 张建民、陈梅：《新型城镇化对流通产业发展的促进作用》，《学习与实践》2014年第7期。

1. 基于产业结构视角看二者互动机制

如前文所述，产业结构在演进过程中将出现两次非农产业吸纳劳动力转移的浪潮，也是城市集聚大规模农业转移人口的"窗口期"[①]。在第二次劳动力转移的"窗口期"中，技术创新推动产业结构升级，更先进的技术广泛应用于工业部门，进而可能降低工业部门的产出就业弹性，但是随着产业结构从以工业为主逐步向以服务业为主的方向升级[②]，服务业的发展有利于扩大农业转移人口的就业，新兴产业的出现也能吸纳大量人口就业尤其是高级专业人才的就业[③][④]。从全社会来看，在工业化阶段，就业总量可以维持较高的增长速度，城镇化水平也随之迅速提高，两者之间总体上呈现正向互动关系。同时，城镇化进程通过推进投资和消费创造了巨大的市场需求，从而带动产业发展[⑤]。

2. 基于产业效率视角看二者互动机制

对于像中国这样的发展中大国，人多地少，农村人口占总人口比重较高，第一产业从业人员规模较大[⑥][⑦]，但生产要素结构不合理以及城乡要素流动遇到的各种障碍都可能扭曲要素配置效率，从而导致农业劳动生产率增长速度缓慢[⑧]。同时，在城镇化进程中，城市集聚优势不断显现，集聚外部性使得产业发展从专业化和多样化中获益，降低了各种交易成本，进而提高了全要素生产率[⑨]。同时，产业效率的提升是维持较强城市竞争优势的基础，也是提高城镇居民收入的有效保障。只有城镇居民可支配收入实现增长，他们的消费结构才有可能实现升级，从而带动产业结构升级[⑩]。

[①]　吴红蕾：《实现文化产业与新型城镇化融合发展的探讨》，《经济纵横》2014 年第 7 期。

[②]　邱峰：《新型城镇化与房地产业协调发展问题研究》，《吉林金融研究》2013 年第 3 期。

[③]　卞彬、姚蕾：《基于产业互动视角的新型城镇化之路》，《唯实》2014 年第 1 期。

[④]　曾祥炎、刘友金：《基于地域产业承载系统适配性的"产－城"互动规律研究——兼论中西部地区新型城镇化对策》，《区域经济评论》2014 年第 1 期。

[⑤]　叶振宇：《城镇化与产业发展互动关系的理论探讨》，《区域经济评论》2013 年第 4 期。

[⑥]　吴福象、沈浩平：《新型城镇化、创新要素空间集聚与城市群产业发展》，《中南财经政法大学学报》2013 年第 4 期。

[⑦]　陈萍、徐秋实：《新型城镇化背景下乡镇特色产业园区建设实践探索》，《小城镇建设》2012 年第 1 期。

[⑧]　黄锡富：《中国新型城镇化与产业互动对人的发展的影响研究》，《改革与战略》2014 年第 4 期。

[⑨]　吴福象、沈浩平：《新型城镇化、基础设施空间溢出与地区产业结构升级——基于长三角城市群 16 个核心城市的实证分析》，《财经科学》2013 年第 7 期。

[⑩]　叶振宇：《城镇化与产业发展互动关系的理论探讨》，《区域经济评论》2013 年第 4 期。

3. 产业载体视角：产城融合机制

实践表明，以各种产业园区为主的产业载体是国家或地方实施发展战略的重要手段，同时也是促进产业集聚的重要手段[①]。一般而言，产业园区大致经历了三个不同的发展阶段：初期是生存阶段，着重与政府的扶持和资金的调动，中后期则将重心转移到与当地产业的配套融合中。

4. 基于社会转型视角看二者互动机制

正如上文所述，"四化"同步发展将最终形成现代产业体系和现代社会结构，这两个体系之间并不是分割、独立的，而是彼此相互匹配[②]。只有充分将四者结合起来，才能科学地发展。

5. 基于绿色发展视角看二者互动机制

绿色发展是新型城镇化要树立的一种理念，而产业发展也要绿色转型。资源集约、环境友好、以人为本是城镇化健康发展的内在要求，那种以牺牲生态环境和消耗大量资源为代价的传统城镇化难以持续。

三　城镇化与产业发展互动的共性问题和制约问题

以上分析表明，城镇化与产业发展之间存在互动关系，对于我国而言，两者之间存在一些共性问题：

第一，提高进城务工人员素质是城镇化质量和产业效率同步提高的关键。进城务工人员并非我国独有现象，进城务工人员的素质关乎国家现代化进程。衡量城镇化质量的一个重要指标就是城镇居民素质高低，同样从业人员素质直接关系到产业发展质量。

第二，推动技术创新并使之产生实效是城镇化和产业发展能力同步增强的保障。技术创新不仅可以改变企业生产分工形式、促进行业技术或工艺的革新，还可以改变城镇化的空间形态及相关主体的行为方式。

当然，我国在实现城镇化和产业发展相互促进的过程中，也遇到了一些问题：

第一，户籍制度问题。现行户籍制度不仅让进城务工人员无法顺利落户、享受当地的基本公共服务，也给我国城镇化健康发展埋下了很大的隐

---

① 黄勤、杨爽：《通过产业转型升级加快推进新型城镇化建设》，《经济纵横》2014 年第 1 期。

② 张宗益、伍熔熙：《新型城镇化对产业结构升级的影响效应分析》，《工业技术经济》2015 年第 5 期。

患，不利于社会长期稳定。2012 年，我国城镇化率已经达到 52.6% ，但是拥有城市户籍的人口只有 35% 左右，数以亿计的农民工无法与城市居民享受同等待遇。在加快城市化进程的同时，提高城市化质量，已经成为改革与发展的共识[①]。

第二，产业项目低水平重复建设问题。许多地方政府不顾自身实际条件盲目发展新兴产业，但水平过低[②]。

第三，城市资源环境承载力问题。一方面，城镇化水平提高和产业发展都要消耗大量的水、土地等自然资源，虽然有些资源可以从区外运入，但与人类生活和工业生产密切相关的土地资源是不可移动的[③][④]，水资源也是有限供给，这些因素限制了城市和产业的大规模扩张。

第四，产业发展对城镇化带动不足，城镇化发展速度落后于产业发展水平。

在产业化发展与城镇化相互促进的过程中，我国城镇化出现过严重滞后于产业化的情况，也出现过跟产业化不相匹配的现象，这主要是由于我国二元结构的存在，经济要素市场被分割成农村和城市，半城镇化问题并没有从根本上得到有效解决，并且产业结构不合理[⑤]。

[①]　邹一南：《城镇化的双重失衡与户籍制度改革》，《经济理论与经济管理》2014 年第 2 期。

[②]　王宏伟、李平、朱承亮：《中国城镇化速度与质量的协调发展》，《河北学刊》2014 年第 6 期。

[③]　梁俊强、梁浩：《新型城镇化的重要模式——绿色建筑产业新城》，《建设科技》2013 年第 7 期。

[④]　梁浩、张峰、梁俊强：《绿色建筑产业新城助力新型城镇化》，《城市发展研究》2013 年第 7 期。

[⑤]　张武、李海红：《新型城镇化建设与产业协调发展问题研究》，《统计与咨询》2014 年第 5 期。

第五章　新型城镇化背景下青岛市重庆路项目直接效益评估

　　城市历史学家芒福德认为，城市的形成离不开动态部分，这个"动态部分"，就是城市交通。城市交通是城市之间，以及城市内部人员、物资、信息互动交流的前提，只有在城市空间结构与城市交通之间建立一种彼此适应、相互促进的关系，才能够使城市经济、社会与环境得以协调、健康发展[1]。城市可持续发展的基础条件是拥有良好的道路交通系统。然而，近年来，由于我国人口密度、机动车数量不断提高，使得城市道路逐渐无法满足居民生活以及城市经济发展的需要，交通拥堵问题的治理逐渐得到重视。为缓解青岛市交通网络的拥堵现象，2015年青岛市规划局提出了东岸城区"三纵四横"的快速路网体系建设方案，方案中将重庆路改造工程设定为"三纵四横"快速网中重要的"一纵"。2016年重庆路改造工程完工通车，亟须对该项目所产生的效益进行科学合理的综合评价。进行重庆路通车后效益评估的意义主要体现在如下三点：一是使居民充分认识到重庆路通车给城市所做出的贡献，改变人们心目中重庆路改造投资大、收益小的片面观念。二是作为政府部门和投资者理性投资决策的依据，同时效益值的定量测算也为政府对城市交通的补贴方式和额度提供相应的参考依据。三是为重庆路项目的评价和研究提供基础资料。作为城市交通系统的一个子系统，重庆路交通系统社会效益的研究将为整个城市交通网的分析研究提供基础信息和资料。

---

　　① 刘露：《城市空间结构与交通发展的关系初探——以天津城市发展为例》，《中国科技论坛》2010年第11期。

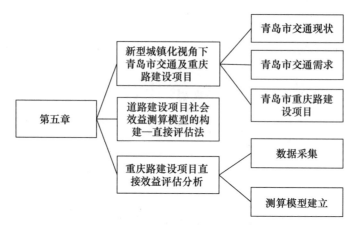

图 1-6　第五章章节结构

第一节　新型城镇化视角下青岛市重庆路项目

一　青岛市交通概况

青岛市总面积 10654 平方公里,其中,1408 平方公里的市区(市北、市南、李沧、四方、黄岛、崂山及城阳七区)范围,所辖即墨、胶州、胶南、平度、莱西五市为 9552 平方公里。青岛市行政区划如图 1-7 所示。其中青岛市由于地形的影响,整体呈现南北"长筒靴"的形状,其中主城区西临胶州湾,城市南部是城市行政、商业和文化中心,并且有大型公共活动中心和大量的工作岗位分布其中,而城市的密集居住区位于北部。

图 1-7　青岛市地图

　　提升城市综合竞争力的重要内容是发展现代城市交通[①]。在城市发展的过程中，交通发挥着至关重要的作用，交通具有经济功能和服务功能双重属性。从经济方面讲，交通既是城市基础设施投资的重要部分，也是现代服务业的重要组成部分，能够对国民经济和就业产生直接贡献[②]。城市交通基础设施是支撑城市经济运行的硬件平台，要促进青岛市的发展必须做好城市交通设施的建设。青岛市构建以港口为中心、海陆空一体化的综合交通体系是其交通发展的最终目标，最终能够达到市域内一小时和与省内主要城市之间三小时、半岛都市群主要城市之间两小时的通行目标。青岛市道路交通总体规划图及市区道路系统规划图如图1-8和图1-9所示。青岛市主城区南北贯通的道路现在只有环湾大道、重庆路、黑龙江路及青银高速公路四条道路，交通压力很大。环湾大道位于主城区最西侧，是"环湾保护，拥湾发展"的主轴线，受胶济铁路阻隔，其横向道路大多尚未贯通，环湾大道拓宽改造完成后将以服务环湾区域交通为主；中部重庆路及黑龙江路均是市区对外联系的主通道，现都已达到饱和状态，且

图1-8　青岛市道路交通总体规划图

---

　　① 王发曾、刘静玉：《我国城市群整合发展的基础与实践》，《地理科学进展》2007年第5期。

　　② 刘小明：《城市交通与管理——中国城市交通科学发展之路》，《交通运输系统工程与信息》2010年第6期。

黑龙江路已基本实现规划红线宽度；东侧青银高速为封闭收费公路，沿线出入口少，不利于疏解城市区域交通，大量南北向交通涌入重庆路；同时长途客车和社会车辆路边随意停车现象普遍，沿途单位车辆的频繁进出等对主线交通影响很大。由于城市不断增长的车辆保有量，南北向交通拥堵状况将会进一步加剧。具体的城市综合交通规划交通量预测如图 1 – 10 所示。

图 1 – 9　市区道路系统规划图

图 1 – 10　青岛市城市综合交通规划交通量预测分布图（2020 年）

（一）青岛市交通发展现状与规划

青岛市道路交通总体规划图综合交通体系是构成城市的主要物质要素，也是推动产业发展的必要条件。城市综合交通体系要实现三个目标：一是交通设施平衡，充分发挥各种交通设施的整体效益；二是交通运行相互协调，各种交通方式合理分工、紧密衔接；三是通过综合管理将交通设施与交通运行紧密结合，实现交通运行水平与交通设施水平相一致①。目前青岛市综合交通体系在完成以上三个目标的过程中进展良好，并做出以下具体规划：

1. 交通建设投资逐年增长。在 2000 年末，青岛市市政道路设施投资额仅为 6050 万元，但到 2012 年末，在市政道路设施方面的投入已经达到 934091 万元，尤其在 2009 年之后，投资额每年都有大幅度增长。青岛市市政道路设施投入在 2000 年至 2012 年间的变化趋势如图 1－11 所示：

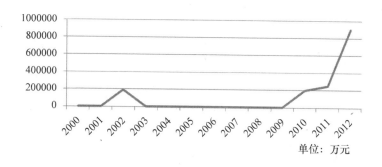

单位：万元

图 1－11　青岛市市政道路设施投入变化趋势图

数据来源：2000—2012 年青岛市统计年鉴，中国统计出版社。

2. 城市道路里程不断增长。2000 年至 2012 年间的具体道路里程变化趋势如图 1－12 所示，从图中可以看出，2000 年，青岛市道路里程仅为 1192 公里，截止到 2012 年末，青岛市的城市道路里程已经达到 4281 公里。在此过程中，出现了两个增幅较大的时间点，分别为 2006 年和 2012 年。

---

① 纪慰华：《产城融合发展的综合交通体系规划途径——以上海市临港地区为例》，《规划师》2014 年第 6 期。

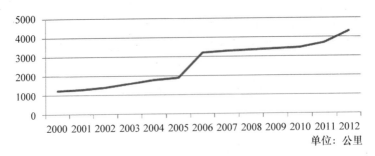

单位：公里

图 1 - 12   青岛市道路里程变化趋势图

数据来源：2000—2012 年青岛市统计年鉴，中国统计出版社。

3. 青岛市道路面积逐年增长。2000 年至 2012 年间的具体道路面积变化趋势如图 1 - 13 所示，从图中可以看出，2000 年，青岛市道路面积仅为 1788. 8 万平方米，截止到 2012 年底，青岛市道路面积达到了 7528 万平方米。

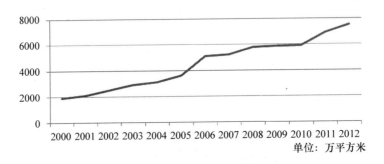

单位：万平方米

图 1 - 13   青岛市道路面积变化趋势图

数据来源：2000—2012 年青岛市统计年鉴，中国统计出版社。

4. 青岛市对外交通基础设施规模逐渐增大，功能逐步完善，初步形成了对外交通网络体系，使得铁路、港口、航空、公路并举。公路方面，目前已基本形成了功能完善、层次分明的公路网络体系，其中主干为一级公路和高速公路，而二、三、四级等公路作为补充。直到 2009 年底，全市道路通车里程达到了 16223. 9 公里，高速公路、一级公路分别达到 702. 6 公里和 1000. 2 公里，居全国同类城市前列。公路密度每百平方公里达到 145. 18 公里，公路综合好路率达到 84. 1%。全市 76 个乡镇通一级路，占全市乡镇总数的 58. 5%；实现通车的乡镇约为 130 个，行政村的通车率达到了 100%。铁路方面，已经基本形成了以胶黄、胶济、胶新、蓝烟铁路为骨架的铁路网络体系。青岛港通往腹地的主干路——胶济铁路，目前也已完工。港口方面，已经基本形成了结构较为合理、配套较为齐全的港口体系，其中将青岛港（包括老港区、前湾港港区、黄岛港区）作为核心，鳌山港、胶南大湾港等的一般小型港口作为补充。截止到2012 年港口完成货物的吞吐量达到了 4.069 亿吨，其中集装箱的吞吐量突破了 1450.3 万标准箱，居中国港口第一位。航空方面，我国华东地区重要的干线机场位于青岛市北部——青岛流亭机场，距离中心约 23 公里，飞行等级为 4E。近年来，机场不断提升其能力和规模，年旅客吞吐能力、年货邮吞吐量、开通航线条数等指标也在逐年地增加。其基本形成的开放型航线布局为"辐射西部、沟通南北、连接日韩、面向世界"，在华东地区成为了仅次于杭州、厦门、上海的重要航空基地[①]。机场目前有 3400米×45 米×87 厘米的跑道、3400 米×23 米×87 厘米的平行滑行道、44万平方米的可用停机坪面积、14 部登机桥、44 个机位，其中包含 E 类机位 3 个，此外还有 3.2 万平方米的货机坪、4 个停机位。此外青岛目前正在全力修建地铁，这将是未来青岛市内交通的主力。一共涉及两条线路，分别是地铁 M2 线和地铁 M2 线一期工程，长约 54 公里。一期工程（M3线，2009—2014 年）自青岛火车站至青岛火车站北站，总长度达 24.9 公里，并且全都为地下段，一共设置 22 个站点，总投资大约 103 亿元。二期工程（M2 线一期工程，2012—2016 年）自西镇至金水路，线路规划长约 29.6 公里，共设置 27 个站点，总投资约 162 亿元。预计建成后，将会大大缓解道路拥堵问题。

5. 公共交通得到长足发展。截止到 2012 年末，标准公共交通营运车辆已经达到 5640 辆，达到了 97922 万人次的公交客运总量，2000 年至2012 年间的具体变化趋势如图 1-14 所示。

6. 趋向合理的交通管理手段，并且逐步扩大智能化规模。目前约有130 条道路实施了单向交通，总长大约是 95.4 公里；不仅如此，相关部门对货车和摩托车的管理也逐渐加强，规范了其行驶的路线，一部分的道路开始实施禁止摩托车和货车通行的规定；道路交叉口信号控制的水平也

---

① 王海运、赵常庆、李建民等：《"丝绸之路经济带"构想的背景、潜在挑战和未来走势》，《欧亚经济》2014 年第 4 期。

有了质的飞跃，实现了自适应控制，改变了原有的单点定时控制。

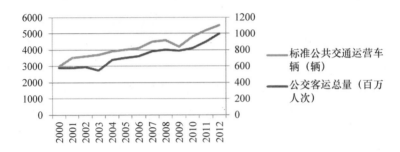

图 1 - 14　青岛市标准公共交通营运车辆和公交客运总量变化趋势图

数据来源：2000—2012 年青岛市统计年鉴，中国统计出版社。

（二）青岛市交通需求

1. 城市人口大幅增加，城市规模迅速膨胀，给交通带来压力。当今，城市化的巨大力量正在重新塑造着发展中国家，而且，在全球城市化过程中，大城市势必会得到快速发展，其地位和作用也会日益凸显；目前，我国有 22 个特大城市和 475 个人口超过 100 万的大城市，自 1980 年以来，我国人口流动的主要趋向是流入大城市，特别是那些沿海大城市地区。青岛由于独特的地理位置，成为人口流动的主要城市之一，因而其交通压力也越来越大①。国务院于 2016 年 1 月 8 日正式批复了《青岛市城市总体规划（2011—2020 年）》。据悉，新一版《总体规划》已经出炉，按照城市空间战略为"三城联动、全域统筹、生态间隔、轴带展开、组团发展"，青岛将组团式海湾型宜居幸福的现代化国际城市作为建设目标。根据规划，到 2020 年，青岛将把有条件的重点镇发展成为小城市，城市（镇）群将由 1 个中心城区（城市群的核心区）、10 个次中心城市、35 个重点镇（或小城市）、1000 个左右的新型农村社区中心构成。到 2020 年，青岛市人口数量保持在 1200 万人以内；中心城区城市人口规模控制在 610 万人以内，而城市建设用地的规模保持在 660 平方公里以内。以国家沿海重要中心城市为城市的定位。围绕国家战略和蓝色经济的新要求，青岛市未来的城市发展定位不断提升，由原来的"国家历史文化名城和风

---

① 杨东峰、熊国平：《我国大城市空间增长机制的实证研究及政策建议——经济发展·人口增长·道路交通·土地资源》，《城市规划学刊》2008 年第 1 期。

景旅游胜地"提升为"国家沿海重要中心城市和滨海度假旅游城市，国际性港口城市，国家历史文化名城"。

2. 随着社会经济水平的提高，机动车保有量增长迅速。近年来，中国社会经济快速发展，机动车保有量迅速增加，致使城市交通状况不断恶化。在过去的 10 年内城市交通拥堵现象不断由特大城市、大城市向中小城市蔓延，虽然许多城市大量建设道路交通基础设施，但是到目前为止，交通拥堵状况已然不断恶化①。青岛位于山东半岛的丘陵地带，地势起伏不平。市区道路多是依地势而建，这导致青岛的道路条件大多是高低起伏，特殊的地理位置导致人们的出行方式比较单一，城市交通车辆主要以公交车和私家车为主。随着半岛经济的迅速发展，青岛地区的机动车保有量不断增加，2007 年青岛市机动车保有量已超过 130 万辆，相比 2000 年将近翻了一番，这个数字还在以每天几百辆的速度增加。机动车保有量的迅猛增长使道路设施迅速饱和，由于岛城的地貌特征，机动车的车速平均较低，虽然近几年修建了多条快速路和交通主干道，但是仍然满足不了交通流量不断增加的需求。2007 年市区机动车平均车速在30 千米/小时左右，主要路段例如香港路、南京路、延吉路等高峰时段平均车流量在 3000—4000 辆/小时，道路的承载能力处于饱和状态，达到 0.75 以上。

随着交通设施建设力度不断加大，交通投资总量占 GDP 比重迅速提高，交通管理技术和综合治理力度不断加强，交通服务能力有了显著改变，出行难、行车难、停车难状况有了很大改观，但是由于机动车拥有量的不断攀升，道路交通运行状况已有所恶化。主要表现在：主要道路交叉口的服务水平有不同程度的降低，公交车的运行速度也呈逐年下降的趋势，故进一步加强交通设施建设至关重要。重庆路作为青岛市"四横三纵"的"三纵"之一，与济青高速公路、烟青一级公路等高等级公路连接，对接市区道路网和对外公路，对加强青岛市与外围干线公路网的联系具有重要意义。在"环湾保护、拥湾发展"背景下，作为市区环湾组团右侧交通大动脉，重庆路串联起环湾区域的大部分区域，在此背景下，重庆路的功能将演变为拥湾区域发展轴线。

---

① 李瑞敏、何群、李帅：《中国机动车保有量发展趋势分析》，《城市交通》2013 年第 5期。

二　青岛市重庆路建设项目

重庆路快速路工程南起山东路，沿原重庆路走向，北跨流亭立交桥，与济青高速城阳段高架桥（以下简称"济青延长线"）相接，全长约20.4公里。沿途贯穿四方、李沧、城阳三区，是规划"三纵四横"快速路网中的重要"一纵"，也是最重要的对外联系通道，随着"环湾保护、拥湾发展"战略的不断推进，环湾大道、隧道接线、快速路三期、新疆路快速路及大桥接线等一大批重点城建项目陆续开工建设，将形成胶州湾沿线快速交通轴线。环湾区域东侧的重庆路快速路，更有利于加强环湾组团间的交通联系、改善北部城区面貌、缩小南北差距、缓解城市交通压力。重庆路快速路工程建成后，主城区快速路网基本形成。

（一）重庆路改造前交通状况

重庆路设计年代较远，初期按公路标准设计，交通等级低，加之运营时间长、重型车辆较多、缺乏有效养护，导致现状道路路面坑洼不平、破损严重，严重影响了交通畅通及行车的舒适性、安全性，道路交通运行效率低下；虽然主要路段划分为双向六车道，但单条车道宽度较窄，达不到六车道通行能力要求。重庆路主要路段饱和度及服务水平如表1－6所示：

表1－6　　　　　　重庆路主要路段饱和度及服务水平

路段范围	高峰小时流量（当量交通量/天）	通行能力	饱和度	服务水平
瑞昌路—萍乡路	5723	5253	1.09	F
萍乡路—长沙路	5269	5122	1.03	F
长沙路—洛阳路	5533	5630	0.98	E
洛阳路—书院路	5581	5127	1.09	F
书院路—沧口汽车站	5453	5304	1.03	F
沧口汽车站—唐山路	5471	5464	1.00	F
唐山路—遵义路	5405	5547	0.97	E
遵义路—城阳北站	5952	5543	1.07	F
城阳北站—流亭	5290	5200	1.02	F

数据来源：青岛市市政工程研究院有限责任公司。

重庆路作为贯穿青岛市南北的交通干道，饱和度高、服务水平低，高峰时段易发生交通拥堵。另外，重庆路沿途单位进出口多，但贯通道路较少，相应主要的横向道路具有交通量大、服务水平低的特点，比如：四方区的山东路、瑞昌路、温州路，李沧区的书院路、金水路及城阳区的仙山路等，与重庆路相交节点处转向交通较大、路口饱和度高。综观青岛市南北快速路系统，由于环湾路及青银高速位于市区东西两侧，环湾路受铁路阻隔、青银高速为封闭收费公路，对疏散市内交通作用较小，大量南北向交通涌入重庆路；同时长途客车和社会车辆路边随意停车现象普遍，沿途单位车辆的频繁进出等对主线交通影响很大[①]。这从重庆路及其沿线路段的交通通行量和交通通行时间分布状况可以看出：重庆路作为市区重要的南北通道之一，交通量整体呈持续增长态势，重庆路历年交通量总体呈上升趋势（1997 年受亚洲金融危机影响，交通出行率有所降低），至 2007年以后，日均车流量超过 7 万辆/日，2009 年高达 7.4 万辆/日，如果按照公路标准计算，其交通量远远超过一级公路的设计通行能力（25000辆/日）。

（二）重庆路交通前景

根据《青岛市城市综合交通规划（2008—2020 年)》给出的远期（2020 年）城市快速路网中主要节点的交通量预测值，如表 1 - 7 所示。从表中可以看出，以远期青岛市 2020 年的山东路—重庆路路段的交通量（当量交通量/天）将接近重庆路 2009 年交通量（当量交通量/天）的 3倍，路段交通压力将越来越大。

表 1 - 7　　　　　　主要节点远期交通量预测一览表　　　单位：当量交通量/天

横向快速路 纵向快速路	杭鞍快速路	大桥接线	仙山路
环湾路	160000—170000	200000—210000	140000—150000
山东路—重庆路	200000—210000	250000—260000	170000—180000
青银高速	130000—140000	110000—120000	120000—130000

数据来源：青岛市市政工程设计研究院有限责任公司。

---

① 冷静：《城市规模化区域化发展中的交通策略调适——以青岛为例》，《上海城市管理》2011 年第 6 期。

（三）重庆路快速路建设

1. 重庆路快速路在青岛市交通中的作用

重庆路快速路在青岛市交通中的作用主要体现在以下几个方面：

一是城市交通骨干作用。快速路系统在重庆路中起着骨干作用，主要表现在以下几个方面。首先是通行能力较强。根据《城市道路交通规划设计规范》，大城市的快速路应为 35—45 米的道路宽度，4—8 条机动车车道，60—80 公里/小时的机动车设计速度。因为重庆路快速路系统采用的设计标准是较高的和全立交的，并且其拥有在 2000 辆/小时·车道以上的能力。其次是交通周转能力较强。建成后的重庆路快速路，对青岛市的交通能力起到了很好的提高作用，并且由于在市中心的交通流周转，因而对市中心交通压力起到了更为明显的缓解作用。最后是中远距离交通运输能力较强。重庆路快速路中远距离的交通运输能力主要体现重庆路快速路建成后，能够提升青岛市内部及各城区之间的流通能力和提升青岛市与外部的交通能力这两个层次。二是促进青岛市道路网的完善。重庆路快速路及相关配套设施的建设，将促使青岛市形成合理的网络结构，对青岛市交通布局起到完善的作用，对交通能力起到了提升的作用，还能够对市民、物流等的流通需求及流通效率起到提高的作用。三是对青岛市土地发展起到了强烈的诱导作用。在道路建成后，能够提升周边城区的交通运输能力，进一步提升道路沿线的城市土地价值，能够更好地开发利用相应区域的土地，进而使得相应地区得到繁荣与发展。

2. 重庆路快速路建设的特征

交通网络中连接青岛市外部与内部的一个骨干系统便是重庆路快速路，它同时也是运输业和青岛市国民经济发展的基础。而在流通领域、人民生活与旅行以及国民经济的生产过程中的需求充分地体现了这种基础性作用。重庆路快速路作为青岛市运输业十分重要的一部分，需要将投资具体到建设与完善重庆快速路的每个建设项目上。当然与一般的交通项目相比，既存在着共性，也有自己的特性，而它的特性主要表现在以下几个方面：

第一，该项目的效益存在宏观性。依据国民经济和社会发展需要而非依据交通运输部门的盈利多少来确定快速路的建设投资。社会再生产过程在流通领域的体现是交通运输，同时也是社会再生产中重要的一个过程，对于它的效益，不仅表现在本部门的直接效益中，还表现在道路的使用部门获得其中的大部分效益，既能够带动工、商、农业以及旅游、科技、卫生、文教、国防等部门的发展，还能够促进发展区域经济。相比其本身的微观效益，宏观效益要远远的大。由此可见，青岛市国民经济效益和成本将直接表现在重庆路快速路项目的效益和成本上。对于重庆路快速路项目投资决策和评估不能再进行财务评估，而是着重于青岛市国民社会和经济评估。

第二，该项目的效益主要以外部效果为主。重庆路快速路项目作为公共产品，以及其所形成的服务与跟它相关联的其他工程项目取得的效果是联系在一起的，并且能够产生综合效果。它能够对社会、经济、教育、文化等产生多方面的影响，还能够扩大经济、生活服务和物质生产，以及思想交流的范围，同时也不会对自然和生态环境造成不利影响。由此得出，测算重庆路快速路项目的投资效益时投资决策的重要依据，应当按照取得外部效果的大小而定。

第三，该项目的成本效益不具有实体性。运输业创造的特殊产品指的是重庆路快速路以及相关交通运输项目在投产运行时，能够让旅客和货物在一定时间、一定区域内发生空间位移，因而不具备实体性，重庆路快速路及其他交通项目的基础服务性也正是取决于该性质，由于是为青岛市国民经济及社会服务，因而对于产品而言，价格不能太高，否则会因为人员出行及货物运输成本的提高，使得其他行业价格上升。

第四，运输产品具有非存储性。道路交通运输行业标准化制度建设是提升道路交通运输行业管理水平、运输能力和服务质量的关键。然而，在实践中道路运输行业标准化制度建设面临标准制定和标准执行的碎片化难题[①]。因为运输产品没有实体性，所以服务能力是该产品具体体现。运输业的生产过程，也是产品进行消费和发生效用的过程。因而不能转移、相互替代和存储的运输产品，一般也会受到自然条件的影响和制约，决定运输能力的安排和运输线路选择的是规划运输产品的非存储性的合理性，因此必须将沿线的自然环境条件、土地资源的合理利用等因素相结合，并全面性地比选和衡量，选取的线路技术方案应当是最安全适用、经济合理的，以此来满足人们的生产和生活需求。

---

①　杨鹏飞：《道路运输行业标准化制度建设的实践难题与路径选择——基于整体性治理理论的视角》，《信息化建设》2016 年第 5 期。

第五，该项目还具有工期长、专业特点明显、投资大的特点。完善青岛市路网的重要环节便是重庆路快速路，因而工期一般较长、投资也较大。而且还具有建成后又很难改作他用、技术规范严格等较为明显的专业特点。

第六，该项目系统性、地域性和整体性的特点。由于不同的地域有不同的特点，因而对快速路的建设要求也截然不同，因此必然要在一定的地域内，进行快速路项目的建设施工。重庆路快速路不仅组成了青岛市路网，同时也组成了青岛市交通和大交通的整体，因此对每个交通运输项目都要分析论证、充分调查、相互协调、统筹兼顾，进而形成的运输体系要综合有效。由于每个具体交通项目综合组成了总系统，因而对其进行评估时必须从整体的角度出发。

第二节　道路建设项目社会效益测算模型构建

一般通过将公路交通给国民经济所带来的经济社会效益作为衡量指标，来研究公路交通和国民经济的关系，以对公路交通建设项目的社会效益进行测算。公路运输是国民经济的基础性、服务性产业。公路建设项目与一般工业建设项目相比，具有社会公共设施属性、外部经济特性、资金密集、周期长和自然垄断等经济特性，因而对于公路项目必须从国家整体角度考察项目对社会经济效益和对国民经济的影响，并以此来评价项目国民经济层面的可行性和合理性[①]。本章拟在生产函数法的基础上，建立符合我国国情的道路交通对经济社会发展的贡献率测算方法[②]。

对于交通投资效益，我们采用柯布-道格拉斯生产函数（即 C－D 生产函数）来对其进行定量分析。美国经济学家 Paul Dauglas 和数学家 Charles Cobb 于 1928 年提出"生产函数"模型，用来描述在一定的技术条件下，生产过程中各生产要素的投入数量和所能产出的最大产量之间存在的依存关系，即：

$$Y = F(X_1, X_2, X_3, \cdots)$$

---

① 刘世铎、吴群琪：《公路建设项目的国民经济效益测算影响因素及方法改进》，《统计与决策》2011 年第 3 期。

② 黄兰华：《公路建设项目效益后评价研究》，硕士学位论文，长安大学，2008 年。

式中：Y 为产出量；X_n 为各要素投入量。

"生产函数，即从资源的角度分析生产过程中生产要素的投入与其产出量间的技术关系"。按照投入要素数量的不同种类，可以将生产函数分为一种可变投入生产函数和多种可变投入生产函数两类；"较常见的生产函数有柯布－道格拉斯生产函数（即 C－D 生产函数）和固定投入比例生产函数"，其中普遍应用的是柯布－道格拉斯生产函数，其基本形式为：

$$Y = AK^{\alpha}L^{\beta}$$

式中：Y 为产出量；A 为技术水平；K 为资本投入量；L 为劳动力投入量；α 为资本产出的弹性系数；β 为劳动力产出的弹性系数。

在该函数中，反映综合技术水平的效率系数是一个独立于其他要素的常量，这在技术迅猛发展的今天是不符合实际的。1957 年，Solow 对 C－D 生产函数模型进行了进一步的发展，即：

$$Y = e^{\lambda t}K^{\alpha}L^{\beta}$$

式中：λ 为技术的年进步速度；t 为年份；Y 为产出量；e 为技术水平；A 为资本投入量；L 为劳动力投入量；α 为资本产出的弹性系数；β 为劳动力产出的弹性系数。

该函数将技术进步对产出量的作用分离出来，将其作为一项投入，能够让人们意识到技术进步在经济增长中的作用。为了分析交通项目的建设投资对区域社会经济的直接拉动作用，我们将资本投入量中的城市交通建设投资资本量分离出来，单独作为一项生产要素投入代入改进的 C－D 生产函数，即：

$$Y_t = A_0 e^{\lambda t}K_t^{\alpha}L_t^{\beta}R_t^{\gamma}$$

式中：t 为年份；Y_t 为第 t 年产出量；A_0 为初始技术水平；λ 为技术年进步速度；K_t 为第 t 年将交通建设投资额分离出来以后的资本投入量；L_t 为第 t 年劳动力投入量；R_t 为第 t 年交通建设投资投入量；α 为资本产出的弹性系数；β 为劳动力产出的弹性系数；γ 为交通建设投资产出的弹性系数。

从而，交通建设投资增长对城市社会经济增长的贡献份额为：

$$M_R = \gamma \frac{\Delta R_t / R_t}{\Delta Y_t / Y_t}$$

因此，交通建设投资给社会带来的经济贡献，即直接投资效益为：

$$B = \gamma \frac{\Delta R_t / R_t}{\Delta Y_t / Y_t} \Delta Y_t$$

重庆路建设投资给社会带来的经济贡献，即直接投资效益为：

$$B = \gamma \frac{\Delta R_t / R_t}{\Delta Y_t / Y_t} \Delta Y_t \frac{重庆路项目投资}{交通运输总投资}$$

第三节 重庆路建设项目直接效益评估分析

一 数据收集

由于客观条件的限制，某些数据难以获得，或对于较精确的数据难以获取。因此，在实际的分析过程中，对于 C - D 生产函数中各个变量数据的采集，相对而言较为困难，因而根据获取数据的可能性以及研究的需要，来对主要的变量数据进行选择，选择结果如下所示：

产出量 Y：城市国内生产总值（地区生产总值）；

资本投入量 K：城市固定资产投资总额减去交通建设投资额；

劳动力投入量 L：城市从业总人数；

交通建设投入量 R：城市交通运输投资额。

表 1 - 8 2003 年至 2013 年原始数据描述性统计

平均值	方差	最小值	最大值	样本量
45828136.36	444788238226546.00	17804200	80066000	11
6.00	11.00	1.00	11.00	11
23855601	195803584418070.00	5475526	50278649	11
511.5527273	1871.70	438.96	571.47	11
1540642.182	1058320244789.36	397855	3062975	11

数据来源：2000—2012 年青岛市统计年鉴，中国统计出版社。

二 重庆路改造项目交通社会效益测算模型分析

1. 单位根检验

上述各变量均为时间序列，在采用普通最小二乘法进行回归之前需要对这些数据进行平稳性检验，否则如果直接利用非平稳的时间序列进行回归，将会出现"伪回归"的情况。因此本书采用 ADF（Augmented Dickey-Fuller）检验方法来检验各变量差分序列和水平序列之间的平稳性，结果如表 1 - 9 所示。

表 1 - 9　　　　　　　　　各变量的单位根检验结果

变量	检验类型	ADF	1% 临界值	5% 临界值	10% 临界值	平稳性
lnY	(/, /, 1)	0.7591	- 2.8473	- 1.9882	- 1.6001	否
dlnY	(/, /, 2)	- 2.0213	- 2.9372	- 2.0006	- 1.5981	是
lnK	(C, /, 2)	0.2093	- 4.5826	- 3.3210	- 2.8014	否
dlnK	(C, /, 2)	- 4.2899	- 4.8035	- 3.4033	- 2.8418	是
lnL	(C, /, 2)	- 2.6526	- 4.5826	- 3.3210	- 2.8014	否
dlnL	(C, /, 2)	- 6.4729	- 4.8035	- 3.4033	- 2.8418	是
lnR	(/, /, 0)	2.6811	- 2.8167	- 1.9823	- 1.6011	否
dlnR	(/, /, 0)	- 2.3690	- 2.8473	- 1.9882	- 1.6001	是

数据来源：2000—2012 年青岛市统计年鉴，中国统计出版社。

由表 1 - 9 可知，在 5% 的显著性水平下，lnY、lnK、lnL、lnR 均为非平稳时间序列，而它们的一阶差分 dlnY、dlnK、dlnL、dlnR 均为平稳时间序列，所以 dlnY、dlnK、dlnL、dlnR 均为一阶单整过程。由上文单根检验过程可知，lnY、lnK、lnL 和 lnR 均为一阶单整的时间序列，因此可以对这两个序列之间是否存在协整关系进行检验。

2. 协整检验

由单根检验过程可知，lnY、lnK、lnL 和 lnR 均为一阶单整的时间序列，所以能够检验这两个序列之间是否存在协整关系。将等式两边同时进行对数变化，得到以下式子：

$$\mathrm{Ln}Y_t = A_0 + \lambda_t + \alpha \ln K_t + \beta \ln L_t + \gamma \ln R_t + e_t$$

首先，采用最小二乘法估计方程，得到的结果如表 1 - 10 所示：

表 1 - 10　　　　　　　　　最小二乘估计值

系数	A_0	λ	α	β	γ
回归值	- 16.04615	0.038719	0.059116	3.653639	0.026173
P 值	0.03	0.09	0.08	0.02	0.07
检验值	$\hat{R}^2 = 0.997$	$F = 836.7055$	$P = 0.000$	$D.W. = 2.07$	显著

由估计结果可以看到，D. W. = 2.07（当 D. W. 值在 2 左右时，模型不存在一阶自相关），因此可以排除序列自相关的可能。另外，对残差序列进行单位根检验采用了 ADF 方法。检验结果如表 1 - 11 所示：

表 1 - 11 　　　　　　　　　　　残差的单位根检验结果

变量	ADF	1% 临界值	5% 临界值	10% 临界值	平稳性
RESID	- 5. 7902	- 2. 8473	- 1. 9882	- 1. 6001	是

平稳时间序列为单位根检验的显示结果，因而也能够证明 lnK、lnY、lnL 和 lnR 之间存在着协整关系。这表明，虽然 lnK、lnY、lnL 和 lnR 都是非平稳的时间序列，但是长期稳定的均衡关系却存在于它们之间的线性组合之中，回归结果可接受。

因此，线性回归模型如下：

$$\mathrm{Ln}Y_t = -16.046 + 0.039t + 0.059\mathrm{Ln}K_t + 3.654\mathrm{Ln}L_t + 0.026\mathrm{Ln}R_t$$

重庆路道路改造投资额为 42 亿元，投资年份为 2012 年，因此重庆路道路改造投资给社会带来的经济贡献，即直接投资效益为：

$$B = \gamma \frac{\Delta R_t / R_t}{\Delta Y_t / Y_t} \Delta Y_t \frac{重庆路道路投资额}{R_t}$$

经计算得：重庆路道路改造给社会带来的经济贡献为 3. 59 亿元。

第六章 新型城镇化背景下青岛市重庆路建设项目间接效益评估

第一节 城镇化视角下交通与服务业发展

服务业作为国民经济的重要组成部分，是衡量一个国家或地区经济现代化水平的重要标志之一[①]。随着知识经济的发展，现代服务业逐渐成为经济中增长最快的部门，并在经济生活中发挥着日益重要的作用[②]。世界发达国家的经济发展实践证明，城镇化与服务业密切相关。辛格尔曼通过分析 1920—1970 年间工业化国家的劳动力转移过程，指出城镇化是促进一个国家由农业型经济向服务型经济转型的重要因素，并最早明确提出城镇化是服务业发展的原因。丹尼尔斯等通过对美国大中小城市的服务业的研究，发现城市形成的区域市场中心是服务业发展的基础[③]。本书通过分析以往学者的研究发现，城镇化与服务业集聚之间有着密切的联系，城镇化能够改善服务业集聚的影响因素，为其提供良好的内外部发展环境，而服务业集聚能够为城镇化提供动力，从而推进城镇化的进程，即二者之间存在明显的互动机理[④]。本书经总结得出，无论是二者之间的互动机理还是单向的促进作用，都有学者进行过具体研究，但随着城镇化进程的加

---

① 马子玲：《云南服务业发展的现状、问题和对策措施》，《经济问题探索》2008 年第 5 期。

② 郑吉昌、何万里、夏晴：《论现代服务业的隐性就业增长机制》，《财贸经济》2007 年第 8 期。

③ 杜宇玮、刘东皇：《中国城镇化与服务业发展耦合协调度测度》，《城市问题》2015 年第 12 期。

④ 田侃、刘奕：《城镇化与服务业的协同发展机理：基于三种视角的文献评述》，《国外社会科学》2014 年第 6 期。

快，在服务业的诸多影响因素中，交通的作用越来越重要①。因此，近年来学者们多从交通的角度研究城镇化对服务业发展的影响。

近年来，我国城市交通体系发展迅速，现有的服务业布局已难以适应和指导服务业未来的发展，因此，在现有城市交通体系下，需对服务业的布局作出调整和改善②。关于交通对服务业集聚的促进作用，学者们从多个角度进行了研究。陈绪冬等提出现代城市交通体系下，服务业布局呈现出节点化、扁平化和网络化的趋势，基于此，文章提出对服务业布局进行分类以对服务业进行合理的空间规划，并以南京市为例探讨了新的服务业布局模式③。研究促进服务业布局改善的同时也为政府引导和培育服务业发展提供了建议；李碧花以会计师事务所为例，对生产性服务业布局的产业基础和区位条件进行了研究，得出在区位条件方面，服务业的布局受交通条件的影响较大的结论④。现代服务业以知识、技术和信息密集型服务部门为代表，更是建立在交通一体化所提供的便捷顺畅的人流、物流、资金流和信息流等基础条件上⑤。因此，王可侠、彭玉婷提出通过交通一体化建设，依靠城市商圈内核心城市的产业带动、各市之间的产业互补和生产性服务业的大力发展，构建新的经济分工体系，建设大网络的产业配套生产集群，加强区域合作与发展，从而促进现代服务业的进一步发展⑥。以上研究均从整体上分析了交通对服务业的带动作用，能够直观反映出城市交通对服务业具有促进作用，但未进行深入具体的研究。因此，一些学者在前人的基础上进行了详细的研究。刘瑶、徐瑞华提出航空和铁路等对外交通方式因其能快捷、可靠地运送大量人员及货物的优势在现代城市经济生活中占据了重要地位，以航空港、铁路车站为基础，建设现代服务业集聚区，也成为带动周边开发和经济发

---

① 张道海：《交通区位 TIN 模型理论在服务业布局中的应用研究》，硕士学位论文，华中科技大学，2009 年。

② 姜炎鹏：《我国东部地区生产性服务业发展的动力机制、模式和布局研究》，硕士学位论文，华东师范大学，2010 年。

③ 陈绪冬、潘春燕、黄际恒：《服务业布局的新趋势、新分类及新模式——交通视角下的服务业布局研究》，《规划师》2013 年第 7 期。

④ 李碧花：《生产性服务业布局的产业基础和区位条件研究——以会计师事务所为例》，《广东财经大学学报》2014 年第 6 期。

⑤ 周振华：《现代服务业发展：基础条件及其构建》，《上海经济研究》2005 年第 9 期。

⑥ 王可侠、彭玉婷：《南京都市圈交通一体化及其对现代服务业的深刻影响与对策研究》，《江苏社会科学》2010 年第 5 期。

展的一项有效措施①。李玉先以河南郑州航空港综合实验区为切入点，探讨了河南省现代服务业的发展，对郑州航空港建设对河南现代服务业的影响进行了总结：郑州航空港的建设有利于高端服务业的发展、促进航空物流业的快速发展、提速临空产业发展以及改变河南现代服务业小弱散的状况等②。该研究对航空建设对现代服务业的影响进行了较为全面的总结，但仅针对郑州航空港这一特例，这表明我国学者在这一方面的研究还不够具有代表性。关于高铁对服务业的影响，肖雁飞、张琼、曹休宁等利用调研数据，运用灰色预测和"有无对比法"，代入双对数模型中，得到武广高铁对各主要影响指标的贡献率，研究结果表明，武广高铁的开通确实对湖南生产性服务业发展水平做出了贡献，并且随着高铁开通时间的延长，这一贡献将不断增加③④。汪军能、秦年秀等提出在全面进入高铁时代的大背景下，服务业应从发展定位调整、产业空间布局优化、政策引导与配套设施等方面调整发展路径，从而使服务业能抓住高铁影响下的发展机遇，获得更大的发展空间⑤。随着高铁的快速发展，沿线的各个大型车站作为高铁的重要组成部分，其服务业的发展水平更是关乎高铁车站功能的综合发挥和服务水准的提升⑥。因此，王晋泉提出要坚持高标准定位，实施高品位开发，打造与现代化高铁车站相融合的商业服务业体系⑦。

上述研究表明，城市交通对服务业发展的促进作用，主要表现在以下几个方面：（1）影响服务业的空间布局，促进服务业集聚；（2）加快服务业的发展速度；（3）提高服务业水平；（4）改善服务业现状。因此，在我国城镇化进程中，应注重城市交通对服务业的促进作用，加快服务业

---

①　刘瑶、徐瑞华：《基于综合交通枢纽的现代服务业集聚区建设的系统分析》，《城市轨道交通研究》2007 年第 1 期。

②　李玉先：《郑州航空港综合实验区视域下的河南现代服务业发展》，《全国商情》（经济理论研究）2015 年第 13 期。

③　肖雁飞、张琼、曹休宁等：《武广高铁对湖南生产性服务业发展的影响》，《经济地理》2013 年第 10 期。

④　张琼：《武广高铁对湖南生产性服务业发展影响研究》，硕士学位论文，湖南科技大学，2013 年。

⑤　汪军能、秦年秀、毛蒋兴等：《高铁时代西部大城市服务业发展路径调整——以南宁市为例》，《广西师范学院学报》（哲学社会科学版）2015 年第 2 期。

⑥　王璐：《天津西站大型高铁枢纽对城市副中心的影响效应研究》，硕士学位论文，天津商业大学，2014 年。

⑦　王晋泉：《坚持高标准定位，实施高品位开发，打造与现代化高铁车站相融合的商业服务业体系——对太原火车南站商业服务业开发的调研与思考》，《经济师》2015 年第 6 期。

发展的同时也能促进城镇化的进程。

第二节　重庆路改造周边服务业发展概况

原名小白干路的重庆路，集聚着繁多的商铺，经过实地调查研究重庆路商铺聚集状况，除了居多的4S店外，其他的商铺有21家便利店（见表1-12）、16家汽配商场（见表1-13）、3家大型家居建材装饰城等众多商铺。

表1-12　　　　　　　　　　重庆路便利店统计表

便利店名称	位置	便利店名称	位置
易捷便利店	南路262	宏祥超市	中路
巧乐佳便利店	南路30	合利达便利店	中路280
可好便利店	南路32号	易捷便利店	中路537
利群便利店	南路46	加油站便利店	中路571
易捷便利店	南路47	加油站便利店	中路680
汇盛便利店	南路51-13	加油站便利店	中路901
加油站便利店	南路65	春阳便利店	中路1033
诚信和便利店	南路82-1	易捷便利店	北路169
迷你岛便利店	南路—鞍山105	保嘉利便利店	北路59
优品便利店	南路—鞍山69	好易得便利店	南路51
锦庭便利店	南路		

共计21家便利店大都在小区、加油站旁，因靠近马路，交通便利、停车方便，使盈利能力在重庆路交通条件不错的情况下一直很好。

表1-13　　　　　　　　　　重庆路汽配市场统计表

汽配市场名称	位置	汽配市场名称	位置
青岛汽车配件市场	南路42号	利通达汽配	南路50
福田汽配	南路中南世纪	昌泰达汽配	南路25-7
余姚汽配	南路42号	车乐福汽配商场	南路42-1
富强汽配	南路25号	东邦源汽车配件有限公司	北路85

续表

汽配市场名称	位置	汽配市场名称	位置
康达汽配	南路 42 – 6	特恒微型汽车配件商场	南路 42 – 1
交通汽车配件	南路 108 – 18	惠通汽车配件有限公司四方分公司	南路 48
三菱汽配	南路鞍山路 123	青岛市汽车配件市场	南路—鞍山 135
君达汽配	南路鞍山路 111	鑫国润汽配	南路

　　重庆路 4S 店多，其带动的汽配产业也生机勃勃，主要有青岛汽配市场、福田汽配、余姚汽配、富强汽配、康达汽配、交通汽车配件、三菱汽配、君达汽配、利通达汽配、昌泰达汽配等汽配市场。

　　大型家居建材装饰城有四方装饰城、海博家居建材市场、青岛装饰城。图 1 – 15 是重庆路其中一家较为大型的商场。

图 1 – 15　重庆路青岛装饰城一景

　　重庆路的商铺依靠便捷的地理位置、人流大等优势，在城市交通状况没有与经济发展速度脱轨的状况下，像汽配城、便利店、装饰城每年的营业额是很可观的。然而，交通基础设施没有随着经济同步发展的情况下，交通堵塞严重导致客流量减少，商铺的经营受到影响，营业额都有所下降。因重庆路 4S 店以大规模集聚，是典型的集聚经济带，所以本节以 4S 店为例，用实证具体阐述重庆路道路改善之后给沿街商铺带来的经济效益。

第三节　道路建设项目汽车服务业社会效益测算

由于重庆路快速路工程属于城市基础设施建设，不产生直接的经济效益，所以本节将从国民经济角度进行经济效益评价，计算因重庆路高架道路改造而产生的间接经济效益。重庆路快速路工程南起山东路，沿现状重庆路走向，北跨流亭立交桥与济青延长线相接，路线全长约 20.4 公里。工程总投资 1115462 万元，对经济、环境皆产生影响，本文对重庆路沿街商铺产生的经济效益的研究思路是：道路拓宽，道路两旁环境变好，交通状况得到极大的改善，诱发沿街的客流量。以 4S 店为例，使得 4S 店每月客流量增加，同时因交通顺畅使得 4S 店员工上班、购车者买车路途节省时间，员工的服务态度和顾客满意度提升，使得成交率相较以前有所增加。通过调查问卷和访谈 4S 店销售顾问和销售总监，得到一些相关数据，并将其量化估计重庆路改造带给 4S 店的经济效益，同时估计因交通改善所节省顾客的看车时间也予以量化。

一　4S 店效益增加估测模型

在采访雪佛兰 4S 店销售主管关于重庆路改造前后 4S 店经营状况变化时，秦主管回答说："重庆路改造前，工作日客流量大约在 10 批吧，改造后能到 15—20 批，百分之五十到百分之百增长率，周末的话客流量在二十五六，现在五十左右吧，成交率大约百分之十三，在成交的基础上看三到四次就能成交，成交率也有相应的增加。"

本书在做实地调研时采访 4S 店的销售主管、顾问等人关于 4S 店在重庆路改造销量前后变化，基于此，调查拟对 4S 店道路改造后每年销量变化进行估测。

参考张雪（2011）所建立的 4S 店销量模型[1]，本书建立式（1.1）对道路改造后 4S 店汽车销量增加额估算。

$$\Delta X_i = C_i^1 \cdot I^1 - C_i^2 \cdot I^2 \tag{1.1}$$

式中：ΔX_i 为第 i 个 4S 店重庆路改造前后平均每天销量变化额；C_i^1 为第 i 个 4S 店重庆路改造后平均每天客流量；C_i^2 为第 i 个 4S 店重庆路改

---

[1]　张雪：《城市轨道交通社会效益研究》，硕士学位论文，哈尔滨工业大学，2011 年。

造前平均每天客流量；I^1 为重庆路改造后所有 4S 店平均成交率；I^2 为重庆路改造前所有 4S 店平均成交率。

重庆路改造前 4S 店每天到店顾客即客流量：工作日大约平均 10 组/天（取所有 4S 店工作日客流量的平均数），周末 35—40 组/天（取所有 4S 店客流量的平均数），成交率 $I^2 = 12\%$（取所采集对象的平均数），则每天看车人数 $C_i^2 = 17$—18.6 组/天，则改造重庆路之前每家 4S 店平均每天销售车辆 $C_i^2 \cdot I^2$ 为 2.04 辆到 2.23 辆之间。

重庆路改造之后，客流量较以前增加大约 50%，成交率增加了 3 个百分点，则现在每家 4S 店客流量为 $C_i^1 = 25.5$（辆）—27.9（辆），$I^1 = 15\%$。道路改造后每家 4S 店每天销量 $C_i^1 \cdot I^1$ 为 3.83（辆）—4.19（辆）（其中上述数据中看车人数和成交率会因促销活动和举办车展等活动大幅度增加，这些不稳定数据已剔除）。经计算每家 4S 店每天销量增加额为 1.79—1.96 辆之间。则 79 家 4S 店每年因道路改善增加销量为 5.16—5.65 万辆。

二　顾客购车节省时间效益估测模型

多数市场交易中，市场信息存在不对称性。通常而言，在市场交易两主体（即买方与卖方）之间，买方存在一定程度的信息匮乏，其信息匮乏程度与交易商品类型、市场竞争类型等多种因素有关。中国有句古语为"货比三家"，这种"货比三家"的行为，便是买方在购买商品之前，为寻求更多的商品信息，弥补信息不对称这一状态的对策。买方在尽可能多地掌握商品信息的情况下，便可选择价格更低、质量更优的卖家购买商品。实证研究表明，只有比例不高的部分顾客为了购买特价商品而选择和光顾不同的商店，而对于价格较高的商品而言，其货比三家的可能性较大。对于重庆路汽车市场而言，由于汽车是一种价格较高的商品，因此，消费者在购买前大多会在青岛市其他车行之间进行价格比较。在该品牌不同车行之间选择价格更低的车行进行汽车购买。然而对于汽车价格信息搜寻的这一过程而言，消费者是存在成本的。其中较为主要的一项便是时间成本。消费者利用工作时间选购汽车，其代价便丧失了工作收入。然而由于重庆路修建前后，道路状况有了极为显著的改善，通行能力大幅增长，因此便可大大节省消费者由于购买汽车"货比三家"这一行为所导致的时间成本。本节便拟对这一节省时间所带来的效益进行估测。

参考张国宝（1996）所建立的乘客旅行时间节省的效益计算模型[1]，本节建立模型式（1.2）对于重庆路汽车市场，消费者进行价格比较时节省时间成本的效益进行估算。

$$E_i = C_i \times (T_i^2 - T_i^1) \times P \qquad (1.2)$$

式中：E_i 为第 i 个车行所对应的节省消费者时间成本的效益；C_i 为第 i 个车行的日客流量；T_i^1 为修路后第 i 个车行的消费者寻求价格信息所消耗的时间天数；T_i^2 为修路前第 i 个车行的消费者寻求价格信息所消耗的时间天数；P 为消费者平均日工资。

以修路后平均客流量计算，重庆路共 79 家 4S 店，其平均每日客流量平均值 26.7 组，每组平均 3 人，则重庆路每日总客流量 6327.9 人次。通过查阅《2014 年青岛统计年鉴》，计算得每人每日平均工资约为 170.8 元。据调查了解，修路前每人次购车花费时间约为 3 天，修路后，由于交通状况的改善，每人购车花费时间缩短为 1 天。将如上数据，带入式（1.2）中计算得，79 家 4S 店每天由于消费者节约时间成本带来的效益约为 216.16 万元。则全路段 79 家 4S 店每年由于消费者节约时间成本带来的效益约为 7.89 亿。

三　顾客保养节省时间效益估测模型

"重庆路改造之后，行驶变得顺畅了，以前经常堵车，改造之后不经常堵车了，改造前由于经常堵车，改造后出行比以前堵车的时候要节约一两个小时……"一位在 4S 店做汽车保养的私家车车主说。

基于实地采访，本节建立式（1.3）对重庆路 4S 店顾客因去店里消费汽车服务在路上省的时间成本进行估测。

$$E_i = A \cdot B \cdot (T_i^1 - T_i^2) \cdot P \qquad (1.3)$$

式中：E_i 为第 i 个 4S 店所对应的节约消费者时间成本的效益；A 为第 i 个 4S 店的停车工位；B 为第 i 个 4S 店每个停车工位每天能维修或服务的次数；T_i^1 为修路后第 i 个 4S 店消费者在店做保养或维修花费的时间；T_i^2 为修路前第 i 个 4S 店消费者在店做保养或维修花费的时间；P 为消费者日平均工资。

据调查了解，在重庆路做保养的汽车车主道路改造以前去重庆路做汽

---

① 张国宝：《试论交通项目国民经济外部效益定量评价》，《综合运输》1996 年第 12 期。

车保养需要一天的时间，修路后现在需要 0.5 天，节省时间为 0.5 天；重庆路大约平均每家 4S 店有 30 个停车工位；一天工作 8 个小时，保养 1 辆车平均 2 个小时，则每天每个停车工位可以做 4 次汽车维修或保养；每人每日平均工资约为 170.8 元（2014 年《青岛统计年鉴》）（假设 4S 店一年没有假期）。重庆路共计 79 家正规 4S 店，带入式（1.3）计算得 79 家 4S 店每天节省顾客时间的成本效益为 80.96 万/天，则整路段 79 家 4S 店一年节省顾客时间的成本效益为 2.96 亿/年。

本篇小结

　　城市经济的发展实质上是生产要素在城市区域内不断聚集与扩展的过程，集聚经济是城市经济社会的一个主要表现形式。因此，城市本身具有集聚经济，而当城市集聚经济达到一定水平后，城市交通基础设施的供给滞后于城市集聚经济的发展速度时，集聚又造成交通拥堵等大城市病。因此，城市交通是支撑集聚经济的基础，城市交通基础设施的发展水平决定了城市集聚经济可能达到的水平。城市集聚经济与城市交通基础设施之间存在着双向影响机制，城市集聚经济的产生衍生了对城市交通基础设施的需求，而城市交通基础设施的修建进一步提高了城市集聚经济水平。鉴于篇幅有限，本书仅研究了青岛城市交通改善是如何作用于重庆路集聚经济的典型——4S店。本书首先阐释了集聚经济相关理论，并阐明城市集聚经济主要受交通影响的相关文献，通过阐释城市交通基础设施对城市经济活动的影响，进而表明了城市交通道路的改善对城市沿街商铺具有支撑作用。作为城市交通基础设施的重要组成部分，城市交通枢纽本身就具有对经济活动的吸引力，人流与物流都倾向于集聚在其周围，频繁的经济活动容易吸引居民与企业的集聚，故交通对商铺的形成具有促进作用。城市交通道路作为城市交通基础设施的主要组成部分，对城市商铺的作用主要体现在，通过创造城市区域内不同经济活动的交通区位间的潜在相邻，将各个区位间的交通联系转化为经济联系。由于各类生产要素借助于便捷、通达的城市交通线路可以实现顺利流通，因此，城市交通道路的改善能在更大城市范围内促进城市商铺的发展。回顾上海、深圳、大连的城市经济水平与城市交通基础设施的供给状况不难发现，庞大高效的城市经济系统是以完善的城市交通基础设施为前提的。城市交通基础设施——道路的改善促进了商铺经济水平的提高，在城市出现拥挤现象后，城市交通基础设施的新建与改善进一步支撑并促进了城市商铺的发展。

第二篇

新型城镇化进程中道路改造的
环境效益评价研究

第一章　城镇化视角下道路环境发展

第一节　我国道路建设发展历程

我国的道路交通事业自改革开放以来得到了快速的发展，全国公路总里程从 1978 年的 89.02 万公里至 2012 年的 423.75 万公里，增长了 4.76 倍，铁路总里程从 2.18 万公里增至 8 万公里，旅客发送量从新中国成立初期每年 1.02 亿人次增加到 14.6 亿人次。铁路交通进行了一次建设大会战，京津城际铁路、青藏铁路纷纷建成。近 20 年来，"公路交通"作为区域经济发展的先导，得到了国家和人民的普遍重视，特别是"九五"期间公路交通获得超常规发展，大部分后期建设项目纷纷提前上马。我国政府在"十二五"期间又加大了对高速公路建设的支持力度。到 2015 年，全国高速公路通车里程达到 1400 万公里，公路总里程达到 457 万公里（见图 2-1）。目前，我国建成和在建的高速公路和高等级公路，分布范围广、发展速度快，获得的成就举世瞩目。2002 年十六大提出对既有交通线路进行提速，自 2007 年第六次铁路提速以来，中国正式进入了高

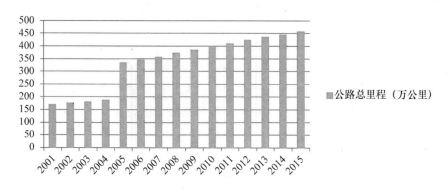

图 2-1　2001—2015 年中国公路总里程

速铁路时代，创立货运组织、完善高铁线路使得我国铁路的货运量和客运量有了长足的提高①。

第二节　可持续发展理论与环境

我国是世界人口基数庞大、自然资源相对短缺的国家，协调人与环境、资源的关系，促进区域可持续发展对我国的城市化推进提出了新的要求。城市化是社会经济发展的必然选择，同时也是改革开放深化的结果和商品经济发展的内在要求。城市化在促使城市蓬勃发展的同时，我国的新型城镇化也面临着严峻挑战，如何促进"人口—城市化—资源与环境"人文生态系统持续协调发展成为关键性问题。可持续发展理论观是融合了可持续发展以及环境理论学的一种新型观点，包容性更强、体系也更加完备，它强调了环境的双重价值，具有现实意义，与新兴城镇化相通，可称为城镇化进程中重要的指标与准则②。在之前城市化建设的基础上，我国城市化应把生产力发展与生活水平提高相结合，把资源问题、环境问题与城市问题相结合，促进人文生态系统的协调发展③。

第三节　城镇化下环境污染治理

一　环境污染治理

生态环境的维护离不开污染治理，在某种程度上，污染治理水平决定着生态环境的状况。从现实来看，中国的污染处理设施主要集中在城市，其次，大气污染的来源也主要来自城镇，城镇化带来的工业废气排放占据了排放量的85%以上，城镇化带来的人口适当集中有利于污染物的处理，这是因为规模效益与成本问题，便于实施针对性的治理政策。

其一，污染过于分散，就会无法集中处理或者使相应的运输成本加大，同时，运输过程本身也将产生一定污染。而城镇化带来的人口相对集中使得污染相对集中，可以大量减少污染物的运输过程。也就是说，通过

　　①　郭玉华：《高速铁路发展与中国铁路货运》，《铁道经济研究》2010年第6期。
　　②　王南林、朱坦：《可持续发展环境伦理观：一种新型的环境伦理理论》，《南开学报》2001年第4期。
　　③　孟庆民、安成谋：《对中国城市化道路的新思考》，《人文地理》1996年第4期。

集聚效应和规模效应，可以合理高效地配置资源，显著提高资源利用效率，从而有助于缓解资源的稀缺状况，使原本某些无法运输的污染物如污水、人畜排泄物等，可以集中处理。其二，有利于某些废弃物的重新循环利用。人口过于分散，从成本收益角度分析，废弃物的重新利用难以实施。而人口的适当集中，为废旧物品的回收再利用的产业化提供了规模保障，这对生态环境保护是大有裨益的。其三，工业布局不合理、资源效能较低的问题已经体现出来，工业燃煤、机动车、扬灰污染成为主要污染源。城镇化进程中工业建设非常重要，在注意改变原有建设方式、"不走老路"的同时，还应该加大绿色能源的利用以及空气治理体系的改革，将污染期限缩短，减小危害[1]。其四，城镇化可以采用先进的管理理念和技术手段，实现资源的循环利用和污染的集中治理，降低污染治理的成本，提高人为净化的能力，从而有助于缓解经济发展对生态环境的压力。因此，城镇化是有利生态环境的。人口过于分散，就不具有这方面的优势。当城市化发展到一定阶段，城市具备较强的环保综合能力，形成一定规模的环保投资，就能够获得污染集中治理的环保综合能力。首先，环保投资属于资本投入，带来了社会资本的变动，影响了整个社会供需关系的平衡，进而影响到了新型城镇化的进程[2]；其次，一定规模的环保投资能够获得污染集中治理的环保效益，实现城市化的经济效益、社会效益与资源环境效益的统一，三者相辅相成。只有通过城镇化，适当引导人口与产业实现一定规模的集中，生态环境治理才相对展开，治理才可以发挥规模效益降低治理成本、提高治理质量，生态环境问题从而能够得到缓解与改善[3][4]。

二　环境污染的生态补偿存在的问题

目前，生态补偿的理论研究和实践活动越来越多，且逐渐进入了国家

---

① 朱翔、王道凤、朱群：《论城镇化道路与大气污染治理》，《改革与开放》2016 年第 9 期。

② 王国婷、任荣明：《中国环保投资对城镇化影响的实证研究——基于中国分区域省份数据的面板回归分析》，《生态经济》2015 年第 2 期。

③ 蒋洪强、张静、王金南等：《中国快速城镇化的边际环境污染效应变化实证分析》，《生态环境学报》2012 年第 2 期。

④ 张弘、陈丽娟：《城镇化对环境污染的影响研究综述》，《农村经济与科技》2015 年第 6 期。

考虑层面和具体实践层面，但生态补偿还存在以下问题：

（一）生态补偿资金不足

生态环境的建设是一项需要大量资金投入的事业。我国现行的财政体制是分灶吃饭，以中央对地方的纵向转移支付为主，补偿方式比较单一，区域之间、流域上下游之间、不同社会群体之间的横向转移支付微乎其微，不利于调动各区域进行生态保护的积极性。国家对矿产资源所征收的资源税以及一些部门单独征收的资源税在一定程度上抵销了部分补偿金额，但是这部分资金并未完全用作生态补偿，资源的生态价值没有因此得到体现①。由于补偿资金的筹措和运作缺乏相应体制和政策支持。同时，因为生态环境的公共产品属性和外部性的存在，很难吸引社会资本对其进行投资②。目前我国生态补偿资金主要来自各级政府的财政资金，生态补偿实质上就是各地区政府之间部分财政收入的重新再分配过程，资金较紧缺。比如对生态环境脆弱的中西部地区来说，光是经济建设就已经显得力不从心，更谈不上生态环境保护工作。对于有限的资金分配，政府将目光投向了资源的管理者，或者说直接经营者，而对于真正拥有资源的所有者来说，资金的分配制度无法得到认同。

（二）生态补偿制度不完善

首先，产权制度不健全。我国现行的《退耕还林条例》规定，生态林木不可以砍伐，这就导致农户林木、林副产品的经营管理权、使用权、处置权和收益权名存实亡，尤其是处置权和收益权在经济上得不到任何体现。其次，虽然涉及生态补偿这一概念的法律制度已经存在，对于征收对象、征收准则等都做出了具体的要求，但是关于生态补偿的规定主要散见于有关环境保护和自然资源的法律、规章中，这些规定比较零散、不全面而且实用性不强。目前我国还没有颁布一部统一的关于生态补偿的法律法规。国家曾在1995年对生态补偿做出相关预测，然而并未起到比较明显的监督作用③。而且，需要特别指出，虽然我国的资源法律在立法的本意

---

① 庄国泰、高鹏、王学军：《中国生态环境补偿费的理论与实践》，《中国环境科学》1995年第6期。

② 王干、白明旭：《中国矿区生态补偿资金来源机制和对策探讨》，《中国人口·资源与环境》2015年第5期。

③ 王学军、李健、高鹏等：《生态环境补偿费征收的若干问题及实施效果预测研究》，《自然资源学报》1996年第1期。

上是为了保护生态环境，但对特定的法律主体的环保义务并未做明确的规定，这无疑限制了有关法律的约束性①。再次，有关法律法规不完善。我国生态补偿的法律法规如《中华人民共和国森林法》《中华人民共和国水土保持法》《中华人民共和国矿产资源法》等基本上都是只考虑了解决资源经济补偿问题，而没有考虑自然资源固有的生态环境价值。最后，缺乏有效的监管与效益评估机制。当前，我国生态补偿政策的监管、评估机制为：本部门监督本部门，上级监督下级。这种机制很容易导致预算虚夸、腐败、寻租、组织成本很高等弊端；同时，因为没有第三方参加的监督活动，导致信息封闭、不透明等，不仅在宏观上制约着我国主体功能区生态补偿机制的建立，而且也无法满足主体功能区生态补偿在实践中的实际需求②。

（三）生态补偿手段不合理

首先，补偿手段单一。国际上采用较多的生态补偿途径和手段，有生态补偿费和生态补偿税、财政补贴制度、生态补偿保证金制度、优惠信贷、市场交易体系、国内外基金等，而我国的生态补偿途径和手段还主要集中于生态补偿的税合费、财政补贴和优惠信贷等，其他的途径和手段比较缺乏。

其次，补偿标准不合理。根据地区可持续发展理论，生态资源要么不开发、维持现状，要么就及时进行补偿，使得该地区的总资本维持在恒定水准，事实上我国的生态补偿过于分散和随意③。生态补偿标准应该因地制宜，综合考虑生态环境的破坏程度、生态环境所提供的服务价值、当地的经济发展状况等因素。但是，目前我国的生态补偿项目多采用"一刀切"的生态补偿标准，忽略了各个地区间在具体自然环境和经济条件方面的差异，导致出现在一些地区补偿过多，而在另一些地区补贴过少④。补偿标准如何确定没有明确的计量方法，政府在对补偿标准的确定上主观

---

① 李爱年：《征收生态环境补偿费的法律思考》，《湖南师范大学社会科学学报》1997年第3期。

② 欧阳志云、郑华、岳平：《建立我国生态补偿机制的思路与措施》，《生态学报》2013年第3期。

③ 张复明：《矿产开发负效应与资源生态环境补偿机制研究》，《中国工业经济》2009年第12期。

④ 刘春腊、刘卫东、陆大道：《1987—2012年中国生态补偿研究进展及趋势》，《地理科学进展》2013年第12期。

随意性比较大，没有按照科学合理的方法进行计算确定，在补偿过程中，补偿标准明显偏低现象突出。

（四）管理体制不健全

虽然中国已经建立了基本的生态补偿体制，在"退耕还林"、"天然林保护工程"、"退耕还草"、河流跨区域、水源地生态保护和湿地保护等方面通过中央财政纵向转移支付方式开展了生态补偿。但横向管理体制不健全，尤其是缺少跨省、跨地市、跨流域、跨部门的协调体制，无法解决跨省跨地市之间、上下游和行业之间的生态环境补偿问题，而且由于现有生态环境补偿立法没有合理的基础，根本无法满足新形势下生态环境补偿的实际需要[1][2]。目前，多采取搭车收费的方式，收费和使用主要以部门或行业为界，部门间各自为政，条块分割，存在多头管理，不能形成合力，如水利部门收取水资源费、环保部门收取排污费、国土资源部门收取资源费等。而且，前期的信息采集工作较少，费用价格往往是政府主观根据掌握的信息制定，在一定程度上影响了相关单位保护生态环境的积极性。

（五）现有补偿机制限制个人发展权

现有的补偿机制主要强调的是进行财政转移支付，这些转移支付主要是用于这些区域的公共服务上，而忽略了这些地区居民个人发展权问题。政府虽然对其进行财政补贴或生态补偿，但是这种补偿机制容易产生一系列效率低下和成本高的问题[3]。同时，虽然国家鼓励区域人口向优化开发和重点开发区域转移（国家倡导的是主动性地转移），但规模有限，不可能整个区域的人都选择转移出去，留下的人也拥有自身发展的权利。显然，政府存在单方面决策的弊端，利益相关者无法随着自己的意愿更改相关规定，缺少了与政府协商沟通的桥梁，使得两方意愿无法协调，对于"所有者"和"管理者"的处理方式不合理，这在一定程度上遏制了参与者的积极性，阻碍了补偿机制的持续性发展。生态保护造成的生态保护区域的功能定位以及产业政策是限制了产业的发展，从而限制了现有居民的

①　曲富国、孙宇飞：《基于政府间博弈的流域生态补偿机制研究》，《中国人口·资源与环境》2014 年第 11 期。

②　冷淑莲：《关于建立生态环境补偿机制的思考》，《价格月刊》2007 年第 2 期。

③　李国平、李潇、萧代基：《生态补偿的理论标准与测算方法探讨》，《经济学家》2013 年第 2 期。

发展，对这些个体来说他们为了给其他地区提供适宜的生态系统而付出的机会成本远远大于他们目前的收益，即变相剥夺这些人的个人发展权，现有的生态补偿机制显然忽略了这个问题，不能有效解决改善民生与环境保护的矛盾①。

① 国家发展改革委国土开发与地区经济研究所课题组、贾若祥、高国力：《地区间建立横向生态补偿制度研究》，《宏观经济研究》2015 年第 3 期。

第二章　城镇化视角下环境概念界定

第一节　环境污染问题的生态补偿

随着新型城镇化、工业化的快速发展和人口的急剧增长，不合理的经济活动对生态系统结构和功能的损害，已经开始严重影响人类社会的生存和经济的持续增长，这一状况在我国近 30 年的快速发展中表现尤为突出，生态补偿已经成为 21 世纪生态经济学研究的热点和社会关注的重点。

生态补偿概念的提出最初出于生态环境治理目的。Cuperus 和美国生物学家 Allen 在 1996 年认为，生态补偿是为了提高受损地区的环境质量或创建具有相似生态功能的新区域，而针对经济发展中对生态功能和环境质量所造成损害的一种补偿；Pagiola 提出，生态补偿是一种有别于传统命令——控制手段的高效率的市场化环境策略；Wunder 进一步强调，"生态补偿是一种在自愿、协商框架下的影响生态效益提供者土地利用的策略"[1]。Schomers 和 Matzdorf 认为实践上很少顾及产权分配的结构问题，也很少评估交易成本的影响，所以应当将生态补偿定义为"广义的地区局部的制度转型"[2]。2012 年，Tacconi 根据 Wunder 和 Schomers 的分析提出了一种折中的定义，将生态补偿定义为"针对环境增益服务而对自愿提供者进行有条件支付的一种透明系统"[3]。

---

[1]　王女杰、刘建、吴大千等：《基于生态系统服务价值的区域生态补偿——以山东省为例》，《生态学报》2010 年第 23 期。

[2]　Schomers S. , Matzdorf B. Payments for Ecosystem Services: A Review and Comparison of Developing and Industrialized Countries. Ecosystem Services, 2013.

[3]　Tacconi L. Redefining Payments for Environmental Services. Ecological Economics, 2012.

第二节　道路环境指标体系的构建

随着环境问题的日益严峻，单纯的污染指标已经不能够为人们提供完整的想要攫取的信息了，人们更不可能以此完成长期规划和可持续发展的决策，所以有了环境指标体系的出现。指标体系是用来度量环境形势的工具，因考量标准不同，指标体系也不尽相同。一般而言，环境指标体系有三种类型：环境现状指标（如 NOx 水平），它用来度量现有的环境本底值；影响或压力指标（如氮氧化物的排放），它用来度量人类对环境的影响；行动指标（如利用催化转化器的汽车的百分率），它用来衡量各级管理机构是否履行职责及其所达到的效果[1][2]。科学的环境评价指标体系，应是依据不同研究目的的要求以及研究对象所具有的特征，把客观上存在着联系的、反映环境变化的若干指标，科学地加以分类和组合而形成的一种环境指标体系，它是一系列内在联系的指标的组合。环境评价指标体系依据所评价对象和目的的不同，有宏观和微观之分。宏观上的环境评价指标体系应能反映一个国家或地区在一项或一整套法律、政策、计划或规划实施后环境质量整体上的改变，从总体上反映环境、社会、经济相互作用并发展的结果；微观上的环境评价指标体系应当本着某个项目的实施在本区域可能造成的环境的变化[3]。因此，环境质变系统也存在另一种分类：综合性的可持续发展的指标体系；区域内环境规划和管理指标体系——面向某一领域或是区域的指标体系[4]。

道路生态评价体系的构建是进行道路生态环境影响评价的关键[5][6]。

道路环境评价指标体系研究的目的是要提供一个科学的、可供操作的

① 秦伟山、张义丰、袁境：《生态文明城市评价指标体系与水平测度》，《资源科学》2013 年第 8 期。

② 李悦：《基于我国资源环境问题区域差异的生态文明评价指标体系研究》，博士学位论文，中国地质大学，2015 年。

③ 朱江：《公路建设项目环境管理体系研究》，硕士学位论文，长安大学，2006 年。

④ 罗上华、马蔚纯、王祥荣等：《城市环境保护规划与生态建设指标体系实证》，《生态学报》2003 年第 1 期。

⑤ 陈雨人、朱照宏：《道路环境影响评价指标体系的研究》，《同济大学学报》（自然科学版）1997 年第 6 期。

⑥ 曹龙熹、张科利、孔亚平等：《公路建设对区域水资源影响程度评价方法研究——以綦江流域为例》，《资源科学》2010 年第 2 期。

评价手段，以便能对道路环境现时状态进行整体性描述，从而将可持续发展与生态文明建设从理论变为可操作的应用阶段。因此，使用指标体系的构建方法，应秉承科学性、代表性、层次性、可操作性、阶段性、动态性，以及将目标和体系相结合的原则，建立科学的道路生态环境评价指标体系，客观评价道路的建设和营运对生态环境的影响，才能保证在道路建设和营运过程中，充分维护生态系统的协调统一，尽量减少对自然环境的破坏和扰动，力争实现区域经济、生态环境和社会系统的健康持续发展[①]，但是，目前尚没有统一、完善的定量测度指标体系。针对上述情况，本节对道路生态环境评价指标体系的研究具有重要意义，可为建立统一、公认的定量指标体系提供一定的参考。

第三节　道路改造的环境效益评价

一　环境效益评价的研究对象

（一）道路

道路生态学是指运用生态学和景观生态学的原理来探索和解决道路、车辆与周边环境之间相互作用的一门科学[②]。道路生态研究中的道路指"道路路面以及道路两侧或者任何平行的植被带，例如高速公路中间的植被带"[③]，道路是典型的人为活动的产物，对许多生态过程产生直接或间接的影响，其影响尺度从种群直到景观。道路生态学研究最初起源于道路影响下路旁植被和小型哺乳动物移动格局变化研究。

（二）生态环境

生态环境是指生物有机体周围的生存空间的生态条件的总和。生态环境由许多生态因子综合而成，对生物有机体起着综合作用。生态因子包括光、温度、水分、环境空气、土壤及无机盐等非生物因子和植物、动物、微生物等生物因子。各生态因子相互联系、相互影响，在综合的条件下表现出各自的作用，这种综合体即为生态环境[④]。与之相对应，道路生态环

①　荆丽波：《道路生态环境评价指标体系研究》，硕士学位论文，北京林业大学，2008年。

②　Forman RT. T., Sperling D, Bissonette J. A., et al. Road Ecology: Science and Solutions. Washington: Island Press, 2003.

③　李月辉、胡远满、李秀珍等：《道路生态研究进展》，《应用生态学报》2003年第3期。

④　周剑：《公路建设项目社会环境评价初探》，《西部探矿工程》2006年第1期。

境是指在道路沿线与道路有关的，受道路建设和营运影响的各生态因子的综合体。

道路生态环境影响评价即对道路沿线受道路建设和营运影响的生态因子进行分析评价。评价因子的选择要根据具体道路实际情况确定。

（三）路域生态环境

路域生态环境主要指路域范围内生物有机体（包括人工的和自然的）周围生存空间生态条件的总和。路域生态系统经过长时间的竞争与选择，由相互影响与依赖作用所形成的植被组合并不是随意的，根据路况和所处环境的不同，植被的特点也不尽相同，而路域的特点决定了其生态环境并非十分复杂与稳定[1]。该区域由于受到人为干扰，其生态环境不同于未受干扰的自然生态环境，主要表现在以下几个方面：①汽车尾气污染区。道路投入营运后，汽车尾气中 CO、NOx、Pb 等污染物排放在路域环境中，其中 CO 对人体有害，NOx 对植物有害，Pb 尘间接威胁人类的健康。②交通噪声污染区。交通噪声不仅干扰周边系统人们的生活工作，影响人体健康，而且影响路域环境中声敏感动物移动或迁徙，使种群重新分布。③夜间光污染区。夜间行车的光污染会造成路域环境中趋光性动物的集中分布，例如，许多以月光为导向的昆虫，其在路侧的种类和数量明显多于其他远离道路的地方，因而影响该地区的生态平衡。④高温辐射区。由于水泥或沥青混凝土路面以及边坡混凝土预制块区等属热辐射区，因此路域环境中的气温较周边系统的气温高，这就要求路域环境中的植物耐干旱、耐高温。

二　环境效益评价的研究范围

道路建设和营运对生态环境的影响因生态环境条件的不同而不同，评价范围也因具体项目和环境而不同[2]。主要有：（1）直接影响区。直接影响区是指道路两侧 200—500 米范围以内的带状区域。（2）间接影响区。间接影响区是指与直接影响区接壤的行政区域。一般对于建设规模大的国道、省道等建设项目，由于项目在较大区域对社会经济具有重要影响，则

---

① 孙仁娟、商庆森、王蕾：《高速公路路域生态环境保护探讨》，《华东公路》2003 年第 6 期。

② 荆丽波：《道路生态环境评价指标体系研究》，硕士学位论文，北京林业大学，2008 年。

分析它对间接影响区的影响。（3）特殊区域。对于特殊评价区域，如工程建设主要控制点、环境敏感区、文物遗址等地应作为重点评价区域，其评价范围可适当扩大。

三　环境效益评价的研究方法

（一）调查研究法

通过调查研究在广泛收集有关指标的基础上，利用比较归纳法进行归纳，并根据评价目标设计出评价指标体系，再以问卷的形式把设计的评价指标体系寄送给有关专家填写的一种收集信息的研究方法。

（二）现场调研法

坚持从实际出发，进行深入的调查研究，掌握实际资料，使研究的问题具有现实依据。通过对重庆路沿线路段的主干道路的实地考察，观察分析，为论文的实证研究获取第一手资料。

（三）层次分析法

层次分析法（Analytic Hierarchy Process，AHP）是将与决策总是有关的元素分解成目标、准则、方案等层次，在此基础之上进行定性和定量分析的决策方法。该方法是美国运筹学家匹兹堡大学教授萨蒂于20世纪70年代初，在为美国国防部研究"根据各个工业部门对国家福利的贡献大小而进行电力分配"课题时，应用网络系统理论和多目标综合评价方法，提出的一种层次权重决策分析方法[1]。

层次分析法是将决策问题按总目标、各层子目标、评价准则直至具体的备投方案的顺序分解为不同的层次结构，然后用求解判断矩阵特征向量的办法，求得每一层次的各元素对上一层次某元素的优先权重，最后再用加权和的方法递阶归并各备择方案对总目标的最终权重，此最终权重最大者即为最优方案[2]。这里所谓"优先权重"是一种相对的量度，它表明各备择方案在某一特点的评价准则或子目标，标下优越程度的相对量度，以及各子目标对上一层目标而言重要程度的相对量度。层次分析法比较适合于具有分层交错评价指标的目标系统，而且目标值又难以定量描述的决策

---

① 郭金玉、张忠彬、孙庆云：《层次分析法的研究与应用》，《中国安全科学学报》2008年第5期。

② 吴殿廷、李东方：《层次分析法的不足及其改进的途径》，《北京师范大学学报》（自然科学版）2004年第2期。

问题。其用法是构造判断矩阵，求出其最大特征值及其所对应的特征向量
W，归一化后，即为某一层次指标对于上一层次某相关指标的相对重要性
权值。

（四）模糊评价模型

模糊综合评价方法是模糊数学中应用得比较广泛的一种方法。在对某
一事物进行评价时常会遇到这样一类问题，由于评价事物是由多方面的因
素所决定的，因而要对每一因素进行评价；在每一因素作出一个单独评语
的基础上，如何考虑所有因素而作出一个综合评语，这就是一个综合评价
问题。

模糊综合评价是对受多种因素影响的事物做出全面评价的一种十分有
效的多因素决策方法，其特点是评价结果不是绝对的肯定或否定，而是以
一个模糊集合来表示[1]。

（五）PSR 模型法

PSR（Pressure-State-Response），即压力、状态、响应。是环境质量评
价学科中生态系统健康评价子学科中常用的一种评价模型，最初是由加拿
大统计学家 DavidJ. Rapport 和 TonyFriend（1979）提出，后由经济合作与
发展组织（OECD）和联合国环境规划署（UNEP）于 20 世纪八九十年代
共同发展起来的用于研究环境问题的框架体系。PSR 模型使用"原因—
效应—响应"这一思维逻辑，体现了人类与环境之间的相互作用关系。
人类通过各种活动从自然环境中获取其生存与发展所必需的资源，同时又
向环境排放废弃物，从而改变了自然资源储量与环境质量。自然和环境状
态的变化又反过来影响人类的社会经济活动和福利，进而社会通过环境政
策、经济政策和部门政策，以及通过意识和行为的变化而对这些变化做出
反应。如此循环往复，构成了人类与环境之间的压力—状态—响应
关系[2]。

该模型区分了三类指标，即压力指标、状态指标和响应指标。其中，
压力指标表征人类的经济和社会活动对环境的作用，如资源索取、物质消
费及各种产业运作过程中所产生的物质排放等对环境造成的破坏和扰动；

---

① 陆志强、李吉鹏、章耕耘等：《基于可变模糊评价模型的东山湾生态系统健康评价》，
《生态学报》2015 年第 14 期。

② 解雪峰、吴涛、肖翠等：《基于 PSR 模型的东阳江流域生态安全评价》，《资源科学》
2014 年第 8 期。

状态指标表征特定时间阶段的环境状态和环境变化情况，包括生态系统与自然环境现状、人类的生活质量和健康状况等；响应指标指社会和个人如何行动来减轻、阻止、恢复和预防人类活动对环境的负面影响，以及对已经发生的不利于人类生存发展的生态环境变化进行补救的措施[①]。PSR 模型回答了"发生了什么、为什么发生、我们将如何做"3 个可持续发展的基本问题，特别是它提出的所评价对象的压力—状态—响应指标与参照标准相对比的模式受到了很多国内外学者的推崇，广泛地应用于区域环境可持续发展指标体系研究，水资源、土地资源指标体系研究，农业可持续发展评价指标体系研究，以及环境保护投资分析等领域。

---

① 谢天、濮励杰、张晶等：《基于 PSR 模型的城乡交错带土地集约利用评价研究——以南京市栖霞区为例》，《长江流域资源与环境》2013 年第 3 期。

第三章　城镇化视角下环境效益评价综述

第一节　城镇化视角下的环境效应

从 20 世纪 70 年代开始，经济发展与资源环境之间的关系就得到了广泛关注。到 20 世纪 90 年代初期，Grossman 和 Krueger（1991）创立的环境库兹涅茨曲线（Environmental Kuznets Curve，EKC）逐渐成为经济增长与环境污染关系研究的主要"参照系"（Panayotou，1993），在此之后，大量的相关学术研究开始出现。城镇化是经济增长的重要因素，但是我国的现代城镇化更多是经济发展的一种结果，城镇化本身作为经济发展的直接动力源特征并不明显。通过城镇化可以使经济增长的相关要素得到良好的集聚，从而对经济发展产生良好的促进效果[①]。因此，城镇化与环境污染的关系也成为了研究热点。Poumanyvong 和 Kaneko（2010）分析了 99 个国家的城镇化、能源使用和二氧化碳排放的关系，并依据高、中、低三个不同的收入水平对国家分组，以考察不同发展阶段的环境影响[②]。Liddle 和 Lung（2010）在"发达国家年龄结构和城镇化对环境的影响"方面进行了研究，发现发达国家的城市化进程与住宅的能源消耗有正向的关系[③]。Hossain（2011）考察了新兴工业化国家二氧化碳排放、能源消费、经济增长、贸易开放和城镇化五个因素之间的动态因果

[①] 蔺雪芹、王岱、任旺兵等：《中国城镇化对经济发展的作用机制》，《地理研究》2013 年第 4 期。

[②] Poumanyvong P., Kaneko S. Does urbanization lead to less energy use and lower CO_2 emissions? A cross-country analysis. Ecological Economics，2010.

[③] Liddle B., Lung S. Age-structure, urbanization, and climate change in developed countries: revisiting STIRPAT for disaggregated population and consumption-related environmental impacts. Population and Environment，2010.

关系，发现新兴工业化国家的城镇化带来更高的能源消耗，产生了更多的二氧化碳的排放量，但城镇化和经济增长、贸易开放度和环境质量动态关系良好[1]。中国学者卢东斌、孟文强（2009）采用 30 个主要城市的相关数据，重点选取代表空气质量的环境指标，分析城镇化、工业化、地理脆弱性对环境质量的影响[2]。江笑云、汪冲（2013）基于省际面板数据，验证经济增长、城市化与环境污染的正反馈关系[3]。王家庭等（2013）使用省级行政区面板数据，研究区域城市化与环境污染的关系，发现目前中国大部分城市的城市化进程都加剧了环境污染[4]。李斌、李拓（2014）利用省际面板数据，考察城镇化、能源效率、产业结构、火力发电比例、人口结构、经济开放等因素对空气污染的影响，发现中国存在倒"U"形的空气污染库兹涅茨曲线[5]。以上有关城镇化水平对环境影响的研究，没有详细研究城镇化发展的内部结构，特别是不同城镇化路径对环境影响的差别。

第二节　环境污染的生态补偿问题

国内不少学者从不同侧重点出发探讨过环境污染生态补偿的问题，毛显强等（2002）深入探讨了生态补偿的概念和内涵，认为生态补偿是一种使外部成本内部化的环境经济手段，其核心问题包括谁补偿谁、补偿多少、如何补偿的问题[6]。李爱年和彭丽娟（2005）认为，生态效益补偿机制是消除生态环境建设与保护中的负外部性的一种有效手段，生

---

[1]　Hossain M S. Panel estimation for CO_2 emissions, energy consumption, economic growth, trade openness and urbanization of newly industrialized countries. Energy Policy, 2011.

[2]　卢东斌、孟文强：《城市化、工业化、地理脆弱性与环境质量的实证研究》，《财经问题研究》2009 年第 2 期。

[3]　江笑云、汪冲：《经济增长、城市化与环境污染排放的联立非线性关系》，《经济经纬》2013 年第 5 期。

[4]　赵丽、孙哲：《我国区域城市化与环境污染关系的空间计量研究》，《城市观察》2013 年第 3 期。

[5]　李斌、李拓：《中国空气污染库兹涅茨曲线的实证研究——基于动态面板系统 GMM 与门限模型检验》，《经济问题》2014 年第 4 期。

[6]　毛显强、钟瑜、张胜：《生态补偿的理论探讨》，《中国人口·资源与环境》2002 年第 4 期。

态效益补偿的含义和范围是实现生态效益补偿的基础①。沈满洪和陆菁（2004）认为，生态保护补偿机制就是通过一定的政策手段实行生态保护外部性的内部化，让生态保护成果的"受益者"支付相应的费用；通过制度设计解决好生态产品这一特殊公共产品消费中的"搭便车"问题，激励公共产品的足额提供；通过制度创新解决好生态投资者的合理回报，激励人们从事生态保护投资并使生态资本增值②。陈晓勤（2010）认为，生态补偿指的是行政主体对公民因涉及生态环境保护的合法行政行为而遭受的特别牺牲给予的填补和回复，性质属于行政补偿③。国家环境保护总局环境与经济政策研究中心则认为生态补偿是一种具有经济激励特征的制度，通过调整相关利益者因保护或破坏生态环境活动产生的环境利益及其经济利益分配关系，以内化相关活动产生的外部成本，达到改善、维护和恢复生态系统服务功能的目的。李国平等将生态补偿界定为正、负外部性的内部化，认为生态补偿既包括激励生态保护的正外部性行为结果的内部化，也包括控制生态破坏的负外部性行为结果的内部化④。中国生态补偿机制与政策研究课题组将生态补偿定义为以保护生态环境、促进人与自然和谐发展为目的，调节生态保护利益相关者之间利益关系的公共制度⑤。付意成等（2012）认为，生态补偿不仅包括由生态系统服务受益者向服务提供者提供因保护生态环境所造成损失的补偿，也包括由生态环境破坏者向生态环境破坏受害者的赔偿，以及对因环境保护丧失发展机会的区域内居民进行的资金、技术、实物或政策实惠，还包括对造成环境污染者的收费。

第三节　评价指标体系的研究现状

一　国内研究现状

李随成、陈敬东等提出，由于复杂系统的决策评价问题涉及政治、

---

①　李爱年、彭丽娟：《生态效益补偿机制及其立法思考》，《时代法学》2005 年第 3 期。

②　沈满洪、陆菁：《论生态保护补偿机制》，《浙江学刊》2004 年第 4 期。

③　陈晓勤：《生态补偿基本理论问题探究——基于行政法学视角》，《福建行政学院学报》2010 年第 5 期。

④　李国平、李潇、萧代基：《生态补偿的理论标准与测算方法探讨》，《经济学家》2013 年第 2 期。

⑤　尤鑫：《生态补偿理论与实践体系建设研究》，《江西科学》2013 年第 3 期。

经济、文化等多方面因素，其评价过程中常包含着许多不确定性、随机性和模糊性，因此选择合理的评价指标体系是综合评价的基础，没有一套科学、可行、可信的指标体系就无法客观地开展评估工作[①]。采用权数判断法、效度判断法、可靠性系数判断法解决了评价指标的优化及筛选问题，采用上述方法对西安市投资环境决策支持系统进行分析，对其评价指标体系进行评判，取得良好的效果。指标体系建立的方法有两类：专家主观评定和比较判定法及数据统计分析法。第一类方法适用于资料有限、主要依据专家经验知识来确定指标的被评价对象；第二类方法适用于具有定量评价指标的被评价对象。且两类方法都存在一定的弊端。邵立周、白春杰（2008）针对目前指标体系构建存在的问题，以科研工作绩效评估指标体系构建为例，提出了一种适用于复杂系统综合评价指标体系建立的方法。该方法首先利用德尔菲法，提出影响综合评价的因素；在此基础上，引入贴近度和模糊聚类分析的方法，对影响因素进行分层和分类处理，利用效度判断法和稳定性系数判断法对得到的初步指标体系进行优化，最终得到了有效性好且其稳定性较高的评价指标体系[②]。另有多位学者提出指标体系的建立方法，并通过构建指标体系对所研究项目进行客观合理的评价。在高速公路的安全评价中，李欣等（2005）提出采用改进德尔菲法建立高速公路线形安全评价综合指标体系[③]。利用该方法确定出的 27 个高速公路评价指标，对高速公路设计专家、熟练驾驶员和高速公路交警等人员进行了两轮咨询，在对咨询结果进行统计处理的基础上，得出道路安全评价各个指标的权重。用此模型对道路设计进行安全性评价，以便为今后的道路设计和事故多发地段的改造提供必要的理论依据。为科学评价我国石油安全的程度，何贤杰从国内资源禀赋、国内生产能力、国际市场可得性和国家应急保障能力等8 个方面，设计了石油安全评价指标体系。采用德尔菲法、主成分分析法，选取储采比、储量替代率、石油消费对外依存度、石油进口集中

---

① 李随成、陈敬东、赵海刚：《定性决策指标体系评价研究》，《系统工程理论与实践》2001 年第 9 期。

② 邵立周、白春杰：《系统综合评价指标体系构建方法研究》，《海军工程大学学报》2008 年第 3 期。

③ 李欣、丁立、何玉川等：《高速公路线形安全评价综合指标体系的建立》，《公路》2005 年第 7 期。

度、国际原油价格和国内石油储备水平等 6 个指标，构成一个新的综合
指标——石油安全度，用其对我国石油安全形势进行定量评价。得出
1993—2004 年，我国石油安全度为 0.54—0.75，处于弱安全到不安全之
间[1]。陈红、魏风虎在公路生态系统评价指标体系构建方法研究中，基
于中国现行公路生态系统评价指标体系，借鉴压力—状态—响应框架模
型的思路，构建了公路生态系统评价指标体系的框架模型；通过对公路
建设可能造成的生态环境影响分析，以压力指标作为基础指标，从时间
和空间两方面的作用确定不同建设阶段的状态、响应度量指标；最后基
于压力—状态—响应的因果关系，分析确定其指标体系。并以西汉高速
公路为实例，说明该指标体系可评价公路建设各阶段生态系统的状态及
采取的减缓措施和恢复技术的效果[2]。在区域水资源可持续利用评价研
究中，孙梁、王治江等提出进行水资源可持续利用研究首先要建立科学
合理的评价指标体系，在总结水资源可持续利用综合评价指标体系建立
的原则、方法、分类等基础上，全面分析了水资源可持续利用评价指标
体系研究的现状及所存在的问题，并提出了相应的建议，为水资源可持
续利用研究提供参考[3]。而在可持续发展到生态文明指标体系的建设中，
主要采用系统分解法来构建指标体系框架，并参照联合国统计局的体系
和我国环保总局设立的 PSR（压力—状态—响应）思路[4]。王晓宁等分
析当前在役化工装置安全评价指标体系建立中存在的问题，提出"从风
险分析到措施"建立安全现状评价指标体系的新思路[5]。探讨综合应用
事故树分析法、层次分析法等方法，并建立安全评价指标体系及确定指
标权重的具体方法，使评价指标的建立及指标权重的确定更具科学性。
通过具体的化工装置安全评价指标建立及其权重确定的过程，介绍该方
法的具体应用，不仅适用于在役化工装置的安全评价，也适用于其他系

---

① 何贤杰、吴初国、刘增洁等：《石油安全指标体系与综合评价》，《自然资源学报》2006
年第 2 期。

② 陈红、魏风虎：《公路生态系统评价指标体系构建方法研究》，《中国公路学报》2004 年
第 4 期。

③ 孙梁、王治江、尼庆伟等：《区域水资源可持续利用评价指标体系研究》，《环境保护与
循环经济》2009 年第 4 期。

④ 符蓉、张丽君：《我国生态文明评价指标体系综述》，《国土资源情报》2014 年第 10 期。

⑤ 王晓宁、吕保和、王宇庆等：《在役化工装置安全评价指标体系构建方法的探讨》，《中
国安全科学学报》2007 年第 7 期。

统的安全现状评价。该评价指标体系既能查找出装置中存在的具体安全隐患，也能给出装置总体安全性评价结论。

我国的道路建设项目环境影响评价研究工作已走过了 20 余年的历程。从 1987 年原西安公路学院研究并承担编写我国第一本公路环境影响评价报告书——《西安至临潼高速公路环境影响评价报告书》以来，已有几百项高等级公路建设项目开展了环境影响评价研究工作。20 多年来，环境影响评价研究工作对促进公路建设与环境协调持续发展起到了非常重要的作用。

由于生态环境影响评价是一个多层次、多目标、多任务的系统工程，要遵循生态学、生态经济学、系统工程学的原理，增加了工作的困难，高速公路的生态环境影响综合评价可选取土壤状况、水土流失状况、工程占地量、对农作物的影响、对林地的影响、对动物的影响、对景观生态的影响及对生物的影响 8 个生态指标，采用综合评价指数法进行测量[①]。陈利顶等在建立生态环境综合评价指标体系的基础上，利用模糊聚类方法对三峡库区不同县市区进行聚类分析，对三峡库区生态环境综合评价[②]。高平利等通过绿洲草场的铁路建设项目，提出一种用矩阵半定量表示西北铁路建设项目对生态环境影响的预测方法，以确定作用因子的相对重要性和生态因子受影响的等级，运用模糊综合评价方法，对西北铁路建设项目生态环境影响的预测及评价方法进行探讨[③]。还有一些学者运用综合评价指标法在研究高速公路对其他一些方面的影响问题，陆彩荣从国民经济和社会的发展、高速公路网的规模效应方面对我国需要多少高速公路进行了评论[④]，丁觉亮和倪卫东论述了高速公路对地质水文、生态环境的影响[⑤]，帅晓姗论述了运输发展与环境资源的适应性[⑥]，罗丽君等从数量、质量、布局及经济指标等方面对地方公

---

① 赵勇、孙中党、吴明作：《高速公路建设项目对生态环境影响综合评价研究》，《安全与环境工程》2003 年第 3 期。

② 陈利顶、李俊然、傅伯杰：《三峡库区生态环境综合评价与聚类分析》，《农村生态环境》2001 年第 3 期。

③ 高平利、赖文宏、赵学静：《西北铁路建设项目对生态环境影响的预测及评价方法探讨》，《环境科学》1998 年第 1 期。

④ 陆彩荣：《中国需要多少高速公路？》，《公路运输文摘》2001 年第 1 期。

⑤ 丁觉亮、倪卫东：《高速公路对环境的影响力》，《公路运输文摘》2000 年第 9 期。

⑥ 帅晓姗：《对与环境资源相适应的运输发展问题的讨论》，《综合运输》2000 年第 7 期。

路网规划评价指标体系进行了探讨①，王明怀论述了公路与西部区域经济发展的关系②，这些对于本书研究高速公路对周围生态环境的影响在思想上具有借鉴意义和参考价值。

二　国外研究现状

从国际上环境评价发展的历程来看，20 世纪 60 年代末期，对环境污染主要采取以"治"为主的方针，相应的环境评价工作是以现状评价为主。从 20 世纪 60 年代末开始，进入防治结合、以"防"为主的环境污染综合防治阶段。这一阶段的环境评价工作以预测评价为主，开展环境影响评价。国外许多环境科学家研究和构造出各种环境指数，用以表征各种不同环境要素来代表环境污染状况。比较有代表性的大气质量指数有：世界上第一个大气污染评价指数美国格林大气污染综合指数 GCAPI（1966）、美国白勃考大气污染综合指数（1971）、美国污染物标准指数 PSI（1976）、可呼吸到厌恶污染物含量指数 MURC（美国）、密特大气质量指数 MAQI（美国）、极值指数 EVI（美国）、加拿大大气质量指数等。比较有代表性的水环境质量指数有：美国质量指数 QI（1965）、美国布朗水质指数 WQJ（1970）、美国内梅罗水质污染指数 PI、英国罗斯水质指数（1977）、意大利帕梯水质指数（1971）等。1990 年，经济合作与发展组织（OECD）遵照 1989 年七国首脑会议的要求启动了生态环境指标研究项目，首创了"压力—状态—响应"（PSR）模型的概念框架。该模型是衡量生态环境承受的压力、这种压力给生态环境带来的影响及社会对这些影响所做出的响应等。随后人们根据具体的生态系统研究建立了多种 PSR 模型，这些模型的核心思想都是一致的，其主要的区别在于具体评价指标的选择不同。

在欧美等发达国家，生态环境保护已发展成为社会各界之共识，与自然环境融为一体的公路等交通设施在经济发展和生态环境平衡中起到了重要作用。1992 年欧洲经济委员会提出了战略环境影响评价，1995 年开始

---

① 罗丽君、裴玉龙、孙玉武：《大城市道路网结构型式评价的研究》，《城市道桥与防洪》1999 年第 3 期。

② 王明怀：《西部地区交通运输可持续发展问题与对策》，中国科协 2000 年学术年会，2000 年。

就综合交通网发展开展战略环境影响评价试验示范研究，探索出了适合于整个欧洲的一套较为完善的战略环境影响评价方法和体系，并于 2001 年 3 月开始实施《战略环境影响评价法》①。

---

① 黄昌生：《公路建设项目社会环境影响评价》，《青海交通科技》2004 年第 4 期。

第四章 城镇化视角下环境效益评价模型

第一节 评价指标体系的构建

道路建设和营运对生态环境的影响,从狭义的角度讲,道路对生态环境的不良影响主要表现在对自然环境的影响上,如造成植被的破坏、水土的流失、生物多样性的减少等。从广义的角度还应该包括对社会环境的影响,如对历史遗迹的破坏和征地所造成沿线农民的失地问题等①。

促进中国新型城镇化与生态环境协调发展是一项既具有紧迫性,又具有长期性和系统性的行动,中国向新型城镇化迈进面临诸多难题,城市开发规模庞大、建设速度过快,带来的日益增长的能源需求和日益紧缺的土地资源、环境污染和气候变化,以及不断加剧的社会矛盾等诸多问题,正考量着管理者的智慧。对新型城镇化道路改造生态环境效应评价,既有助于管理者的决策,又能增强民众的"生态优先"发展意识,是实施生态优先发展模式的重要举措②。

通过构建指标体系对城镇化道路改造生态环境效益进行分析,阐述了它与城镇化的相互作用机理。评价涵盖了国内城镇化的现实情况到新型城镇化的目标路径,从国内外城镇化的成功经验到新型城镇化的方法探索,从国内外的理论文献回顾和研究现状到新型城镇化的政策建议,进一步推动新型城镇化的相关研究。

---

① 朱江:《公路建设项目环境管理体系研究》,硕士学位论文,长安大学,2006 年。
② 杨仪青:《新型城镇化发展的国外经验和模式及中国的路径选择》,《农业现代化研究》2013 年第 4 期。

一　指标体系的构建思路

道路生态环境评价内容多且涉及面广，评价指标选取考虑的因素也多，在选取指标时，应考虑所选指标是否反映了决策者需要的全面信息。由于规划的目标，决策者决策时所需要的信息在不断地变化，指标选取要适应这种变化，就需要使用一定的指标选取方法。科学的指标选取方法是正确选取指标的前提。指标体系的筛选是一项复杂的系统工程，不能仅由某一原则决定指标的取舍而要综合考虑，要求评价者对评价系统有充分和全面的认识。在筛选道路生态环境评价指标时，应在道路生态环境识别的基础上，综合道路生态环境分析及道路生态环境调查情况，同时借鉴国内外生态环境评价研究、实际工作中的指标设置以及建设项目环评的指标体系，首先从原始数据中筛选出评价信息，然后通过初步筛选、理论分析初步确立道路生态环境评价指标，把初步确立的评价指标体系，寄给有关专家对各指标进行打分。最后结合专家打分表，对初步确定道路生态环境评价指标体系运用层次分析法确定指标体系中各指标的权重，舍弃权重较小的指标，优化指标体系，形成最终的道路生态环境评价指标体系。

二　评价指标的选择

按照生态环境的自然和社会属性，生态环境分为自然环境和社会环境。公路建设和营运对道路的自然环境和社会环境产生不同程度的影响。因此道路环境评价将包括自然环境和社会环境两个方面。这与城镇化道路改造的环境效应不谋而合，在自然环境中，地表植被、自然景观、水环境、声环境、大气环境、土壤环境等几个主要影响指标在数据统计时极易获取，还极具普遍性；在社会环境方面，因道路改造造成的拆迁与安置、土地占用以及对人文景观和商业经济等的影响较为直观，时效性强，具有代表性。

三　评价指标体系的确定

层次分析法（AHP）是将与决策总是有关的元素分解成目标、准则、方案等层次，在此基础之上进行定性和定量分析的决策方法。层次分析方法的基本过程是把复杂问题分解成各个组成元素，按支配关系将这些元素分组，形成有序的递阶层次结构，在此基础上通过两两相比较的方式判断各层次中诸元素的相对重要性，然后综合这些判断确定诸元素在决策中的权数。具体步骤如下：

（一）建立层次结构

根据研究对象的特征、研究目的对研究对象进行系统分析、层次分解。可将其所包含的因素分系统、分层次地构筑成一个树状结构，一般用3—5个层次描述其结构特点。

同一层次的要素作为准则，对下一层的某些要素起支配作用，同时他又受上一层要素的支配。处于最上面的一层称为目标层，这个最高层次通常只有一个要素，是分析问题的目标，即所要实现的最终目标；中间层次称为准层次，所谓准层次，表示采取某种方案措施实现预定分目标时，横向排出衡量达到目标所设计的中间环节，同时它又是各单项指标所要达到的分目标层；最低一层的层次称为指标层，表示选用的解决问题的各种方案和措施，是最具体的也是最客观的单目标。

（二）构造判断矩阵

表 2-1　　　　　　　　　　　　判断矩阵

C1	A1	A2	…	Aj	…	An
A1	A11	A12	…	A1j	…	A1n
A2	A21	A22	…	A2j	…	A2n
…	…	…	…	…	…	…
Aj	Aj1	Aj2	…	Ajj	…	Ajn
…	…	…	…	…	…	…
An	An1	An2	…	Ajn	…	Ann

判断矩阵的建立是自上而下计算某一层次各因素对上一层次某个因素的相对权重，分别构造出判断矩阵。假设上一层元素 C1 对下层 A1，A2，A3，…，An 具有支配关系，判断矩阵 A 的形式见表 2-1：

判断矩阵的数值是根据数据资料、专家意见和作者的认识，加以平衡后给出的。这里可引用 1—9 标度对重要性判断结果进行量化[1]。标度见表 2-2。

---

[1]　邓金锋：《生态工业园区评价指标体系及评价方法研究》，硕士学位论文，西安科技大学，2004 年。

表 2 - 2 判断矩阵标度及其含义

标定	含义
1	两个因素同等重要
3	两个因素相比，一个比另一个稍微重要
5	两个因素相比，一个比另一个明显重要
7	两个因素相比，一个比另一个强烈重要
9	两个因素相比，一个比另一个极端重要
2，4，6，8	上述两相邻判断的中值
以上数值的倒数	因素 pi 与 pj 比较，得到判断矩阵的元素 bij，则因素 pi 与 pj 比较的判断之 bij = 1/bij

（三）权重的计算

根据上述确定的判断矩阵计算出判断矩阵的最大特征值 λ_{max} 和特征向量 $\bar{w}$，再对所得的特征向量进行归一化处理，所得的向量分量 w_i 即为所求的相应因素关于上一层因素的相对权重，计算步骤为：

1. 计算矩阵各行各元素的乘积

$$m_i = \prod_{i=1}^{n} aij \quad j = 1,2,\cdots,n \tag{2.1}$$

2. 计算 n 次方根

$$\vec{W}_i = \sqrt[n]{m_i} \tag{2.2}$$

3. 将所得向量 $\vec{W} = (\vec{W}_1，\vec{W}_2，\cdots，\vec{W}_n)^T$ 进行归一化，即为权重向量

$$\vec{W}_i = \frac{\vec{W}_i}{\sum_{i=1}^{n} \vec{W}_i} \quad i = 1,2,\cdots,n \tag{2.3}$$

4. 计算矩阵的最大特征值 λ_{max}

$$\lambda_{max} = \frac{1}{n} \sum_{i=1}^{n} \frac{(A\vec{W})_i}{W_i} \tag{2.4}$$

式中：A 为判断矩阵。

（四）计算判断矩阵一致性指标，并检验其一致性

$$CR = \frac{CI}{RI} \tag{2.5}$$

为了检验矩阵的一致性，还需计算出一致性指标 CI 和一致性比

例 CR。

当阶数≤2 时，矩阵总有完全一致性；当阶数＞2 时，一致性比例 CR＜0.1 或在 0.1 左右时，矩阵具有满意的一致性，否则需要重新调整矩阵。

上式中的 CI 可由下式得出：

$$CI = \frac{\lambda_{\max - n}}{n = 1} \tag{2.6}$$

RI 表示平均随机一致性，其作用是为了度量不同阶判断矩阵是否具有满意一致性。

对于 1—12 阶矩阵，平均随机一致性指标 RI 见表 2 - 3。

表 2 - 3　　　　　　　　平均随机一致性指标

阶数	1	2	3	4	5	6	7	8	9	10	11	12
RI	0	0	0.58	0.9	1.12	1.24	1.32	1.41	1.45	1.49	1.51	1.48

第二节　评价方法的选择

一　评价方法的选择

要根据已经建立的评价指标体系选择评价方法，显然，道路环境评价需要对自然环境、社会环境等多层次、多因素的指标进行综合评判，是一个典型的涉及多指标的综合评价问题，由于在评判的过程中人们往往不可避免地会产生如"好像"、"大致"、"稍微"等难以清晰和明确的看法、感受和思想，而评判语言中的许多语句也是模糊概念，因此难以给出定量的精确评分，而模糊综合评价可用于多因素、模糊性及主观判断性的解决。鉴于这种情况，本文选用模糊性综合评价的方法，使模糊因素数量化，建立模糊评价模型，对道路环境状况做出符合客观实际的综合评价。

二　评价过程研究

模糊综合评价一般可归纳为以下几个步骤：

（一）确定评价指标集

评价指标集是一个由道路环境评价的指标组成的指标集合。用 $U = (u_1, u_2, u_3, \cdots, u_n)$ 表示。对于多级模糊评价，其评价指标集可以分层次制定。

（二）确定评语集

即确定评价等级。评语集是对各层次评价指标的一种语言描述，是评判者对各评价指标所给出的评语的集合。用 $V = (v_1, v_2, v_3, \cdots, v_n)$ 表示。本文的评语共分为五级。具体的评语集为：$V = (v_1, v_2, v_3, v_4, v_5) = $（很好，好，一般，差，很差）。

（三）确定权重集

权重集是表示各个指标在道路环境评价指标体系中重要程度的集合。用 $W = (w_1, w_2, \cdots, w_n)$ 表示，其 $\sum w_i = 1 (w_i \geqslant 0, i = 1, 2, \cdots, n)$。

本文利用层次分析法（AHP 法）确定权重，对各层各项评价指标作两两成对的重要性比较，建立判断矩阵，并使其具有满意一致性，然后计算判断矩阵最大特征值及其对应的特征向量，进行一致性检验，进而可以确定各层各项指标权重。

（四）单因素模糊评价

单独从一个因素出发进行评价，以确定评价对象对评语集 V 的隶属程度，称为单因素模糊评价。设评价对象按因素集 U 中的第 i 个因素 u_i 进行评价，对评语集 V 中第 j 个元素 v_j 的隶属度为 r_{ij}，则按 u_i 的评价结果可以用模糊集合表示：

$$R_i = (r_{i1}, r_{i2}, r_{i3}, \cdots, r_{in})$$

$$R = \begin{pmatrix} R_1 \\ R_2 \\ \vdots \\ R_n \end{pmatrix} = \begin{pmatrix} r_{11} & r_{12} & \cdots & r_{1n} \\ r_{21} & r_{22} & \cdots & r_{2n} \\ \vdots & \vdots & \vdots & \vdots \\ r_{n1} & r_{n2} & \cdots & r_{nn} \end{pmatrix}$$

r_{ij} 的实质为 U 中因素 v_i 对应于 V 中等级 v_j 的隶属关系，即从因素 u_i 着眼，被评价对象能被评价为 v_j 等级的可能性。

单因素模糊评价是进行综合评价的关键，通常是通过模糊统计法进行的。对所有因素都进行分别评价后，即可以得到矩阵：

R 称为单因素评价矩阵，可以看作是 U 和评语集 V 之间的一种模糊关系。

在多指标综合评价中，各指标间存在不可分度性，因此需要进行指标的同趋势化和无量纲化处理。模糊综合评价不需要专门的趋势化和无量纲化处理过程，在求得单因素评价矩阵 R 的过程中可以自然解决。

（五）多因素模糊评价

将单因素评价矩阵分别与权重集进行模糊变换，即选择合适的模糊综合评价模型 $B = W \cdot R$，将 W 与 R 合成，得到评价结果。这里的"·"表示 W 与 R 的一种合成方法，即模糊算子的组合，模糊算子有多种组合，不同的组合构成不同的评价模型。

这里采用的模糊合成运算是普通矩阵乘法（即加权平均法），这种模型要让每个因素都对综合评价有所贡献，比较客观地反映了评价对象的全貌。如果评判结果 $\sum b_j \neq 1$，应将它归一化。b_j 表示综合考虑所有因素影响时，评价对象对 V 中等级 v_j 的隶属度[1]。

① 高建芳：《旅游企业社会责任评价指标体系研究》，硕士学位论文，北京林业大学，2007年。

第五章　城镇化视角下重庆路改造环境效益

　　根据相关政策，青岛市紧抓机遇，于2015年确定了以新型城镇化为前提，以中心城区、县市驻地、重点镇和重点功能区为载体，加强供给侧结构性改革，通过产业结构优化升级、生态环境保护和资源节约利用、基本公共服务均等化，推动农村人口向城镇集聚，全面提升城镇化质量和水平的基本政策。以城镇化为前提，大力促进现代化、规范化建设，打造创新中心、服务中心及国际金融中心，以国际标准推动城市发展。在今年，以市委、市政府名义出台了《关于加快推进新型城镇化发展的意见》（青发〔2014〕13号）、《青岛市新型城镇化规划（2014—2020年）》（青发〔2015〕5号）、《青岛市新型城镇化综合试点实施方案》（青办发〔2016〕10号）等系统文件，为有力指导新型城镇化建设提供了政策上的依据。

第一节　青岛市重庆路及其周边生态环境现状

　　在我国道路交通不断发展的大背景下，青岛市也不断加快交通建设的步伐。从青岛2000年公路里程1192公里至2012年的4281公里，增长了3.59倍（见图2-2）。

　　此外，《青岛市城市总体规划（2008—2020年）》（以下简称《总体规划》）确定了"依托主城、拥湾发展、组团布局、轴向辐射"的空间发展战略，并根据第十一次党代会，于2011年《总体规划》中调整为"全域统筹、三城联动、轴带展开、生态间隔、组团发展"的城市空间发展战略，对青岛路网交通的进一步发展提供指导性意见。虽然青岛公路网建设不断完善，但是机动车增长速度异常迅速，城市交通拥堵、环境污染等问题不断显现。城市骨干道路的建设在解决城市交通问题中具有重要作用，

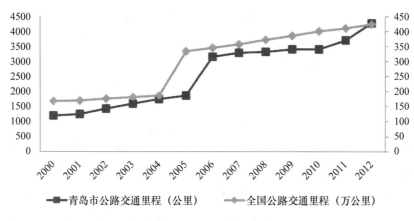

图 2 - 2　全国和青岛公路交通路程增长趋势

数据来源：2000—2013 年的《青岛市统计年鉴》和《中国统计年鉴》

能够起到良好的交通分流效果，重庆路作为青岛市的一条主要道路，向北联系流亭立交枢纽，向南对接福州路、山东路、南京路、温州路等市区主干道。特殊的地理位置决定了重庆路成为市区最重要的南北快速干道，对于促进市区空间战略、"环湾保护、拥湾发展"战略的实施具有重要意义。重庆路虽经数次改造，却由于严重超期服役、路面破损严重等原因，造成通行能力低下，高峰下单位小时饱和交通量为 6000 辆标准车，经常发生交通堵塞；同时道路周边市政配套设施不完善，沿线除电信及给水管线为全线敷设外，其他专业管线匮乏，制约了两侧地块开发和区域经济发展，重庆路改造迫在眉睫。2010 年 10 月，第 58 次市长办公会同意将高架方案作为重庆路快速路工程设计方案，并要求抓紧组织开展拆迁等前期工作。2012 年，青岛市正式启动重庆路快速路改造工程。重庆路改造整治工程南起雁山立交，北至仙山路，全长约 15 公里（不含大桥接线工程范围内的 2.3 公里），沿线贯穿四方、李沧、城阳三区。在细节上，道路临时敷设两侧开发急需配套的雨污水管线；绿化种植上，考量原来栽培的为重，合理搭配植物品种，组团栽植高大乔木，整体提升两侧可视环境。

重庆路改造后对周边的生态环境产生了诸多影响，对这些生态环境的改造效益进行科学的评价，有助于防止或减少道路建设和营运对生态环境的影响，将重庆路的改造、管理与保护生态环境密切结合起来，促使重庆路与周边区域环境实现可持续协调发展。

随着青岛市经济、社会的快速发展，人民对生态环境也日益重视，其中道路生态建设也成为受到各方重视的问题。青岛市于 2002 年陆续出台了《青岛市城阳区发展规划（2002—2020 年）》《青岛市公交专业规划（2004—2020 年）》《青岛市城市总体规划（2006—2020 年）》《青岛市城市综合交通规划（2008—2020 年）》及《青岛市总体规划（2011—2020 年）》，生态建设逐步显示出其在青岛城市发展中的战略性地位。青岛市生态建设坚持生态保育、生态恢复与生态建设并重的原则，生态修复是生态建设中的重要环节。针对重庆路沿线道路功能弱化以及道路环境污染等现状，青岛市政府已从 2003 年开始对重庆路改造工程进行论证，历经多轮专家评审，于 2012 年开始动工，2013 年重庆路快速路改造工程主线道路按期实现通车。截至 2014 年 11 月，重庆路通车已满一年，重庆路的车辆行驶对重庆路周边的道路生态环境产生了诸多影响。本章研究的道路评价体系，主要用于研究重庆路改造的环境评价实证研究。

第二节　重庆路改造前后道路环境状况

一　改造前后沿线绿化、景观状况

现状绿化分为三部分：机非分车带、行道树和两侧绿化带。机非分车带宽度为 2.5—3 米，绿化以小龙柏的模纹为主，局部点缀月季球或火棘球，由于缺乏日常的维护管理，模纹缺损严重，局部绿化带内表土裸露，景观极差。

图 2-3　改造前机非分车带状况

道路两侧行道树为法桐，胸径为 10—20 厘米，种植间距为 7—8 米，但缺株现象严重，部分区段无行道树。并且部分法桐缺株，存在少枝现象，无法形成统一整齐的景观效果。

图 2 - 4　改造前行道数状况

道路沿线有 5—15 米宽度不等的绿化带，绿化带内植物以雪松、龙柏、火棘球等常绿树种为主，部分绿化带种植年代久远，植物规格较大，郁闭度较高，景观效果较好，但常绿树种比例加大，植物四季景观变化不明显；同时部分区段绿地内植物缺损严重，荒草丛生，并有生活垃圾堆放，景观效果差。

图 2 - 5　改造前沿线绿化带状况

二　改造后绿化状况

1. 重要节点绿化

以造型黑松为主景树，周边组团式种植花石榴、榆叶梅、紫荆等观花灌木；时令花卉、金叶菀、红叶石楠、小叶黄杨球等地被模纹，平面以曲线构图；搭配景石点睛，形成层次丰富、色彩斑斓的道路微景观，为重庆路整体景观效果增添写意的一笔。同时，仙山路以北段也将加紧实施重庆路两侧的绿化，重庆路北段的中央隔离带种植有水杉、雪松等，目前的栽植率已达到50%，两侧行道树的栽植率也达到了70%。

图2-6 改造后节点绿化

2. 浇灌设计

园林绿地灌溉的精准化是以智能化技术为基础，就是根据不同植物的需水规律，在灌水数量、灌水时间、供水空间上做到精确控制。利用遥感技术（RS）、地理信息系统（GIS）、决策支持系统（DSS）甚至全球定位系统（GPS），及时采集绿地信息，经过信息处理和决策，以智能化的方式控制灌溉系统，达到按需水变量投入水资源，目前初步的精准灌溉采用定时器控制，采用定时器控制灌溉，比人工控制要节水得多。它可以针对不同气候和时段，设置不同程序，减少了随意性。

图2-7 自动喷管系统示意图

3. 改造后街具景观优化

卫生设施既能满足行人的需求，又可保持环境的卫生整洁，提高城市生活质量。在公共环境中卫生环保设施必不可少，必须设置合理、使用方便、管理完善，以充分发挥其功能和作用。垃圾的收集方式从一个侧面能体现公众的素质和修养，影响外环境的质量与形象。其中以垃圾箱来收集垃圾是最为常见的方式。设计垃圾箱的外观与灯柱等设施的颜色风格保持一致，使环境风格统一。

图 2-8　改造后垃圾箱设置

候车亭采用遮体式，使用便捷，最大限度地为行人候车提供方便。设计注重通透简洁，富于现代感。在都市尤其是公共场所，候车亭可为环境起到点缀的作用。

图 2-9　改造后候车亭设置

三　改造前后沿线建筑状况

1. 改造前沿线建筑状况

沿线建筑以多层住宅建筑及企事业单位平房为主，李沧区及城阳区地块正在逐步开发，多以住宅小区为主。沿线的主要单位有麦德龙超市、海尔电冰箱厂、公交四公司、青岛华钟制药有限公司、自来水公司加压站、洛东小区、雁山世纪住宅小区、重庆花园住宅小区、沧口汽车站、蓝山湾住宅小区、帝都家园住宅小区、青岛胸科医院、北部供电局、长途汽车北站、仙家寨水厂、夏家庄社区及西流亭社区等。

　　由于萍乡路—洛阳路段道路两侧汽车展厅众多，重庆路又被誉为"汽车工业大道"。

图 2 – 10　改造前沿线建筑状况

2. 改造后沿线建筑状况

　　重庆路改造后，沿线建筑群不仅密度增大，而且房价也有上涨之势。2013 年重庆路的开通，带动周边区域楼盘的身价，不管是李沧、新都心还是重庆路福泽区域，都是升值潜力盘聚焦之地。其中，李沧区得益于位置与价格的优势，如今已经成为岛城刚需重镇，海尔鼎世华府、中南世纪城、嘉凯城、时代城等楼盘均受到买房一族的热捧。另外，重庆路的贯通让整个城市成为了一个大家庭，极大地缓解了南北交通压力，同时也将带

图 2 – 11　改造后沿线建筑状况

动城市改造加快步伐，特别是对城市北部的城阳区带动作用很大。交通的便利还有利于加快配套设施的完善，这就将催生更多高品质楼盘。随着重庆路的开通以及后续效益的发挥，青岛南北经济差距也将会进一步缩小。

四 改造前后社会经济状况

1. 改造前社会经济状况

随着青岛市社会经济的持续快速发展，经济发展重心西移、市区对外扩张已成为必然趋势，市区多组团发展格局进一步深化。市区扩张和多组团布局的进一步形成，使道路交通构架面临一个结构性重组和调整的阶段。重庆路位于市区中部，是市区交通的轴线。向北联系流亭立交枢纽，向南对接福州路、山东路、南京路、温州路等市区最主要的主干道。特殊的地理位置决定了重庆路必将成为市区最重要的南北快速干道，对于支撑市区空间战略实施、促进"环湾保护、拥湾发展"战略具有重要意义。

"十一五"是实现全面建设小康社会奋斗目标的重要阶段，预计全市GDP将保持13%以上的增长速度，这要求交通运输业提供强有力的支撑和推动作用。

2. 改造后社会经济状况

对道路的改造，提升了本地的形象和优越感，加快了本地居民的出行速度，节约了生活成本，使得本路段出现了诸多新建楼盘；最后，整体环境的改善，客流量、车流量、居住人口的增多，带动了周围的工商业发展，出现了诸如修理修配、美容、不同规格样式的餐馆，丰富了周边居民的生活。

图 2 - 12 改造后沿线社会经济状况

第三节　重庆路改造前后道路生态环境评价研究

一　层次分析法确定权重

应用第三章中的层次分析法，根据以上对重庆路道路生态环境现状的分析，通过向山东省自然基金委中18位生态环境方面的专家第二次发送调查表，结合实收12位专家的打分结果，为评价指标体系确定权重。

1. 一级评价单元的权重

对评价单元进行赋值，得出一级评价单元的判断矩阵，见表2-4。

表2-4　　　　　　　　　　Bi—A 矩阵

A	B1	B2	特征向量 $\bar{w}$	权重向量 $\bar{w}_i$
B1	1	1	1	0.5
B2	1	1	1	0.5

当阶数≤2时，矩阵总有完全一致性，因而认为该矩阵具有满意一致性。

2. 二级评价单元的权重

自然环境分准则层对于自然环境准则层的判断矩阵，见表2-5。

表2-5　　　　　　　　　　Cj—B1 矩阵

B1	C1	C2	C3	C4	C5	C6	C7	C8	C9	特征向量 $\bar{w}$	权重向量 $\bar{w}_i$
C1	1	1	2	4	2	3	2	3	3	2..1197	0.2118
C2	1	1	1/2	2	1/2	1/2	1/2	1/2	2	0.7937	0.0793
C3	1/2	2	1	4	1/2	1/2	1/3	1/3	2	0.8461	0.0845
C4	1/4	1/2	1/4	1	1/3	1/3	1/4	1/3	1/3	0.3579	0.0358
C5	1/2	2	2	3	1	1	2	1	2	1.4235	0.1422
C6	1/3	2	2	3	1	1	3	1	2	1.4235	0.1422
C7	1/2	2	3	4	1/2	1/3	1	1/3	2	1.0325	0.1032
C8	1/3	2	3	3	1	1	3	1	1/2	1.2765	0.1275
C9	1/3	1/2	1/2	3	1/2	1/2	1/2	2	1	0.7349	0.0734

$$\lambda_{\max} = \frac{1}{n} \sum_{i=1}^{n} \frac{(A\vec{W})_i}{W_i} = 10.0297 \quad CI = \frac{\lambda_{\max} - n}{n - 1} = 0.1287$$

九阶矩阵的随机一致性指标 RI 为 1.45，$CR = \frac{CI}{RI} = 0.0888 < 0.1$，因而认为该矩阵具有满意一致性。

社会环境分准则层对于社会环境准则层的判断矩阵，见表 2-6。

表 2-6 　　　　　　　　　　Cj—B2 矩阵

B2	D1	D2	D3	D4	D5	D6	D7	D8	D9	特征向量 $\bar{w}$	权重向量 $\bar{w}_i$
D1	1	1	3	2	1	1	3	2	3	1.6824	0.1775
D2	1	1	2	1/2	1	1/2	1/3	1	3	0.9259	0.0977
D3	1/3	1/2	1	1	1	1	1/2	1	3	0.8572	0.0904
D4	1/2	2	1	1	1	1/2	1	2	2	1.0801	0.1139
D5	1	1	1	1	1	1	1	1	3	1.1298	0.1192
D6	1	2	1	2	1	1	1	1	2	1.2599	0.1329
D7	1/3	3	2	1	1	1	1	1	3	1.2203	0.1287
D8	1/2	1	1	1/2	1	1	1	1	1	0.8572	0.0904
D9	1/3	1/3	1/3	1/2	1/3	1/2	1/3	1	1	0.4656	0.0491

九阶矩阵的随机一致性指标 RI 为 1.45，$CR = \frac{CI}{RI} = 0.0518 < 0.1$，因而认为该矩阵具有满意一致性。由上述判断矩阵的一致性检验结果可知，所得的权重分配合理。各层次权重结果见表 2-7。

表 2-7 　　　　　　　　　　各层次权重结果

准则层 B	权重	指标层 C（D）	权重
自然环境 指标（B1）	0.5	植被覆盖率（C1）	0.2118
		水土流失治理率（C2）	0.0793
		生物量（C3）	0.0845
		生物多样性（C4）	0.0358
		声环境质量（C5）	0.1422
		水环境质量（C6）	0.1422
		土壤环境质量（C7）	0.1032
		大气环境质量（C8）	0.1275
		景观破碎度（C9）	0.0734

续表

准则层 B	权重	指标层 C（D）	权重
社会环境指标（B2）	0.5	促进区域经济增长（D1）	0.1775
		促进区域投资增长（D2）	0.0977
		促进自然资源开发利用（D3）	0.0904
		土地增值（D4）	0.1139
		土地占用（D5）	0.1192
		城镇化效应（D6）	0.1329
		对人口结构和就业影响（D7）	0.1287
		促进交通便捷舒适性效果（D8）	0.0904
		促进区域生活水平改善（D9）	0.0491

二　单因素模糊评价

请 10 个专家就重庆路环境评价指标值反映重庆路的状况进行评价，确定各指标所属的等级。对评价结果进行统计，求出各评价指标对应于各评价等级的隶属度。例如，对于某个指标值 u_1，有 a_1 位专家认为其反映的社会责任状况属于"很好"的等级，a_2 位专家认为其属于"好"……有 a_5 位专家认为其属于"很差"，则该指标对应于各等级的隶属度为：$r_1 = a_1/n$，$r_2 = a_2/n$，$r_3 = a_3/n$，$r_4 = a_4/n$，$r_5 = a_5/n$。

表 2－8　　　　重庆路沿线生态环境单因素评价的调查结果统计表

	指标名称	很好	好	一般	差	很差
自然环境指标	植被覆盖率	0.4	0.3	0.2	0.1	0
	水土流失治理率	0.3	0.5	0.1	0.1	0
	生物量	0.1	0.2	0.4	0.2	0.1
	生物多样性	0.1	0.2	0.4	0.2	0.1
	声环境质量	0.1	0.3	0.3	0.2	0.1
	水环境质量	0.1	0.3	0.3	0.2	0.1
	土壤环境质量	0.1	0.3	0.5	0.1	0
	大气环境质量	0.2	0.4	0.2	0.2	0
	景观破碎度	0.2	0.5	0.2	0.1	0

续表

	指标名称	很好	好	一般	差	很差
社会环境指标	促进区域经济增长	0.3	0.3	0.2	0.2	0
	促进区域投资增长	0.3	0.4	0.2	0.1	0
	促进自然资源开发利用	0.1	0.2	0.3	0.3	0.1
	土地增值	0.3	0.4	0.2	0.1	0
	土地占用	0.2	0.3	0.4	0.1	0
	城镇化效应	0.2	0.4	0.3	0.1	0
	对人口结构和就业影响	0.2	0.4	0.3	0.1	0
	促进交通便捷舒适性效果	0.4	0.3	0.2	0.1	0
	促进区域生活水平改善	0.1	0.2	0.4	0.2	0.1

三　模糊综合评价

模糊综合评价重庆路生态环境状况根据表 2 - 8，可以得到重庆路生态环境评价指标的两个模糊关系矩阵：利用模糊综合评价的计算模型 $B_i = W_i R_i$，就可以计算出每一级评价指标的模糊评价向量 B_i。

$B_1 = W_1 R_1 = (0.2118, 0.0793, 0.0845, 0.0358, 0.1422, 0.1422, 0.1032, 0.1257, 0.0734)$　$R_1 = (0.1995, 0.3312, 0.2755, 0.1532, 0.0405)$

$B_2 = W_1 R_2 = (0.1775, 0.0977, 0.0904, 0.1139, 0.1192, 0.1329, 0.1287, 0.0904, 0.0491)$　$R_2 = (0.243, 0.3333, 0.2688, 0.1407, 0.014)$

则综合的模糊关系矩阵为：

$$B_{生态环境} = \begin{bmatrix} 0.1995 & 0.3312 & 0.2755 & 0.1532 & 0.0405 \\ 0.243 & 0.333 & 0.2688 & 0.1407 & 0.014 \end{bmatrix}$$

最后的综合评价向量为：

$$A_{生态环境} = WB_{生态环境} = (0.5, 0.5) B_{生态环境} = (0.1553, 0.311, 0.3289, 0.1604, 0.0446)$$

第四节　重庆路改造后绿化景观环境效益分析

由于绿化效益的测算是受多种因素影响的复杂过程，各国有多种不同的测算方式和公式，所以目前对于园林绿化效益的评估和计量还没有一个公认的方法和标准，天津市园林局的贺振、徐金祥研究了瑞典、苏联、日本以及国内的大量测算方法，汇总成"园林效益测算公式"。上海市就曾经运用贺振、徐金祥研究、汇总的成果[①]，对该市的绿化效益进行测算，结果相当可观。另外，周述明（2003）以成都市人民南路、人民北路、蜀都大道，以及城市东西区的两条辅助道路东城根街、顺城街和环形道路一环路、二环路、三环路为研究对象，以绿地面积为衡量标准，分析城市绿化带来的环境效益，结果显著。因此，本章在研究重庆路改造后绿化景观带来的环境效益时，也借鉴这一方法进行衡量。

重庆路全线布置行道树。重庆路沿线路段中四方路段以法桐为代表，李沧区段以黄山栾为代表，城阳区段以白蜡为代表。具体示意图如图2-13所示：

四方区（法桐）　　　　李沧区（黄山栾）　　　　城阳区（白蜡）

图 2-13　区段示意图

一　碳氧平衡效益分析

重庆路改造路段绿化全长 14.9 公里，考虑到景观的丰富性和行道树的苗木量较多等因素，全线选用 2—3 种行道树，株距 4 米布置，包括四方区、李沧区和城阳区的沿线绿化乔木共 3725 棵，构成了青岛市城市街道的骨架，具有典型代表性。由此看来，青岛市重庆路沿线城市绿化乔木树种共计 3725 株（按每 500 株/公顷计算），加上灌木丛重庆路沿线绿化面积总计约为 7.45 公顷，以 1 公顷树林每年通过光合作用，要吸收 CO_2 48 吨，放出 O_2 36 吨，通过呼吸作用放出 CO_2 32 吨，吸收 O_2 24 吨，两相抵消后，即吸收 CO_2 16 吨，放出 O_2 12 吨（日本林业厅计算方法）：产 O_2

① 贺振、徐金祥：《园林绿化效益的评估和计量》，《中国园林》1993 年第 3 期。

量: 7.45 公顷 × 12 吨/公顷(O_2) = 89.4 吨,价值量: 89.4 吨 × 4533.21 元/吨 = 405268.61 元。[借鉴日本林业厅 2003 年 1 吨氧气价值为 3000 元人民币,根据一年期中国银行存款利率为 3.5% 折算,2003 年的 3000 元人民币,相当于 2014 年的 4533.21 元,即 ¥2014 = 3000 × (1 + 3.5%) × 12 = 4533.21]

二 吸收 SO_2 效益分析

据瑞典专家研究表明,每向环境中排放 1 吨 SO_2 就会造成 500 克朗(瑞典货币单位)的损失。由此反证绿化植物从空气中吸收 1 吨 SO_2,即少损失 500 克朗(折合人民币 545 元),每 1 公顷草皮可吸收 SO_2 21.7 千克,可减少 SO_2 损失 11.8 元,每 500 株树木可吸收 SO_2 30.2 千克,可减少 SO_2 损失 16.5 元。则青岛市重庆路改造后沿线 SO_2 减少损失为 7.45 公顷 × 16.5 元/公顷 = 122.93 元。

三 滞尘效益分析

每 1 公顷滞留尘量平均值为 10.9 吨,青岛市重庆路沿线道路绿化树木约为 3725 株,共 7.45 公顷,滞尘量为 81.205 吨。

据环保局提供的资料表明,每 1 吨除尘费用为 80.96 元(包括运送、修治、折旧),则绿化滞尘效益为 81.205 吨 × 80.96 元/吨 = 6574.36 元。

四 蓄水效益分析

根据北京环保局测定,1 公顷树木可蓄水 $3 × 10^4$ 吨,相当于 1500 平方米的蓄水池,1 公顷树木增湿和调温效率比相同水体高 10 倍,重庆路沿线城市街道树木 7.45 公顷,相当于 1500 立方米的蓄水池,1500 立方米/公顷 × 7.45 公顷 = 11175 立方米,2.5 元/立方米 × 11175 立方米 = 27937.5 元。(根据青岛市居民生活用水到户标准,综合水价为 2.5 元/吨,含污水处理费 0.7 元/吨)

五 调温效应分析

根据苏联测定 1 公顷森林全年可蒸发 4500—7500 吨水,一株大树蒸发一昼夜的调温效果等于 25 大卡,相当于 10 台室温空调器工作 20 小时,室内空调耗电 0.860/台·时,而电费价格为 0.6 元/度(根据山东省物价局电价规定，电量每户每月 210 度及以下，电价不变，执行每度 0.5469 元；第二档，电量每户每月 210—400 度之间，在第一档电价基础上，每度加价 0.05 元；第三档，电量每户每月 400 度以上，在第一档电价基础上，每度加价 0.3 元。此处电价拟定为 0.6 元/度），一株大树蒸发一昼夜的价值为 10 台 × 20 时 × 0.860/台·时 × 0.6 元/度 ≈ 103.2 元。重庆路沿线绿地树木 7.45 公顷，共 3725 株，每昼夜为 3725 株 × 103.2 元/株 = 384420 元，每年按 4 个月使用空调，则 384420 元/天 × 120 天 = 46130400 元。

通过以上指标测定青岛市重庆路沿线道路绿地在环境保护方面发挥的可计算的效益价值量为：

$$405268.61 + 122.93 + 6574.36 + 27937.5 + 46130400$$
$$= 46570303.4 （元）$$

（产氧气）（吸收 SO_2）（滞尘）（蓄水）　（调温）

第五节　重庆路改造后环境效益评价

从对重庆路生态环境的模糊评价结果可以看出，改造后的重庆路生态环境的隶属度最大的为"好"这一等级，其次为"一般"这一等级，且"好"这一等级的隶属度与"一般"这一等级的隶属度较为接近。因此，重庆路生态环境状况属于"好"。

改造后的重庆路自然环境属于"好"这一等级的隶属度最大。按照最大隶属度原则，重庆路自然环境状况属于"好"这一等级。从以上分析可以看出，道路自然环境状况是影响道路生态环境状况的主要原因。因此，要提高道路生态环境质量首先需采取有效措施提高道路自然环境质量。从重庆路改造前后的自然环境、社会环境状况对比以及专家评价来看，重庆路改造对沿线交通、沿线居民生活环境甚至青岛交通、经济发展都起到了积极作用。

从改造后的重庆路生态环境评价结果看，重庆路道路生态环境的整体状况属于"好"。从以上一级指标的评价结果来看，重庆路自然环境状况属于"好"这一等级，社会环境状况也属于"好"这一等级。且道路自然环境状况是影响道路生态环境状况的主要原因，而自然环境评价指标中所占权重前三位的指标依次为植被覆盖率、声环境质量、水环境质量。因此，重庆路道路生态环境质量中改善主要凸显的是景观环境以及道路交通环境方面，且重庆路改造促进了区域城镇化，即推动了青岛市南北经济平衡发展的步伐，进一步改善了青岛市的交通、居住环境。

从对重庆路沿线绿化效益来看，道路改造后绿化效益显著。其中产氧效益为405268.61元，吸收 SO_2 效益为122.93元，滞尘效益为6574.36元，蓄水效益为27937.5元，调温效益为46130400元，共计为46570303.4元。

第六章　环境效益模型评价及相关政策建议

第一节　环境效益模型评价

本研究在调研国内外相关资料及系统分析道路建设和营运对生态环境影响的基础上，借鉴国内外生态环境评价研究中指标的设置以及建设项目环评的指标体系，初步确立道路生态环境评价指标体系。并综合运用专家打分法和层次分析法对指标体系进行分析、筛选、优化。最终形成两大类（自然环境指标、社会环境指标），18 个单项指标的道路生态环境评价指标体系。

（一）采用专家打分法和层次分析法相结合的赋权方法应用于青岛市改造后的重庆路生态环境评价，获得各指标的权重

本书把专家打分法和层次分析法相结合确定各评价指标的权重，邀请了山东省自然基金委中对重庆路生态环境状况较为熟悉的专家进行打分，并综合专家的打分构造判断矩阵，从而确定出评价指标的权重值。

自然环境评价指标按照权重的大小依次是植被覆盖率、声环境质量、水环境质量、大气环境质量、土壤环境质量、生物量、水土流失治理率、景观破碎度；社会环境评价指标按照权重的大小依次是促进区域经济增长、城镇化效应、促进交通便捷舒适性效果、土地增值、土地占用、促进区域生活水平改善、促进区域投资增长、对人口结构和就业影响。

（二）对改造后的重庆路生态环境状况进行评价

在对改造后的重庆路状况进行实地调研的基础上，运用模糊综合分析法对重庆路沿线所调查道路的道路生态环境进行综合评价。

在道路生态环境评价研究方面，本研究主要的创新点为：道路生态环境影响评价指标体系研究。

在我国，道路生态环境影响评价，没有统一、规范的理论和方法体系，对于道路生态环境影响评价来说，由于道路生态环境评价内容多、涉及面广，评价指标选取考虑的因素也多，如何评价道路生态环境影响状况，也就是道路的建设营运对生态环境的影响应该由哪些指标来表征，以及如何通过这些指标来评估道路生态环境状况，是一个关系到道路生态环境影响评价理论体系和实际操作的十分重要的问题。

在自然环境影响评价、社会环境影响指标体系研究的基础上，我们初步研究和研讨了道路生态环境影响评价指标体系的基本理论及方法等问题，在综合考虑道路建设项目环境影响评价和生态环境影响评价的基础上，本研究认为理想的道路生态环境影响评价指标体系是采用自然环境—社会环境指标体系，即以自然环境状况、社会环境状况作为基本评价的指标体系。并将层次分析法应用于改造后的重庆路生态环境影响评价指标体系研究中，运用层次分析法对各指标进行权重的确定，在道路生态环境影响评价指标体系研究领域进行了初步尝试。不过文中存在部分问题还需要进一步深化和细化，并需在实践工作中检验和完善。

第二节　城镇化的政策建议

解决新型城镇化中的新问题，既要面对城市人口比重不断提高的客观事实，又要突出城市资源集约利用、产业结构优化、消费水平提升、文明持续发展扩散、市民综合素质全面提高的新时期城镇化发展要求，更要推动农村人口城镇化和城市现代化的协调发展和融合[1]。推行区域生态规划制度、推进区域循环经济发展并促进清洁生产、转变政府职能并合理利用市场机制、增强民生的"生态优先"发展意识。这就要求我们必须以科学的发展观为指导，需要与建设资源节约型、环境友好型社会结合起来，努力营造有利于城镇化与生态环境协调发展的体制环境、政策环境和市场环境，以此协调两者的相互关系[2]。

首先，要实施环境集约型的城市化战略，确定集中式的城市化模式。坚持集约型的城市化发展方向是实现城市可持续发展、创建良好生态环境

---

① 万鹏龙：《中国集约型城镇化研究》，博士学位论文，西南财经大学，2007年。
② 侯培：《城镇化与生态环境的耦合协调发展研究》，硕士学位论文，西南大学，2014年。

的一条重要途径。要认识到城市有限的承载力及空间定向的扩展规律、城镇用地定向开发优化规律及城镇经济集聚与扩散规律，在中国城镇化过程中影响突出，要清楚认识到中小城市的差异，在建设集约发展城市时适时地做出细微调整。中国的城市化需要走的是一条保护生态环境、集约发展的道路。选择集中式的城市发展模式可以提高资源的效率、降低资源的消费量，从而减轻污染物的排放[1]。在实现对于资源优质利用的基础上，最大限度地减少污染物的排放，对于建设一个生态环境优良、可持续发展的生态城市来说是一个最优的选择。促进人口资源向人力资本转变。建立一个开放型、创新型、竞争型、复合型的高素质人才群体，真正做到由人口资源向人力资本转变，才能有效地适应市场，在激烈的市场竞争中立于不败之地。树立生态文明的理念。如何将生态文明理念和原则融入城镇化的全过程，李克强同志很有针对性地指出，城镇化不是简单的城市人口比例增加和面积扩张，而是要在产业支撑、人居环境、社会保障、生活方式等方面实现由乡到城的转变。

其次，要建立健全生态环境产权制度。从环境经济学的视角看，生态环境问题的根源在于生态环境作为公共产品存在产权缺失问题和由其带来的外部性问题。因此，有必要加强界定环境产权的受益方和受损方权利主体工作、改革廉价的环境使用制度、建立严格的环境产权的保护奖惩机制、做好与创建生态环境产权制度的协调配套工作[2]。同时，引入恰当的激励制度，在根源处提供产权保护的动力，将产权制度市场化，引入管理者和政府间的合理竞争，互相督促与监督。打破"公用"及"公营"的陈旧制度，形成多元化的市场模块，建立健全使用权与经营权分离的法律体系[3]。

再次，大力发展低碳经济。随着我国经济社会的快速发展，资源和生态环境的瓶颈约束效应日益凸显，发展低碳循环经济，以可再生资源代替不可再生资源已成为重大战略取向[4]。发展低碳经济，可以采用提高能源

---

[1]　万鹏龙：《中国集约型城镇化研究》，博士学位论文，西南财经大学，2007年。

[2]　孙慧宗：《基于产权理论研究视角的中国城市化与生态环境协调发展的影响因素分析》，《税务与经济》2013年第1期。

[3]　唐英：《生态产权制度建设与我国生态环境保护》，《生态经济》（学术版）2009年第1期。

[4]　陈诗一：《中国各地区低碳经济转型进程评估》，《经济研究》2012年第8期。

利用效率、开发利用可再生资源、引导消费者的行为等方式。完善低碳经济的理论体系，改善低碳经济的评判指标，增强区域低碳发展、低碳经济市场规模及潜力的研究等也是进一步发展市场经济的重要手段①。

最后，发展绿色贸易制度。绿色贸易制度的本质是，通过改进工艺、改善经营管理、使用对环境友好的替代产品等众多手段，将环境的社会成本内在化。在初始期，应建立绿色贸易的税收制度，包括环境税及绿色关税等，通过税收加大贸易经营者对于"绿色贸易"的重视程度，在源头增大绿色贸易的辐射力度，同时设立监管部门，建设绿色贸易的保障体系，在运营过程中修复体系漏洞②。从出口国与进口国的角度来说，建立绿色贸易制度对于生态环境质量都将产生积极的影响③。

第三节　健全生态补偿的对策建议

一　完善生态补偿的法律法规

通过完善法律法规，建立生态补偿的长效机制。从法律关系主体的确定性、权利义务配置的合理性、补偿标准的公平性、补偿方式和程序的可行性等方面，全面构建生态补偿法律制度。目前，我国关于生态补偿的法律只是散见于一些环境资源保护单行法中，没有统一的规定，《中华人民共和国环境保护法》作为我国环境保护领域的基本法偏重于对污染的防治。为了有效推进生态补偿，有必要加强整合相关生态补偿方面的各种法律文件，可以制定《生态补偿基本法》，明确对各利益相关者权利义务的责任界定及补偿内容、方式和标准的规定等。可以借鉴国外成功的制度，系统梳理我国有关法律法规，重新修订有关法律法规，突出生态环境利益和生态公共价值，将生态补偿的范围、对象、方式、标准等确定下来，明确国家、地方、资源开发利用者和生态环境保护者的权利和责任。

二　拓宽生态补偿的融资渠道

生态环境的公共物品属性，注定了我国短期内难以确定合适的生态补

---

① 赵志凌、黄贤金、赵荣钦等：《低碳经济发展战略研究进展》，《生态学报》2010 年第 16 期。

② 沈光明：《树立科学贸易观构建中国绿色贸易制度》，《国际贸易问题》2004 年第 9 期。

③ 姜国庆、王义龙：《绿色贸易制度的形成及演变》，《商业经济》2009 年第 22 期。

偿的实施主体，政府在推动生态补偿发展的初始阶段需要承担主导作用，生态环境的经济补偿手段主要依靠财政力量。税与费是政府收入的主要来源，税收的强制性和机械性，需要更具便利性和灵活性特点的费用作为调节经济活动的补充①。资金筹措渠道不足是目前实施生态补偿的瓶颈，有必要在现行生态环境保护税收政策的基础上，深化资源性产品价格和税费改革，适当提高各种自然资源的税费率，增加资源税费可用于生态补偿的比例。实行生态系统服务价值付费模式。我们可以参照国外的这种付费"绿税"征收方式征收生态税②。常见的有对二氧化硫排放征收的二氧化硫税、碳税、废水和水污染税、固定废物税。另外，针对生态补偿地区制定一系列的优先优惠政策，通过政府引导，吸引市场资金进入生态补偿领域，同时推动和支持绿色环保产业的发展。比如，可以按照流域面积大小、流域水质好坏进行分配，通过补偿金、赠款、减免税收、退税、信用担保的贷款、补贴、财政转移支付、贴息等资金补偿方式直接或间接向受补偿者提供财政方面的补偿，使受补偿者在政策授权范围内促进发展并筹集资金。利用优惠信贷，以低息贷款的形式向低碳环保的行为和活动提供一定资金，起到激励作用；完善环境交易体系，如排污许可证交易市场、责任保险市场等是科斯定理在实践中的主要应用③。积极展开环境领域的外交，争取获得更多国外的技术与资金支持，我国作为最大的发展中国家，被誉为"世界制造加工厂"，环境受到了较大影响，而我国的环保政策却使包括本国在内的所有国家受益，应当受到发达国家的对外发展援助及ODA④。

三 推动生态补偿的市场进程

我国目前的生态补偿政策中，政府是主力军，市场化程度不高。生态环境的特殊性，在实践上极大地影响了市场作用的发挥。十八大三中全会提出要发挥市场在资源配置中的决定性作用。市场补偿也是筹集补偿资金

---

① 赵岚：《资源税计税方法比较研究》，《吉林财税》1997年第3期。

② 罗小娟、曲福田、冯淑怡等：《太湖流域生态补偿机制的框架设计研究——基于流域生态补偿理论及国内外经验》，《南京农业大学学报》（社会科学版）2011年第1期。

③ 毛显强、钟瑜、张胜：《生态补偿的理论探讨》，《中国人口·资源与环境》2002年第4期。

④ 李克国：《生态环境补偿政策的理论与实践》，《环境科学动态》2000年第2期。

的发展趋势。在社会主义的市场经济体制下，应更多地考虑引入市场竞争机制来促进生态补偿政策的实施。通过各种经济利益杠杆不断地调整各方面的利益关系来限制损害环境的经济活动，特别要鼓励保护生态环境的活动①。比如，引入竞争机制确立各地森林生态效益补偿标准、退耕还林补偿标准的制定。转变仅仅依靠政府财政转移支付及政府直接补偿资金支付的单一补偿模式，在逐渐加大财政投入的基础上，积极引导社会各方参与，建立多元化的补偿资金筹措渠道，实现政府主导与市场机制相结合的生态补偿模式②。

四　制定科学的生态补偿标准

科学的生态补偿标准可以从某一生态系统所提供的生态服务和生态系统类型转换的机会成本两个方面来进行制定。前者相对来说较公平，而后者的可操作性较强。因此，建议政府加强对生态系统所提供的生态服务的研究，逐步向根据生态服务来制定生态补偿标准过渡。建立优化补偿考核机制，如对流域生态的补偿，补偿的标准可以在汇总水文资料、开展水质监测与水生生物监测的资料基础上进行水文评估、水质评估、水生生物评估等综合评估，筛选出生态基流、敏感环境需水量、水质达标率、污染物入河控制量、鱼类多样性指数、珍稀物种生存状况、饮用水源地安全达标建设状况和水资源开发利用率等指标，确立不同类型水功能区考核的关键指标和体系进行评定③。更重要的是，为保障公平性和机动性的顺利运行，强制性的生态补偿标准是必不可少的。在对补偿标准上下限的确定、等级的划分、等级幅度选择等方面需要作出综合考量，以缓解计算损失量、确定补偿期等方面的困难程度④。

五　进一步完善生态补偿制度

法律上某种权利或利益受损是产生"补偿"的前提，这是生态补偿

---

① 麻朝晖：《可持续发展经济中的生态环境补偿机制建设思考》，《求索》2003 年第 1 期。

② 梁丽娟：《流域生态补偿市场化运作制度研究——以黄河流域为例》，硕士学位论文，山东农业大学，2007 年。

③ 禹雪中、冯时：《中国流域生态补偿标准核算方法分析》，《中国人口·资源与环境》2011 年第 9 期。

④ 洪尚群、马丕京、郭慧光：《生态补偿制度的探索》，《环境科学与技术》2001 年第 5 期。

制度首先要解决的一个理论问题。为取得"资源利益"与"环境利益"而对生态环境造成危害，在这一大前提下应分清各方面的关系①。应明晰产权，强化产权意识。产权并不是我们理解上的所有权，但是必须要以所有权为基础。要严格界定所有权、经营权和开发使用权，所有权属于国家和集体，经营权归属于单位和个人，所有者依法向经营者索取收益，经营者依法向所有者缴纳税收或租金以及对生态环境资源的损坏进行保护、恢复或赔偿②。要保证产权必须是可以转让的，确保收益权的实现。在完善法律的基础上，应建立有效的社会化监督、评估机制。可以引入独立的、与项目建设的执行者和维护者没有行政隶属关系的第三方监督和评价机构，保证监管和评估的公平性和有效性③。同时，建立和健全具有权威性国家自然资源产权管理机构，根据自然资源产权多样化特征，应分门别类建立多样的所有权体系，充分利用产权制度规范自然资源产权市场的建立和运行。加大对生态补偿资金使用的监督管理，对各种专项补助资金的使用绩效进行严格考核，建立生态补偿资金使用绩效考核评估制度。

---

① 史玉成：《生态补偿制度建设与立法供给——以生态利益保护与衡平为视角》，《法学评论》2013年第4期。
② 冷淑莲：《关于建立生态环境补偿机制的思考》，《价格月刊》2007年第2期。
③ 史玉成：《生态补偿制度建设与立法供给——以生态利益保护与衡平为视角》，《法学评论》2013年第4期。

本篇小结

　　城镇化是我国城镇、城乡发展道路上必不可少的环节，而中国的新型城镇化是以我国独特国情为基础而提出的，并经过历代领导层、专家层探讨、修改，已经趋近成熟；如果将国土视为身体，那道路无疑是血管、动脉。在新兴城镇化视角下的道路发展，需要考虑更多因素，我国道路建设发展历程中不可避免地涉及了环境污染的问题，而这同样也是新型城镇化的一项重要内容。

　　新型城镇化提高了城市的承载能力，造成的人口集聚、污染集聚，使得环境治理更加方便，省去了较多成本。但在接下来的生态补偿方面，却存在资金不足、制度不完善、手段不合理、体制不健全、政策死板等弊端；同时，在城镇化的辐射阶段，气候、水源、土地、大气、噪声等污染也伴随而来，所以道路建设的评判标准也在一定程度上涉及了环境建设。

　　本篇选择环境指标体作为评价标准，以重庆路的修建现况为依据，切实做出了评价。青岛市紧紧伴随政策改革，提出一系列发展规划，切实提高了城镇化水平和道路情况。最后根据实地探访，列举出了重庆路修建前后道路状况、绿色景观、环境效益、经济发展的改变，以此对政策、环境等弊端提出了切实可行的建议。

第三篇

新型城镇化下的城市文化发展研究

第一章　城镇化视角下的城市道路
建设与文化发展

第一节　城市道路建设研究综述

城市道路是指"通达城市各地区，供城市内交通运输及行人使用，便于居民生活、工作及文化娱乐活动，并与市外道路连接负担着对外交通的道路"（王颖灵，2015）[①]。而《城市道路管理条例》第二条规定表明："本条例所称城市道路，是指城市供车辆、行人通行的，具备一定技术条件的道路、桥梁及附属设施。"但是更广义地来说，城市道路也包含了城市综合交通系统。同时，城市综合交通系统是城市经济大系统中的一个最为重要的子系统，城市综合交通系统与城市经济有着密切而又复杂的关系，着眼于城市经济系统的角度，可以发现，交通运输系统是各项产业发展的基础条件，对社会经济的发展起到了支撑性作用，也是城市投资环境的主要构成主体，并且还是城市经济系统同外部进行各项交流的主要途径[②]。交通运输与经济协调发展，才能满足人们生活水平提高的需要，为文化发展提供良好条件，而根据交通运输方式的技术设备特征，目前运营较为成熟的有铁路、水路、公路、航空、管道等。核心方式为公路运输和市内交通[③]。本节就几类运输方式来简述我国城市道路建设的历程。

一　城市道路建设的发展历程

在世界历史中，铁路行业的发展经历了漫长的岁月，而我国铁路在基

[①] 王颖灵：《我国城市道路命名规范化研究》，硕士学位论文，四川师范大学，2015年。

[②] 王明浩、高薇：《城市经济学理论与发展》，《城市》2003年第1期。

[③] 付琳：《城市综合交通系统与经济系统协调发展研究》，硕士学位论文，北京交通大学，2008年。

本国情下，经历了重重阻碍，也逐渐发展起来：自 1876 年英国建造我国第一条铁路——淞沪铁路开始，我国的铁路建设大概分为五个时期：清末的开创期、帝国侵略的缓慢发展期、新中国成立后的恢复期、五年计划后的框架形成期及改革开放支持下的高速发展期①。其中，"文革"等社会因素曾一度导致铁路修建工程的停滞，而从 1997 年至 2007 年的六次大提速，则代表了中国铁路的高速发展期。期间，我国建成了京广、京哈、京沪、京九四条南北纵向铁路和陇海、兰新等东西横向铁路，并一直沿用至今，普通铁路形成了"八纵八横"的整体格局。而近年来快速发展的高速铁路则按照规划完成了路基、无砟轨道、桥梁的突破，正在进行"四纵四横"的建设。

就目前而言，我国修建的铁路长度已赶超许多发达国家，以提速、扩能、电气化为重点的大规模技术改造，进一步优化了铁路系统。而针对高原铁路的修建，如曾获得国家科技进步特等奖的"青藏铁路工程"，不仅在海拔和长度上均居世界高原铁路工程的首位，同时也解决了冻土层不易施工这一世界难题，充分体现了我国在铁路的技术含量上也正在向世界一流水平看齐。

在轻轨的修建上，首都北京作为试点，开启了 20 世纪中叶中国轻轨建设的道路，但直到 20 世纪末期，我国的轻轨才开始进入兴起阶段，又经过四年的提速期，在国家经济大力支持下，自 2005 年开始，我国轻轨建设迎来了两轮建设的爆发时段。虽然技术和标准化尚未比肩世界发达国家，但在政策的调整下，曾被人们诟病的轻轨弊端正在逐渐消失。

水路运输在铁路、公路、水运、航空及管道五种运输方式中是成本最低的，水路运输的优点在于劳动生产率高、船舶的载运能力大并能够实现大吨位的运输、相对于路上运输节约了土地资源，但是同时水路运输也存在着容易受气候条件的影响且影响很大的缺点②。我国对水路基础设施的建设十分重视：1990 年 1 月，我国交通部印发了《公路、水路交通产业政策实施办法》；同年 7 月，国务院在所发出的《关于贯彻国家产业政策对若干产品生产能力的建设和改造加强管理的通知》中明确了水路交通

---

① 唐军军、王艳菲：《简论我国铁路发展历史及现状》，《才智》2010 年第 14 期。

② 付琳：《城市综合交通系统与经济系统协调发展分析》，硕士学位论文，北京交通大学，2008 年。

运输项目是我国应予优先发展的产业；1997 年 6 月，我国交通部在所发布的《公路、水路交通主要技术政策》中提出了要加速内河航道主干线、港口航道及主要河口航道的整治建设进程的政策；内河航道建设主要是将重心放在了提高航道技术等级上，逐步建成同综合运输网发展相协调并以"一纵三横"内河运输主通道为主体的全国水运体系①。改革开放特别是20 世纪 90 年代以来，我国水路交通基础设施的规模在国家提供的大力支持下有了比较大的增长，港口、船舶及航道等水上运输综合能力也有了比较显著的提高，而目前我国在水路交通运输这一方面的发展目标是，建成能力充分、组织协调、运行高效、服务优质及安全环保的水路运输系统②。

1908 年我国开始修建现代公路，1920 年北洋政府主导下的公路修建正式开始，随后，南京国民政府时期对全国的公路进行统一规划。新中国成立后，公路建设一直是国家发展的重点，交通发展体系应运而生。在改革开放后，国家更深刻地意识到公路是一个国家经济的命脉，而过气的公路跟不上经济发展的节奏，于是我国开始决心建设高速公路。先立志（1996）曾就修建高速公路是否符合国情、"改革开放"推动高速公路建设进行研究③。而步入新世纪后，中国不仅实现了高速公路的优化升级，还在"村村通"等城乡公路的建设上取得了可喜的成绩。

新兴的管道运输是能源的重要运输方式之一，而随着我国国民经济的飞速发展，能源的消耗在逐年增长，管道运输建设的重要性可见一斑④。自 20 世纪 90 年代以来，我国的天然气管道得到了快速的发展，天然气的消费领域逐渐扩大，工业燃料、化工用气及城市燃气、发电大幅度增长，2004 年投产的西气东输工程贯穿了我国的西东，放射型的支线覆盖了我国许多大中城市，同时在 2005 年与陕京二线通过冀宁联络线相连通，构成了中国南北天然气管道环网，2004 年底，忠武输气管道全线建成投产，在 2005 年我国初步形成了西气东输、陕京二线、忠武线三条输气干线，

---

① 甘昌盛、邵瑞庆：《我国现行水路交通基础设施投融资政策及其对上海国际航运中心建设项目的适应性分析》，《水运管理》2004 年第 9 期。

② 靳松、冯海锋、张梅青：《我国水路交通投融资现状及发展趋势》，《世界海运》2006 年第 1 期。

③ 先立志：《我国高速公路发展回顾及几点建议》，《东北公路》1996 年第 1 期。

④ 张树奎、金永兴：《大力发展管道运输提高持续发展能力》，《南通航运职业技术学院学报》2005 年第 3 期。

川渝、京津冀鲁晋、中部、中南、长江三角洲五个区域管网并存的供气格局；在原油管道方面，我国目前已经形成了东北、华东原有管网和西北区域性原油管网，我国东北和华东地区已经基本形成了以管道运输为主，同油港联运原油的整体格局①。我国油气管道建设发展迅速，但是相比来看，我国输气管道的建设更为迅速，然而由于我国管道运输业起步较晚，在运输发展中没有得到国家与其重要性相当的重视，在管道覆盖面、服务范围及技术装备和运量上都与世界水平存在着一定差距②。

航空运输是现代运输方式之一，航空运输凭借其高效的优势成为了区域和国民经济社会发展的重要基础服务的条件之一，特别是受到了长距离旅客运输的青睐③。并且自21世纪以来，伴随着经济全球化和区域经济一体化进程的加速，区域以及国际航客货流量的增长十分迅速，使得航空运输在各个国家间的远程运输联系尤其是在客运中的作用日益显著，航空运输也逐渐成为社会交流的重要载体④。而我国的航空运输业起源于20世纪20年代，1929年中国航空公司成立，不久之后又成立了中德合资的欧亚航空公司；在新中国成立不久后，中央人民政府于1949年11月2日宣布了主管全国民用航空事业的民用航空局的成立；70年代以前，我国的航空运输业发展速度相对缓慢，但是在改革开放以后取得了较为持续快速的发展，并在巨大需求的拉动下保持着较为持续快速的发展，运输总量跃居世界第二位。

现今，五种运输方式的平衡发展为我国的进步提供了新的动力，在道路沿线及辐射区域内，这一改变有多方面的体现。

二　城市道路修建与区域发展

道路的修建为区域的发展提供了许多机遇，同样，区域的发展也为道路的升级与优化提供了更多的资源，耦合性（耦合，原是物理学上的概念，指的是两个或者两个以上的体系或两种运动形式之间通过相互作用来

---

① 梅云新：《中国管道运输的发展与建设》，《交通运输系统工程与信息》2005年第2期。

② 张奇兴：《我国管道运输的现状和发展》，《中国石化》1998年第8期。

③ 王姣娥、莫辉辉：《航空运输地理学研究进展与展望》，《地理科学进展》2011年第6期。

④ 王姣娥、王涵、焦敬娟：《"一带一路"与中国对外航空运输联系》，《地理科学进展》2015年第5期。

影响彼此的一种现象，是一种存在于各个子系统之间的良性互动下，相互协调、相互依赖及相互促进的动态关联关系）可以很好地概括两者的关系①。通过查阅资料能够发现，道路的修建对于区域的各个方面均有影响。下面我们就区域各个不同的具体方面进行论述。

人类活动会给自然生态环境带来比较大的影响，人类活动所造成的大气污染及城市规划建设中存在的绿化匮乏等问题使城市的自然环境受到严重破坏。然而城市的自然生态系统是城市建设不可缺少的一环，先进的交通系统可以促进城市的生态系统的改善②。城市轻轨的建设可以明显改善空气污染和噪声污染，减少不可再生能源和土地资源的耗费；混合动力公车、生态公车、电气交通的兴起加速了绿色城市的现代化。近年来，在道路施工建设的同时，城市绿化带的建设也加紧展开，在建设道路时，植被覆盖率和多样性因为配套绿化而得到加强。

公共基础设施是城市发展到一定程度的产物，被誉为"城市家具"，在构成现代城市的诸多因素中，公共设施的影响面积非常大。在城市道路空间中，公共设施是重要的一环，其规划的合理性会使居民对道路的感受出现差异，道路景观、沿线服务设施的优化会提高人们对道路的评价。

而道路的建设也为城市的公共设施发展提供了机会，建设资金有了更多的吸纳机会，器材的搬运有了更多的选择，人们有了更多机会见识到城市基础设施建设的现状，体会到它所带来的生活品质的提升。

道路的修建施工可以看作是经济发展所带来的交通需求的产物，而经济发展也可以看作是交通升级后的一项显著成果③。道路交通建设与经济发展之间存在着复杂而又密切的关系，近年来，相似的思想主导了理论界。刘冰通过一系列的研究讨论发现，城市经济的开放性主要是依靠交通运输来实现的，而城市经济的发展又会带动其他城市子系统的发展，进而为交通运输提供了更大的运输需求④。同时，付琳通过研究也认为，交通运输和城市经济间存在着相辅相成、不可分割而又相互影响的关系，城市

---

① 关颖、仲伟来：《交通运输与区域发展的耦合关系及特点》，《科技资讯》2009 年第 6 期。

② 陈佐：《城市轨道交通对生态环境的影响》，《中国铁道科学》2001 年第 3 期。

③ 汪飞：《道路基础设施建设与区域经济发展》，硕士学位论文，华东师范大学，2010 年。

④ 刘冰：《交通运输与区域经济发展的适应性分析》，硕士学位论文，北京交通大学，2007 年。

综合交通条件的好坏是对大规模的城市进行开发的投资者最关心的问题之一，如果没有良好的道路交通条件，大规模的开发很难成功，进而会阻碍城市经济的进一步发展；而同时，城市经济发展水平会决定道路交通的现代化程度及发展水平；在适当的条件下，道路交通和城市经济可以相互促进、协同发展①。因此要正确认识两者的关系，我们可以根据经济发展水平和交通重心的转移及交通的属性来加以研究。

从 21 世纪开始，我国的铁路重心和公路重心明显开始向西部转移，另外，交通系统的升级增加了其客运量和货运量。自"西部大开发"战略实施以来，我国的经济重心虽未发生改变，但东西部的经济差距明显减小，且东部发达地区的经济增长趋势不减反增，这更加说明交通强化后西部地区的进步较为明显。同时，在我国东部，地域内货运量和客运量越大，它距离经济重心就越接近。

交通的生产属性、产业属性和社会属性在物质生产及转移、价值的创造及开发上扮演着极其重要的角色，它们因经济活动参与社会活动而产生②。所以，道路的修建对经济发展水平有重大影响。

三　城镇化与道路修建的联系

《国家新型城镇化规划（2014—2020 年）》（以下简称《规划》）中指出，至 2020 年，普通铁路网覆盖 20 万以上人口城市，快速铁路网基本覆盖 20 万以上人口城市；普通国道基本覆盖县城，国家高速公路基本覆盖 20 万以上人口城市；民用航空网络不断扩展，航空服务覆盖全国 90% 左右的人口。由此可见，在新型城镇化建设的道路上，城市交通运输发挥了巨大的作用。

根据影响范围、重要性及整体距离，我们可以参考《规划》，大致将交通运输分为城市群间的交通和城市群内的交通，两者并无本质的区别。

（一）城市群间的交通运输

《国家"十二五"规划纲要》中明确表达了国家加强城市群建设，扩大其辐射范围的要求，这也从侧面反映了由于地域广阔且存在集聚现象，

---

① 付琳：《城市综合交通系统与经济系统协调发展研究》，硕士学位论文，北京交通大学，2008 年。

② 翟一：《我国交通与经济增长关系研究》，博士学位论文，武汉大学，2013 年。

城市群已经成为我国新型城镇化的一个必然的发展阶段。根据发展阶段和地域位置不同，城市群的发展任务也不尽相同。我国城市群建设是以政府为主导，所以其建设具有明显的宏观意义，作为经济发达、基础设施比较完善的东部城市群，主要是去提高国际竞争力，相对落后的西部城市群则着重于自身发展，以此保证城市的健康发展①。

　　城市群与交通运输存在一种反馈与调节关系。一方面，城市群的发展导致资源需求量增加，加速了先进交通运输方式和科学交通网络的产生；另一方面，城市群发展所带来的相互竞争也成为交通发展的主要原因，增加了城市规划对交通的重视程度②。两者互动越频繁，越能体现该区域发展的迅速。除我国最先发展起来的京津冀、珠江三角洲、长江三角洲外，有越来越多的地区和城市正在组成新的、先进的城市群。

　　在高度城镇化的背景下，城市群的交通网络主要处于都市圈中心城市间和中心城市与外围城市间，而我国绝大部分地区尚未达到以上状态，但在未来发展方向上有了值得借鉴的先例，如英、美、日等城镇化早在21世纪初就超过80%的国家。英国的运输系统因以轨道交通为枢纽的多元交通乘坐方式而出名，便捷性强；美国多位一体、多层次的强大交通，配合市郊换乘、一票通乘的高度智能化系统，提高了公共交通的效率；日本辐射状一体化交通，拥有强大的客运货运分担率③。我国可以根据城市发展、地域等多种因素选择性借用交通建设经验。

　　丁金学、樊桦根据调查得出，我国19个主要的城市群发展良好，无论是运输里程还是道路密度，均远远高出全国平均水平④。"环状 + 放射"状态已经成为特大城市交通发展的方向。城市群在运输需求稳步增长的同时，不仅做到了各种运输方式的协调发展，也带动了周边产业的进步，促进了城镇化的普及。但是同发达国家相比，我国城市群交通系统还不够完善，随着交通需求的日益膨胀，学者们在全面了解中国城市化发展进程与城市群发展过程的基础上，针对中国城市群交通系统发展的特征进行了深

---

　　①　程世东：《新型城镇化背景下交通运输发展思路与重点》，《综合运输》2014年第1期。

　　②　丁金学、罗萍：《新时期我国城市群交通运输发展的思考》，《区域经济评论》2014年第2期。

　　③　杨超、奚宽武：《城镇化与交通协调发展的国际经验与启示》，《交通世界》（运输·车辆）2014年第8期。

　　④　丁金学、樊桦：《城市群地区交通运输服务发展对策》，《宏观经济管理》2014年第5期。

入的研究,如董治、吴兵等从交通需求、网络结构及运输模式三个方面对交通系统的发展进行了分析研究,并通过研究结果表明,我国的城市群交通系统依旧需要不断地完善,城市群城际通道优化、城市出入口衔接、综合枢纽建设以及一体化管理体制的推进需要得到重点关注[1]。

(二) 城市群内的交通运输

市域交通系统大体可以分为大城市都市区域和中小城镇发达区域两类,分别对应中心放射型和自由网络型的交通道路类型。

中心放射型,特点是存在若干环路和一点或几点辐射性极强的核心城市。其实,匀化中心城市压力也是城市工业化发展的一个必然结果[2]。集聚效应过大,生产力过度集中,为防止其带来的副作用,城市必须依次去连接周围的部分放射型环线。选择环线发展,也充分考虑了环路的沟通效应最大这一因素,且它对经济文化现象的反应最敏捷。因此带来的运输优势,让此种交通对整个城市的系统规划有更突出的作用和影响。经查证,核心城市的规模越大,环形公路的效用越明显。

这让城市群内部的沟通交流变得更加方便,它能聚集的本地区有效的生产力就越多,这个城市群就越重要,进而吸引的生产要素就越多,因此进一步推动了城市群城镇化的进程。

自由网络型,包含了多种发散性网络结构,平衡结构、发展轴组团结构、网格网络结构、树状结构都可以算入其中,相比前者而言,自由网络型交通更加适合经济不太发达的地区。延伸性的结构使它不仅能方便区域内的交流,还可以使当地对外交通更加便捷,方便吸引外来投资,商务、资金、信息的极化作用得到加强。

网络型交通结构并没有拘泥于某个核心城市,而是将吸引而来的资源合理、科学地分配到主要城市上,以合理增加城市规模和辐射力。这在增加相邻城市竞争力的同时,也增强了地区综合的经济水平,扩大了城镇化的规模。

结合以上两点可以发现,城市群间及其内部交通,在一定程度上都可以促进资源的合理分配,推动新型城镇化的发展,所以做好两者的衔接,

---

① 董治、吴兵、王艳丽等:《中国城市群交通系统发展特征研究》,《中国公路学报》2011年第 2 期。

② 谢汶莉:《城市群公路交通网络结构分析》,硕士学位论文,西南交通大学,2005 年。

是连接两种交通网络的重要环节。我国地大物博，人口分布和经济发展不平衡，所以如果想要做到"无缝接驳"和"即时换乘"，我国的地域交通发展还有很长的一段路要走①。

（三）加速发展中小城市、城镇的交通网络

交通运输的显性问题更多体现在发展不完善的地区。道路宽度不足、结构不完善，车辆增长速度远超道路建设速度，交通模式混乱等，致使交通运输与城镇化的融合度不高。相对于大城市高度集中的经济及生产力，处在萌芽期的中小型城市的发展更应引起重视。由于城市面积小，运输路途短，辅助交通运输无须耗费大量资源且慢性交通比重较大，其交通网络建设可以达到见效快、工程期短的效果。加快对外沟通，减小经济差距，促进四位一体的综合交通网络建设，可以强化中小城市的产业和公共功能②。

由于历史和政策问题，中小型城市、城镇的经济状况参差不齐，所采取的发展方式也不同。某些开发程度较低、自然环境良好的地域，可以充分利用自然资源，经政策支持大力发展旅游业等第三产业，扬长避短已经成为一类城市发展的重要举措。这也是一种建立在交通运输基础上的新兴行业，同时对提高公路本身的技术等级、与沿途环境更加协调、提高利用率提出了更高的要求。

另外，多式联运可以创造一个高效的综合交通网络。多式联运，即复式运输，通过两种及两种以上的交通运输方式拼接、合作完成的运输，满足了"一体化"的综合交通系统建设原则。加快交通基础设施的建设、大力发展公共交通、抓好农村网络工程、乡镇普通公路的建设有助于加强与城市的联系，提高通达性，促进人口的流通，资源在公路沿线的聚集，符合"一体化"原则，有效促进城镇化的繁荣发展。而通过政府筹资和市场化投资，在保证建设资金充裕的情况下，还能依靠有关部门科学地进行道路结构的规划，加大公交分担率。

除了以上内部建设，也可以依靠网络结构加大与外部的连接，通过依附大城市，获取发展必需的资源，响应国家号召，完善省级干道、国

①　王志臣、王明生：《城市轨道交通与市内交通的衔接规划研究》，《国防交通工程与技术》2005 年第 4 期。

②　程世东：《新型城镇化背景下交通运输发展思路与重点》，《综合运输》2014 年第 1 期。

家干道的建设。由于反馈作用，在完善综合交通网络的同时，人们也可以体会出它对经济、设施建设等方面强大的推动作用，加快地区城镇化水平。

（四）引导性与基础性

樊一江指出，交通运输作为经济社会重要的先导性产业，对以"两横三纵"为主骨架的新型城镇化战略格局的引导和锚固具有重要作用[1][2]。其中，设施先行，将高成本基础设施作为节点进行发展，相当于将骨架拿捏成型，锚固作用更加明显。而随着城镇化程度的加深、交通设施的完善，不仅游客的出行次数与平均距离有了明显的增多，国民生产总值同样发生了巨大的改变。现代产业的发展是城镇化发展的重要动力，可以为人们提供更多的就业条件，所以交通运输在推动产业发展的同时，也间接引导了城市的发展。

引导性，在某些情况下可以理解为超前性，随着改革的深入，人们的生活方式发生巨大变化，交通网络的建设不仅着眼于过去与现在，更要对未来城市结构和人员流动做出准确预测，甚至包括交通组合方式的合理化和简捷化、港口设置的效率化和科学化，并适应向有利方向引领这种改变。

而促进产业集聚、升级及新旧产业区的联系和融合，推动城市的扩张和现代化水平的提升，又体现出交通运输的基础性作用，交通系统可以看作是经济发展的子系统，它的稳定性越强，经济的基础性便越好。南方铁路促进经济中心内移、沿海港口支撑起国民经济国际化，都在为经济发展奠定良好的基础。

在诸多因素中，综合交通枢纽城市的地位不可小觑。作为连接骨架的点，交通枢纽以自身为中心建出城市综合体和产业综合体，提高了区域范围整体的发展速率。黄志刚、金泽宇（2010）指出，它的作用主要体现在交通节点和城市交通上[3]。一方面，交通建设要与土地利用挂钩，交通枢纽要对不同类型的土地进行规划设计，以便周边经济可以科学平稳地发

---

① 樊一江：《发挥综合交通枢纽在新型城镇化中的引导作用》，《综合运输》2013 年第 9 期。

② 樊一江：《新型城镇化需要交通运输先行引领》，《综合运输》2012 年第 7 期。

③ 朱超、崔敏、高永亮等：《交通运输支撑新型城镇化发展战略研究》，《综合运输》2015 年第 2 期。

展；另一方面，交通枢纽和合理化建设可以大幅度提高居民们的生活效率，加大市中心的辐射范围，进而降低交通成本。科学的综合交通枢纽建设可以优化民航、水运、地面交通和城市轨道交通的组合，能够弥补相互间的不足，相较于单一交通枢纽来说，加强了综合交通枢纽的支撑作用，是完成"无缝接驳"和"即时换乘"的重要环节。

（五）城镇化问题与道路的联系

城镇化是社会发展的必然趋势，而城市群则是区域城镇化的主体形态，而道路交通在作为城镇化发展的重要条件的同时，成为城市群发展的纽带，因此，城市群的发展离不开道路交通系统的支撑，城镇化与道路交通存在密切联系[1]。

然而，横向来看，过分地依靠大城市就会导致"虹吸效应"过于明显，这也让交通枢纽城市在一定程度上限制了周边地区的发展。因为中心城市的吸引力无疑要大于周边城镇，人们的交通成本变低，会使更远的资源向中心城市移动，这也在一定程度上阻碍了地区优势的发挥[2]。

纵向而言，我国的城镇化历程跌宕起伏，度过"文革"后的恢复期和重启阶段，于21世纪初完成了体系的初步建成，如今虽然步入高速发展阶段，但随着信息时代的到来，更多人将目光放在了与发达国家的比较上，过于理想化使人们对城镇化速度有了不满情绪。

除此以外，在新型城镇化进程中也存在其他问题，如公共服务不到位等。特别是农村城镇和城市间，工业、农业、信息业间发展不同步的矛盾较为突出。考虑到形成方式，根据政策与形势人为地建设城市，和以交通为先导，科学、自然地生成城市是两种不同的模式，我国已经逐步度过了人为建设城市的时期，更多的城市呈现出自然增长状态。但是中国的发展模式与其他国家不同，政府主导的资源区域分配所带来的竞争可能会升级成一系列恶性竞争问题，如工程不合格、人才培养不科学等。

现阶段，我们并不能说以经济和发展划分的区域之间，它们的交流和沟通完全没问题，这是阻碍城镇化的一个重要因素。只有增强相对封闭的区域间的联系，才能缓解过快城镇化的弊端，减弱恶性竞争的影响。如果

---

①　吴兵、王艳丽、董治等：《高度城镇化背景下城市群交通特征研究》，《城市交通》2011年第2期。

②　黄志刚、金泽宇：《交通枢纽在城市空间结构演变中的作用》，《城市轨道交通研究》2010年第10期。

根据发展阶段，依靠交通打破资源垄断，无疑会加速新型城镇化的建设速率①。

第二节　城市文化发展研究综述

一　城镇化下的城市形象

城市的发展经历了远古、中古、近代和现代四个阶段，关于城市最初形态的说法有两种：城市是以仓储的形式出现的，用于库存贸易货物；城市作为战争的碉堡，为战争积累粮草、打造兵器。发展至今，城市的属性已逐渐明晰——城市是经济、政治、文化、科学、生产生活的中心，在当代全球化的大背景下，城镇化作为城市形象竞争的原动力，催生了创建城市形象的风潮，随着"城市让生活更美好"的理念深入人心，越来越多的新城市建立起来，但都有很大程度的趋同性，没有归属于每座城市的特点。此时，打造独特的城市形象也日益变得重要，创新形象成为新的城市追求。城市居民作为居住主体，自然是摈弃"千城一面"的景象，当意识到城市和建筑物、设施等的标准化和商品化致使城市文化趋同的危机时，居民对城市形象特色的追求会更加强烈。城市形象的内涵粗略来说是指城市的整体形象和特征，可概括为三个方面：（1）城市理念形象是指城市的本质的外在表现，主要包括了各种生产活动形象，如城市主导产业理念、生产经营理念和经济效益理念等；（2）城市行为形象，城市由人和物组成，物由人创造，物有道路、边界、区域、节点和标志物，由这些物形成了城市的网络、人的精神面貌、人文素质、生活水平、居住环境、道德水平等，反映了整个城市的文明程度，将人与物有机结合即是一个完整的城市；（3）城市景观形象，城市在历史的进程中不断发展形成的物化环境，成为视觉上的城市形象，居民往往会因为城市或高雅或时尚或纯净或奢华的视觉体验对其进行精神上的感知，好的城市形象设计不仅有利于增强城市竞争力，也能给居民带来美的享受。然而城市也可能有面临终结的时候，就像一个品牌的兴盛衰亡，而城市形象，就是象征其生命力的品牌，天灾人祸、时代发展、改革变迁可能会毁掉一座城市，但只要独具

---

① 杜明军：《区域一体化进程中的"虹吸效应"分析》，《河南工业大学学报》（社会科学版）2012年第3期。

特色、创新形象，那么城市的生命力就会异常强大，城市居民的精神力量也会很坚固。这里列举一些国内外富有特色文化的城市：

浪漫水都——威尼斯：威尼斯水上城市是文艺复兴的缩影，全球唯一没有汽车的城市，很多人认为上帝把眼泪流在了威尼斯，使得其因水而美，因水而生，还有"亚得里亚海的女王"的美誉，威尼斯的外形像海豚，处处充满文化气息，留下众多的文化古迹，比如涅槃重生的凤凰歌剧院，比如被拿破仑誉为"欧洲最美丽的客厅"的圣马可广场。这座城市的形象，因为清澈的水和浓郁的文化感让世界深深记住了它。

薰衣草帝国——普罗旺斯：普罗旺斯位于法国的南部，全称普罗旺斯 - 阿尔卑斯 - 蓝色海岸，是欧洲的骑士之城，当然很多人认识普罗旺斯是因其薰衣草花田，7、8 月，薰衣草盛开，与百里香和松树味道混合在暖风中，让人在闲适中沉醉，交织成法国最难忘的气息，薰衣草的蓝紫色和幽香的味道已然成为了普罗旺斯的标志。

千城之城——布拉格：布拉格以各个时期各种风格的建筑物享誉世界，其中以巴洛克风格和哥特式建筑最具代表性，许多作家在布拉格成就了一段段美丽的浪漫爱情故事，比如《生命不能承受之轻》《恋爱中的城市》，布拉格凝结了捷克艺术的精华，在美丽高雅中带着一丝忧郁。

百岛之市——珠海：珠海濒临南海，东与深圳、香港隔海相望，南与澳门相接，共有 146 个岛屿分布于南中国海，以岛屿众多而著称于世界，其海陆空的经济发达程度，使其成为南海之滨的一颗璀璨明珠，成为经济特区。

圣地——拉萨：拉萨是一座具有 1300 多年历史的古城，位于雅鲁藏布江支流拉萨河水岸，其市区有藏、汉、回等 31 个民族，布达拉宫雄伟壮丽、盛大辉煌，是拉萨的代表，同时也代表着至高无上的权力，布达拉宫为拉萨的景观带来极致的视觉享受。

九州腹地——洛阳：洛阳位于河南省西部，亚欧大陆桥东段；横跨黄河中游两岸，"居天下之中"，是中原文化的发源地之一，地处中原，山川纵横，西依秦岭，出函谷是关中秦川，东临嵩岳，"河山拱戴，形式甲于天下"，是古来兵家必争之地。

除了上面列举的城市之外，还有东方明珠上海、东方瑞士青岛、中国光谷武汉、西部之心成都、西部最佳西安、激情崛起苏州、花园城市威海等，这些独具特色的城市，其别名往往体现该座城市最显著的特点，更是这些城市为大众所欣赏的地方。因而在发展城镇化的过程中，更应当维护城市所特有的城市形象，彰显其独特的城镇化特色。下文将以青岛为例，表述城镇化进程中，树立独具特色的城市形象对城市进一步发展以及深化新型城镇化改革的重要意义。

为避免出现千城一面、千村一面迷失个性的现象，青岛市在推进城镇化的过程中注重尊重历史、传承文脉、顺应自然，积极促进自然与人文、现代与传统相交融，最终形成了"红瓦绿树，碧海蓝天"及海城浑然一体的独特城市风貌。青岛在树立独具特色的城市形象时，对青岛原有的风貌特色进行了保护和传承，并在此基础上注重对生态特色的保护，生态文明理念在发展城镇化的过程中得到了全面融入，着眼于筑牢生态基底，依照新型城镇化的发展理念，将城镇化发展模式从传统的对自然环境的高冲击向着与自然环境的和谐相处转变。除此之外，青岛在树立城市形象时还注重了对人文特色的体现。对于一个城市来说，文化是其灵魂，历史文化街区和建筑，不仅仅是城市文脉的延续，更是一个城市精神的象征。

二　城市文化形象的内涵与特征

文化指的是人类所创造的物质财富和精神财富的总和，而城市文化则是人们对城市的综合识别体系[①]。也就是说，城市文化所代表的是一个城市的历史底蕴、审美情趣、道德价值，以及体现于城市内涵外质中的人文精神，城市文化所积淀着的是一个城市最深层次的精神追求及道德准则[②]。

从城市文化定位与塑造城市形象的关系这一角度来看，城市形象作为一种文化感知，是一个城市风貌及精神的具体表现，也是城市内在历史底蕴以及外在特征的综合表现，是城市整体的公众形象；如果将城市形象分为深浅两个层次来看，表象的、浅层的城市形象的表现是城市的建筑风格、衣食住行的特征习惯，而深层的城市形象则体现在市民的言行举止和精神面貌等，深层次的城市形象是城市各种内在的资源挖掘、提炼及组合与具体的工程策划、设计、实施相结合的"神形合一"[③]。不同的城市间，

---

① 李植斌：《城市文化形象特征与建设》，《人文地理》2001年第4期。
② 安运华：《城市文化与城市形象塑造探析》，《中外建筑》2006年第5期。
③ 吴齐：《城市文化定位和塑造城市形象的思考》，《沈阳农业大学学报》2009年第1期。

由于种种差异的存在，有着不同的甚至是存在明显个性差异的城市文化，而随着人们越来越关注社会的全面发展，文化的地位和作用逐渐提高，对城市文化进行准确的文化定位会对塑造美好的城市形象带来深远影响。城市文化定位包括了物质文化定位、行为文化定位及精神文化定位三大方面，这三方面分别体现在城市的经济发展、人口构成、地域面貌，城市的社会秩序、管理模式、文化活动，以及城市的精神、历史积淀、文化发展战略等。正确依据三种文化定位所体现的具体方面，能够促进城市生活的文化品位的提升，进而塑造完美的城市形象。

从城市文化形象所具备的作用和价值的角度来说，城市文化形象作为一个城市的历史文脉、蕴含的文化精神、核心价值理念、独特的文化标志及鲜明气质特色的集中展示与体现，是城市主体通过长期的综合发展对各种城市文化要素所形成的一种潜在的直观反映及评价，同时，城市文化形象作为城市品位的外在显性标识的决定性因素，如同城市的"身份证"或者说是"名片"，它能够比较直观地向人们呈现出城市的文化信息①。

城市文化作为地域文化的集中表现，塑造完美的城市文化形象，不仅仅需要对城市文化进行准确定位，在对城市文化定位准确的同时，只有研究城市的文化形象特征，才能把握城市文化脉络的走向，从而规划并创造出充满了性格魅力、地方特色及生命活力的现代城市形象。而城市形象主要具有地域性、多代性、多元性等特征，简单来说，地域性所体现的是城市市民对自然环境的适应、改造及利用，主要可以通过城市形态、建筑形象、自然景观及社会风俗习惯等方面来体现；多代性这一特征产生的原因在于城市是人类经过了几千年的建设而发展形成的，作为历史延续的产物，不同时代的文化遗存总是在同一城市共生，越是历史悠久的城市，其文化积淀越是深厚，多代性的特征正是文化历史演进的反映；而多元性，则是由于随着社会文化交流的不断发展，城市文化不断受到外来传统文化和现代文化的影响，出现了多种文化共存的现象②。

三　文化的艺术表现形式

城市文化的表现形式不仅以艺术为主，文化的最终结晶是以艺术来反

---

① 闫娜：《我国城市文化形象的构建与对策研究》，《东岳论丛》2011 年第 12 期。
② 李植斌：《城市文化形象特征与建议》，《人文地理》2001 年第 4 期。

映的，城市文化自身具有很高的艺术价值并有着多种表现形式。文化与艺术有着相互包含的内容和渊源，城市发展历史越悠久，越有民族气息、人文景观的地方，文化的艺术形式就越多样、越复杂，也就越独特，这样的发展是潜移默化的，大都是自然而然形成的。关于文化的艺术表现形式，目前国内不是很多，主要原因是不同的时代背景文化的发展水平是不一致的。其次，现今文化的艺术表现形式直观真切体现于人们的生活之中。在居民的视角下文化的艺术大概形式有：①以地域特色为基础，传播历史文化；②以特定物为布局，营造文化氛围；③以现代科技为依托，实现感官触动①。具体表现形式有小说、戏剧、相声、民谣、建筑物、影视等。代表性的小说有《巴黎圣母院》，由维克多·雨果所著，本书在表达雨果人文情怀的同时，将巴黎圣母院的艺术风情表达得淋漓尽致，巴黎作为法国最大的城市，被誉为历史之城、美食之都和创造重镇，作为世界艺术之都，文化作品对其的影响是举足轻重的；关于戏剧，国人最熟悉的是被称为国之精粹的京剧，当然希腊戏剧亦是享誉世界，由于不同城市文化背景的差异，戏剧亦有其多元化，常见的有话剧、歌剧、戏剧、舞剧、音乐剧、木偶戏等，在不同城市，居民对戏剧的感知自然是不同的，所理解的内涵也会有细微差异；相声，一种民间说唱曲艺，中国相声艺术发源地有北京天桥、天津劝业场和三不管儿及南京夫子庙，源于华北，但盛于京冀，相声是中国部分城市特有的文化，其轻松诙谐的风格往往令观众身心得到缓和，可见，在城市居民视角下，对相声的接受度是较高的；民谣，是城市文化的一大表现形式，因其为民族特色润色，为文化传播铺路，在我国自《诗经》开始，民谣延绵不绝于耳，伴随整个历史的发展翻滚，影响一代代的华夏子孙，城市居民往往会创造属于本座城市独特文化底蕴的歌曲；建筑物，建筑物形体、城市空间形象形成的本质是不同文化的影响②。一个城市的建筑物风格特色，不仅能反映当地的经济发展水平，同时，建筑能极大地填充城市的空格部分，反映宗教、风格、居民观念等，有的建筑物则可以代表一座城市，比如埃菲尔铁塔、卢浮宫博物馆、巴黎圣母院、香榭丽舍大街等，将整个巴黎精致地呈现给世界，曼哈顿的摩天

---

① 罗朝霞、张树夫：《数列灰预测在旅游统计与预测上的应用——以江苏省为例》，《南京师大学报》（自然科学版）2005年第2期。

② 周义欣：《文化产业下的艺术表现形式与价值分析——观大型水上实景演出〈蒙山沂水〉有感》，《大众文艺》2014年第1期。

楼群、华尔街的建筑物，呈现纽约的繁华，在我国，北京长城横穿两千年的历史，水乡苏州及其园林，西安古城的本多门，拉萨的布达拉宫，这些建筑物都与所在地的历史有着密切联系，对于与其城市建筑物关系最密切的居民来说，建筑反映的是全体居民共同的文化底蕴，创造性继承历史文物、创造舒适有魅力的建筑物群，无疑是在提高居民的自豪感和文化水平，更能提升居民的社会责任感，居民生活幸福水平自然提高。有的具有实用性和观赏性的文化设施不仅将文化与知识契合到城市的精髓中，对于提升居民素质也起到一定作用，如公共图书馆、公共广场、公园、博物馆、剧院、影院及会展中心等，从居民的需求看，不仅应该加强基础设施修建网络，还应该加速图书馆、博物馆、文化馆、美术馆等的修建。每座城市无论其历史是否悠久，沉淀的物质文化与非物质文化是否丰富，都有其独特的文化内涵、景观、风土人情，并通过不同的艺术表现形式将文化呈现给世界，要让城市居民依恋、热爱自己所在的城市，那么这座城市应当将其文化的魅力以不同的艺术形式表现出来，成为众多城市之林有鲜明特色的地域，使城市具有文化趣味，富有幽默感、人情温暖和艺术魅力。

第二章　新型城镇化与城市文化概念界定

第一节　新型城镇化概念辨析

一　传统城镇化向新型城镇化的转化

自改革开放以来，中国国民经济经历了长时期的高速增长，社会经济发展作为城镇化发展的内在动力导致了我国大规模城镇化的发展，国内城镇化高速且大规模的发展，暴露出了大量问题，如城镇产业结构转型和新增就业岗位的能力不足、城镇实际吸纳农村人口的能力不足及基础设施的支撑能力和资源环境的承载能力不足等[①]。因此，虽然中国的工业化城镇化的迅速发展推动了中国经济及社会的发展并从一定程度上改善了居民的生活条件，但是与此同时，我们为无序发展的城市化付出了昂贵的环境代价[②]。人口猛增、水土资源日渐退化等环境问题的出现，在警示着我们：我国传统的城镇化模式已经不能再持续。因此，党的十八大提出了要走新型城镇化道路[③]。所谓的新型城镇化，是将民生、可持续发展及追求质量作为内涵，为实现适合中国国情的中国新型城镇化的特色之路而努力实现区域城乡统筹与协调发展、产业升级转型、集约利用与低碳经济及生态文明[④]。

[①] 陆大道、陈明星：《关于〈国家新型城镇化规划（2014—2020）〉编制大背景的几点认识》，《地理学报》2015 年第 2 期。

[②] 姚士谋、张平宇、余成等：《中国新型城镇化理论与实践问题》，《地理科学》2014 年第 6 期。

[③] 吴福象、沈浩平：《新型城镇化、创新要素空间集聚与城市群产业发展》，《中南财经政法大学学报》2013 年第 4 期。

[④] 单卓然、黄亚平：《试论中国新型城镇化建设：策略调整、行动策略、绩效评估》，《规划师》2013 年第 4 期。

表 3 - 1 城镇化与新型城镇化的对比

	城镇化	新型城镇化
发展主题	各级政府自上而下的推动	多元主体：包括政府企业和个人
发展动力	主要来自工业化	来自工业化、信息化和农业现代化
发展模式	追求城镇化率的提高；资源消耗大；环境质量差；公共服务少	注重城镇化质量的提高，城镇功能优，社会融合深
发展重点	重点发展大城市，尤其是特大城市 · 重点发展中小城市	强调大中小城市和小城镇协调发展
人口迁移	地理迁移只在空间上移动，不能同等享受城市公共服务	社会迁移不仅在空间移动，而且享受城市公共服务

习近平总书记在中央经济工作会议中强调了有序推进城镇化是中国现代化建设的重要任务，同时也是中国经济发展和扩大内需最主要的潜力所在。李克强总理也指出，协调推进城镇化是实现现代化的重大战略选择①。

对于西方国家而言，城镇化程度的提高大都经历了漫长的时期，而中国当前所经历的城镇化进程，在规模和速度上都是人类历史上绝无仅有的，城镇化过快的发展，盲目追求数量而忽略质量导致了城市人民的生活环境质量低、失去耕地的新城镇居民难以被城市接纳等问题。为摆脱传统城镇化道路，走可持续发展的道路，中国政府大力推行新型城镇化政策。

二 新型城镇化的政策支持

党的十八大报告中提出："坚持走中国特色新型工业化、信息化、城镇化、农业现代化道路，推动信息化和工业化深度融合、工业化和城镇化良性互动、城镇化和农业现代化相互协调，促进工业化、信息化、城镇化、农业现代化同步发展。"继党的十八大明确提出了"新型城镇化"的概念后，中央经济工作会议要求"积极稳妥推进城镇化，着力提高城镇化质量"并进一步在 2013 年经济工作中将"加快城镇化建设速度"作为六大任务之一。2012 年，国家发改委同有关部门根据中央部署及"十二五"规划安排，启动了有关中国城镇化规划的研究，该规划将重点放在

---

① 李克强：《协调推进城镇化是实现现代化的重大战略选择》，《行政管理改革》2012 年第11 期。

了以人为本、绿色低碳，提高城镇化质量，积极稳妥地推进城镇化进程上。在我国城镇化进程中出现的征地拆迁矛盾、城乡收入差距拉大、生态环境遭到严重破坏等问题，表明了城镇化在本质上是一个系统问题，需要各项配套改革的同步推进。新型城镇化所需的配套改革包括：土地管理制度、城乡公共服务均等化、投融资体制、户籍制度改革、生态文明建设，以及城镇智能化和管理智能化建设等。中共中央政治局在召开会议分析2014年经济工作时指出，要在经济社会发展的各个领域、各个环节将改革贯穿其中，继续坚持"稳中求进"的工作总基调，以保持政策连续性和稳定性，积极稳妥地推进新型城镇化配套改革之一的土地管理体制，出台实施新型城镇化规划。2013年下半年，国家发改委相关官员表示即将出台新型城镇化规划，新型城镇化自概念提出后一度成为关注热点，城镇化规划也因而备受关注，并且自编制以来几经更名，起初名为《全国促进城镇化健康发展规划》，后来改名为《全国城镇化发展规划》，最终定名为《国家新型城镇化规划》，且《规划》的发布几经推迟，都体现了决策层对待新型城镇化的审慎态度。2014年3月16日，中共中央、国务院印发的《国家新型城镇化规划（2014—2020年）》通过新华社的发布，在印发通知中指出，该《规划》是今后一个时期直到全国城镇化健康发展的宏观性、战略性及基础性的规划。

《国家新型城镇化规划（2014—2020年）》是根据中国共产党第十八次全国代表大会报告、《中共中央关于全国深化改革若干重大问题的决定》、中央城镇化工作会议精神，以及《中华人民共和国国民经济和社会发展第十二个五年规划纲要》和《全国主体功能区规划》而编制的，满足了走中国特色新型城镇化道路和全面提高城镇化质量的新要求。《规划》中坚持以人为本、公平共享，四化同步、统筹城乡，优化布局、集约高效，生态文明、绿色低碳，文化传承、彰显特色，市场主导、政府引导，统筹规划、分类指导为指导思想，并将城镇化水平和质量稳步提升、城镇化格局更加优化、城市发展模式科学合理、城市生活和谐宜人以及城镇化体制机制不断完善作为发展目标。《规划》表明了我国要摆脱传统的城镇化道路，走以人为本为核心价值的把生态文明理念和原则全面融入城镇化全过程的集约、智能、绿色、低碳的符合中国国情的新型城镇化道路，中国的新型城镇化，已经是确凿无疑的大方向。在国家方针政策的支持下，各级政府都陆续出台了与推进新型城镇化相关的文件，以常住人口城镇率持续保持全省领先地位的青岛市为例：青岛市政府遵循中央及山东省对加快推进新型城镇化的决策部署，充分学习了中央对新型城镇化所赋予的精髓，将新型城镇化作为青岛空间发展战略的引领，通过产业结构的优化升级、生态环境保护和资源的节约利用及基本公共服务的均等化，坚持以人为核心的城镇化，重视改善民生，推进新型城镇化的深化改革。

三　新型城镇化的"新"

新型城镇化是不同于传统城镇化的，是更加适合中国国情的，是具备强调民生、强调可持续发展和强调质量三大核心内涵的[1]。新型城镇化有着新的发展理念和发展方式，有着城镇化要适应资源环境承载能力的新的资源观、坚持绿色消费及杜绝规划浪费和建设浪费的新的消费观、不仅让市民更幸福而且让农村转移人口获得同样幸福感受的以增进人的幸福为最大价值所在的新的价值观、吸取了科学发展观的先进理念的新的发展观，它的新特征在于以人为本、创新驱动和可持续发展。

杜萌（2014）提到新型城镇化是以人为核心的城镇化，这也是它与传统城镇化的最大不同，它强调了在产业支撑、人居环境、社会保障、生活方式等方面来实现由"乡"到"城"的转变，继而实现城乡统筹和可持续发展并最终实现"人的无差别发展"[2]。新型城镇化强调了以人为本，因此新型城镇化的对象的主体地位不容忽视，需要重视新型城镇化对居民文化与感知的影响[3]。传统城镇化因为工业发展主要为劳动密集型的轻工业，往往以发展小城镇为主，因而人的城镇化进展十分缓慢，据施建刚和王哲（2012）的研究分析，可以发现，中国人的城镇化不仅滞后于土地的城镇化，而且工业化水平及经济发展阶段也快于人的城镇化，中国人的城镇化滞后于物的城镇化的问题在传统城镇化中十分明显[4]。

在传统的城镇化中，人的城镇化滞后于物的城镇化，导致了许多问题

---

① 单卓然、黄亚平：《试论中国新型城镇化建设：策略调整、行动策略、绩效评估》，《规划师》2013年第4期。

② 杜萌：《中国新型城镇化路径选择影响因素指标体系构建与检验》，《商业时代》2014年第19期。

③ 徐选国、杨君：《人本视角下的新型城镇化建设：本质、特征及其可能路径》，《南京农业大学学报》（社会科学版）2014年第2期。

④ 施建刚、王哲：《中国城市化与经济发展水平关系研究》，《中国人口科学》2012年第2期。

的出现。比如因人的城镇化滞后于物的城镇化而导致经济社会发展不协调、集约化程度低及人和自然之间缺乏协调性，并相应地带来了经济运行质量和资源消耗过度及生态环境遭到损坏等问题。同时，人的城镇化滞后还导致了消费遭到压缩，未曾实现共同富裕就出现了产能过剩及区域投资的重点有所偏移而造成巨大的效率损失等问题①。大量迁移流动人口虽然进入了城市，并在城镇中生活和就业，但是其中的大多数并没能够成为他们所在城市的市民，因而也不具备均等化的待遇和福利，受到了相当显著的制度排斥和歧视，这样的城镇化仅是人口的城镇化而绝非人的城镇化，并显现出了已构成经济社会可持续发展和推动城镇化良好实现的突出障碍等负面影响②。

为推进"以人为本"的新型城镇化，让所有城镇化人口都能获得均等的公共服务，深化财税体制、土地制度、户籍制度、就业制度及社会保障等制度的改革，是新型城镇化为推进人的城镇化而采取的推进政策。

有着新的拉动力、新的推动力及新的原动力的新型城镇化，有了比以前更为强大的动力，并且因此确定了新型城镇化有着创新驱动的新特征③。我国的城镇化自改革开放以来，无论是速度上还是规模上都呈现出了以往其他国家未出现的速度和规模，但同时也出现了资源过度浪费、生态环境遭到破坏等问题，并且目前世界处于经济全球化突飞猛进、科学技术日新月异、各国竞争日益激烈的格局，不同于其他国家的国情和发展环境，以及处于机遇与挑战并存的时代，需要我国抓住机遇，迎接挑战，实施创新驱动战略，走符合中国国情的新型城镇化道路。

城镇化有着巨大的发展潜力，能够为经济持续健康发展和深化改革提供强大动力并带动产业结构升级和经济转型。为摆脱传统城镇化道路，实施创新战略，首先要实施创新要素驱动以推动经济增长，为此需要将教育放置于更加优先发展的位置，建立与我国基本国情及未来城市中国经济社会发展相适应的多层次的教育体系，从而为培育创新的主体提供创新的网

---

① 孙红玲、唐未兵、沈裕谋：《论人的城镇化与人均公共服务均等化》，《中国工业经济》2014 年第 5 期。

② 任远：《人的城镇化：新型城镇化的本质研究》，《复旦学报》（社会科学版）2014 年第54 期。

③ 倪鹏飞：《新型城镇化的基本模式、具体路径与推进对策》，《江海学刊》2013 年第1 期。

络及创新的平台，进而为我国的经济发展以及走创新推动的新型城镇化道路提供人才支持。其次，为保障新型城镇化的可持续推进，需要实施制度和管理的创新，而我国为此也进行了一系列的如金融等方面的制度深化改革及创新。

新型城镇化是以科学发展观为指导思想的，而科学发展观中有走可持续发展道路的重要理念，可持续发展也正是我国新型城镇化道路不同于传统城镇化道路的创新之处。

自改革开放以来，我国产生了大量单纯因行政区划变更而新增的城镇人口，并占据了城镇新增人口总数中不小的比例，当时没有产业支撑的虚城镇化模式是不能够持续发展的城镇化[①]。在传统城镇化的发展中，从地区发展来看，不同地区城镇化发展水平的差异十分严重，从而引起地区发展不平衡，阻碍了可持续发展；从产业结构来看，产业结构尚不合理、不利于可持续性发展及为经济发展提供动力，亟须调整转型；从配套制度来看，我国传统城镇化中缺乏与其配套的政策制度，使其难以具备可持续发展的条件；从环境资源来看，过去传统的城镇化发展模式，对自然生态环境造成了巨大的破坏，无节制的过度开采资源，破坏了资源的再生能力，对自然资源造成了极大的破坏和浪费，进而影响了资源利用的可持续性。通过以上论述可以发现，为保持经济的长期可持续发展、保护环境节约资源及推动可持续发展，我们不能再走粗放型发展的传统城镇化道路，而要走可持续发展的新型城镇化道路。

为促进城镇的持续、健康、稳定发展，在未来，我国必须坚持走"集约、智能、绿色、低碳的可持续发展的新型城镇化道路"，低碳发展、绿色发展及循环发展是新型城镇化所提倡的发展模式[②]。低碳发展就是要通过改善能源结构以提高能源效率、调整产业结构及增强技术创新能力等来实现碳单位排放量和总量的减少，进而达到经济社会发展的同时实现生态环境保护目标的以低能耗、低污染和低排放为主要特征的可持续发展模式。绿色发展则是为发展环境友好型社会、推进环境友好型消费及建设环境友好型社会而建立在以生态环境容量和资源承载力为约束条件下，将环境保护作为实现可持续发展重要支柱的一种新型的发展模式。循环发展是

---

① 岳文海：《中国新型城镇化发展研究》，博士学位论文，武汉大学，2013 年。
② 魏人民：《新型城镇化建设应解决七个失衡问题》，《经济纵横》2013 年第 9 期。

一种以发展资源节约型产业、推进资源节约型消费，实现废物的减量化、资源化和无害化，进而使自然生态系统和经济系统能够实现物质和谐循环为目标的发展循环经济、改变以浪费资源为代价的可持续发展的发展模式。我国政府对新型城镇化高度重视，并将其作为未来发展的大趋势，所进行的一系列配套制度的深化改革，也正是为新型城镇化的可持续发展打好基础，做好制度保障。

在经济社会的发展推动了城镇化进程的同时，城镇化也会通过推动大量基础设施、公共设施和房地产投资及大量人口的城镇化产生的巨大的消费需求，从而带动一系列相关产业的发展[1]。我国政府为新型城镇化的顺利进行提供了一系列政策支持，并为其实行了一系列配套机制的深化改革，新型城镇化产生的影响是不容忽视的。因此，下文将对新型城镇化的具体表现展开讨论。

第二节　城市文化概念辨析

就目前而言，对于城市文化概念的确定还处于多家争言阶段[2]。文化种类的多样性及含义的广阔性，让城市文化的概念一直以来都较为模糊，尤其是不同时代、背景、国度、宗教信仰、物质发展水平等有差异的情况下，正如法国历史学家莫里斯·埃马尔指出的："城市好似一些纵横交错、布局密集的空间，是按照虽不成文，但人人均需要严格遵守的一套一定之规则部署的、这些反映在城市生活各个层次上的规定，决定了文化的复杂性。"[3] 但是，理解城市文化可以从三个大的方面来阐释：一是意识形态层面；二是文化产业层面；三是文化力层面。

一　意识形态下城市文化的理解
在姜晶花《城市价值与文化伦理》一书中，表达了这样的观点：城

---

① 中国金融40人论坛课题组、周诚君：《加快推进新型城镇化：对若干重大体制改革问题的认识与政策建议》，《中国社会科学》2013年第7期。
② 朱希平：《高速公路交流道对都市发展影响之研究——以第二高速公路对桃园县之影响为例》，私立淡江大学建筑（工程）研究所，1989年。
③ 于立、张康生：《以文化为导向的英国城市复兴策略》，《国际城市规划》2007年第4期。

市文化需要与发展的哲学联系起来，这是因为文化内化于人的一切活动之中，它直接左右人对生存模式的选择，它不能独立于经济政治科技等领域，发展哲学的理念正是城市文化发展最高层次的体现，因为城市文化涉及的是人的精神层面的建设，是哲学发展理念最彻底的显现。城市文化是城市发展中创造的物质财富与精神财富的总和，一般指向精神文化层面的共同思想、价值观念、基本信念、城市精神、行为规范等的基本元素，直接体现在科技、教育、习俗、语言文字、生活方式等方面的进步中，即是城市全部精神活动的产物，城市发展规划需要哲学理念的支撑。

在《中外城市知识辞典》中，认为城市文化包括物质文化和非物质文化。物质文化有其实物形态，如城市建筑、园林、教堂、娱乐设施、交通工具着装等；非物质文化则体现在社会心理、价值观念、道德艺术、宗教、法律、习俗及城市居民的生活方式等，文化对城市而言，是将城市历史沉淀的内涵表达出来，使其充满独特魅力。在《论城市文化与城市文化建设》（汪寿松，2006）中也提到，城市是一定范围内经济、文化、政治的中心，从形成之初即是物质与精神的结晶，城市反映文化，从实践层次和理论层次看，城市文化是一个价值概念，是城市市民在长期的生活过程中共同创造的具有城市特点的文化模式；从实践层面看，城市文化即是城市的精神、特色、市民素质、大众文化、历史文化遗产、建筑文化、群众文化等编织而成的城市图景。从意识形态方面还有这样的观点：城市文化是城市科学发展的内在动力、重要资源、思想灵魂和精神支柱，是继生产力的解放发展的软实力，每一个城市都在不断演化和发展的过程中形成其与众不同内化的独特魅力[1]。

二　文化产业下对城市文化的理解

文化产业是一种新兴产业，是一种介于文化创造与商业利益之间的综合性产业门类。在彭翊写的《城市文化产业发展评价》一书中建立了中国城市文化发展评价指标体系，深入剖析城市文化产业发展的生产力、驱动力和影响力，客观探讨了城市文化产业发展的关键要素和规划思路。随着城市发展逐渐脱离工业、实物产品等广泛遍布的产品，将文化作为一个

---

[1]　于立、张康生：《以文化为导向的英国城市复兴策略》，《国际城市规划》2007年第4期。

产业的思想逐渐得到了重视，将文化作为城市经济重要增长点，塑造城市品位，将城市文化作为软实力，打造持续发展的生态城市。城市作为人类生产生活的聚集地，是人类文明的创造地，是人类的精神寓所，城市在自身的形成发展过程中形成了一种有别于其他文化的独特文化——城市文化。城市文化是城市人类在城市发展过程中所创造的，以及从外界吸收的思想、准则、艺术等思想价值观念及其表现形式，城市文化往往综合了外来文化和本地文化，有其综合性，城市文化具体形态是城市形象，如建筑特色、人文风貌、饮食习惯、思维方式等，都是城市文化的不同体现。

三　文化力层面

文化力是扎根在民族和城市人民心目中和融在血液里的，具有想象力、凝聚力、竞争力和变革力的内在精神。城市文化，是城市赖以生存的灵魂，文化是其核心要素，城市从它产生的第一天起就与人类的文化结下了渊源，可以说城市是人类所创造的最大文化集合体，城市文化是其属性，是内部展现出的一种力量①。

第三节　居民对城市文化感知

感知是人心理过程的一个部分，与记忆、想象、思维等一起构成完整的心理活动，是客观世界的感性认识阶段，是人一切心理活动的基础。对城市文化的感知，居民通常有兴奋、接受、抵抗、适应四个阶段，在我国乃至文化传播良好的国家，大多数城市的文化传播都通过旅游而实现，旅游业是一个涉及食、住、行、游、娱、购多个要素的行业，其发展必然对旅游目的地的经济环境、社会文化等方面产生重要影响②③。旅游作为一种特色文化传播而有的结果，不仅是作为一种文化产业而存在，更是反作用于城市文化的进一步发展，然而，旅游业的快速发展同时也滋生出一些城市以前没有的问题或将以前的小问题逐渐扩大，如游客的涌入导致交通

---

① 任致远：《城市文化：城市科学发展的精神支柱》，《城市发展研究》2012 年第 1 期。

② 陈林、伍海军：《国内双重差分法的研究现状与潜在问题》，《数量经济技术经济研究》2015 年第 7 期。

③ 王忠福、张利：《旅游地居民旅游影响感知及影响因素研究综述》，《经济地理》2010 年第 9 期。

拥挤、环境变差、物价房价上涨、文化同化、经济的发展带来的是当地居民的人心膨胀、生活幸福指数下降等，与我国新型城镇化"以人的城镇化为主要目标，在稳中求进，以人为本，关注居民生活质量，生态城市建设，可持续发展"的理念有所偏离，那么关注居民本身对城市文化的测度就显得尤为重要。本节点旨在通过收集大量文献，从城市的旅游业发展、文化的艺术表现形式、城市形象等方面在居民的视角下对城市文化进行感知和测度，其中重点介绍旅游业发展对城市文化的影响。

居民对城市文化的感知往往是多方面的，不仅局限于旅游、文化的表现形式和城市形象等，还包括文化氛围、文化教育等，但由于居民感知是一种对于城市整体又是相对模糊的认知状态，所以要测度文化氛围和教育等是很容易受到干扰因素，如家庭背景、经济来源、教育程度等的影响的，得出的结论也就不会清晰。需要指出的是，由于居民生活、居住环境不同，个体之间有差异，他们对待城市文化的感知态度也是允许有差异的，在研究的时候，为了使结果更加准确，需要抽取大样本的数据进行统计分析，完成城市居民视角下城市文化的测度。

当地居民对城镇化发展过程中的变化差异具有最直观的感知（包括旅游情况、城市形象、文化氛围和当地教育等方面），但偏于感性，并且理论基础匮乏，研究新型城镇化下的文化因素需要综合文化的各个方面进行研究，下面本书将从居民的视角对城镇化过程中城市文化发展水平的差异进行研究。

第三章　新型城镇化下的城市文化相关研究

第一节　旅游业发展对城市文化影响

一　国内外研究综述

从 20 世纪 60 年代以来，有关旅游目的地居民对旅游城市影响的感知及态度的研究获得了初步成果，70 年代到 90 年代得到发展，现在关于此方面的研究在国外已经形成了科学的方法和系统的理论基础。1975 年 Doxey 提出的愤怒指数，通过调查研究，得出目的地居民随着旅游业发展对旅游城市感知的四个阶段，初步得出了目的地居民对于旅游城市影响的感知及态度；1978 年最早研究解决旅游带来的社会问题的 Pizzam 发现大力发展旅游业会对当地居民的情绪造成负面影响，再到 1985 年 Var 等人对土耳其小镇进行研究，再到 90 年代初 Bystrzanouski 提出游玩理论（play theory）、补偿理论（compensation theory）和冲突理论（conflict theory）等对目的地文化对居民对于旅游的感知的影响进行研究，来揭示居民对旅游的各种感知现象；到 1994 年 Lankford 和 Howard 提出旅游影响态度尺度（Tourism Impact Attitude Scale，TIAS），指出一个多项目旅游影响态度尺度（TIAS）需要向着旅游发展态度的居民计量标准化发展。再到 1994 年和 1996 年 Bonnie 研究发现旅游活动的功能、主客之间的文化与经济距离，旅游增长强度和速度，决定旅游影响的强度和方向，到 AP 和 Crompton（1998）提出的评估体系"建立旅游影响评估尺度"（Developing and Testing a Tourism Impact Scale，DTTIS），1999 年 Paul Burnt，Paul Courtney 以度假胜地宁镇扬为对象，研究当地居民对旅游城市的文化感知，发现当地居民对旅游发展设施等实体性的物质感知较为明显，对于文化影响的感知则较弱。进入 21 世纪以后，Randall S S. Upchurch，Una Teivane 在 2000

年运用巴特勒的生命周期理论评价了旅游地消极和积极的影响;2002 年,Antonia Besculides, Martra E. Lee 等研究了城市居民对旅游文化价值的感知。总体而言,国外居民对旅游城市文化的感知主要集中在居民感知因素、居民感知与行为的关系研究。

展观国内,目前国内外相关方面的发展还没有国外成熟,涉及城市文化影响焦躁的学者是顾铮、徐崇云等①。于 1997 年,李有根、赵西萍、邹慧敏②等初步研究居民对旅游影响文化的知觉,刘赵平构建了旅游对目的地社会文化影响研究结构的框架③。马晓东以旅游地民俗风情和民族传统为研究对象,探讨旅游对当地文化的冲击与交融。此后也有很多优秀的作品,但由于在研究之初就没有形成科学的研究方法和理论体系,往往之后的研究逻辑性尚未发展严密。总的来说,我国的研究着重于旅游对目的地居民心理和行为的影响研究及旅游对目的地社会文化生活的影响。

研究文献众多,所用的研究方法及得出的结果自然也是有差异的,但旅游城市的发展,必须得到城市居民的认同与支持,这是普遍认同的。居民是旅游业发展的直接受益者和直接受害者,居民的态度和伴随着设施的利用对成功执行旅游的发展策略会产生直接的影响。根据巴特勒 1980 年的生命周期理论和多克西 1975 年的愤怒指数理论④,当地居民对旅游发展的态度是递进、逐渐变化的:从憧憬阶段到成熟阶段,到冷漠阶段,再到抵抗阶段。憧憬阶段是随着城市旅游的兴起,带来的经济效益是当地居民感受到金钱带来的满足感,对未来充满展望和欣喜;到成熟阶段,一般是城市的经济水平已经较高,旅游带来的经济流入对居民来说心理满足效用不是很大,居民处于享受的阶段;到冷漠阶段,随着旅游者的大量涌入,格局和生活方式发生改变,居民将经济发展放在较为低的地位,随即表现出冷漠的态度;到了抵抗阶段,城市居民感受到游客涌入对城市文化及社会生活的改变,城市因旅游而带来交通拥挤、自然资源损耗、环境污染、吵闹喧嚣,当地居民出现反感的情绪。

①　徐崇云、顾铮:《旅游对社会文化影响初探》,《杭州大学学报》(哲学社会科学版)1984 年第 3 期。

②　李有根、赵西萍、邹慧萍:《居民对旅游影响的知觉》,《心理学动态》1997 年第 2 期。

③　刘赵平:《旅游对目的地社会文化影响研究结构框架》,《桂林旅游高等专科学校学报》1999 年第 1 期。

④　Kelly C L, Pickering C M, Buckley R C. Impacts of tourism on threatened plant taxa and communities in Australia. Ecological Management & Restoration, 2003, 4(1): 37 – 44.

二　旅游对目的地文化影响研究的代表性理论

旅游目的地吸引旅游者的主要是当地的文化，主客双方的文化差异是旅游发生的根源，两者之间的文化差异必然对目的地社会文化和目的地居民产生一定的冲击和影响，旅游是跨文化传播的一种方式①。对目的地文化影响的研究的代表性理论有愤怒指数理论、涵化理论、社会交换理论、社会陈述理论、文化传播理论等。

（1）Doxey 的愤怒指数理论：Doxey 根据调查研究得出随着旅游开发的深入和广泛依次呈现递进的趋势，有四个阶段：高度兴奋（乐于接触）、默然（对大量旅客逐渐冷漠）、厌恶（对物价上升、犯罪、粗鲁及文化准则遭受的破坏表示愤怒）和对抗（抵制游客的到来）。该理论表明，城市居民都是以东道主的身份自居，所以其地位是不可动摇的，一旦感觉旅游对当地造成不好的影响时，居民的态度会变得冷漠甚至是抵抗。该理论与生命周期理论是相吻合的，当地居民越发感觉自己无法控制自己的居住地，就会越发反感外来游客，态度也越发恶劣。

（2）涵化理论（cultivation theory）：又称培养理论，当两个实力不相同的团体有所接触时，较为弱势的一方会在潜移默化的过程中被迫接受强势的一方所输出的文化要素。有的城市经济属于发展中的水平，当外来旅游者带来更为领先时尚的文化或思想时就会出现外来文化冲击本地文化的现象，如我国旅游业刚开始发展时外国游客将西方文化注入我国城市的现象。

（3）社会交换理论：该理论提出人在交往的过程中总是会选择能够提供给自己最大报酬的人，但是为了得到报酬，我们也要付出报酬，这是一个交换的过程，该理论认为人类的一切行为互动都是为了追求最大利益的满足，代表性的交换理论有霍曼斯德操作心理学观点的演绎交换论、布劳德经济学观点和 John AP 的社会交换模型。社会交换理论运用到旅游的文化影响上是针对于居民与游客间的交往关系，主客双方通过相互提供资源或交换资源，相互回报，符合社会交换理论。

（4）社会陈述理论（social representation）：莫斯科维奇表示，社会陈

---

① 马晓东：《居住格局对民族关系的影响及对策研究——以西宁市城东区为例》，《西北第二民族学院学报》（哲学社会科学版）2007 年第 1 期。

述可被类似于一种知识体系，也可被视为涉及现实的构筑，强调的是社会群体，有关旅游业的社会陈述，比如"旅游会使外来文化代替当地传统文化，或旅游会带来经济的增长，旅游会使得多种文化相互交叉在一起等等"，将社会陈述引入旅游社会影响中，社会陈述是一个组织化的理论，关注日常居民思想的聚焦点，掌握居民共有的知识，居民对旅游整体的认知体系影响了居民对旅游影响的感知，从而影响态度，从而影响当地的旅游业发展。

三　研究方法

关于居民对旅游城市文化的感知的研究方法有定性法和定量法，两种方法各有其作用。定性法是根据观察、体验或是参考文献等方法的综合运用，通过研究者自身的真实体验得出结论，最普遍的定性研究法是调查问卷法，近年来得到广泛运用，问卷设计的重点在于指标体系及问题的设计，对于居民对城市文化的感知问题设置指标通常有旅游带来的交通拥挤程度、使用当地设施的方便程度、物价房价、文化生活、生活幸福水平等，采取随机抽样并通过个人访谈来收集问卷，根据问卷研究结果最终得出结论。定量法的难度较大，站在居民的角度测量分五个等级：十分赞同、赞同、中立、反对、极力反对，通过 spss18.0 和 Amos20.0 等软件对调查结果进行分析。定量分析虽然能使人清晰地根据数据看出结果，但由于发展时期不同居民感知自然存在差异，城市文化对于不同的旅游地影响程度不一样，不同居民之间的感知也存在差异，定量的数据也无法生动地解释在数据背后的文化背景、居民生活方式等，所以定量分析存在一定的缺陷。城市文化的影响是真实的，也是可以由居民感知的，真实与感知同等重要，真实是感知的基础，感知反映真实，所以旅游地的城市文化影响是可以通过居民的感知来衡量的，通过定性和定量相互结合的方法，对居民感知视角下的文化进行测度。

第二节　土地使用与交通运输关联模式

城市市政道路的建设改变了土地区位，影响了土地供求变化，增加了土地用途和外部辐射作用，从而促进土地增值。人的城镇化和土地城镇化是我国城镇化进程中的两个主要问题，我国城镇化不仅要解决人的城镇化，还需要重视土地城镇化。而在中国改革开放的过程中，逐渐形成了以土地为资本的城镇化初级循环，循环模式如图 3 - 1 所示。

土地使用对城镇化的意义重大，本研究针对过去土地使用与交通运输关联模式的相关研究论文做出整理，见表 3 - 2。

表 3 - 2   过去土地使用与交通运输关联模式的相关研究论文

文献	模型方法	尺度	土地使用	交通运输	实例对象	重要结论
Moon (1986)	以多元回归分析决定出最重要的变量，再构建出多变量模型进行预测	城市或郊区	考量因素：区位发展。预测变数：区位发展会因高速公路交流道设置而改变的情形	考量因素：州际高速公路建设前/后。预测变数：高速公路交流道设置前/后对地区区位的影响	肯塔基州内 24 个郡、65 个交流道	1. 坐落在交流道周遭的公司，选择其区位是基于其可及性。2. 交流道创造了"交流道村落"，这些社区的中心取代或是扩大了市中心。3. 城市周边的州际高速公路交流道在今日是否仍具有如往昔般重要的区位因素是需要存有一点怀疑的
Anderson and Lakshmanan (2004)	使用计量经济的租金公式来计算房地产受计划的影响	城市或郊区	考量因素：房地产价格。预测变数：1. 新产生的土地价格。2. 旧有土地的价格	考量因素：州际公路地下化有/无。预测变数：公路地下化有/无对城市土地价值的改变	波士顿中央干道/隧道（CA/T）	1. 分析只估计现有建筑物所额外产生的租金金额，更深远的冲击也许会促进新房地产的发展。2. 这类计划可复原早期建筑对城市经济所造成的伤害，且可以创造新的城市发展机会
潘进堂 (1986)	Berechman 整合模式架构（Garin-Lowry 模型、使用者均衡路网指派、多项罗吉特模型）	城市或郊区	考量因素：1. 人口。2. 产业。预测变数：1. 人口。2. 产业	考量因素：基隆新港开发前/后。预测变数：新港前/后之情形与当地可供发展土地多寡的关联	基隆市	1. 开发新港除可纾解基隆港口机能已近饱和状态外，更因增加与港湾业务直接相关之就业人口，透过乘数关系，诱导服务业及依赖人口移入。2. 影响程度除与该基础就业人口投入量有关外，与当地可供都市发展土地及可及性有密切的关系。3. 未来产业人口，因受地理环境限制与产业本身具有持续性，各级产业分布并无重大变化

续表

文献	模型方法	尺度	土地使用	交通运输	实例对象	重要结论
周享民(1990)	投入产出模型、移转比例法、回归分析、区位商数法、资讯理论	都市或非都市地区	考量因素：1. 人口。2. 产业。预测变数：1. 人口。2. 产业	考量因素：北宜快速公路有/无。预测变数：因快速公路建设产生可及性改变下的情形	宜兰县	1. 宜兰县因北宜快速公路建设，未来农业、林业及矿业等地方资源型产业的就业人口将大幅减少，而制造业有正增长的趋势，服务业、运输仓储业及通信业将大幅增加。2. 至 2001 年，传统产业与其他产业间的关联效果有明显下降的趋势，继之发展为基本金属业、金属制品业、运输仓储及通信业与服务业，这些产业与其他产业的关联效果有大幅成长
陈伟志(1995)	交通可及性指标、经济潜能函数	区域	考量因素：1. 人口。2. 产业。预测变数：1. 人口。2. 产业	考量因素：高速公路、快速公路或高速铁路建设有/无。预测变数：有/无的情形	台湾西部运输走廊14个生活圈中心都市	1. 重大城际运输建设有助于大型都市地区产业朝三级产业发展。2. "有"建设——人口成长以台中市成长冲击最显著；"无"建设——以台北、台中、高雄等大型都市及靠近台北附近的中型都市为主
冯正民等(1995)	由运输需求预测模式库及运输地理资讯系统资料库与模式计算5项冲击分析指标进行剖析	区域	考量因素：1. 人口。2. 产业。预测变数：1. 人口。2. 产业	考量因素：高速公路、快速公路或高速铁路建设有/无。预测变数：有/无的情形	台湾西部运输走廊各县市	1. 兴建高快速公铁路系统将降低人口的聚集性，但若单独兴建高铁，则会使人口更为聚集。2. 高快速运输系统将扩大都市与非都市间人口数的差距，都市空间结构将愈加趋向都市化的发展
王英泰(1997)	移转比例分析、记量经济虚拟回归变分模型	都市或非都市地区	考量因素：1. 人口。2. 产业。预测变数：1. 人口。2. 产业	考量因素：中山高速公路前/后。预测变数：高速公路建设后产生可及性改变与地区固有条件的关系	台湾西部走廊269个市乡镇	1. "交通可及性改善"对于人口在四种地区（有无交流道设置与是否都会区范围组合）均有正向影响。2. 若原来的区位条件良好，则地区发展与交通建设便可相辅相成，若无其他资源的互相配合，则原先人口较多的地区，会因为交通可及性增加，促使人口外移

通过对土地使用的多样性分析可发现，交通可及性和便利性在对土地价值和人口迁徙方面具有重大影响。

交通沿线用地地价和房价上升，促使用地的高密度开发和高强度利用，调整沿线土地的用地类型，形成高效益的用地结构。朱希平曾经提出此种模型：

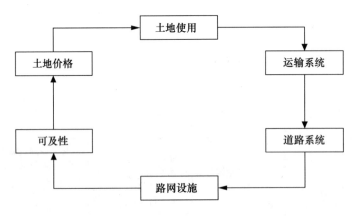

图 3－1　交通运输与土地使用循环影像图

第四章 新型城镇化进程中城市 文化发展水平差异

新型城镇化是当代社会发展的必由之路,是实现工业现代化的重要标志。在此过程中,将会对经济、社会等方面产生全方位、多层次的影响。这一举措不仅是社会经济进程的助推器,也是对文化传承、文化发展的重要推动力。

文化,作为国家的软实力,在新型城镇化进程中拥有着同样重要的地位,是城镇化的灵魂与内在精神动力。在城镇化对经济社会带来冲击的同时,区域文化也遭遇前所未有的挑战。广义的文化范围极其广泛,涵盖工业文化、教育文化、舞蹈文化等范畴,本章将着眼于新型城镇化进程前后当地区域文化的差异与发展进行研究,分析区域文化在城镇化过程中将受到怎样的影响与改变。

第一节 城乡差异视角下的文化差异

由于历史与现实体制的种种原因,我国真实地存在着"现代城市文化"与"传统农村文化"这两种格局。随着时间的变迁,某些区域逐渐形成较大的城乡发展差异,随之而来的便是城乡区域文化的巨大反差。

改革开放之后,以上海、深圳为标志的东南沿海一带逐渐开始发展起来,无论是经济发展水平还是思想文化观念都紧跟时代步伐,十分先进。与此同时,广阔的内陆区域仍保留着传统小农经济的模式和落后的思维观念——城市文化与乡村文化的差异逐渐拉开。

城乡文化的差异主要表现在以下几个方面:

1. 景观文化差异

在城市整体先进时尚风格的影响下,城市里的景观无一不经过细致的设计和精雕细琢的刻画。街道、雕塑、园林……都是城市工业文化的产物，渗透着市场经济下的精髓。

而传统的农村文化，因受农耕经济的长期影响，稻田鱼塘为主要的园林景观，虽在以往的男耕女织基础上有了进步和改善，但还是以第一产业为主导，以家庭为单位的劳作模式。在这种情况下，农民们注重气候顺应天时，往往忽视科学技术的力量。

2. 人口文化素质和流动差异

生活在城市文化中的人们，受快节奏生活的影响，人口流动十分频繁，交际面广阔且多变。每个人的个体意识较强，注重捍卫自身权利，如民主、自由和平等，有完整清晰的世界观、人生观和价值观，城市中的人口受教育程度普遍较高，个体价值人格尊严较强，综合素质较高。

受传统农业文化的影响，人们的视野始终局限于"一亩三分地"，加之以家庭为单位的生活生产都很固定，农村人口的流动性相对较低、流动范围相对狭小，有较为传统的血缘观念。

3. 城乡人口文化观念的差异

城市文化的根基在于市场经济，经济决定体制，决定文化。受这种因素的影响，穿梭在城市中的人们观念具有包容性，容易接受新事物的冲击，并且具有冒险精神，敢于接受未知的挑战。整体上，城市中居民的文化观念较为开放先进。

农村居民由于道路交通、科技落后等种种原因与外界的交流略显滞后，对新事物的接受程度较低且接收速度较慢。以第一产业为主的产业结构决定了当地居民的观念相对落后闭塞，整体趋向于安逸与稳定。

基于以上研究，城市文化在整体上处于先进、开放和包容的状态，而乡镇文化相对落后封闭。但在对优秀历史文化的保护与传承方面，乡村文化却略胜一筹。学者顾康康、储金龙和汪勇政（2015）对黄山市古村落文化进行研究，认为，黄山市古村落的综合品质城乡差距十分显著，城郊地区古村落历史文化品质明显高于城市内部①。学者章大奇（2010）在对荆州历史文化名城乡村古迹遗址进行研究时指出，源远流长的文化是荆州最大的特色，但是城市科技的发展给当地文化带来很大

---

① 祝影：《中国城乡经济发展差异的文化探析》，《探索》2003 年第 3 期。

的冲击①。另外，我国多位学者在对文化遗产进行研究时指出，应使文化遗产处在"原生"环境中，尽可能地还原其原本的环境状态，最大限度地避免现代城市文化对它的侵蚀②③④。

综合以上的研究现状，应在坚持走新型城镇化道路的基础上，对农村原有的优秀文化遗产采取保护措施，以避免被城市文化同化。新型城镇化是资源节约型、环境友好型、经济高效型，致力于社会和谐、城乡互相促进共同发展及大中小城市和小城镇协调发展打造个性鲜明城镇的过程。

第二节　文化产业集群视角下的文化差异

作为第三产业中的标志性产业——文化产业，当越来越多的产业集聚在一起时，便会形成文化产业集群。产业集群在发展早期主要单纯以数量上的扩张为主，多个产业企业聚集一处相互合作；当数量的扩张达到鼎盛期时，便面临提升产业集群内部质量的问题，若能成功跨过质量这一关便进入产业群的品牌创新期。

文化产业集群一旦形成，彼此将会在科学技术、人才集聚、机器共享等方面相互利用，进行资源共享，自身和对方都会得到更好更快的发展。文化产业集群的协同效应可以在一定程度上解决区域文化产业的统筹和协调问题。在文化产业集群的协同发展过程中，如何协调好内部与外部的关系是一个关键问题。

从城市的整体环境上来说，城市区域更容易孕育文化产业集群，首先能在数量上较易形成低层次的集聚。并且，城市中的文化产业集群拥有得天独厚的自然和社会文化环境。集群中的文化产业可以充分利用该城市区域内的政策资源、社会环境资源和文化资源等，通过集群之间的产业链相互作用，整体上呈现出一种系统化的状态，在内部质量上也能形成一种集

---

① 章大奇：《荆州历史文化名城乡村古迹遗址保护症结分析》，《农业考古》2010 年第 4 期。

② 翟风俭：《城市里的农村移民对非物质文化遗产的认同危机——北京城区进城务工农民与农村社区非物质文化遗产传承调查》，《内蒙古大学艺术学院学报》2011 年第 2 期。

③ 应晓音：《城市旧城改造中对文化遗产保护问题的再认识》，《山西建筑》2010 年第 2 期。

④ 马武定：《对文化遗产保护与城市保护的一些思考》，《国际城市规划》2010 年第 6 期。

群效应①。当该文化产业集群处于发展初期时，数量上的集中优势使产业集群内的文化产业在接收订单上更具优势，集群内的文化企业在地域上的集中能协调相关的服务行业分工，带动能提供相应专业化服务的企业，如科研中心、物流服务中心和销售中心等。当区域内的文化产业集群到发展后期，在彼此合作的基础上会产生新的关系——竞争。产业集群中的企业已不能仅仅满足于订单的合作，在各个企业对自己的服务功能越发细化之后，各自就会拥有独具特色的服务竞争力，对相同的订单有了不一样的诉求，无形中加大了竞争力。

身处乡镇的文化产业集群，相较城市中得天独厚的孕育环境，形成文化产业集群的难度本身很大，甚至有夭折的可能。存活下来的少数文化产业企业在数量上相对较少，结合乡镇的偏僻周边环境，很难形成大规模的文化产业集群。较少数建立于乡镇的小型文化产业集群，自身生产技术和服务水平较低，这为彼此之间的交流协作增加了难度。在这种情况下，乡镇中的文化产业集群只能达到低层次的集群，大大削减了自身的竞争力和彼此的合作能力。在竞争力方面，乡镇区域的文化产业集群远远无法和城市中的紧密联系的产业集群相抗衡。

新型城镇化的过程，是一个推动产业集群发展的过程，是一个为文化产业集群提供更大交流空间、拓宽交流区域的过程②。在此过程中，城镇的转型也为其内部的文化产业集群带来前所未有的挑战和机遇——换挡升级的巨大挑战、战略转型的强大机遇。在这一境遇下，乘着新型城镇化的政策新风，文化产业集群可充分寻求发展新契机。尤其对于深居乡村的小型产业集群而言，是机遇，也是挑战。只有在积极响应政策的同时，积极进行自身变革，从企业间的交流协作、服务水平和生产技术等方面进行深刻的转型和变革，优化集群空间，加强企业内部的治理，加快企业制度创新，不断提高企业运营效能和响应政策效能，才有可能改变自身困境。下面将阐述新型城镇化对文化产业集群的具体影响：

1. 拓宽产业集群交流区域

在新型城镇化的建设过程中，无疑会为当地区域引进大量人力、物力

---

① 王欣、薛丽华：《城市文化遗产的保护性开发模式——对大连旅顺历史文化街区保护性开发模式的思考》，《中华建设》2013 年第 4 期。

② 张惠丽、王成军、金青梅：《文化产业集群协同效应及发展路径研究》，《广西社会科学》2014 年第 10 期。

资源。而身处城镇化建设区域内的文化产业集群可充分借助此契机，进行产业升级。新型城镇化的建设不仅能为当地文化产业提供丰富的资源支持，还能大大拓宽产业集群交往范围的广度和深度，加速资本的流动。

2. 加速产业知识链升级

新型城镇化的建设，对当地区域的文化产业集群内部结构提出更高要求。这些文化产业企业需要不断优化自身产业结构以适应发展的要求。同时，在新型城镇化的刺激下，消费需求得到拉动，进而调整文化消费的产业链，形成一种消费与生产之间的良性循环。最终可以降低文化产业集群的生产运输成本，刺激消费，加速文化产业结构优化升级。

3. 加速产业知识升级和创新

新型城镇化的建设势必会拉动当地人口增长，加速外来人口迁移，其中不乏大量高素质人才和科研专业人员。利用新型城镇化进程对人才的吸引力，当地文化产业集群的企业能大范围吸纳高素质人才进行知识储备，无形中造就了企业内部一次新的知识革命升级[①]。产业集聚的实质为人才的集聚，人才集聚最终实现知识创新，加速企业知识升级。总体来看，新型城镇化的过程不仅是在道路建设、住房、景观等方面的破旧立新，更是对文化产业的重新整合，对文化素质人才的聚集。

在新型城镇化推动文化产业集群升级的同时，区域文化产业集群也是城镇化进程的强大推动力。产业集群在横向上拓展了新型城镇化的地域空间，是城镇化产生的根本原因和支撑的强大动力。如果将新型城镇化比作硬件设施，那么其内部事务产业集群则是最重要的灵魂所在，文化产业集群尤为如此。

文化产业群作为新型城镇化发展的重要纽带和力量源泉，能在此过程中为新型城镇化提供源源不断的动力。虽为文化产业集群，但拥有经济属性和社会属性双重身份，本质上为新型城镇化提供的是经济动力。文化产业集群一旦集聚形成规模效应，在协调拉动的基础上能带来规模经济效应，并且，当文化产业集群得到良好的发展势头之后，能够逐步带动周边其他相关产业发展甚至促进产业升级调整。文化产业的发展不仅是对自身的改造，更会为其他产业带来优良的文化观念，赋予其更深层次的文化内涵，最终对整个新型城镇来说，整体提高文化水平，打造文化小镇。

---

① 　齐骥：《新型城镇化与文化产业集群互动发展研究》，《发展研究》2015年第1期。

作为"十二五"时期重点发展的战略性新兴产业，文化产业集群符合新型城镇化"以人为本"的理念，文化产业的发展实际为人才的发展、素质的提升。任何产业活动的进行都离不开"人"这个要素，人才是产业中最具能动性的一部分。文化产业越发展，对人的素质要求就越高，在一定程度上也推动了新型城镇化的进程。

第三节　文化遗产保护视角下的文化差异

根据联合国教科文组织在《保护世界文化和自然遗产公约》中的规定，文化遗产具体指具有历史学、美学、考古学、人类学、科学及民族学等普遍的突出价值的文物、建筑群和遗址[①]。而新型城镇化是一个破旧立新的过程，在其大刀阔斧的改建过程中，不合时宜的建筑、文化、景观等将会被新型城镇化文化替代。这是一个必然的、合理的过程，但在其合理的因素背后，也将不可避免地带来人、地和资源等方面的争夺矛盾。最典型且不可忽视的便是打造新型城镇化过程中对原有的文化遗产的处置问题——新型城镇化的功能用地区域和文化遗产保留区域的空间争夺问题。

我国学者王元（2014）认为，在新型城镇化过程中，对文化遗产的处理问题不仅仅是表面的争夺土地资源的占用问题，在深层意义上为公众对传统文化的态度和乡土情结的延续问题[②]。一旦这种历史文化之脉被新型城镇化过程中不合理的重建割裂，该区域的文化之韵便荡然无存，新型城镇化的内涵也必将受到影响。下面将基于文化遗产保护的视角研究新型城镇化下的文化差异及存在的问题。

1. 新型城镇化建设过程中文化遗产发挥功能不足

在新型城镇化的建设过程中，如何处置当地遗留文化遗产是一个广受关注的问题。而文化遗产自身也存在发挥功能不足的问题——经济功能和公共文化功能发挥不足。在经济功能方面，处于乡镇中的文化遗产受当地偏僻环境的影响，本身很难联合当地文化产业集群进行经济活动，加之与外界联系较少，当地文化遗产处于一种"遗世独立"的状态；而位于城

[①]　董芳、赵青：《新型城镇化视角下的文化产业集群发展研究——以河北省为例》，《中国市场》2015 年第 34 期。

[②]　陈倩倩：《新型城镇化背景下的文化遗产保护利用研究——以玉环县楚门镇为例》，《规划师》2013 年第 S2 期。

市群中的文化遗产，先天条件较乡镇优越，大型文化产业集群主要集中于城市区域，然而即使在这样的条件下，城市中的文化遗产并没有充分利用这份优势，仍然保持着相对独立的状态，和区域内大量文化产业集群缺乏沟通合作，难以形成完善的文化产业链，基本丧失了经济功能。

在公共文化功能方面，文化遗产自身带有公益属性，在新型城镇化建设过程中，本可以借助文化遗产自带的公益属性大力弘扬优秀传统文化观念，加深人们的文化感知能力。现实情况却是，人们很少正视文化遗产真正的文化价值，也很少物尽其用。另外文化遗产本身也存在问题：文化遗产所提供的服务有限且没有落到实处，对于民生的真正需求关注度太低，在这样的情况下，文化遗产很难发挥它的公共文化功能。

2. 新型城镇化过程中文化遗产处置矛盾突出

新型城镇化是秉承顺其自然的理念，在尽量不改变原有居民的生活方式和生活状态的情况下提高居民生活品质。在改建的过程中，以少砍树木、不毁湖泊、尊重生态为基本操作要求。但在新型城镇化建设过程中，在对该过程的真实内涵不甚了解的情况下，容易出现"大拆大改"的现象。如何在建设新型城镇的过程中较好地兼顾当地的文化遗产并尽可能地保留民族风俗、民族工艺是一个需要权衡的问题。

位于郑州西四环孙庄村老孙家的"翰林院"，作为晚清遗留的文化古宅，具有深层的传统书墨文化。在当地进行新型城镇化建设的过程中，由于城中村改造，缺乏文物保护意识的工作人员将流传下来的文化老宅也强行拆毁。此种行为拆毁的不仅是文化遗产的实体，更是寄托于实体上的民族风俗和文化情结。在建设新型城镇化的过程中，文化遗产的处置，关乎当地居民文化情结的安置。学者陈倩倩（2013）以玉环县楚门镇的文化遗产保护问题为个案进行研究，在深入了解楚门镇的文化传统的基础上，结合该区域新型城镇建设的进程，保留了该地的文化底蕴，最大限度地使其具有原始性和完整性。在对该地区的开发过程中，开发者的思想不仅局限在"保护"上，更多的是"开发"。他们深谙"开发才是最高层次的保护"这一道理，在进行改造时保持原有房屋结构但提高房屋舒适度，对不同街道根据不同风格进行改造，大力提炼其中的特色文化元素……学者章亚萍（2015）、杨济亮（2015）、于晓磊和廖汝雪（2015）等对童古镇、闽江口和唐闸历史工业城镇等地区的文化遗产改造情况进行研究，尽管新型城镇化建设过程中矛盾突出，但应尽最大努力科学改造遗留的文化遗产，使民族风情风貌具有完整性和传承性①②③④⑤⑥。与"翰林院"形成对比的青岛市，在进行新型城镇化的过程中，注重保护传承历史文化，在尊重历史、对文脉进行传承的基础上，对文化遗产与历史建筑进行挖掘、保护、利用及传承，并对历史文化名城、名街、名镇、名村及名居进行了保护和开发。除了对历史文化名城、名镇、名村及街道进行保护之外，青岛市没有忽略对非物质文化遗产的保护，通过弘扬传承地方特色的民俗文化来对非物质文化遗产进行保护，并建立了民俗文化可持续传承的保护机制，做到了在传承传统文化的同时塑造城镇特色，为新型城镇化过程中如何正确处理传统文化做出了良好的表率。

第四节　城镇化进程中城市文化发展水平的差异分析

在新型城镇化的建设过程中，必然会对周围自然环境和社会人文环境产生不同程度的影响。新型城镇化是当代社会发展的必由之路，是实现工业现代化的重要标志。这一举措不仅是社会经济进程的助推器，也是对文化传承、文化发展的重要推动力。本研究着眼于城镇化文化的影响方面，通过对比分析新型城镇化前后乡村和城市的文化表现差异，突出新型城镇化对文化传承、文化发展的重要推动作用。

在本章节将视角基于城乡差异的视角、文化产业集群的视角及文化遗产如何处置的视角来论述新型城镇化下的文化差异表现。由于历史与现实体制的种种原因，我国真实地存在着"现代城市文化"与"传统农村文

---

① 王元：《城镇化进程中文化遗产的价值效用思考》，《内蒙古社会科学》（汉文版）2014年第5期。

② 章亚萍：《新型城镇化建设必须注重文化遗产的保护和传承——以前童古镇的城镇化建设为例》，《大众文艺》2015年第24期。

③ 杨济亮：《新型城镇化背景下传统文化的传承与利用——以闽江口历史文化名镇名村为例》，《福建省社会主义学院学报》2015年第1期。

④ 于晓磊、廖汝雪：《文化遗产中新型城镇化的历史经验探索——以唐闸历史工业城镇遗产为例》，《城市发展研究》2015年第22期。

⑤ 陈炜、王媛：《新型城镇化背景下四川盐文化遗产保护模式》，《社会科学家》2015年第11期。

⑥ 鹿磊、陶卓民：《新型城镇化背景下江苏文化遗产旅游开发研究》，《中国经贸导刊》2015年第30期。

化"这两种格局，随着时间的变迁，某些区域逐渐形成较大的城乡发展差异，随之而来的便是城乡区域文化的巨大反差。基于此原因，对城乡文化中的景观文化差异、人口文化流动和城乡人口文化差异等不同方面进行研究，发现原始住户经历新型城镇化的过程也是一个自我思想观念升级的过程，是城镇的发展，更是人文素质的提高；在文化产业集群方面，文化产业集群符合新型城镇化"以人为本"的理念，文化产业的发展实际为人才的发展、素质的提升。任何产业活动的进行都离不开"人"这个要素，人才是产业中最具能动性的一部分。文化产业越发展，对人的素质要求就越高，这在一定程度上也推动了新型城镇化的进程；文化遗产的处置问题始终贯穿于新型城镇化的过程中，历史的教训告诉我们，同化意味着消亡。而各具特色的文化遗产是保持区域文化差异的关键因素。对待文化遗产，在尽可能保存其原始性和完整性的基础上进行科学的改造才是解决之道。

文化是城镇化的基石，居民对文化的认同感是城镇化过程的推动力和黏合剂，城镇化与城市文化的发展息息相关，新型城镇化是一个"破旧立新"的过程，在这一过程中，城市拥有的文化特色和文化内涵会被萃取出来，得到升华。同时也是对当地的传统文化的传承和发扬，对居民整体文化素质提高的一个过程，所以从总体而言，新型城镇化的过程是对城市文化发展的一次有力的推动和升华。

第五章　青岛市重庆路改造对城市文化发展的影响

青岛市属于我国二线城市，城镇化进程相对较快，交通建设较为先进，但仍存在区域交通无法满足城市发展需求的情况。在整改工程规划中，以重庆路的改建为例分析交通优化给区域发展和城镇化带来的影响。

第一节　重庆路概况及文化调查过程

青岛市位于山东半岛南部，濒临黄海，环抱胶州湾，与朝鲜半岛、日本列岛隔海相望，毗邻日照等城市，是我国著名的以港口贸易、轻化工业、金融服务、旅游度假、海洋科研为主要特色的沿海开放城市，全国五大外贸港口之一。作为交通枢纽，青岛市的交通发展目标是构建以港口为中心，海陆空一体化的综合交通体系，实现市域内一小时、与半岛都市群主要城市之间两小时、与省内主要城市之间三小时的通行目标。现如今，青岛市主城区南北贯通的道路只有环湾大道、重庆路、黑龙江路及青银高速公路四条道路，交通压力很大。为改善日益加剧的交通拥堵状况，改造重庆路是有效手段之一。

重庆路快速路工程沿途贯穿四方、李沧、城阳三区，是规划"三纵四横"快速路网中的重要"一纵"，也是最重要的对外联系通道。而在重庆路快速路工程建成后，主城区快速路网络也将加快形成。

研究人员运用柯布-道格拉斯生产函数、系统动力学方法、投入产出分析法等科学方法，沿着重庆路通车项目的生命周期，从建设和运营两个阶段分析了重庆路通车带来的社会效益，讨论了区域城镇化的进程；同时，运用调查问卷的方式，以实际反馈的数据切实表现了效益性的优劣。下面将从宏观角度及居民所反映的切实角度，依据问卷的调查过程及调查结果，详细分析重庆路修建所带来的影响。

一　测量方式

表 3 - 3 　　　　　　　　　　测量指标与定义

概念		指标定义	操作性定义
一	经济	Q1 - 1 经济活动 Q2 - 1 经济活动	指因地区发展而造成经济活动的改变情形与改变的喜好程度
		Q1 - 2 商业所得 Q2 - 2 商业所得	指因地区发展而造成的商业所得的改变情形与改变的喜好程度
		Q1 - 3 消费活动 Q2 - 3 消费活动	指因地区发展而造成消费对当地的改变情形与改变的喜好程度
		Q1 - 4 工作机会 Q2 - 4 工作机会	指因地区发展而造成当地对工作机会的改变情形与改变的喜好程度
		Q1 - 5 消费场所 Q2 - 5 消费场所	指因地区发展而造成当地消费场所的改变情形与改变的喜好程度
		Q1 - 6 投资开发 Q2 - 6 投资开发	指因地区发展吸引外来资金投资与建设开发上的改变情形与改变的喜好程度
		Q1 - 7 餐馆形态 Q2 - 7 餐馆形态	指地方因地区发展而造成餐馆形态的改变情形与改变的喜好程度
二	社会文化	Q1 - 8 文化需求 Q2 - 8 文化需求	指因地区发展而造成当地对文化需求的改变情形与改变的喜好程度
		Q1 - 9 文化设施 Q2 - 9 文化设施	指因地区发展而造成当地对不同形态的文化设施的改变情形与改变的喜好程度
		Q1 - 10 文化欣赏 Q2 - 10 文化欣赏	指因地区发展而造成当地对欣赏地方历史文化古迹的改变情形与改变的喜好程度
		Q1 - 11 娱乐表演 Q2 - 11 娱乐表演	指因地区发展而造成当地对不同形态的娱乐表演的改变情形与改变的喜好程度
		Q1 - 12 文化保存 Q2 - 12 文化保存	指地方因地区发展对文化建筑保存的改变情形与改变的喜好程度
		Q1 - 13 文化了解 Q2 - 13 文化了解	指地方因地区发展而了解自身文化民族的改变情形与改变的喜好程度
		Q1 - 14 地区活力 Q2 - 14 地区活力	指地方因地区发展而对社区活力的改变情形与改变的喜好程度

续表

	概念	指标定义	操作性定义
三	设施服务	Q1–15 设施满足 Q2–15 设施满足	指因地区发展造成当地居民对满足使用者需要的基础设施与服务的改变情形与改变的喜好程度
		Q1–16 设施品质 Q2–16 设施品质	指地方因地区发展而造成当地居民对基础设施与服务品质的改变情形与改变的喜好程度
		Q1–17 设施经费 Q2–17 设施经费	指地方因地区发展而造成当地居民对基础设施与服务经费来源的改变情形与改变的喜好程度
四	社区态度	Q1–18 商业好感 Q2–18 商业好感	指地方因地区发展而造成当地居民对商业活动抱持正面态度的改变情形与改变的喜好程度
		Q1–19 地区精神 Q2–19 地区精神	指地方因地区发展而造成当地居民在地区精神上的改变情形与改变的喜好程度
		Q1–20 优越感 Q2–20 优越感	指地方因地区发展而造成当地在地方优越感上的改变情形与改变的喜好程度
五	生活妨碍	Q1–21 交通拥挤 Q2–21 交通拥挤	指地方因地区发展而造成对于交通拥挤的改变情形与改变的喜好程度
		Q1–22 活动妨碍 Q2–22 活动妨碍	指地方因地区发展而造成当地活动上的阻碍的改变情形与改变的喜好程度
		Q1–23 愉悦妨碍 Q2–23 愉悦妨碍	指地方因地区发展造成活动上的阻碍使愉悦情绪的改变情形与改变的喜好程度
		Q1–24 噪声 Q2–24 噪声	指地方因地区发展而造成对噪声的改变情形与改变的喜好程度
		Q1–25 危险意外 Q2–25 危险意外	指地方因地区发展而造成对交通意外事件的改变情形与改变的喜好程度
六	环境	Q1–26 天然环境 Q2–26 天然环境	指地方因地区发展而造成对天然环境景观的改变情形与改变的喜好程度
		Q1–27 野生动植物 Q2–27 野生动植物	指地方因地区发展而造成对野生动植物的改变情形与改变的喜好程度
		Q1–28 自然环境品质 Q2–28 自然环境品质	指地方因地区发展而造成对自然环境景观品质的改变情形与改变的喜好程度
		Q1–29 都市化程度 Q2–29 都市化程度	指地方因地区发展而造成对城市化的改变情形与改变的喜好程度

表 3 - 4　　　　　　　　　　　　测量方式

	指标定义	问项内容	改变情形（1—5 级）	改变喜好程度（1—5 级）
一	（1）经济活动	经济活动	明显减少—明显增加	非常不好—非常好
	（2）商业所得	商业所得	明显减少—明显增加	非常不好—非常好
	（3）消费活动	指消费的改变及喜好程度	明显减少—明显增加	非常不好—非常好
	（4）工作机会	工作机会	明显减少—明显增加	非常不好—非常好
	（5）消费场所	不同功能的消费场所	明显减少—明显增加	非常不好—非常好
	（6）投资开发	发展吸引外来资金投资	明显减少—明显增加	非常不好—非常好
	（7）餐馆形态	不同功能餐馆	明显减少—明显增加	非常不好—非常好
二	（8）文化需求	地方文化活动的需求	明显减少—明显增加	非常不好—非常好
	（9）文化设施	指不同功能的文化设施与活动	明显减少—明显增加	非常不好—非常好
	（10）文化欣赏	地方历史文化古迹的改变	明显减少—明显增加	非常不好—非常好
	（11）娱乐表演	不同功能的娱乐表演	明显减少—明显增加	非常不好—非常好
	（12）文化保存	文化建设保存上改变情形	明显减少—明显增加	非常不好—非常好
	（13）文化了解	了解自身文化民族上改变情形	明显减少—明显增加	非常不好—非常好
	（14）地区活力	社区活力上改变情形	明显减少—明显增加	非常不好—非常好
三	（15）设施满足	基础设施与服务改变情形	明显减少—明显增加	非常不好—非常好
	（16）设施品质	基础设施的服务品质	明显减少—明显增加	非常不好—非常好
	（17）设施经费	基础设施与服务经费来源	明显减少—明显增加	非常不好—非常好
四	（18）商业好感	商业活动抱持正面态度	明显减少—明显增加	非常不好—非常好
	（19）地区精神	地区精神上改变情形	明显减少—明显增加	非常不好—非常好
	（20）优越感	优越感	明显减少—明显增加	非常不好—非常好
五	（21）交通拥挤	交通拥挤	明显减少—明显增加	非常不好—非常好
	（22）活动妨碍	活动上的阻碍	明显减少—明显增加	非常不好—非常好
	（23）愉悦妨碍	阻碍使得愉悦情绪上改变	明显减少—明显增加	非常不好—非常好
	（24）噪声	噪声	明显减少—明显增加	非常不好—非常好
	（25）危险意外	发展而造成交通意外增加	明显减少—明显增加	非常不好—非常好
六	（26）天然环境	天然环境景观	明显减少—明显增加	非常不好—非常好
	（27）自然环境品质	自然环境景观	明显减少—明显增加	非常不好—非常好
	（28）都市化程度	都市化程度	明显减少—明显增加	非常不好—非常好

二　样本来源

此项调查以重庆路及其连接的主要干道沿线的当地商家及游客、居民为受测对象，受测对象设定为 18 岁以上青岛籍民众及商家，总样本数为 311 份，农林牧渔 29、工商业 79、军公教 41、学生 58、自由职业 38、退休 22、失业 6、其他 38，详细情况见表 3－5。

表 3－5　　　　　　　　　　　　问卷数目统计一览表

职业	统计数目
农林牧渔	29
工商业	79
军公教	41
学生	58
自由职业	38
退休	22
失业	6
其他	38

三　资料分析方式

本研究使用 SPSS FOR WINDOWS 10.0 中文套装软件进行统计资料分析，将本研究目的与假设检定所需统计方法依需求统计，分析如下：

（1）描述性统计

针对居民属性与观光发展影响认知态度使用次数分配、百分比、平均数及标准差等对样本各变量作描述性统计，分析说明居民属性与观光发展影响认知与态度的程度。

（2）信度分析

以 Reliablilty Analysis 考虑问卷内在一致性。SPSS 统计套装软件的信度检验程序即折半相加法，Cronbach's 的计算主要是求取题目之间相加的平均值评定内部一致性。

（3）T 检定

平均数的差异检验是对于两组观测值中的每一组经由分类的值或变量加以分辨，然后算出每一组变量的平均值。用于检验不同居民属性对各项观光发展影响改变情形与满意程度的差异情况，本研究将就居民属性中的性别、观光依赖、居民情感共三项与观光、发展影响的认知态度做差异检验。

（4）单因子变异数分析

单因子变异数分析的目的在于比较两个或两个以上群组的平均数，推算各组平均数是否相等。用以检验两个以上不同群组对各项观光、发展影响改变情形与满意程度的差异情况。本研究将就居民属性中的地域、年龄、职业、教育程度共四项发展影响的认知程度做差异检验。

四　受访者属性

基本属性部分以描述性统计方式将统计结果分析与讨论分述如下：

（1）受访者属性统计结果

地域：

受访商家及路人的居住地区以"市北区"最多，占 28.0%；其次为"市南区"，占 17.7%；再来是"青岛其他地区"，占 16.7%；"黄岛区"占 12.9%；"其他"占 11.9%；"崂山区"占 9.0%；"四方区"占 3.9%。

性别：

受访者的性别以"男"较多，占 51.4%，"女"占 48.6%。

年龄：

受访者的年龄以"35—44 岁"者居多，占 30.2%；其次为"25—34岁"，占 26.7%；"18—24 岁"，占 25.7%；"45—54 岁"，占 9.3%；最少的为"55 岁以上"，占 8.0%。

婚姻状况：

受访者的婚姻状况以"已婚"者居多，占 62.1%；"未婚"者占 33.8%；"其他"占 4.1%。

职业：

受访者的职业状况以"工商业"者居多，占 25.4%；其次是"学生"，占 18.6%；"军公教"者占 13.2%；"自由职业"者占 12.2%；"农林牧渔"者占 9.3%；"退休"者占 7.1%；"失业"者占 1.9%；"其他"占 12.2%。

教育程度：

受访者的教育程度以"本科及以上"者最多，占 40.2%；其次为"高中、职高"者，占 29.9%；"初中"者占 24.8%；"小学及以下"者占 5.1%。

发展支持态度：

受访者之发展支持态度，以"支持"者较多，占 82.0%；其次是"无意见"者，占 16.1%；最少是"反对"者，占 1.9%。

重庆路使用度：

受访者的态度，以"使用过"者较多，占 94.5%；"没使用过"者占 5.5%。

（2）受访者属性分析讨论

由以上资料可知：本研究的受访者，在"性别"组成上以男性居多，占样本数的 51.4%；女性占 48.6%。"居住地区"以"市北区"最多，占 28.0%；"市南区"占 17.7%；再来是"青岛其他地区"占 16.7%；"黄岛区"占 12.9%；"其他"占 11.9%；"崂山区"占 9.0%；"四方区"占 3.9%，因地域的关系依然以接近调查区域者为居多，其他地区受

表 3-6　　　　　　　　　　受测者属性次数分配一览表

变项名称/组别		次数	百分比（%）	变项名称/组别		次数	百分比（%）
地域	市南区	55	17.7	职业	农林牧渔	29	9.3
	市北区	87	28.0		工商业	79	25.4
	崂山区	28	9.0		军公教	41	13.2
	四方区	12	3.9		学生	58	18.6
	黄岛区	40	12.9		自由职业	38	12.2
	青岛其他地区	52	16.7		退休	22	7.1
	其他	37	11.9		失业	6	1.9
性别	男	160	51.4		其他	38	12.2
	女	151	48.6	教育程度	小学及以下	16	5.1
年龄	18—24 岁	80	25.7		初中	77	24.8
	25—34 岁	83	26.7		高中、职高	93	29.9
	35—44 岁	94	30.2		本科及以上	125	40.2
	45—54 岁	29	9.3	发展支持	支持	255	82.0
	55 岁以上	25	8.0		反对	6	1.9
婚姻状况	已婚	193	62.1		没意见	50	16.1
	未婚	105	33.8	是否曾使用重庆路	是	294	94.5
	其他	13	4.1		否	17	5.5

测者比例则相当。受访者之年龄分布以"35—44 岁"者居多，占 30.2%；其次为"25—34 岁"者，占 26.7%；"18—24 岁"者占 25.7%；"45—54 岁"者占 9.3%；最少的为"55 岁以上"者，占 8%。其中"35—44 岁"受测者比例较高，表示地区发展受影响仍以劳动人口影响较重；随着发展的不断深入，当地居民在就业与工作机会方面的供需、服务形态和适应程度等会受到影响。受访者的职业状况以"工商业"者居多，占 25.4%；其次是"学生"，占 18.6%；"军公教"者占 13.2%；"自由职业"者占 12.2%；"农林牧渔"者占 9.3%；"退休"者占 7.1%；"失业"者占 1.9%；"其他"占 12.2%。

五　受访者对地区发展影响的认知

重庆路沿线受访者对地区发展改变情形的认知结果，各题的平均数与标准差统计见表 3 - 7。整体而言，以平均数高低来看，平均值为 3.51，其范围介于 2.31—4.03 之间，可知受访者普遍认为改变情形不明显，因平均数值并不高，表示增加情形并不明显，改变程度趋增的前五名分别是"商业好感"、"都市化程度"、"投资开发"、"餐馆形态"、"经济活动"，而此五项平均值都大于 3.8，显示这五项对居民来说，是普遍有感受到改变增加的情形；另外改变程度趋减的前五名分别是"愉悦妨碍"、"活动妨碍"、"危险意外"、"噪声"、"交通拥挤"。

以标准差来看，平均标准差为 0.82，在经济类的平均标准差最大，显示受访者对地区发展影响在"经济类"的改变情形认知的离散程度较大，而缺乏一致性，或许这也可显现出居民看待经济成长的态度有着两极分化的情况。

以平均数排序来看，"文化类"分数排序普遍较低，显示没有改变或是改变减少，而"地区态度"、"经济类"之分数排序都在前列，显示消费活动有增加的改变幅度是居民最有感受的。

表 3 - 7　受测者对地区发展改变情形认知的平均数与标准差一览表

类别	题项	平均数	标准差	组内排序
地区态度	Q18 商业好感	3.91	0.726	1
环境	Q28 都市化程度	3.86	0.828	2

续表

类别	题项	平均数	标准差	组内排序
经济	Q6 投资开发	3.83	0.724	3
经济	Q7 餐馆形态	3.82	0.823	4
经济	Q1 经济活动	3.79	0.857	5
经济	Q2 商业所得	3.77	0.774	6
社会文化	Q9 文化设施	3.74	0.799	7
经济	Q4 工作机会	3.74	0.728	8
地区态度	Q19 地区精神	3.73	0.761	9
社会文化	Q8 文化需求	3.73	0.795	10
经济	Q5 消费场所	3.73	0.782	11
服务设施	Q15 设施满足	3.70	0.801	12
环境	Q27 自然环境品质	3.70	0.782	13
地区态度	Q20 优越感	3.69	0.787	14
社会文化	Q14 地区活力	3.68	0.738	15
社会文化	Q11 娱乐表演	3.68	0.770	16
服务设施	Q16 设施品质	3.67	0.776	17
经济	Q3 消费活动	3.65	0.817	18
服务设施	Q17 设施经费	3.64	0.782	19
社会文化	Q13 文化了解	3.58	0.803	20
社会文化	Q10 文化欣赏	3.57	0.846	21
环境	Q26 天然环境	3.55	0.848	22
社会文化	Q12 文化保存	3.52	0.893	23
拥挤	Q21 交通拥挤	2.68	1.011	24
拥挤	Q24 噪声	2.60	0.889	25
拥挤	Q25 危险意外	2.59	0.875	26
拥挤	Q22 活动妨碍	2.55	0.856	27
拥挤	Q23 愉悦妨碍	2.45	0.959	28
平均		3.51	0.82	

　　一般而言，地区发展会在经济类影响上为居民带来经济上的收益，所以通常较为受访者所认同。另外，再针对地区发展影响六大类别（包括经济类、社会文化类、服务设施类、社区态度类、拥挤类、环境类），分

别详述其结果如下：

（1）经济影响—认知

关于社会经济类影响有无改变的情形，平均有 66.06% 的受访者认为有改变，而平均 33.94% 的受访者认为无改变。

所有的讨论项目中，根据由调查问卷所得到的统计数据，可以看出，所有的项目都有增加的趋势，其中在明显增加的项目中以餐馆形态的增加和经济活动的增加最为明显，分别为 22.2% 和 19.6%。

表 3 - 8　　受测者对经济类地区发展改变情形的认知细项分析一览表　　单位:%

题项	明显减少	有减少	没有改变	有增加	明显增加	总和
Q1 经济活动	1.9	2.9	28.9	46.6	19.6	100
Q2 商业所得	1.9	1.3	28.9	54	13.8	100
Q3 消费活动	1.9	3.2	36	46	12.9	100
Q4 工作机会	0	1.6	38.3	45	15.1	100
Q5 消费场所	0	2.6	40.2	39.2	18	100
Q6 投资开发	0	1.3	32.5	48.6	17.7	100
Q7 餐馆形态	0.3	3.2	32.8	41.5	22.2	100
平均	0.86	2.30	33.94	45.84	17.04	100

（2）社会文化—认知

关于社会文化类影响有无改变的情形，平均有 41.81% 的受访者认为无改变；而平均 58.19% 的受访者认为有改变。

在有改变部分，"文化需求"及"文化设施"上是普遍认为有趋增的情形，可见经济的发展让居民普遍感受到文化需求上的改变；而其他在"文化欣赏"、"娱乐表演"、"文化保存"、"文化了解"、"地区活力"上也是普遍认为有趋增。

表 3 - 9　　受测者对社会文化类地区发展改变情形的认知细项分析一览表　　单位:%

题项	明显减少	有减少	没有改变	有增加	明显增加	总和
Q8 文化需求	0.6	2.6	37.3	42.4	17	100
Q9 文化设施	0	3.2	38.6	39.2	19	100

续表

题项	明显减少	有减少	没有改变	有增加	明显增加	总和
Q10 文化欣赏	1.9	2.9	46	34.4	14.8	100
Q11 娱乐表演	0	1.9	45	36.3	16.7	100
Q12 文化保存	2.6	4.8	45.7	32.1	14.8	100
Q13 文化了解	0.3	4.2	47.6	33.1	14.8	100
Q14 地区活力	1.3	2.6	32.5	53.7	10	100
平均	0.96	3.17	41.81	38.74	15.30	100

（3）服务设施—认知

关于服务设施类影响有无改变的情形，平均有 37.30% 的受访者认为无改变，而平均 62.70% 的受访者认为有改变。

在有改变部分，以"设施满足"的增加最为明显。

表 3-10　受测者对服务设施类地区发展改变情形的认知细项分析一览表　　单位:%

题项	明显减少	有减少	没有改变	有增加	明显增加	总和
Q15 设施满足	0.3	3.9	37.6	41.5	16.7	100
Q16 设施品质	1	2.9	37.6	45.3	13.2	100
Q17 设施经费	1	4.2	36.7	46.3	11.9	100
平均	0.77	3.67	37.30	44.37	13.93	100

（4）地区态度—认知

关于社区态度类影响有无改变的情形，平均有 30.8% 的受访者认为无改变，而 69.2% 的受访者认为有改变。

在有改变部分，"商业好感"、"地区精神"、"优越感"项目上，认为增长的总和全在 55% 以上，不难看出，重庆路沿线在道路整改以后人们对于地区的优势认识和地区的依赖程度都有显著的增加。

表 3-11　受测者对社区态度类地区发展改变情形的认知细项分析一览表　　单位:%

题项	明显减少	有减少	没有改变	有增加	明显增加	总和
Q18 商业好感	0.6	1.3	23.5	55.6	19	100

续表

题项	明显减少	有减少	没有改变	有增加	明显增加	总和
Q19 地区精神	0	3.9	34.4	46.6	15.1	100
Q20 优越感	0.6	4.2	34.4	46.6	14.1	100
平均	0.4	3.1	30.8	49.6	16.1	100

（5）生活妨碍—认知

关于拥挤类影响有无改变的情形，平均有33%受访者认为无改变；而平均67%的受访者认为有改变。

在受访者中，普遍认为，"交通拥挤"、"活动妨碍"、"愉悦妨碍"、"噪声"、"危险意外"都有不同程度的降低，在总和降低的程度中，以"愉悦妨碍"的降低最为明显，其次是"交通拥挤"的降低，可见，在道路整修后，"交通拥挤"的问题有了明显的改善，沿线居民的"生活妨碍"有了明显减少。

表3-12　受测者对拥挤类地区发展改变情形的认知细项分析一览表　单位:%

题项	明显减少	有减少	没有改变	有增加	明显增加	总和
Q21 交通拥挤	8	41.8	29.6	14.8	5.8	100
Q22 活动妨碍	10	38.3	40.2	10.3	1.3	100
Q23 愉悦妨碍	11.6	48.9	26.7	8.4	4.5	100
Q24 噪声	7.7	42.4	34.1	13.8	1.9	100
Q25 危险意外	7.4	43.4	33.8	13.8	1.6	100
平均	9	43	33	12	3	100

（6）环境—认知

关于环境类影响有无改变的情形，平均有35.80%的受访者认为没有改变；而平均64.20%的受访者认为有改变。

在有改变部分，"天然环境"及"自然环境品质"上，受访者普遍认为有增加的现象，可知，居民看待自然环境的态度是明显地感受到趋于变好的情况；而在"都市化程度"中则有高达65.9%的受访者认为趋增。

表 3 - 13　　受测者对环境类地区发展改变情形的认知细项分析一览表　　单位:%

题项	明显减少	有减少	没有改变	有增加	明显增加	总和
Q26 天然环境	2.3	5.5	38.6	42.4	11.3	100
Q27 自然环境品质	0.3	3.2	38.6	42.1	15.8	100
Q28 都市化程度	0	3.9	30.2	41.5	24.4	100
平均	0.87	4.20	35.80	42.00	17.17	100

（1）经济影响—态度

关于经济类影响改变的喜好程度，平均有35%的受访者表示无意见，平均61%的受访者持正面态度，持负面态度的受访者则为4%。

除了无意见态度部分，其他在"经济活动"上，有68.5%的受访者持正面的态度，而有2.9%的居民持负面态度，所以正面多于负面；在"商业所得"上的喜好态度负面仅占约2.6%，"消费活动"持正面态度的将近57.6%，表明重庆路建设对地方发展的经济活动有明显的正面反应。整体来说，排除无意见受访者，在经济类影响改变的喜好程度以正面态度者居多。

表 3 - 14　　受测者对经济类地区发展改变的喜好程度细项分析一览表　　单位:%

题项	非常不好	不好	没意见	很好	非常好	总和
Q1 经济活动	0	2.9	28.6	56.6	11.9	100
Q2 商业所得	0	2.6	32.8	56.3	8.4	100
Q3 消费活动	0	5.1	37.3	43.1	14.5	100
Q4 工作机会	0	4.2	36.3	46.3	13.2	100
Q5 消费场所	0	3.9	35	43.7	17.4	100
Q6 投资开发	0	2.6	34.7	46.3	16.4	100
Q7 餐馆形态	0	3.9	40.8	39.2	16.1	100
平均	0	4	35	47	14	100

（2）社会文化—态度

关于社会文化类影响改变的喜好程度，有42.30%的受访者表示无意见，有52.37%的受访者持正面态度。

虽然表示"没意见"的受访者除"地区活力"外均在40%以上，但不可否认的是，受访者中认为"很好"和"非常好"的所占的综合比例大于没意见的受访者所占的比例。整体来说，排除无意见受访者，受访者在社会文化类影响改变的喜好程度以正面态度者居多。

表 3 – 15　受测者对社会文化类地区发展改变的喜好程度细项分析一览表　单位:%

题项	非常不好	不好	没意见	很好	非常好	总和
Q8 文化需求	0.3	3.2	43.4	39.2	13.8	100
Q9 文化设施	0.3	5.5	41.5	40.5	12.2	100
Q10 文化欣赏	0.6	4.2	45	41.1	9	100
Q11 娱乐表演	0.6	4.2	43.7	38.9	12.5	100
Q12 文化保存	0	7.4	41.8	37	13.8	100
Q13 文化了解	0.3	6.4	45.3	36	11.9	100
Q14 地区活力	0	3.9	35.4	48.5	12.2	100
平均	0.30	4.97	42.30	40.17	12.20	100

（3）服务设施—态度

关于服务设施类影响改变的喜好程度，有41.23%的受访者表示无意见，54.30%的受访者抱持正面态度，而平均有4.33%的受访者抱持负面态度。

除了无意见态度部分，在"设施品质"、"设施满足"项目上，都有50%以上的居民持正面态度，而"设施经费"项目相对而言无意见者最多，占45%，整体来说，排除无意见受访者，受访者在服务设施类影响改变的喜好程度以正面态度者居多。

表 3 – 16　受测者对服务设施类地区发展改变的喜好程度细项分析一览表　单位:%

题项	非常不好	不好	没意见	很好	非常好	总和
Q15 设施满足	0.6	4.8	39.2	40.8	14.5	100
Q16 设施品质	0.6	2.9	39.5	44.4	12.5	100
Q17 设施经费	0.6	3.5	45	39.8	10.9	100
平均	0.60	3.73	41.23	41.67	12.63	100

（4）地区态度—态度

关于社区态度类影响改变的喜好程度，有 36.10% 的受访者表示无意见，平均 61.50% 的受访者持正面态度，而有 2.37% 的受访者抱持负面态度。

在"商业好感"、"地区精神"、"优越感"项目上，都有 50% 以上的受访者持正面态度。各有 0.3% 的受访者在"商业好感"、"优越感"项目上抱持负面态度。整体来说，排除无意见受访者，受访者在社区态度类影响改变的喜好程度以正面态度者居多。

表 3 - 17   受测者对社区态度类地区发展改变的喜好程度细项分析一览表   单位:%

题项	非常不好	不好	没意见	很好	非常好	总和
Q18 商业好感	0.3	1.6	31.8	51.1	15.1	100
Q19 地区精神	0	2.3	34.7	47.2	15.8	100
Q20 优越感	0.3	2.6	41.8	41.8	13.5	100
平均	0.20	2.17	36.10	46.70	14.80	100

（5）生活妨碍—态度

关于拥挤类影响改变的喜好程度，平均有 37% 的受访者表示无意见，而 54% 的受访者持正面态度。

其中在"交通拥挤"项目中有 9.4% 的受访者持负面态度，在"活动妨碍"项目中有 7.7% 的受访者持负面态度，在"愉悦妨碍"项目上有 9.4% 的受访者持负面态度，在"噪声"项目上有 10.3% 的受访者持负面态度，在"危险意外"项目上有 7.8% 的受访者持负面态度，整体来说，排除无意见受访者，受访者在地区拥挤类影响改变的喜好程度以正面态度者居多。

表 3 - 18   受测者对拥挤类地区发展改变的喜好程度细项分析一览表   单位:%

题项	非常不好	不好	没意见	很好	非常好	总和
Q21 交通拥挤	1	8.4	30.9	42.4	17.4	100
Q22 活动妨碍	1.9	5.8	43.7	36.6	11.9	100
Q23 愉悦妨碍	1	8.4	37.3	38.9	14.5	100

续表

题项	非常不好	不好	没意见	很好	非常好	总和
Q24 噪声	2.3	8	36.3	40.8	12.5	100
Q25 危险意外	1	6.8	34.7	43.7	13.8	100
平均	1.44	7.48	36.58	40.48	14.22	100

（6）环境—态度

由问卷的统计结果，不难看出，天然环境、自然环境品质、城市化程度在重庆路沿线受访者中均认为有改善，除了天然环境有1.6%的受访者认为非常不好外，其他的项目都没有出现受访者认为非常不好的情况，整体来说，排除无意见受访者，受访者在地区环境类影响改变的喜好程度以正面态度者居多。

表3－19　受测者对环境类地区发展改变的喜好程度细项分析一览表　单位：%

题项	非常不好	不好	没意见	很好	非常好	总和
Q26 天然环境	1.6	5.1	35	38.9	19.3	100
Q27 自然环境品质	0	3.9	36.3	39.8	19.9	100
Q28 都市化程度	0	4.2	31.8	41.5	22.5	100
平均	0.53	4.4	34.37	40.07	20.57	100

根据以上数据，重庆路修建为居民感知产生的效益具有相当巨大的改变。

第二节　重庆路改造对城市文化影响

一　交通社会效益分析

交通运输会给周围生态环境带来大气污染及交通噪声等不利影响，而当发生交通拥堵时，会加剧这些不利影响，给城市环境带来更加严重的破坏，为减少对城市环境的破坏，首先对城市交通系统所存在的因果关系进行分析，如图3－2所示，根据分析结果采取有效的"治堵"策略迫在眉睫，对相关治堵策略的效果评价如图3－3所示。

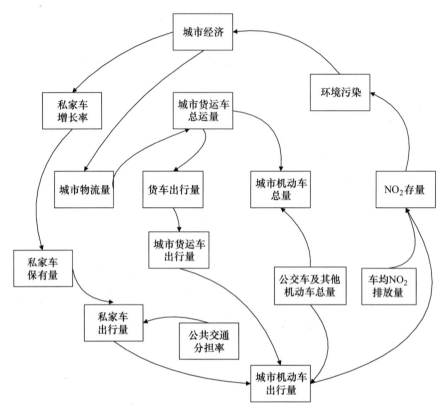

图 3 - 2 交通系统因果分析

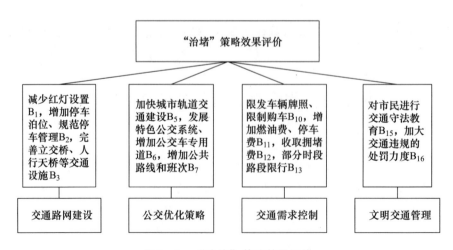

图 3 - 3 "治堵"策略效果评价

　　加快城市轨道交通建设是"治堵"的有效策略之一,青岛市重庆路的修建正是通过轨道交通建设来缓解交通压力的一个典范。重庆路的改修,完善了整个交通系统,缓解了交通压力,方便了居民增加出行,加上营运成本的降低,使得交通供给能力提高,同时也刺激了交通需求,调整了交通需求结构;道路改造后,拥堵减少,车速增加,车辆在运行过程中产生的废气较少,减少了大气污染物的排放和能源的消耗;交通作为城市的骨骼,支撑着整个城市的运行与人口流动,道路改造改善了交通结构,完善了城市空间布局,提高了整个城市的城镇化水平(见图3-4)。

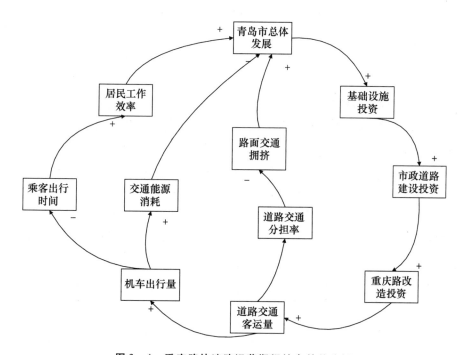

图3-4　重庆路快速路运营期间社会效益分析

　　而重庆路在建设期间产生了巨大的直接投资效益,对青岛市经济产生了直接的贡献,政府可以以财政拨款或者银行贴息的方式对相关交通企业进行补贴,或者"设立城市轨道交通建设基金",支持城市交通的建设(见图3-5)。

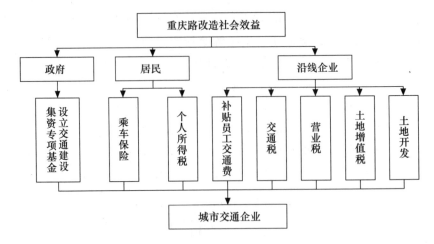

图 3 - 5   重庆路建设项目社会效益返还图示分析

二   市政管网社会效益分析

重庆路沿线地下管线共有 7 种，分别为电力（含架空线、电力管沟、高压电力铁塔）、电信、燃气、给水、雨水（管道、明渠、暗渠、过路涵洞）、污水及输油管线。重庆路市政管道改造工程能够在将来得到比投资还要多的收益，其中包括用户效益、行业效益和宏观效益，拉动了青岛市经济的增长，造福了整个青岛市。此外，青岛市重庆路改造工程提升了重庆路沿线地段的价值，促进了重庆路周边房地产的开发及销售，为重庆路沿线的快速发展增添了新的活力。

三   房地产业发展

轨道交通主要通过增强可达性来影响其沿线站点周边区域土地利用的功能、强度及价格。轨道交通的建成运营，直接促使沿线地块可达性的提高，使其潜在的商业价值得到空前的提升。开发商为了追求利润，就会扩大开发规模，提高用地强度。同时，轨道交通将促使住宅和商业等高价值的用地设施向轨道交通沿线影响范围内高度聚集，土地开发的宏观效益主要表现在对城市空间结构的引导，这是微观效益长期作用的综合效果。

四   为商铺带来的经济效益

城市本身具有集聚经济，城市集聚经济与城市交通基础设施之间存在着双向影响机制。重庆路中段因云集汽车厂商被誉为岛城的"汽车交易大道"，一条以重庆路为核心的新兴产业链正在孕育成长。以汽车4S店为例，4S店每月客流量增加，同时因交通顺畅使得4S店员工上班、购车者买车的路途上节省了时间，员工的服务态度和顾客满意度提升，使得成交率相较以前有所增加。在4S店店面增加的情况下，其附属产业、汽配产业也得以发展。

五　环境效益评价

改造前期，重庆路沿线的绿化以小龙柏的模纹为主，局部点缀月季球或火棘球，由于缺乏日常的维护管理，局部绿带内表土裸露，且部分法桐缺枝少枝现象较严重，无法形成统一整齐的景观，景观效果较差。

改造过程中，实行了重要节点重点绿化方案，行道树覆盖率达到70%，组团式重建模纹花卉，层次丰富；实行浇灌设计，以智能化的方式控制灌溉系统，达到按需水变量投入水资源，减少了随意性。

第六章 新型城镇化视角下城市
文化发展建议

第一节 当地居民素质视角

在全球的经济加速发展的大背景下，人类已然进入了经济竞争的时代，城市之间的竞争也是如此，城镇化成为发展的重要道路，但是城市如果没有属于自身的独特魅力，必会在竞争的潮流中失败。城市传播自身文化的途径主要包括：（1）发展文化创意产业；（2）打造可持续的生态文明城市；（3）提升居民素质。

一 发展文化创意产业

文化创意产业是新兴的将文化作为一种软实力与经济发展结合起来的发展方向，文化创意产业的目的在于构建城市品牌，提升城市形象。文化产业涵盖了城市文化和软实力两方面的内容，城市文化是与经济、政治并列的城市全部精神活动及产物，包括意识形态和非意识形态，软实力是指城市文化、价值观念、社会制度等影响自身发展潜力和感召力的因素，要提升开放文化软实力，需要对城市文化进行培育、提炼和发展，让城市具有个性和精神，居民能自觉形成共有的城市气质及共性。

要发展文化软实力，城市应当看到自身的优势，将长处最大化地发挥出来，注重城市历时长久以来积淀的文化底蕴，并创新性继承，符合时代的需要，并辅以高新科技，引进优秀人才，将城市的气质与内涵推向世界。城市的发展还需要借助政府的力量，我国应采取政府主导城市发展模式，通过政府成功地引进产业政策及相关法律法规培育发展文化创意市场，加快制定我国文化创意产业发展的战略和对策（徐丹丹，孟潇，卫倩倩，2011）。①

在国内的初级形势下，若直接发展文化创意创新，不免会跨度太大，要循序渐进，从教育入手，从改善社会文化环境开始，以影视制作、出版发行、印制复制、广告、综艺娱乐、文化会展、数字内容和动漫为载体，使得文化创意产业得以可持续发展（高红岩，2010）②。当然，文化创意产业也是有风险的，其风险包括：（1）大众对创意产品的价值认识有一个过程，创意产品是否会被大众接受是不能确定的；（2）创意产品具有需求的不确定性，因为市场需求难以预测，产品更新换代非常迅速；（3）文化创意的易复制性，文化产品的传播成本低，复制简单。可见，文化创意带来经济效益的同时，风险也是不可忽视的（厉无畏，2011）③。对于文化产业的兴起，不能盲目乐观，应当在夯实的基础上探究合适的发展模式，借鉴成功经验，如北京、珠海等地建设创意产业园，寻找创意产业的内在发展规律巧妙，运用外生力量，根据城市发展的成熟度，在探索中进步。

二　打造可持续的生态文明城市

在"城市，让生活更美好"的口号下，在城市化带来环境污染、全球变暖、噪声污染、人心膨胀等弊端的大背景下，可持续发展已成为全球的共识，关乎到大众的切身利益，打造可持续的生态文明城市成为重中之重。对于中国来说，由于人口密度高，面临的问题很多，如资源需求大于供求、道路堵塞、公共交通拥挤、商品住房造价居高不下、医疗服务落后等。要解决这些问题，就要进行合理的城市规划，综合考虑经济结构、科技水平、环境质量、资源配置和利用等因素，着重对自然资源与环境的保护，提高生产效率，着重清洁生产，控制环境污染，同时赋予城市以文化底蕴，致力于文化、科学、艺术相互融洽与和谐发展（王克勤，赵璟，樊国盛，2002）。④ 根据城市可持续发展系统动力学模型，把城市系统分

---

①　徐丹丹、孟潇、卫倩倩：《文化创意产业发展的文献综述》，《云南财经大学学报》2011年第2期。

②　高红岩：《文化创意产业的政策创新内涵研究》，《中国软科学》2010年第6期。

③　厉无畏：《文化创意产业的投融资与风险控制》，《毛泽东邓小平理论研究》2011年第2期。

④　王克勤、赵璟、樊国盛：《园林生态城市——城市可持续发展的理想模式》，《浙江林学院学报》2002年第1期。

为人口、经济、资源、环境、社会发展和科技教育，其中经济发展是前提和基础，节约资源、保护环境、控制人口是关键，社会发展是目标条件，科技进步和教育是动力（张荣，梁保松，刘斌等，2005）[1]。

三　提升居民素质

提升居民素质是实施新型城镇化建设目标的关键，是农民融入城镇生活的内在要求，是保障城镇化发展质量的根本，是促进社会和谐稳定的需要，是提升城镇竞争力的根本（郑会霞，2014）[2]，居民素质对城市文化传播的重要性毋庸置疑，通过提升旅游城市居民的素质提高城市对外来游客的接纳度不失为一种好的方法，更加有利于城市精神文明建设，促进城市的全面发展，提升竞争力和城市品牌形象（郭立田，郭晓君，彭国富，1997）[3]。

第二节　道路交通文化视角

道路文化，作为城市文化重要的组成部分，可以理解为在道路规划、修建、管理过程中创造、延伸出来的物质文化、精神文化的总和。

道路是人工建设的工程，它与经济、文化、政治、环境等的发展有密切的联系。回顾历史，我国的道路建设取得过辉煌的成绩，然而道路交通文化的发展并不是一帆风顺，出现了道路交通文化滞后于道路交通建设的现象。

我国的道路文化依附于时代发展，并与当时的经济、物质、文化发展密切相关。时代性可以看作是传承性的延伸，我国的道路建设在传统道路文化的基础上，又融入了现代元素和丰富的内涵。新型城镇化是当今国内发展的潮流，道路交通文化的建设也受到了较大的影响。

道路交通文化具有典型的地域性和兼容性特征。一方面，道路的建设

---

① 张荣、梁保松、刘斌等：《城市可持续发展系统动力学模型及实证研究》，《河南农业大学学报》2005 年第 2 期。

② 郑会霞：《居民素质与新型城镇化的健康发展》，《天津市经理学院学报》2014 年第 2 期。

③ 郭立田、郭晓君、彭国富：《提高城市居民素质　实现城市可持续发展》，《吉林大学社会科学学报》1997 年第 5 期。

要根据城市的区域位置和地域条件建设，这就造成了道路交通文化根本性上的不同，而历史因素所决定的文化特点又会对道路文化产生重大影响。另一方面，道路交通文化是一个由多方面组成的系统文化，随着信息透明化和地域文化交流加深，不同地区的道路文化又出现了交融的趋势，在独立发展的基础上做出进一步的改进。

新型城镇化讲求产业互动、和谐发展，作为城镇化进程中重要的一环，道路建设更应注重物质和文化的同步发展。其中，物质文化作为道路文化的第一阶段，人们更多地享受它带来的方便与快捷，而在之后的精神文化，人们更多地注重交通安全和舒适程度。在新型城镇化高速发展的今天，我国道路建设步入了新的时期，所以道路交通文化的发展迫在眉睫。《交通文化建设实施纲要》中着重提出，交通文化的建设是社会主义文化建设的重要组成部分，道路交通文化的完善有助于满足现今日益增长的精神文化需求。基于以上原因，本书针对道路文化的发展提出以下几方面的建议。

一　道路交通文化全面发展

在道路交通文化的物质文明建设基础上，应多加考虑经济因素，改善工作条件以及工作环境，加大交通景观的建设力度，提高道路的质量，延长其使用年限。

但道路交通文化不仅仅是建设更多、更好的交通路线及配套设施，方便人们的出行和物质的流通，其精神文化和制度文化的相辅发展也非常关键。开展以人为本的精神文化活动，加强以交通安全为中心的精神文化宣传，并以此带动沿线地区精神文化的发展和繁荣，都对道路建设有很高的要求。而在道路建设过程中涌现出来的以"铺路石精神"、航标灯精神、交通救捞精神和"小扁担精神"为代表的新时代交通精神文化，也应增大宣传力度，增强公众信服力。

道路交通文化中的体制建设，并不是类似政策调控类的制度建设，而是具有道路交通特点的长效运转机制。文化建设本来就存在缺编制，缺人员，缺经费，缺乏科学的管理制度、严格的效绩评估办法和有效的激励机制等问题。对于道路交通落后的文化来说，这些缺点尤为明显。尽快完善制度化文本的编制工作，建立科学规范的内部管理体制，对于道路交通文化的发展具有重要意义。

二 利用交通资源的优势大力发展道路交通文化

交通的发展可以促进地域间的交流，取长补短，增进两方的和谐发展。然而，落后的道路交通文化却使社会资金在跨区投入交通文化建设时得不到应有的保障和维护。所以，应加强社会资金的保护工作，在法律和政策上弥补制度漏洞，使得道路的物质建设落到实处，加强从外部吸取资源和资金的能力，保证道路交通的畅通，以加强不同文化和地域间的交流，将巨大的交通资源优势转化为道路交通文化发展的动力。

三 优化道路交通执法问题

现如今，道路交通执法的问题日益突出，已成为阻碍道路交通文化进一步发展的重要因素。

我国的交通执法部门相对来说比较复杂。由于机关的独立性和冗杂性，在遭遇突发情况或者工作繁忙时，往往出现工作效率低下的情况。且在不同的机构中，政策的制定和决策的实施有时会有出入，这就导致了机关权威性在内部和外部的双向缺失。执法人员素质过低、手段过于简单也会造成绩效低下。

所以，为优化执法问题，应做到建立"点-线-面"立体机制以及紧急救援系统，确定行动的及时性和坚决性；完善执法人员装备，改善执法人员的学习环境，加强素质教育，促进执法的规范化和标准化；改革交通执法机制，从根本上提高执法效率。

交通执法水平的上升，彰显了新型城镇化中"以人为本"的核心思想，同时也进一步优化了道路交通文化，推动了城市文化的发展，提高了城市文化软实力。

第三节 文化遗产保护视角

在我国大力发展新型城镇化的过程中，对城镇化区域内的文化遗产应特别注重于开发和保护。无论是历经风雨仍屹立不倒的古村落古城镇、被老一辈口口相传下来的传统文化记忆，还是濒临失传的手工技艺等，都属于弥足珍贵的文化遗产。基于此，在新型城镇化的过程中，各个方面都应采取相关措施在开发的过程中保护文化遗产。

从政府角度而言，在认真严格地贯彻文化遗产保护政策的同时，要将文化遗产的保护开发纳入新型城镇化建设的具体规划方案中，保存当地文化遗产的特色；重在实行，切忌纸上谈兵，对有关人员的实施方案进行严格审核，陆续对接当地区域内的公安、司法等机构，在彼此互相理解和联系的基础上进行文化遗产的保护开发；在财政资金等方面，要将文化遗产的保护纳入资金预算中，保证在新型城镇过程中有充足的资金进行文化遗产的保护开发。加大媒体新闻对文化遗产保护的曝光度，让公众对真实情况更加了解，从而发动社会公众的力量保护文化遗产①。

从当地居民的角度而言，对文化遗产感情最深重的无疑是他们，也正是这个原因，在新型城镇化的建设过程中如果处理不当极易引发政府和当地居民关于文化遗产处置问题的矛盾。首先，依然要提高居民对文化遗产自发的保护意识，带动居民对传统文化的传承意识。

在保护文化遗产的过程中，针对物质文化遗产和非物质文化遗产应制定不同的处理方案。物质文化遗产包括文化古宅、古庙以及其他遗留下来的文化古迹，作为有形的物质文化遗产，在新型城镇化的建设过程中，文化遗产势必会和城镇建设争夺土地资源，在这样的情况下，应重视对物质文化遗产的处置，将文化遗产纳入新型城镇化建设规划中，形成一系列配套方案，在居民和游客心中形成这样的观念——文化遗产不仅仅是孤零零、冷冰冰的建筑物，还是生动优美的旅游景点，更是人们对传统文化的情感寄托物。而对于非物质文化遗产而言，不存在土地资源争夺的矛盾，但在新型城镇化建设过程中，也应给予足够的重视。和物质文化遗产不同，没有实体依附的非物质文化遗产是无形的，在对它的保护和开发上就更需要仔细研究②。

第四节　规章制度文化视角

传统城镇化发展在带来经济发展的同时，也带来了如阻碍经济可持续发展、造成资源浪费和破坏生态环境等一系列问题。因此，为摆脱传统的

---

①　焦泰平：《中国道路文化的特征及其研究意义》，《长安大学学报》（社会科学版）2010年第1期。

②　司昌静：《交通运输行业文化体系构建与发展战略研究》，硕士学位论文，长安大学，2008年。

城镇化发展道路，走适合中国国情的城镇化道路，我国政府提出了新型城镇化的概念，并出台了一系列的方针政策，确定了未来我国要走以人为本、可持续发展、适合中国国情的新型城镇化道路的大方向。新型城镇化发展进程中在基础设施、社会公共服务以及经济发展等方面都在不同程度上对城市文化的发展起到了促进作用，尤其是城市交通格局的规划完善以及道路建设对城市文化发展所起到的作用更是新型城镇化对城市文化发展作用的重要表现。

新型城镇化不仅从基础设施、社会公共服务以及经济发展等方面促进了城市文化的发展，为城市文化的发展提供了设施基础以及经济基础，还通过新型城镇化的一系列配套制度为城市文化的可持续发展提供了制度保证。在这一系列的配套制度中包括了社会保障制度、提高国家财政性教育经费等。

以人为本的新型城镇化所提到的城镇化包括了新增城镇人口能够享受到教育、文化以及科技等城市基础设施，并且能够接受交通、能源、供水以及环境等城市基础设施服务。新型城镇化的以人为本的理念可以通过其配套制度之一的社会保障制度体现。当社会保障制度不断完善时，由于关于住房、医疗、教育以及养老等各项社会福利保障制度不断得以完善，城镇居民所负担的住房、医疗、教育以及养老等方面的经济压力有所缓解，从而能够在一定程度上增强居民的文化消费能力①。也就是说，健全的社会保障制度具有"减震器"和"保护伞"的作用，能够对人们的远期支付压力起到缓解作用，释放城镇居民的消费能力，从而提高城镇居民的消费文化能力，促进城市文化的发展。因此，政府应当进一步加强社会保障体系的建设，不断完善社会保障制度，坚持以人为本的新型城镇化发展道路，为城镇居民的未来生活提供强有力的保障，从而增强城镇居民对未来生活的信心，释放城镇居民的消费能力来进行文化消费，最终推动城市文化产业的进一步可持续的发展。

城镇居民在文化领域的消费能力会受其他方面消费支出的影响，因此当国家在教育方面经费投入不足时，城镇居民个体就会成为教育投资的主

---

① 王元：《城镇化进程中的城市文化安全与文化遗产保护》，《北京社会科学》2015年第 3 期。

体，从而使得城镇居民在文化娱乐领域的消费能力被削弱①。在以人为本的新型城镇化下，政府增加了对教育以及其他公共文化事业的投入，例如，为一些公共文化服务提供补贴，增加对学校、图书馆、文化馆以及公共博物馆等社会文化基础设施的建设和改善，等等。文化教育基础设施的完善，社会公共文化服务质量的提高，减轻了城镇居民文化教育负担，有益于提高居民的文化消费水平，促进城市文化产业的发展。因此，我国应在新型城镇化发展的道路上进一步提高国家财政性教育经费的投入，为城镇居民减轻教育负担，从而使得城镇居民的文化消费水平有所提高，进一步对城市文化产业的发展起到促进作用。

新型城镇化的新特征有以人为本、创新推动以及可持续发展，而传统城镇化在发展过程中也对城市文化产业的发展造成了一定影响，比如：文化资源分配不均、文化市场开发程度不高以及文化产业立法保护不健全等。为改善我国城市文化发展的现状，促进文化产业的发展进程与新型城镇化的发展进程相适应，我国政府应当在新型城镇化的配套制度中进一步通过完善与文化消费相关的制度，来调整教育文化资源分配问题，加快为文化产业所提供的法制保障的建设，为文化产业发展引领正确的方向，培养城镇居民健康高尚的文化消费观念，从而改善文化市场的格局和结构，为城镇居民提供一个良好的文化消费环境，增强城镇居民的文化消费水平，促进城市文化产业的发展。

---

① 张林燕：《非物质文化遗产保护与城镇化建设和谐发展的研究》，《生产力研究》2013年第12期。

本篇小结

　　自改革开放以来，我国经济迅速发展，导致了城镇化大规模且高速发展，但是过去传统的城镇化发展模式带了如环境污染、资源浪费等重大问题，将会阻碍我国经济社会和人文社会的进一步发展，为了保障我国经济、文化等各方面的可持续性发展，我国大力推行并积极实施与新型城镇化相关的政策。以人为本的新型城镇化重视城镇化建设中人的感受，加大了基础设施和社会公共服务设施的建设力度，关注城镇中居民的文化需求。

　　基础设施的建设，尤其是交通道路的建设，为区域发展带来了许多机遇，完善的交通道路网络是城镇化发展的必然需求，而道路交通的建设同时能够展现城镇化发展程度。以人为本的新型城镇化重视人的需求，其中包括人对文化的需求，道路交通的建设带来城镇化发展程度的提高，高度城镇化下，城市文化以及居民文化需求也有所改变，本篇主要从道路建设、交通优化与新型城镇化以及文化发展的视角对新型城镇化下的城市文化发展进行了研究，并以青岛市重庆路改造为例，将青岛市重庆路改造给文化发展带来的影响作为实证进行了分析。

　　在研究了新型城镇化、城市道路建设以及文化发展的基础上进行了实证分析后，本篇针对新型城镇化视角下的城市文化发展从居民素质、道路交通文化、我国文化遗产保护以及国家制度文化四方面提出了建议。

第四篇

新型城镇化进程中的管网建设研究

第一章　城镇化与社会发展理论

由于社会发展程度与城镇化发展程度的不匹配，在城镇化的推进过程中，社会发展所存在的问题将会逐步暴露出来。这些问题的存在会对我国城镇化的发展起阻碍作用，因此解决社会发展与城镇化发展不匹配的问题是保证我国城镇化顺利推进的重要保障。本章对城镇化背景下社会发展的相关理论及当前存在的问题进行了详细的论述，并提出相应建议，以期对我国的城镇化产生促进作用。

第一节　城镇化中社会发展面临的问题

城市的出现是人类文明起源和发展的标志。从社会学角度来看，作为先进生产力的代表之一的城市，是一种现代化生活方式的体现。新型城镇化的最终目的是构建一个现代化的社会，从而实现社会的现代化。但是在城镇化过程中，各种城市问题也集中凸显出来。按其产生的原因来分，"其中一些问题根源于整个社会"，"其中一些问题是因为城市化和城市设置的性质所造成或引起的"[1]。自 20 世纪 70 年代以后，尤其是自我国实行改革开放以来，我国城市化顺应形势得到快速发展，取得了举世瞩目的成就，但随之而来的，是城市化的高速发展带来的一系列影响城市和谐与可持续发展的社会问题。

在城镇化进程中，一方面，随着城市外来人口的大量涌入，城镇住房、公共基础设施和卫生环境设施等一系列的需求量也相应增加[2]。另一

---

① ［美］保罗·诺克斯、［美］琳达·麦克卡西：《城市化》，顾朝林等译，科学出版社 2009 年版。

② 宋戈、吴次芳、王杨：《城镇化发展与耕地保护关系研究》，《农业经济问题》2006 年第 1 期。

方面，随着城市人口数量的日益增长，也会滋生出外来人口融入问题、城市阶层居住隔离及贫困加剧等问题。

一　城镇化中基础设施资源短缺等问题

改革开放以来，中国开始进入"现代化列车"的轨道中高速前进，城镇化和工业化齐头并进。2011 年中国城市化水平已经超过 51%，意味着中国城市社会时代的来临[①]。快速城镇化给中国带来机遇和挑战。大量的农业人口进城，在极大地带动城市发展的同时也给中国城市在社会、空间、环境层面上带来一系列的压力。城市蔓延、城市贫困、城市环境、城市交通、城市治安等问题将进入集中爆发期。"城市病"开始引起党中央国务院的高度重视，并在《中华人民共和国国民经济和社会发展第十二个五年规划纲要》中提出："坚持以人为本、节地节能、生态环保、安全实用、突出特色、保护文化和自然遗产的原则……合理确定城市开发边界，规范新城新区建设，提高建成区人口密度，调整优化建设用地结构，防止特大城市面积过度扩张，预防和治理'城市病'。"

中国学者对"城市病"病因的探讨主要集中在以下方面：（1）规模病。城市规模过大会不会引发城市病？王桂新（2011）认为城市规模过大会招致人口拥挤、住房紧张、交通堵塞、环境污染等问题，同时也指出"大城市病"和城市发展中的大城市化之间没有必然联系[②]，石忆邵（1998）辩证地分析了城市规模和"城市病"之间的关系，认为"城市病"是一种社会经济"发展病"而不是"窒息病"，指出中国的"城市病"的出现并不是因为城市规模过大，而是由于体制磨合、结构失调、政策失误、技术失当、管理失控及道德失范等多方面因素造成的[③]。（2）空间失衡论。宁越敏（1990）认为城区人口密集极高、水资源等分布不均、城市基础设施不足以及不合理的产业结构是中国大城市问题产生的重要原因[④]。（3）现代化病。张鸿雁（2009）从社会病理学出发指出，在现代化潮流的冲击下，中国城市社会进入了典型的"风险性社会阶

[①]　李陈：《"城市病"研究述评和展望》，《西北人口》2013 年第 5 期。

[②]　王桂新：《中国"大城市病"预防及其治理》，《南京社会科学》2011 年第 12 期。

[③]　石忆邵：《城市规模与"城市病"思辨》，《城市规划汇刊》1998 年第 5 期。

[④]　宁越敏：《论世界大城市的发展趋势——兼论我国大城市的发展问题》，《城市问题》1990 年第 4 期。

段"，高速发展的城市化带来的社会变迁使结构性问题显性化，产生"非典型现代都市病"——交通拥挤、人群拥挤、住房拥挤、房价畸高、就业难、贫困人口增长、城市犯罪增长、自杀率增长及心理疾病频发[1][2]。（4）综合论。"城市病"本身是一种复杂的经济社会现象，地理学家、经济学家和社会学家等都试图从多角度去探讨它。《城市地理学》指出"城市病"涉及城市环境、城市交通、城市住宅、城市社会、城市安全等问题，分别从交通、生态、社会、公共安全等方面提出构建可持续发展的城市理念[3]；《城市社会问题经济学》专门以中国的城市问题为导向，运用现代经济学的理论和方法，从城市交通、城市住宅、城市教育、城市贫困、城市犯罪、城市老龄化等方面解释了"城市病"[4]。

快速的城镇化导致的"城市病"主要表现为以下三个方面。（1）人口膨胀。徐和平通过分析大城市形成的历史轨迹发现，无论是国外还是国内，特大型城市强大的聚集效应势必导致人口聚集继而人口膨胀[5]。当然，人口的快速集聚反过来也是城市发展的重要推动力。然而，在人口快速集聚的过程中，城市配套设施建设和管理服务水平无法同步快速增长，两者之间的不协调引发了"城市病"。按照倪鹏飞的说法，"城市病"发生概率取决于人口总量与城市配套建设和管理服务水平两个因素的对比[6]。（2）交通拥挤。交通一直是各国城市发展的"头号难题"。由于城市交通设施缺乏或规划不合理，拥挤现象严重，城市居民的通勤成本居高不下。交通拥挤不仅增加成本、损失财富，还成为城市环境恶化的主要污染源。根据伦敦20世纪90年代的检测报告，大气中约有74%的氮氧化合物来自汽车尾气排放[7]。由于交通拥挤导致车辆只能在低速状态行驶，频繁停车和启动不仅增加了汽车的能源消耗，也增加了尾气的排放量[8]。

---

①　张鸿雁：《中国城市化进程中的"合理性危机"论》，《城市问题》2009年第3期。

②　张鸿雁：《中国"非典型现代都市病"的社会病理学研究》，《城市科学》2010年第10期。

③　许学强、周一星、宁越敏：《城市地理学（第2版）》，高等教育出版社2009年版。

④　周伟林、郝前进等：《城市社会问题经济学》，复旦大学出版社2009年版。

⑤　徐和平：《经济发展中的大国城市化模式比较研究》，人民出版社2011年版。

⑥　倪鹏飞：《中国城市竞争力报告——"城市：让世界倾斜而平坦"》，社会科学文献出版社2011年版。

⑦　陆锡明：《大都市一体化交通》，上海科学技术出版社2003年版。

⑧　李媛：《基于GPS数据的城市小汽车行驶特性研究》，硕士学位论文，北京交通大学，2008年。

（3）城市贫困。城市贫困是指城市经济发展收益无法为所有城市居民分享，部分居民处于贫困或失业状态。联合国人居署将 2003 年全球人类居住区报告命名为《贫民窟的挑战》，该报告指出，世界有将近 1/3 的城市人口居住在贫民窟里，而且大多数生活在发展中国家①。同时，由于城市土地存在供给的绝对刚性，在大量的人口和产业集聚过程中，土地供给紧张，因此引发了房价的飞涨，使贫困阶层不能"居者有其屋"。在中国，由于在很短的时间里要走完工业化和城镇化之路，中国的"城市病"不仅具有发达国家"城市病"的一般特征，还具有特殊性。朱颖慧认为中国城市有六大症状：人口无序密集、能源资源紧张、生态环境恶化、交通拥挤严重、房价居高不下和安全形势严峻②。中国城市普遍存在着环境恶化、脱离实际的形象工程、脆弱的公共安全、投资热、重复建设、圈地热、开发区热、占地过大过滥、旧城改造热、大面积拆迁和城镇化的虚高统计等"病症"。

二　城镇化中社会隔离及社会公平等问题

改革开放以来，我国市场经济迅速发展，大量农村人口因生活所需到城市务工经商，但是由于受到价值观和教育背景的限制，来到城市后的农村人口仅仅是游走在城市与农村之间，成为边缘群体，并没有真正融入城市，这一现象的存在，激化了城镇化进程中的社会隔离与冲突问题。而社会隔离与冲突又包括外来人口的融入问题、城市内部阶层居住隔离问题及外来人口和本地居民的冲突等问题。

从外来人口的融入角度来看，大多数流动人口更希望通过参与其工作单位和居住社区的管理和选举等活动，慢慢融入到当地的社会生活中。但事实上，流动人口在现居住地的交往范围仍然局限在亲缘、同乡或其他外来人口等社会关系里，很少参加当地的社会活动。经调查表明，80.7% 的流动人口的当前工作是通过自己或家人、亲戚、同乡、同学等社会关系找到的；35% 的流动人口从来没有参加过现居地举办的任何活动；而参加选举、评先进以及业主委员会活动的比例均不足 10%③。如果从经济、生

---

① 佘高红：《城市贫困空间形成原因解析》，《城市问题》2010 年第 6 期。
② 朱颖慧：《城市六大病：中国城市发展的新挑战》，《今日国土》2010 年第 2 期。
③ 段成荣、吕利丹、邹湘江：《当前我国流动人口面临的主要问题和对策——基于 2010 年第六次全国人口普查数据的分析》，《人口研究》2013 年第 2 期。

活、社会、制度、心理等各项指标进一步分析农民工的城市融入问题，可以发现，在中国快速城市化的进程中，农民工在不同指标上呈现出非常大的差异。虽然在除生活方式及经济的部分领域外农民工能够基本上融入当地社会，但是在制度、心理和社会等方面依然与当地城市居民有较大的差别。

居住相对隔离作为西方国家城市化过程中的一大特点，多是由种族、宗教、社会阶层等方面的差异引起的。彼特·布劳（Peter Blau）认为，隔离是指一个群体或阶层中存在与其他群体或阶层没有社会接触的成员的现象①。而居住相对隔离在我国城镇化发展的进程中也有所显现。从新中国成立到20世纪90年代，以单位制为主的社区空间居住模式是我国城镇居民的主要居住方式，这种居住方式具有较高的行业"均质性"与社会阶层"混合性"两大特征②。在城市空间格局上，城市被分割为几乎同质的以一个个单位为界的社会空间，各个单位在生产生活方面自成一体，构成了一种单位社区。1994年，国务院颁布并实施了城镇住房制度改革，住房制度的改革和房地产市场的发展打破了原来住房只依赖单位供给的单一途径，住房不再由单位统一解决，而是购房者自行到市场上寻求，在某种意义上这也体现了购房者对住房空间的选择，更多地体现出个人的主观意愿、经济能力、主观偏好等。居住区的"社会阶层化"开始出现。

近些年来，在经济比较发达的东部沿海地区（如珠江三角洲和长江三角洲地区），由于外地人口的大量流入，本地人和外地人的"倒挂现象"已经十分严重。一些地方政府和本地居民对外来工的制度歧视、意识歧视、管理歧视和生活歧视等使得一些外地人在精神层面得不到重视，逐渐萌发了群体性对立情绪，外地人通过地缘、亲缘关系联系起来，保护自己的利益。这样自然而然地形成了外地人和本地人两大分隔群体。在城市成长起来的新一代农民工，他们的比较对象是当地的城市人而不是农村人，因此，他们的相对剥夺感会更加强烈，会有更高的追求，也更容易在受阻时形成心理压抑。外来人口在城市的贫困人口中占有很大的比例，一

---

① 刘杰、王星：《从隔离走向融合：失地农民社群隔离现象的破解——以长春市为例》，《甘肃行政学院学报》2010年第4期。

② 黄志宏：《城市居住区空间结构的演变》，社会科学文献出版社2006年版。

方面，城市外来人口与当地居民收入差距颇大，财产收入具有"马太效应"[1]，对于城市人口来说，他们在这座城市中最先拥有大量财产，并通过投资、租赁和转移等形式形成新的可支配收入；另一方面，由于农村人口受所受教育的限制，他们在城市仅仅是通过出卖自己廉价的劳动力来获得可支配收入，这也更进一步拉大了他们与城市居民之间的可支配性收入差距。根据《中国价格及城镇居民家庭收支调查年鉴》（1996—2010 年）的数据，1995 年中国城镇居民的年财产性收入平均值只有 90.43 元，在 2009 年就已经达到了 431.84 元。与此同时，城市居民之间的收入差距不断扩大。2009 年，最低收入户的家庭财产性收入为 63.49 元，而最高收入户的家庭财产性收入值是最低收入户的 36.6 倍，收入值已上升到 2321.94 元[2]。

农民工社会融入对我国经济社会发展以及城镇化进程有着深远的影响。农民工社会融入受其自身资本因素和社会制度体系的综合影响，同时也无法摆脱现实社会环境的制约。农民工社会融入应该从提高农民工的资本要素和改革优化城市社会的制度结构两方面着手，一方面从财产收入与工作收入两个角度提升农民工的经济资本，从处理学历教育与职业教育平衡关系中培育农民工的人力资本，从"先赋"到"后致"注重社会资本的积累和构建；另一方面抓住制度改革的核心，积极推进户籍制度改革，突破隐形户籍墙的束缚，确保农民工获得与城市居民共享社会福利和公共服务的权利。此外，整个社会还需要进一步营造农民工融入城市的社会氛围，合理引导社会舆论导向，树立正确的社会价值理念，注重削减农民工所面临的种种社会排斥[3]。

三 城镇化中社会归属感缺失等问题

城市外来流动人口的归属感是新型城镇化进程中的重要心理要件[4]。城市外来人口和城市当地居民在生活条件、可支配收入及所处社会地位上

① 楼慧心：《和谐社会与"马太效应"》，《中国行政管理》2006 年第 2 期。
② 高阳：《增加城镇居民财产性收入问题研究》，硕士学位论文，辽宁师范大学，2012 年。
③ 辜毅：《城镇化背景下农民工社会融合的困局、反思与展望》，《电子科技大学学报》（社会科学版）2016 年第 2 期。
④ 汪军、许秀川：《城镇化进程中务工农民的归属感：265 个样本》，《改革》2013 年第 8 期。

的差异会导致外来流动人口的归属感缺失，而另一方面通过"单位制"形式在城市重新建立起的"熟人化社会"，也会加重城镇化进程中社会认同感、归属感的缺失。在我国现代化发展新形势下，城市逐渐成为经济社会发展的中心。过去在"单位制"形式下，依靠国家的政治力量，将分散的个人聚集在一起，组织起整个社会。但是，在这种情况下，同一单位内人与人之间不熟悉，城市居民失去了生活和精神依托，再加上农民工在身份转型过程中遇到了各种阻碍，他们很难融入社会，缺少基本的社会保障，直接导致了城市流动人口社会认同感和归属感的缺失，甚至有极少部分的社会群体会出现破坏社会和谐稳定的不良行为。因此，推进市民归属感的培养是城镇化进程及社会转型的必然要求。

现代社会城市化发展的一个突出表现是"拔根"和"扎根"。无论是城市本地人口还是城市外来流动人口，都无法在短时间内适应城市社会的快速变迁，这一现象的存在，使得两个群体都在不同程度上形成了文化上"无根性"的心理结构和行为表现。而正是这种"无根性"心理引发了"非典型现代都市病"[1]，如自杀率升高、"群体性社会心理紧张"、"无因由恐慌"以及以"逃离大城市"为典型象征的另类文化行为[2]。我国是一个传统的农业国家，农业思想扎根严重，这就使得相对独立的市民意识没有形成。市民意识主要内容有政治上的积极参与意识、经济上的竞争意识、城市的公共意识和文化上的开放意识。同时，市民意识与农民意识是一个对等不同的概念，市民意识是指城市居民对自己身份的认同，包括个人应该享有的权利与应该承担的义务等，市民意识形成后，可以在日常生活和行为方式中自觉地表现出来[3]。

中产阶层在现代社会结构中占据一定的比例，会对整个社会的稳定与发展产生积极作用。由中国社会科学院社会学研究所 2006 年出具的"中国社会状况调查"（CGSS2006）相关数据分析表明，在我国，中产阶级客观测量所得的社会经济地位与其主观认同的社会经济地位存在很大的差异。例如：在"核心中产阶级"中，有 61.7% 的人认为自己的经济社会

---

①　张鸿雁：《中国"非典型现代都市病"的社会病理学研究》，《社会科学》2010 年第 10 期。

②　张鸿雁、谢静：《城市进化论：中国城市化进程中的社会问题与治理创新》，东南大学出版社 2011 年版。

③　刘金伟：《新型城镇化与社会发展》，广东经济出版社 2014 年版。

地位处在社会的"中间层";在"半核心中产阶级"中,有53.5%的人认为自己处在社会的"中间层";而在"边缘中产"中,则只有46.8%的人认为自己属于社会的"中间层"①。这更加充分说明我国社会阶层认同感较低,并且,在农民工和失地农民身上,社会认同感之低更加严重。据国家统计局上海调查总队于2009年开展的对上海外来务工人口的问卷调查所得数据的研究表明,大部分农民工没有把自己真正地嵌入上海的社会生活中,仅仅是把上海作为一个临时的栖息地②,尤其是那些刚转入城市居住的失地农民,他们仍然认为自己的身份是农村居民。20世纪90年代中后期,我国进行了国有体制改革,直接促进了我国人口流动性的增强。而随着人口流动性的逐步增强,一方面,加剧了商品住房市场开放社区之间凝聚力不强的问题,另一方面,也使得城市居民社会凝聚力进一步下降。因此,我国社会正面临着社区与社会凝聚力缺失的双重失落。

社会安全感可以用来衡量社会运行机制和人们生活安定程度。然而,据不完全统计,我国的犯罪增长率已经远远超过了改革开放后经济的增长率。这种情况的产生,一定程度上是由于外来流动人口的经济承受能力很低再加上其社会阶层的认同感和社会归属感的缺失导致的。因此,外来流动人口犯罪在导致城市不安全的因素中占有很大的比例。

加大宣传教育,切实转变观念,全面认识城市外来流动人口。城市居民要转变思想观念,用辩证的思维方式看待问题并从思想深处接受城市外来流动人口,要看到他们善良、勤劳、敬业的品质。表达出他们渴望城市居民了解他们、接纳他们的美好愿望,让更多的城市居民能够真正走进城市外来流动人口的工作、生活,从内心深处理解他们、接受他们。采取多种教育培训模式,提高城市外来流动人口的综合素质。帮助改变他们原有的根深蒂固的观念和生活方式,促进他们更好地融入城市社会,从而得到归属感的满足。增强城乡居民互动,发挥社区功能。城市外来流动人口很少有时间和资本去参加社会活动,所以对于他们来说,最容易实现的就是社区活动,在活动中培养城市外来流动人口与城市居民的感情,增进友谊。使广大城市居民对城市外来流动人口有更为广泛的深入了解,逐步扩

---

① 李培林、张翼:《中国中产阶级的规模、认同和社会态度》,《社会》2008年第2期。
② 童学敏:《基于人力资本和社会资本视角的农民工城市认同感研究》,硕士学位论文,上海交通大学,2011年。

大城市外来流动人口的交友范围，使他们摆脱自卑的心理，从而对城市生活的认同感和归属感加强。创新社会管理，提升服务城市外来流动人口的水平。正如清华大学李强教授所言："中国社会一个最重要的特征是政府主导型社会。"[①] 政府要做出政策调整，把农民工纳入城市社区的管理中来。提升服务城市外来流动人口的水平，增进城市社会对他们的了解。以社区为平台，建立新时期的城市外来流动人口管理和服务制度，为他们提供更多的参与社会的机会和途径。不仅让他们在与自身利益相关的管理制度修订上有参与的机会，还要让他们对城市社会的发展有发表意见的机会。

推动农业转移人口融入企业、子女融入学校、家庭融入社区、群体融入社会，建设包容性城市。提高各级党代会代表、人大代表、政协委员中农业转移人口的比例，积极引导农业转移人口参加党组织、工会和社团组织，引导农业转移人口有序参政议政和参加社会管理。加强科普宣传教育，提高农业转移人口科学文化和文明素质，创造农业转移人口参与社区公共活动、建设和管理的条件，政府和用工企业要加强对农业转移人口的人文关怀，丰富其精神文化生活。以便消除城市社会和居民对他们的抵触和排斥，使他们能够以主人翁的姿态生活在城市中，对城市产生归属感，进而加快我国和谐社会的发展[②]。

四　城镇化建设中具体问题的解决方案

在城镇化发展过程中，各种纷繁复杂的问题层出不穷，这不仅会对城市居民的生活带来不良的影响，更会制约我国城市的和谐与可持续发展。对此，我国采取了一系列针对性措施用以加强城市社会建设，并取得了良好的效果。其中北京市与深圳市的社会管理模式的创新性最为突出。

北京市作为我国的首都和特大城市之一，近年来城市化速度迅速推进，外来人口大量涌入，城市人口数量在短时间内得到了快速的增长。但是社会基础设施却没有跟上人口增长的速度，再加上北京市的扩建，土地问题也随之而来，这最终导致了北京市的社会矛盾日益突出。因此，北京市为了实现建设世界城市的目标，展开了一系列社会管理模式

---

① 李强：《社会分层十讲》，社会科学文献出版社 2008 年版。
② 李萌：《新生代农民工的归属感问题研究》，《社会科学论坛》2013 年第 7 期。

的创新。

北京市为推动社会服务水平的提高，逐渐实现从社会管理向社会治理过渡，从政府为主导的社会服务管理模式向政府、市场、社会三方主导的社会模式过渡，对实现全面深化街道社会服务和城市管理体制改革进行了积极的探索。根据北京市 2014 年社会建设工作会议的精神，北京市社会建设领域将全面深化改革，一方面，加快推进政府职能向社会组织转移，编制政府向社会组织职能转移目录，公布承接政府转移职能的相关社会组织名录，做强社会组织；另一方面，加快推进街道体制改革，做实街道办事处。在现实社会的生活中，城市街道办事处体制在社会服务管理中发挥了重要的作用，这意味着，街道已经成为新形势下社会治理服务的一个重要方面。由于街道办事处处于城市行政组织架构和行政权力的最底端，因此，街道办事处还是市区两级政府与城市社会基层的接触面以及市区政府与社会互动的基础平台。这也就决定了城市街道办事处必然会成为探索社会治理服务的重要突破口①。

在传统意义上，社会服务主要是以政府为主体，而随着社会与经济的发展，社会服务治理的主体逐步转变为政府主体、社会组织、市场公司和专业社会工作机构等多方面的组合。简单地说，一方面，政府和有关部门会在现有的街道体制下利用社区公共服务站来输送社区居民公共服务，另一方面，社区居民的大多数需求和社区发展的很多机会仍然处在无序发展状态并且游离于社会服务资源之外。因此，通过协商的方式发现服务需求是街道治理模式创新性解决问题的主要方法，并且，通过制定服务清单的方式明确购买服务的内容②。

社区协商理事会依托现有的网格体系，在社区党组织、社区居委会、社区工作站的基础上，把物业、社区代表、社区内的人大代表、政协委员、社区名人、社区片警、辖区单位、社工机构等代表吸收进来，按照社区居民和社区发展、社区治理这三种不同类型组合不同会员协商议事。通过社区协商理事会制订的来自基层社区的需求清单，在传统渠道的基础上更能体现出自下而上的特征。由此可见，北京市治理模式的创新既坚持了

---

　　① 林学达：《北京城市副中心背景下的社会服务治理模式探究——以街道协商服务治理模式创新为例》，城市和郊区的现代化——第十二期中国现代化研究论坛论文，2014 年 9 月。

　　② 田园：《北京市城市基层社会管理体制创新研究——社会政策行动系统分析视角》，硕士学位论文，中国政法大学，2010 年。

以人为本的原则，又强调了多元主体的参与和多方的有机统一①。

从北京市社会管理模式中我们可以总结出关于城市社会管理体制创新在制度规则、组织体系与运行机制方面的对策。转变基层社会管理观念，社会管理的核心不再是一种行政管制，而是多元的社会治理。在治理的内涵中，服务远大于管制，它体现的是一种协商伙伴关系和一种互动的管理过程；健全基层社会管理的制度保障，对公共服务的治理理念进行进一步的制度保障，使抽象的公共行政价值理念转变为具有实际操作指导价值的制度规范；搭建多元主体的互动平台，社区是构建和谐社会的基本载体，也是连接各类社会组织、居民与政府的互动平台，打通上下之间的联系，能动性地协调各多元主体之间的关系。通过管理模式改革实现良好城市社会建设。

深圳市作为我国流动人口最为集中的城市，其社会矛盾和社会问题也越来越突出，这给深圳市的管理带来了极大的压力。为解决深圳市越来越突出的社会治安、计划生育、私招滥雇等问题，深圳市采取更加法制化、规范化和科学化的方法。这不仅解决了深圳市的实际问题，也为其他城市解决人口压力问题提供了宝贵的经验。

首先，深圳市出台了《深圳市关于加强和完善人口管理工作的若干意见》《深圳市户籍人口迁入若干规定（试行）》等五个配套文件。自2008 年以来，深圳市采取了各项积极措施，引导流动人口办理居住证。这不仅增加了流动人口对深圳市的归属感，更进一步形成了科学合理的流动人口管理体制。同时，深圳市采取以证管人、以房管人、以卡管人的分类管理方式，完善了对流动人口的治安管理体制，填补了治安管理体制的漏洞。深圳市在加强流动人口管理的同时，也在进一步改善他们的生存环境，如提高流动人口的就业率、解决流动人口子女的教育问题、减少在当地入学的困难及加强流动人口的社保建设，这些措施都在一定程度上增加了流动人口对深圳市的归属感和认同感②。

深圳市的城镇居民管理模式坚持"以人为本，以服务为本"的理念，增强服务意识，坚持服务与管理并重，寓服务于管理之中，提高管理水

---

① 卫志民：《中国城市社区协同治理模式的构建与创新——以北京市东城区交道口街道社区为例》，《中国行政管理》2014 年第 3 期。

② 刘基仙：《深圳市流动人口管理的问题与对策研究》，硕士学位论文，华中师范大学，2011 年。

平。加强流动人口管理与服务的组织体系建设，完善法规和政策，提高法制化水平。扩大公共服务，加大流动人口合法权益保障力度，通过扮演公共资源的管理者、公共组织的监督者、公民权利和民主对话的促进者、社区参与的催化剂以及基层领导者等角色来为公民服务，为流动人口创造安居乐业的良好条件。积极推动流动人口自治管理，充分发挥社会各层次各方面的力量，促进由政府单项管理向社会自治模式的过渡。以人为本的管理模式革新会改善对流动人口的管理，实现城镇化的良好发展。

通过北京市和深圳市这两个例子，我们可以进一步发现，在城镇快速建设过程中，难免会有疏漏，甚至一些原有的管理模式已经不再适应现在的城市。这就需要我们进一步加强城镇化过程中的社会建设，根据实际情况不断创新方法和管理模式来解决社会发展问题。在城镇化的进程中，我们要注意到，管道网络设计和工程规划等基础公共设施的建设有利于促进社会的发展。

五　管网设计对城镇化进程的影响

在新时期，伴随着管网设计和工程规划有关理论的成熟，对新型城镇化不断地提出不同的解读，已达到较高城市化水平的经济发达地区，应该逐渐由以发展小城镇为特征的城镇化向以现代化为特征的城市化过渡。为实现此目标可以采取如下措施：一是增加城市的供给，二是推进城镇的城市化发展，强化城市功能，三是推进城市现代化，提高城市质量。但目前城市化最为突出的问题是，我国大部分省市的市政管道大多建于20世纪八九十年代，使用时间超过20年，远远超出了使用年限。并且，这些管网使用的材质落后，很大一部分管道没有使用钢筋，材料已经发生老化、腐蚀，因此各种危险事故极易发生，可能导致公民的生命健康和财产受到危害和损害，整座城市的发展受到阻碍，城市发展的层次被拉低，甚至城市发展停滞不前。而在现实生活中也确实发生了很多因为有关管网设计和工程规划的不完善给城镇化发展以及城市居民的生活带来负面影响的事件。

兰州发生的自来水苯超标事件①在当时引起相当大的轰动，经查明，

---

① 张子晗：《主流媒体官方微博的应急反应特征研究——以兰州局部自来水苯超标事件为例》，《东南传播》2015年第2期。

该事件是中国石油天然气公司下的兰州石化分公司的管道老化导致石油泄漏污染了供水企业的自流沟,而当时自流沟已经使用了60年。早在20世纪80年代,自流沟下面的化工管道就已经发生过一次漏油事件,可该供水企业并没有因为漏油导致水源污染就弃用该供水自流沟,而是对自流沟进行修补后又使用到现在。最后这起重大石油泄漏事故,被确认为一起重大责任事故①,既有事后处置不当的因素,更有规划不合理的责任。其发生的最主要的原因是,当初输油管道与城市排水管网规划布置很不合理。为保证水资源净化,自流沟不应与石油接触,然而输油管道与城市排水管网却混在一起建设,这是规划源头上的问题②。并且当发生第一次漏油事件时,供水企业就不仅仅应该修复自流沟,更应该加大净化水资源的力度,从源头上彻底解决水资源污染问题,将输油管道与城市排水管网分开规划,以确保不会因为输油管道的腐蚀、老化造成石油泄漏污染水源。

在2014年2月份,深圳市连续两天发生地面塌陷事件,此灾害事件造成5人受伤。经过初步查勘,最终确定是路面之下一条于1994年用混凝土浇筑的直径为1.5米的雨水管道老化破裂,导致路面下泥土掉入管道被冲走,进而形成地面塌陷③。

2013年11月发生在青岛市的"11·22"石化输油管道爆燃事故,石油泄漏进入下水管道导致爆炸,造成48人死亡、136人受伤。输油管道与城市排水管网规划布置不合理是此次事故暴露出的突出问题之一④。

综合来看,这三个事件存在许多共性问题。泄漏的石油能够进入市政管道,泥土能够掉入管道被冲走,这绝对不是偶然,而是市政管道一直存在的安全隐患,这些隐患在市政管道的建设中没有得到有效防范和规避,在后来的管道使用过程中也没有做好检查、修缮工作。

2012年7月21日,北京城区遭遇特大暴雨,全市平均降雨量164毫米,为61年以来最大降雨量,多数路段由于严重积水进入瘫痪状态。据

---

① 彭琛:《兰州自来水局部苯超标事件透视的法律问题探析》,《现代妇女(下旬)》2014年第8期。

② 宋云、李培中、郭逸飞:《关于兰州石化泄漏导致自来水苯超标事件的解析》,《环境保护》2015年第19期。

③ 李勇峰:《深圳大运中心场地岩溶地面塌陷危险性评价研究》,博士学位论文,中国地质大学,2013年。

④ 彭利国、胡剑龙:《夺命管道:"地下长城"绵延万里　城市管网隐患重重》,《安全与健康》2014年第1期。

初步统计，暴雨造成经济损失近百亿元，有77人遇难，多数人系在暴雨中溺水身亡。此次事故与城市地下管网建设及规划的不合理有着密不可分的联系①。与此同时，我国河南洛阳、湖北荆州、江苏、浙江、山东等地也遭受特大暴雨，损失惨重。特大自然灾害给我们城市设计及管理带来了深刻的教训，也暴露出我国城市排水设施的不科学、不合理等问题。城市排水系统是处理和排除城市污水和雨水的工程设施系统，是城市公用设施的重要组成部分，在整个水污染控制和水生态环境保护体系中扮演着一个重要角色，它不仅是一个系统工程，更是一个生态工程。但目前我国许多城市对防洪、给排水地下管网等市政基础设施建设重视力度不够，城市排水系统建设未能与城市的快速发展同步进行，这为应对极端自然灾害埋下了隐患。在坚持科学发展的今天，城市排水系统必须做到科学规划，我们要尊重自然、顺应自然、科学发展。

市政管道是城市的重要基础设施，为城市居民的生产、生活提供最基础的公共服务。随着城市现代化的加快发展，社会分工越来越细，自动化程度越来越高，现代城市对地下管网的依赖也越来越强。一旦停水、停气，人们不仅无法工作和学习，就连最基本的生理需求都无法满足，最终必然会引起社会恐慌、人群骚乱，进而引发社会危机。当前，随着经济的高速发展和城市化水平的不断提高，很多城市的市政管道逐渐成为制约城市可持续发展的瓶颈。因此，要按照全面落实科学发展观、构建社会主义和谐社会的要求，高度重视市政管道的建设和管理工作，为群众提供便捷、经济、安全、环保、舒适的公共服务，提升城市综合竞争能力，使城市的整体管网得到优化，为大众带来切实的利益。

随着城镇化的发展，民众对城市规划的关注度也越来越高，城市规划工作不仅影响到城市居民生活的便利性，更对城市宜居水平及城市的建设和发展产生重大影响。城市的规划设计工作是以城市规划布局、城市面貌设计、城市功能分析为基础的。城市规划设计不仅要满足城市的基本职能，更要满足城市居民生活所需的基本需求。随着现代电子技术及信息技术的快速发展，城市规划设计工作的信息来源也更加详细。在数字化技术迅速发展的今天，城市规划设计中数字化技术的应用与日俱增，如GPS定位技术、地理信息系统的应用等。这些电子信息技术不仅

① 王建民：《北京暴雨灾害的管理反思》，《人民论坛》2012年第24期。

为城市规划设计工作提供了直观的信息，更提高了城市规划设计的质量和科学性①。

城市规划设计的定义②是以研究城市未来发展为基础的，是对整个城市的布局和各项建设活动的综合部署。城市规划设计和工程设计之间的关系一直以来都是社会关注的焦点，处理好两者之间的关系对加快整个城市化建设进程有着积极的作用。城市规划设计的对象是城市，它属于宏观方面的设计，而工程设计的对象为某一建筑，属于微观方面。因此，工程设计作为城市规划的一部分，与城市规划设计之间存在互通的地方。然而综合看来，城市规划设计和工程设计之间又存在着一定程度的冲突。虽然在设计目标、设计过程和设计任务上二者有很大的差异，但不可否认的是这两者之间有着紧密的联系。因此针对工程设计和城市规划设计之间的关系进行深入研究，能够帮助我们在城市化建设进程中更好地协调统一这两者，进而推动整个城市建设的进步和发展③。

当前我国许多城市在市政管线配套上普遍存在市政管线匮乏、容量不足、超期服役、乱接乱排等现象，不仅影响城市的市容市貌，还制约着城市经济的进一步发展。享有"中国品牌之都"、"中国十大品牌城市"美誉的青岛市，其快速发展的经济带来越来越多的外来人口，土地资源变得越来越紧张，这逐步成为制约青岛市发展的一个重要因素。土地是不可再生的资源，因此在城市规划的过程中要考虑到对城市空间资源的充分有效利用，城市空间资源的合理分配亦包括对市政管线在城市地上、地下空间的合理布置及安排。重庆路南起雁山立交，北至仙山路，全长约15千米，贯穿四方、李沧、城阳三区，是主城区的重要对外联系通道。重庆路是城区规划骨架路网的中轴线，服务范围最广，是市区南北管网的重要载体，"引黄济青"供水走廊及南北电力供应都经过重庆路。加快建设覆盖面积广、功能分工明确、以线代面的辐射状管线网络，同时与沿线相交道路管线相衔接，都能为沿线地块开发及发展提供基础设施保障。但重庆路建设初期标准低，日益成为区域交通瓶颈，缺乏地下管线配套，严重制约了两侧地块开发和区域经济发展。这更加要求处理好城市规划设计和管网工程

① 李丰春：《信息时代下的城市规划设计》，《中国科技信息》2014年第8期。
② 章意锋：《城市规划与管理地理信息系统开发研究》，硕士学位论文，华东师范大学，2007年。
③ 吕彦宏：《城市规划设计与建筑设计的关系探究》，《江西建材》2012年第3期。

设计的关系，进一步优化地下管网，为青岛市的进一步快速发展奠定
基础。

国内诸多学者对城市市政管线改造的必要性进行了相关探索研究。以
城市发展空间的扩展为视角，随着经济社会的高速发展，城市人口、资
源、环境等各方面的压力越来越大，地面空间的不足严重制约着经济的发
展，故加强地下空间资源的利用显得更为重要。市政管线的合理设计能够
节约地上空间，充分利用地下空间。因此，城市道路市政管线的改造和更
新是十分必要的①②。此外，以城市道路市政管线的现状为视角，随着城
市的发展，城市道路市政管线出现规划设计不合理、管理不完善等各种各
样的问题，成为制约经济发展的瓶颈。因此，进行城市道路市政管线的改
造和更新势在必行③④⑤。除了上述两种角度外，另有学者认为市政设施关
乎城市的生产发展，能够增强城市的辐射力⑥。

城市道路市政管线的改造具有重要的经济、社会意义，国内学者对此
也做了大量研究，从城市道路市政管线改造对空间资源的节约、对城市经
济发展的促进、对自然资源的保护四个角度进行了探讨。例如，从城市道
路市政管线改造对空间资源的节约角度来看，市政管线合理规划可以使城
市空间得到有效利用，为城市未来的发展预留空间⑦；从市政管线改造对
城市经济发展的促进的角度来看，市政设施是城市现代化程度的重要标
志，同时也是促进城市经济发展，提高城市现代化的重要物质条件⑧；从
市政设施改造可以节约资源的角度来看，排水管网的系统规划设计，可以

---

①　张文彤、肖建华：《加强地下管线规划管理，促进地下空间资源开发利用》，《城市勘
测》2009 年第 2 期。

②　蒋成煜：《管线规划与城市空间的集约利用——从新庄立交桥管线综合规划谈起》，《城
市规划》2000 年第 9 期。

③　薛敏蓉、郭林、孙元慧：《青岛市重庆路市政管线综合管沟规划设计》，《给水排水》
2009 年第 9 期。

④　郭莉：《浅谈福州市市政道路管网现状、管理及改善措施》，《福建建筑》2011 年第 8
期。

⑤　高扬、刘春雨：《城市管网规划、设计、管理问题浅析》，《中国新技术新产品》2013 年
第 8 期。

⑥　封喜泰：《城市的构架　基础的基础——浅析市政设施在城市的地位和作用》，《城市》
1989 年第 3 期。

⑦　方毅立、赵萍、王敏晔：《统筹规划工程管线　集约利用地下空间——以台州市区为
例》，《城市规划》2010 年第 S1 期。

⑧　李冬云：《市政基础设施建设与管理浅谈》，《太原科技》2003 年第 5 期。

解决雨污混流、节约水资源、保护生态环境，符合可持续发展的要求[①]。

综上所述，在城镇化过程中，会出现一系列问题，这不仅会影响到城市市民的日常生活，也不利于外来人口融入当地社会。因此有效解决社会发展过程中的各种问题有利于我国的城镇化进程。并且，城市管道网络设计和工程规划作为社会发展过程中的基础建设对城镇化发展起到不可忽视的作用，加强城市管道网络的优化设计和工程的合理规划有利于促进城镇化的良好发展。并且管网的优化设计及工程的合理规划也会为城市居民带来很大的便利，有助于提升居民的生活质量。本章就社会发展、管道网络设计及城市工程规划及它们对城镇化发展的良好促进作用展开深入研究。

第二节　城镇化与社会结构变迁理论

一　社会结构与城市结构

社会结构的概念最早是在 20 世纪初期形成，它是在社会学中广泛应用的术语，在如今的社会科学中仍然有应用。社会结构是根据社会的需要自然形成或后期逐渐地人为建立起来的[②]，社会结构作用的过程是社会结构施展其社会功能的过程。社会结构是指包括经济、政治、社会等各个领域多方面的结构状况，其主要是指社会阶层结构，它是评价国家或地区的社会状态和发展水平的重要因素之一。城市是社会结构的一部分，所以认识社会结构是认识城市社会结构的前提。

城市社会结构就是发生在城市中的人们之间的制度化、模式化的社会关系。从社会结构的主体角度审视，城市社会结构即是通过一定的社会标准来确定各阶层、等级在城市社会中的横向、纵向排列并由此而进一步确定各自的社会位置，相应的社会活动范围、活动模式以及彼此间的相互关系，即是社会阶层结构。[③] 近年来，纵观我国各城市发展，城市的社会结构已经有了翻天覆地的变化。陆学艺认为社会结构的变动产生的影响是巨大的，并就我国的总体形势对改革开放以来的经济社会进行了结构性分析，提出要深入认识组织结构、阶层结构、城乡结构和区域结构等方面的

---

① 郭敬华、崔华东、贾卫利等：《小城镇排水管网系统存在的问题与对策》，《给水排水》2006 年第 S1 期。

② 汪绪永：《社会结构理论及其方法论意义》，《黄冈师范学院学报》2004 年第 5 期。

③ 邱国盛：《论中国近代城市社会结构的演变》，《唐都学刊》2002 年第 3 期。

发展变化①。正视社会结构的重要性，深刻了解认识社会结构，一些现存的经济社会矛盾和问题才能迎刃而解。社会结构是探究社会变化和社会转型的首要理论工具，社会结构对社会分化和社会阶层化起到一定的作用。孙立平认为社会结构具有两个相反的极端，提出的"断裂社会"观点体现在地区之间，各阶层、文化和社会生活之间，为改革开放以来理解中国的社会结构变化趋势提供了新的视角②。目前我国的社会结构是多方位、多层次、多维度的，因此我们可以通过一个国家的社会结构去评判其社会各方面的问题。

城市是一个开放性的资源共享的系统，是一个包括多个子系统的综合大系统，各子系统之间不断地进行资源、能量的交流与互换。城市结构指导城市建设实践，城市各要素之间的空间分布和相互作用影响城市的社会结构。城市社会结构是城市社会基本要素之间持续、稳定的根本，它具有开放性、流动性、复杂性和异质性。城市开放性是形态多元化的，适应需求的开放性为城市的发展提供更多的选择，结构流动性的频率和方向反映城市发展的水平。

城市正在逐渐代替农村成为人类主要的群居模式。随着城市的发展，城市的功能越来越复杂，城市的结构也变得越来越复杂，在城市化的推动下，这种复杂性发展趋势不可预计，各种城市社会关系的多样性必然导致其复杂性。一般对城市结构的研究是将城市的各要素分离剖析，单个地进行研究，但是城市系统并非是一个静止的、一成不变的简单系统，它是一个动态的、非线性的系统，甚至是无法预测的。因此，西北大学杨大伟借助复杂性思想对城市系统重新定义，构造它们之间的动态关系，通过对城市本质的剖析，提出城市复杂性的实质，提出城市空间的复杂性主要在于人的复杂性③。这样与实际结合的研究方式，避免了只进行单一层面的研究，提出对城市系统复杂性的演化和模拟出新的特点。

二　城市社会结构变迁理论

城市是社会变迁的主体，但是城市社会变迁并不等价于社会变迁，它

---

① 陆学艺：《当代中国社会结构变动中的社会建设》，《甘肃社会科学》2010 年第 6 期。

② 孙立平：《中国社会结构的变迁及其分析模式的转换》，《南京社会科学》2009 年第 5 期。

③ 杨大伟：《城市复杂性的渊源、流变和发展》，硕士学位论文，西北大学，2007 年。

是社会变迁的一种状态。城市社会变迁是城市生活方式逐渐深化的过程，是随着城市社会的复杂化而发展起来的。工业革命的胜利是这一变化的主要推动力，因为工业革命的胜利而解放了生产力，从而促使了现代化城市的迅速发展。中国科学院周毅指出，中国的城市以及城市周边的郊区的社会结构和人们的生活方式相比过去已经有了很大的变化，并且这种变化一直在持续进行。但是当拿我们国内水平与国外水平作对比的时候，就会发现本质的区别，国内距离国外还相差甚远[①]。20 世纪 60 年代社会学家孟德拉斯曾经提出的"农民的终结"论证了法国城市化过程中城乡差异逐渐缩小的实证分析，内容是城市在向现代化过渡的过程中，生产力、生产关系及其上层建筑都会不断地进化，城市化的最终结果是城市结构变迁。直到 80 年代社会结构的变迁证实了孟德拉斯的观点。张鸿雁通过总结孟德拉斯的"农民的终结"，发现中国正处于都市化高速发展的时期，社会变迁和人口迁移等使得城市化发展受到挑战[②]。城市社会变迁是一个逐步交接的历程，势必要总结、认识和分析新兴城市化的发展情况，预测城市结构变迁沿何方向发展以及它在这个方向的发展趋势，这对于中国选择走怎样的城市化道路以及如何走有重大意义。张鸿雁还指出，当代中国城市社会正处于结构性变迁之中，是传统城市模式向现代城市模式结构性转型的重要时期，其社会结构转型表现为六种形式：一是从传统农业文化城市布局结构向现代工业文化城市布局结构转型，二是从传统的以政治属性为主的城市向以经济独立运行为主的城市转型，三是从以工业为主的城市经济向以第三产业为主的城市经济转型，四是从传统封闭型的城市格局向全面开放的城市格局转型，五是从单体城市功能向城市群依赖关系功能转型，六是城市人从政府管理下"单位人"向市场经济关系中的"经济独立的社区人"转型，而在这些转型中，第六种转型最具本质性变迁的意义，是当代中国城市社会结构变迁的核心，而且具有着深远的社会与历史影响[③]。

社会变迁是一个长期的涵盖多方面、多层次的错综复杂的动态过程。绝大多数学者都偏向于认同城市社会结构的变迁会反映一个国家从传统社

---

① 周毅：《论城市社会结构变迁》，《云梦学刊》2003 年第 5 期。

② 张鸿雁：《农村人口都市化与社会结构变迁新论——孟德拉斯〈农民的终结〉带来的思考》，《民族研究》2002 年第 1 期。

③ 张鸿雁、殷京生：《当代中国城市社区社会结构变迁论》，《东南大学学报》（哲学社会科学版）2000 年第 4 期。

会向着现代化社会迈进的过程。日本学者富永健一认为在世界大部分低开发度的社会中，社会变迁并不意味着社会发展，而是代表社会停滞，甚至是社会倒退①。中国正处于从传统模式向现代化模式变革的重要时期，城市社会变迁对社会发展状态的变化起到至关重要的作用。

任何国家的发展战略都需要依据其国情而定。我国正处于社会主义初级阶段，我们的政治、经济、文化和社会生活方面等都存在着种种矛盾。且由于我国国情的特殊性，因此多数学者在研究城市结构时从城乡结构变迁出发，对照城乡发展状况，来剖析城市社会结构的变迁。城市社会结构的变化研究中不能割裂城市与农村之间的关系，城乡社会结构变迁会加速城市化进程。宋国恺通过对城乡结合部的研究，分析了在城市化进程中城市和农村的联系和各自的特点，并指出，由于这二者之间存在诸多矛盾，所以在选取分析方法时，应当注重全方位、多角度的分析②。在探究城市社会结构变迁理论中，以城乡结合部为方向着手研究，是具有社会讨论热度的。将城市和农村两个小社会相结合，为城市社会结构变迁的研究提供了新的研究方向，且具有综合性的研究优势。

在城市社会变迁中，城乡的"二元结构"已被我国政府部门和学术界所认可。中国自主提出的城镇化战略更多呼应了中国城乡二元结构这一国情矛盾，既能为延缓生产过剩危机爆发而构建"第二资本池"，也能在巩固农村"劳动力蓄水池"的同时分散和弱化城市内生风险③。城乡"二元结构"普遍存在于发展中国家中，王丽宁认为政府有必要对社会的二元结构进行调整，实现二元结构一元化，协调城乡发展，实现城乡社会一体化，推进城市结构的变迁及城市化的发展进程④。

三　城镇化对社会结构调整的功能

城镇化不仅有利于促进经济增长和经济体制的变化，而且会促进社会

---

① ［日］富永健一、董兴华：《社会结构与社会变迁现代化理论》，云南人民出版社 1988 年版。

② 宋国恺：《城乡结合部社会结构变迁的研究——对兰州市安宁区水村、孔村社会结构变迁的实证研究》，硕士学位论文，西北师范大学，2003 年。

③ 兰永海、董筱丹、温铁军：《城镇化的战略意义及政策建议》，《中国经济报告》2013 年第 3 期。

④ 王丽宁：《论我国城乡二元结构的体制特征及其改革路径》，硕士学位论文，燕山大学，2009 年。

结构的变化，其中最明显的变化是打破了以农村为主的社会结构。城镇化的落脚点是以人为本，即城镇化的最终目的是使农村居民同城市居民一样，能够享受到城镇化带来的社会成果。陈阵认为，城市居民和农村居民是处于两种不同经济水平的消费群体，所以就消费方面的影响而言，城镇化对他们的影响程度是不同的，因此需要对其开展分类研究①。这样的分类研究可以避免对两个不同经济、文化阶层所受城镇化影响程度的一概而论，在探讨城镇化对社会结构调整的影响时更有针对性。

城镇化对城乡居民的消费、健康、收入差距等方面都有很大的影响。居民消费方面，蔡思复认为，城镇化有利于改变传统就业结构，能够提高收入水平，引致消费需求，进而引起需求扩张②。刘艺容认为，在城镇化发展滞后时，单纯依靠宏观经济调控难以扩大内需；面对较为严重的二元经济结构，唯有城镇化才是拉动消费需求、提振经济增长的持久动力。方辉振认为，城镇化创造国内需求的机理是：通过推动城镇建设创造投资需求；引发消费升级，创造消费需求；推动产业结构升级，扩充市场需求；促进郊区转型，形成新的市场需求；促进新农村建设，扩大农村需求③。城镇化能拉动经济增长，增强经济发展的内生动力，拉动消费需求。居民健康方面，国内外学者进行了较多关于城镇化对居民健康状况的影响的研究。Liu G 等的研究发现，城镇化使居民获得更好的教育、更多的收入和更高的医疗水平，进而改善居民健康水平④。Van de Poel E 等基于中国健康与营养调查数据，利用双倍差分法研究发现，城镇化率越高的地区，其居民自评健康较差的概率越高⑤，城镇化主要通过不良的生活方式来影响居民健康。王俊、昌忠泽的研究发现，城镇化率的提高促进了健康的改善⑥，其主要原因是医疗卫生投入的增加、公共卫生体系的不断完善和全

①　陈阵：《湖南省城镇化对农村居民消费的影响研究》，硕士学位论文，湖南师范大学，2014 年。

②　蔡思复：《城市化是克服市场需求不足的根本途径》，《中南财经大学学报》1999 年第 5 期。

③　方辉振：《城镇化创造国内需求的机理分析》，《现代经济探讨》2010 年第 3 期。

④　Liu G，Wu D X，Peng C Y. Urbanization and Health Care in Rural China，Contemporary Economic Policy，2003.

⑤　Van de Poel E，O'Donnel O，Van Doorslaer E. Is There a Health Penalty of China's Rapid Urbanization. Health Econonics，2012.

⑥　王俊、昌忠泽：《中国宏观健康生产函数：理论与实证》，《南开经济研究》2007 年第 2 期。

民医疗保障体系的建立。秦立建等利用中国农业部农村固定观测点 16 省份的调查数据研究发现，我国城镇化征地显著降低了农村居民的健康水平[1]。政府可以通过推进城镇化来改善居民的健康水平，使城镇化真正造福于民。居民收入差距方面，国内也有大量学者对此进行了研究，陆铭、陈钊分别采用 1987—2001 年、1987—2006 年的省级面板数据，得出了城市化有显著缩小城乡收入差距作用的结论[2][3]；而程开明、李金昌利用 1978—2004 年的时序数据进行计量研究的结果发现，城市化与城市偏向是造成城乡收入差距扩大的原因[4]；王子敏利用空间面板模型，认为除了本地区的城市化拉大了城乡收入差距外，其他省份的城市化进程也会对本省城乡收入差距的扩大产生间接影响；李尚甫等的研究表明，如果以大城市为研究对象，城镇化对城乡收入差距的影响是同向的，如果以中小城镇为研究对象，城镇化对城乡收入差距的影响则是反向的[5]；丁志国等利用 2000—2009 年 31 个省的面板数据，指出我国城市化进程对城乡收入差距同时存在积极和消极两种影响，其结果取决于城市化进程中的不同政策路径选择[6]。上述研究成果表明，针对城乡收入差距的问题，由于研究者所选取的时间段与研究的地区对象不同，加上选择的指标、使用的模型、数据处理方式、分析的视角各异，从而得出了不同的结果。城镇化的过程是一个综合的动态过程，也是劳动力资源重新配置的过程，具体表现为劳动力资源分布在不同时间与空间的变化过程。不同的地区，由于劳动力资源禀赋不同，城镇化对城乡收入差距所起的作用可能不同；不同的时期，由于劳动力资源分布状况发生了变化，城镇化对城乡收入差距所起的作用也可能不同。

---

① 秦立建、陈波、蒋中一：《我国城市化征地对农民健康的影响》，《管理世界》2012 年第 9 期。

② 陆铭、陈钊：《城市化、城市倾向的经济政策与城乡收入差距》，《经济研究》2004 年第 6 期。

③ 曹裕、陈晓红：《城市化、城乡收入差距与经济增长——基于我国省级面板数据的实证研究》，《统计研究》2010 年第 3 期。

④ 程开明、李金昌：《城市偏向、城市化与城乡收入差距的作用机制及动态分析》，《数量经济技术经济研究》2007 年第 7 期。

⑤ 李尚甫、罗必良：《城乡收入差距与城市化战略选择》，《农业经济问题》2012 年第 8 期。

⑥ 丁志国、赵宣凯、赵晶：《直接影响与空间溢出效应：我国城市化进程对城乡收入差距的影响路径识别》，《数量经济技术经济研究》2011 年第 9 期。

经验表明，城镇化进程会提高生产效率和推动经济快速增长。城镇化程度越高的地区其区域聚集效应越大，这使得城乡间资源和机会配置的效率得以提高，促进了公共资源的合理分配，实现了基本公共服务均等化，对扩大劳动市场，促进经济发展有着积极作用。但是，由于城镇化在带来诸多经济利益的同时，也带来了城乡区域差距加大、社会福利分配不均衡等方面的压力，因此城镇化进程需要政府的干预，通过对城镇化进行重新定义，协调发展，减少贫富差距，调整税收政策，从而实现高质量的增长，推进高效、包容、可持续的城镇化进程①。

第三节　城镇化与社会现代化理论

一　现代化与社会现代化

现代化是一个历史发展集大成的过程，最早是由 1958 年美国社会学家丹尼尔·勒纳在其著作《传统社会的消逝》中提到的。在他看来，现代化就是传统社会向现代社会转变的过程，是传统的经济、社会、政治到现代的经济、社会、政治的转变过程。

"现代化"一词的确切含义及其实质究竟是什么，众说纷纭，学术界迄今没有一致的看法，更没有大家公认的定义。在社会学家看来，现代化是一个传统社会的变革，也就是欠发达社会获得较发达社会共有特征的过程。在经济学家看来，现代化就是经济由不发达到发达的发展过程，社会消费由低级向高级上升的过程。在政治学家看来，现代化是传统政体向现代化政体的转变过程、政权的合理集中化和科层化（制度化）的过程。在历史学家看来，现代化是随着人类科学技术水平的提高，从历史上发展而来的各种体制适应客观环境的过程。在人类文化学家看来，现代化是促使社会、文化和个人各自获得科学知识，并把它运用于生产和生活的过程。并且各学科还给现代化开列了不同的特征。总之，现代化作为一个世界历史进程，是反映人类社会从建立在自给自足的自然经济基础上的传统农业社会向建立在发达的市场经济基础上的现代工业社会发展的历史巨变。它

---

① 国务院发展研究中心和世界银行联合课题组、李伟、Sri Mulyani Indrawati、刘世锦、韩俊、Klaus Rohland、Bert Hofman、侯永志、Mara Warwick、Chorching Goh、何宇鹏、刘培林、卓贤：《中国：推进高效、包容、可持续的城镇化》，《管理世界》2014 年第 4 期。

是一种全球性的时代发展趋势，也是世界各国、各地区发展的必经之路。

现代化是社会多方面、多层次的立体变化，包含政治、经济、文化、社会等层面，涵盖人们生活的各个领域，具有全球性的动态发展趋势。陈柳钦认为应当以发展的眼光理解现代化的内在意义，他指出，现代化是某种特定发展水平的体现，朝着世界先进水平的方向发展就是现代化①。当前，我们正处于知识经济的新时代，必须用发展的理念以全新的视角去正视现代化的内涵。根据国际以往的经验来看，现代化首先出现在经济领域，而后由经济现代化带动社会现代化的发展。经济现代化发展到某种程度后，会导致一系列的社会反应。当以社会制度的形式确定这一系列的反应之后，社会变化就会上升到一个稳定的与经济现代化相匹配的新阶段。

社会现代化具有历史性、动态性、全球性的特征。它是一个极其纷乱繁复的庞大系统工程，且其包含的内容十分广泛。但现在，社会现代化的理论和观点还没有一个具体规范的定论。在社会学中，社会现代化这个概念有其特定的内涵。它是指人们利用近现代的科学技术、思想文化，全面改造和管理自己生存的物质条件和精神条件的过程，变传统社会为现代社会的过程，是以经济发展为中心，涉及各个方面的一场深刻而广泛的社会变革的过程②。李立军从经典现代化理论和第二次现代化理论两方面对现代化进行分析，发现只有通过时间和空间相结合的方式对现代化进行定义，才能正确地把握社会现代化的内涵③。在发展过程中，社会现代化内涵也不断地被丰富，李路路认为社会现代化是一个连续的状态，是具有某一种客观特征的发展要求，传统社会要与社会现代化进行多向性联系④。社会现代化的发展依赖经济发展，而社会发展又促进经济发展，它不能孤立地发展，更不能代替整个社会的发展。

二　城市化与社会现代化

城市化与城市现代化和社会现代化有非常密切的联系，城市现代化是

---

① 陈柳钦：《现代化的内涵及其理论演进》，《经济研究参考》2011 年第 44 期。

② 王佃兴、任维峰、谨晢：《关于社会现代化理论的几个问题》，《济南大学学报》（综合版）1995 年第 1 期。

③ 李立军：《社会现代化理论综述及其历史方位界定》，《今日南国》（理论创新版）2008年第 3 期。

④ 李路路：《"社会现代化"理论论纲》，《社会学研究》1987 年第 3 期。

现代化的主要组成部分。多数的现代化理论对社会现代化研究是从社会学、经济学角度出发分析的，丁任重、吴波指出城市现代化是一个历史范畴上的概念，是一个动态变化的过程，不能单纯地认为城市现代化进程是同质的、静止的，因此他们从目前现代城市经济学的这样一个鲜有的角度对城市现代化进行分析，分析总结城市现代化存在城市规模两极化、伪城市化、结构雷同、城乡差异大等问题[①]。城市现代化与城市化是两个相互联系又互相独立的概念，城市化在一定程度上会促进城市现代化和社会现代化，城市现代化和社会现代化也会推进城市化进程，对城市生活水平的提高和城市规模的扩大等也有重要促进作用。

城市化体现了社会现代化这一本质属性[②]，主要包含两方面的内容：（1）城市化是农业社会向工业社会、知识社会转型这一现代化过程的体现。我们使用的城市化和社会现代化这两个概念的定义有着密切的逻辑关系，城市化的本质属性在社会现代化这一概念的定义中得到了体现。城市化强调了人类的生产、生活方式由乡村型向城市型转变。其中生产方式的转型是一个重要方面。而人类生产方式的转变恰恰是社会现代化的要求。社会现代化要实现人类社会由农业社会向工业社会、知识社会的转变归根到底是社会上占统治地位的生产方式的根本性改变。所以城市化和社会现代化对生产方式改变的要求是一致的。城市化的过程实质上也是由生产方式决定的社会主导产业工业化、信息化的过程，体现在社会领域就是由农业社会向工业社会、知识社会转变的过程。（2）城市化是乡村社会向城市社会、城乡动态平衡社会转型这一现代化过程的体现。乡村社会向城市社会转型强调的是人口的生活方式的变化，这种变化是积极的，是社会现代化的本质要求。农业社会的生产方式造就了乡村社会的生活方式。大量的农村人口改变传统乡村社会的生活方式，进入城镇，在城市中形成稳定的或流动的就业，也开始接受城市社会的生活方式。当一个国家总人口中采用城市社会生活方式的人口占到多数时，就意味着这个国家的社会生活由乡村社会转变为城市社会。这种社会生活转变的过程就是城市化。乡村社会转向城市社会并不是城市化的最终使命，也不是社会现代化的完成。社会现代化要求在乡村社会转向城市

---

① 丁任重、吴波：《城市现代化的特征与路径》，《城市问题》2012 年第 6 期。
② 吴艳玲：《城市化的本质是社会现代化》，《理论观察》2008 年第 6 期。

社会以后，还要继续调整城市社会和乡村社会的关系，实现城乡社会的和谐。向城市社会转型不是要消除乡村，乡村社会的生活方式还会大量存在，城市社会和乡村社会需要实现互补，来满足人类社会生活多元化的需要。社会现代化达到这样的水平时，城市与乡村的生活方式、生活质量的差别减小，二者的差别主要体现在地域空间和社区环境的特点不同，人们在都市里能够体会繁华，在乡村生活可以享受宁静和安逸。人们选择在城市生活还是在乡村生活是出于对生活环境的偏好。在这样的城乡动态结构中，总有人从乡村进入城市，又有人从城市进入乡村，在流动当中保持城市居住的人口和在乡村生活的人口的数量稳定和平衡。这就是第二次社会转型所要实现的城乡动态平衡社会。社会现代化是农业社会向工业社会、知识社会转型，乡村社会向城市社会、城乡动态平衡社会转型的过程。城市化的动态运行将这样的社会转型过程集中体现出来。从这样的意义上说，城市化的本质就是社会现代化。

第四节　城镇化与可持续发展理论

一　可持续发展理论概述

关于可持续发展，起初是人们关于人口规模与环境的研究，人口的增长不应超过地球的负载能力，之后，人们的研究由人口扩展到生产、消费，研究指出，地球的负载能力有限，人口增长、生产和消费都要有一定的限度。可持续发展最初于 1972 年提出，指既满足当代人的需求，又不损害后代人满足其需求的发展。可持续发展概念的明确提出，最早追溯到1980 年由世界自然保护联盟、联合国环境规划署、野生动物基金会共同发表的《世界自然保护大纲》，1987 年以布伦特兰夫人为首的"世界环境与发展委员会"（WCED）发表的《我们共同的未来》第一次系统地阐述了可持续发展观这一概念，此后，可持续发展对世界发展政策及思想界产生了重大影响[1]。

可持续发展观具体来说，就是经济、社会与自然环境的协调发展。一般包括三大原则和三项主要内容。三大原则即公平性原则、持续性原则以

---

① 罗慧、霍有光、胡彦华等：《可持续发展理论综述》，《西北农林科技大学学报》（社会科学版）2004 年第 1 期。

及共同性原则。其中，公平性原则包括两个方面：一方面是本代人的公平即代内之间的横向公平；另一方面是指代际公平性，即世代之间的纵向公平。公平性原则要求各代人要有同样选择的机会空间。持续性原则指生态系统在受到干扰时能够保持其生产力的能力，要求人们在生态可能的范围内进行合理的开发和利用。共同性原则是指实现可持续发展的目标需要全球共同的配合和努力，是人类共同的道义和责任。可持续发展的具体内容，包括经济、生态、社会的可持续发展，即三个方面的协调和统一，这表明人类的全面发展要求做到讲究经济效益、关注生态和谐以及追求社会公平。对于可持续发展的内涵认知，有学者这样认为：第一，只有当人类向自然的索取与人类向自然的回馈平衡的时候；第二，只有当人类对于当代的努力同对后代的贡献平衡的时候；第三，只有当人类为本区域发展的思考能够同时考虑到其他区域乃至全球利益的时候[①]。

作为指导人类走向 21 世纪的发展理论，可持续发展已成为了一个有关社会经济发展的全面性战略而不再是单纯的环境保护。关于可持续发展的定义，我国学者有不同的见解：叶文虎认为可持续发展是不断提高人均生活质量和环境承载力的、满足当代人需求又不损害子孙后代满足其需求能力的、满足一个地区或一个国家人群需求又不损害别的地区和国家满足基本需求能力的发展[②]；张坤明认为可持续发展的过程是指随着时间的推移，人类福利得到连续不断的保持以至增加[③]；吴季松认为可持续发展的实现需通过合理开发、节约使用资源及防治污染和保护环境，以维持生态系统的动态平衡[④]。这些定义虽有不同，但在一定程度上为之后我国学者关于可持续发展的研究提供了借鉴，奠定了基础。

进入新世纪以后，我国的发展模式受到了很大挑战。党的十六大以后，我国开始对发展模式作出战略调整，尤其是科学发展观的提出，成为我国未来发展道路的主导思想。2003 年 10 月召开的十六届三中全会《中共中央关于完善市场经济体制若干问题的决定》提出的"统筹城乡发展、

---

① 牛文元：《可持续发展理论的内涵认知——纪念联合国里约环发大会 20 周年》，《中国人口资源与环境》2012 年第 5 期。

② 叶文虎：《创建可持续发展的新文明——理论的思考》，北京大学出版社 1995 年版。

③ 张坤明：《可持续发展论》，中国环境科学出版社 1997 年版。

④ 吴季松：《水资源及其管理的研究与应用——以水资源的可持续利用保障可持续发展》，中国水利水电出版社 2000 年版。

统筹区域发展、统筹经济社会发展、统筹人与自然和谐发展、统筹国内发展和对外开放"的新要求，是我国科学发展观的主要内容①。近年来，学者们对科学发展观理论的研究越来越积极，科学发展观理论研究在与实践的结合中，取得了丰富的成果。刘德中指出："从发展哲学的意义看，科学发展观是新发展哲学，其精神实质是寻求发展合理性。发展合理性的判定标准是能否实现协调与持续发展，协调发展的要求包含全面发展，全面发展可融入协调发展中。科学发展观从世界观和方法论的角度阐述了发展问题，涉及发展哲学最核心的问题，即发展合理性的判定标准问题，进而在理论层面达到了史无前例的高度。"② 徐崇温教授指出："科学发展观将以人为本作为核心，继承并发展了马克思主义关于社会主义社会的发展理论；在全面协调可持续发展的基本要求和统筹兼顾的根本方法中，借鉴和超越了在三个方向上扩展发展理念的西方新的发展观；提出了构建社会主义和谐社会，为科学发展的实现构造了优越的社会环境；提出建设生态文明，把可持续发展推向了文明建设的新的高度。这就推进了人类发展理论的创新发展。"③ 科学发展观包含多个方面，即全面发展、协调发展、均衡发展、可持续发展和人的全面发展，可以看出，只有实现了科学发展观，才能真正实现可持续发展。

二　城市可持续发展理论

从西方国家的发展历程来看，随着时间和空间的转变，城市的社会问题逐渐出现并发生着变化。19 世纪末和 20 世纪初，城市社会问题主要集中于贫困化，即社会阶层对立。进入 20 世纪中后叶，社会生态问题产生，而随着生态问题的全球化，它和贫困化的共同作用严重阻碍了城市的发展进程。恰似迈塞尤（Matthews）所说，"贫困是有阶级差别的，而污染则是比较民主的"④。城市生态问题超越社会阶层的同时跨越了社会的边界。

---

① 《中共中央关于完善社会主义市场经济体制若干问题的决定》，《党的建设》2003 年第 11 期。

② 刘德中：《科学发展观：作为发展哲学的精神实质》，《中共天津市委党校学报》2008 年第 1 期。

③ 徐崇温：《科学发展观推进了人类发展理论的创新发展》，《毛泽东邓小平理论研究》2010 年第 1 期。

④ Matthews J. Social process and the pursuit of sustainable urban development, In: Buckingham-Hatfield S et al. Environment planning and sustainalbility, Chichester: John Wiley &Sons, 1996.

城市的社会问题严重限制了城市的可持续发展，而从社会学的角度来讲，城市的可持续发展主要用来解决城市发展中面临的社会问题。

对比城市可持续发展理论与可持续发展理论，不难看出，二者在本质上没有区别，但城市可持续发展理论研究的视角更加具体，更加接近现实。城市可持续发展，又称城市持续发展，与之接近的有城市可持续性、可持续城市以及生态城市，这三个词从不同的角度阐述了可持续发展在城市发展中的运用，即在城市发展过程中重视事物的发展过程、条件和状态，而对于城市怎样逐步实现可持续发展，它们的内涵是相同的①。

关于城市可持续发展理论，国内外学者从资源、环境、经济、社会等多个角度进行了研究。

从资源角度研究城市的可持续发展问题，主要集中于自然资源与经济发展之间的矛盾。作为消费者，城市要利用其生产系统消耗资源为居民提供生产和生活服务，其中包括非再生资源和可再生资源；同时城市也作为摧毁者，由于对资源不合理利用，消耗乃至挥霍资源②。目前，在我国，一些支撑城市的资源的供求矛盾越来越明显，在不同程度上影响甚至阻碍了城市可持续发展的进程。Walter 等认为城市必须合理地利用其本身的资源，并注重资源的利用效率，寻求一个和谐的使用过程，为当代人着想的同时也为后代人着想，只有这样才能实现真正的可持续发展③。Toman 从经济学角度提出两种保护资源的方法：通过建立最低安全标准来要求当代人承担某种责任和通过费用—效益分析来分析得失、比较好坏④。基于以上研究，许多学者在进行研究时把保护非再生资源和最大限度地利用可再生资源以及循环利用资源，作为城市可持续发展的基本原则。资源型城市可持续发展以资源的合理高效利用为前提，以生态和环境保护为条件，以经济可持续发展为核心，以人和社会可持续发展为最终目的⑤。因此，国内外学者关于城市可持续发展与资源的研究多从资源型城市转型进行。

从环境角度研究城市的可持续发展问题，主要集中于城市经济活动中

---

①　张俊军、许学强、魏清泉：《国外城市可持续发展研究》，《地理研究》1999 年第 2 期。

②　Breheny M J. Towards sustainable urban development, Mannion A M et al. Environmental issues in the 1990s, Chichester：John Wiley &Sons, 1992.

③　Walter Siembab, Bob Walter Betal. Sustainable Cities：Concepts and Strategies for Eco-city Development. Eco-Home Media, 1992.

④　Toman M T. The Difficulty in Defining Sustainability. World Environment, 1995.

⑤　侯明、张友祥：《资源型城市可持续发展研究综述》，《当代经济研究》2012 年第 8 期。

的污染排放与自然环境的自净能力之间的矛盾。国内外学者关于此类问题的研究，主要探讨城市环境问题的解决方式。例如：恰林基（Tjallingii）指出绝对不能随意地把这些环境问题留给后代或更大范围，甚至全球，这是一种责任和义务，并提出通过环境生态规律来解决城市可持续发展中所面临的环境问题[1]。针对我国城市的环境问题，解振华阐述了新时期城市环境保护工作的主要措施[2]；杨丽珍等在实证的基础上提出了对于城市可持续发展中环境问题的对策和建议[3]。

从经济角度研究城市的可持续发展问题，主要集中于城市经济活动各个环节的不协调。尹宏提出创意经济是知识经济时代城市经济的新形态，表述了创意经济的含义，指出发展创意经济是城市可持续发展必须遵循的规律[4]。为我国城市经济可持续发展提供了借鉴。

从社会角度研究城市的可持续发展问题，主要集中于城市人口、城市贫困和城市文化[5]。关于城市人口问题，我国学者的研究表明：城市的发展要有适度的人口增长和人口密度[6]。消除贫困问题，维持城市社会的公平公正，是实现城市社会可持续发展的根本途径。张润君提出解决我国城市可持续发展中的贫困问题应从社会保障、就业、医疗、教育、组织机构等方面进行制度创新，进而逐渐建立完善的城市反贫困系统[7]。

城市作为人类活动的主要场所，从某种程度上来说全球的可持续发展需建立在城市可持续发展的基础上。而在城市的可持续发展的进程中，会面对一些新的问题和困境，因此，目前我国学者研究的重点是怎样坚持走可持续发展之路，并预测可持续发展进程中可能面临的问题，提出可行的解决方案。

---

[1]　Tjallingii S P, Ecopolis: strategies for ecologically sound urban development. Leiden: Backhuys Publishers, 1995.

[2]　解振华：《积极推进新时期城市环境保护工作》，《环境保护》2005 年第 6 期。

[3]　杨丽珍、起开平、王文静：《玉溪市城市环境建设可持续发展初探》，《云南地理环境研究》2004 年第 2 期。

[4]　尹宏：《论创意经济与城市可持续发展能力》，《经济纵横》2007 年第 5 期。

[5]　张艳丽、朱传耿、陈潇潇：《中国城市可持续发展研究综述》，《云南地理环境研究》2007 年第 6 期。

[6]　杨芸、祝龙彪：《寻求城市可持续发展的生态支撑——城市生态支持系统理论初探》，《生态科学》1999 年第 4 期。

[7]　张润君：《现阶段我国城市贫困与城市可持续发展》，《西北师大学报》（社会科学版）2003 年第 6 期。

第五节　城镇化与和谐社会建设理论

一　和谐社会建设理论概述

构建和谐社会，是人类一直以来追求的社会理想。我国的思想发展史中包含了许多的"和谐"观念与"和谐社会"理想。在我国历史上，自西周时期起，人们从不同角度提及过涵盖"小康"、"大同"的社会理想。而在中国思想史上，许多思想家的言论中，便出现了和谐思想的萌芽。最早是春秋时期的晏子曾提出"和与同异"的思想，之后有孔子的"君子和而不同"，孟子的"天人合一"等等。

新世纪之初，中国共产党进行了多次的理论创新，在党的十六大上，社会和谐作为小康社会的一个内容被提出："努力形成全体人民各尽其能、各得其所而又和谐相处的局面。"党的十六届六中全会审议并通过《中共中央关于构建社会主义和谐社会若干重大问题的决定》，《决定》明确提出了当前和今后一个时期构建社会主义和谐社会的指导思想、目标任务、工作原则和重大部署，是指导社会主义和谐社会建设的纲领性文件[①]。2012 年党的十八大上多次提及"和谐"，并将"社会和谐是中国特色社会主义的本质属性"写入党章，"社会主义和谐社会"成为中国特色社会主义的建设内容之一。

和谐社会的思想一经提出，就引起了学术界的高度关注。不同的学者从不同的角度对什么是和谐社会进行了论述，可归为以下几个方面：（1）和谐社会是不同利益集团、社会结构或社会系统互动协调的社会。郑杭生认为和谐社会是良性运行和协调发展的社会，社会中全体人民能各尽其能、各得其所而又和谐相处[②]。朱西周认为，社会全面系统的和谐便是和谐社会[③]。（2）和谐社会是以人为本的社会，即以人与人之间的和谐为核心的社会。萧灼基提出一切活动的根本目的，都是为人的生存、享受、发展[④]。（3）和谐社会存在广义和狭义之分。吴忠民认为广义的

---

① 《中共中央关于构建社会主义和谐社会若干重大问题的决定》，《党的建设》2006 年第 11 期。

② 郑杭生：《和谐社会与社会学》，《人民日报》2004 年 11 月 30 日。

③ 朱西周：《略论社会主义和谐社会》，《求实》2005 年第 5 期。

④ 萧灼基：《和谐社会是一个以人为本的社会》，《理论与当代》2005 年第 4 期。

和谐社会是指社会同一切与自身相关的事情保持着一种协调的状态，包括社会与自然环境、经济、政治以及文化之间的协调等等①。而狭义的和谐社会是科学发展观所关注的一个相对单项的问题，即社会层面本身的协调。

怎样构建和谐社会是学者关注的重点，多数学者认为构建和谐社会是一个长期的过程，且过程中要面对许多困难，因此和谐社会的构建很复杂，要依据我国各项事业发展的实际情况，不断探索、实践和总结，逐步推进。对于怎样构建和谐社会，学者们从不同方面进行了阐述。（1）从影响社会和谐发展的矛盾和问题入手探讨怎样构建和谐社会。中共十六届六中全会审议通过的《决定》指出中国构建社会主义和谐社会，要以解决人民群众最关心、最直接、最现实的利益问题为重点②。邓伟志对如何构建和谐社会的 12 个方面提出意见和建议，其中有缩小贫富差距、调整阶级阶层关系、建立公民社会等受到广泛关注的问题③。（2）从保证社会和谐运行的机制入手探讨怎样建设和谐社会。孙立平提出，构建和谐社会的关键问题是如何形成市场经济条件下的利益表达和利益均衡机制④。因此，必须平衡好利益表达和社会稳定的关系。（3）从贯彻科学发展观、以人为本、实现社会公平等角度研究如何构建和谐社会。夏育林认为社会公平是构建和谐社会的最深厚的基础⑤。因此构建公平的和谐社会的重点是整合社会阶层之间的相互关系、建立弱势群体的保障机制、解决收入分配差距过大的问题等。除了以上研究，还有许多学者从其他角度对如何建设和谐社会提出了自己的见解，但由于我国还未实现真正的和谐社会，因此关于和谐社会的研究仍需进行深入的探讨。

二　城镇化与和谐社会建设的关系

当前，在我国城镇化的进程中如何保持和谐、可持续发展，是贯彻科学发展观和构建社会主义和谐社会的重点。因此，许多学者对城镇化与和

---

① 吴忠民：《"和谐社会"释义》，《前线》2005 年第 1 期。
② 《中共中央关于构建社会主义和谐社会若干重大问题的决定》，《党的建设》2006 年第 11 期。
③ 邓伟志：《论"和谐社会"》，《上海市社会主义学院学报》2004 年第 6 期。
④ 孙立平：《利益时代的冲突与和谐》，《理论参考》2005 年第 3 期。
⑤ 夏育林：《公平性建设和谐社会的基础》，《理论月刊》2005 年第 4 期。

谐社会的关系进行了分析。多数学者的研究从以下三个方面进行：

（一）城镇化与社会公平

近年来，在我国城镇化进程中，常常出现新市民在城市生活中受到城市居民歧视和政府排斥的态度等不和谐的现象，这些现象的根本原因在于我国城镇化发展进程中没有公平公正地处理好新市民与其他各个主体之间的利益矛盾，而社会的公平正义正是构建社会主义和谐社会的基础，因此，城镇化的推进必须考虑公平正义问题。党的十八大报告明确提出，将增强公平性作为全面建成覆盖城乡居民的社会保障体系的重点。以权利公平、机会公平、规则公平为主要内容的社会公平保障体系的逐步建立成为构建和谐社会的关键①。

（二）城镇化与社会保障

新中国成立以来，社会福利体系的建设主要对象为城市劳动者，但对于城镇化来说，我国社会保障制度建设的一个重大缺陷是进入城市的农民工难以被城市社会保障制度覆盖，这也是阻碍农民工真正城市化的关键原因。城镇化的本质是将农村劳动力和居民逐渐向城市聚集，并使其在生产、生活方式等方面逐步成为真正的城市居民，但没有社会保险和社会保障的农民工，不能成为真正的市民。因此，为了促进我国的城镇化进程，做好进城农民工和农村户籍居民逐步享有社会保障待遇的工作，是必不可少的②。

（三）城镇化与社会稳定

社会稳定是和谐社会的基础，同时也是和谐社会的象征，因此，推进城镇化进程，构建和谐社会，必须在社会稳定的基础上。但由于我国城镇化进程较快，还未适时建立配套的城市社会管理机制，缺乏科学管理的经验，使得社会不稳定因素大大增加。针对上述问题，秦建建从三个方面提出了维护社会稳定的策略。（1）坚持以邓小平的社会政治稳定思想为指导思想，并坚持以科学发展观为指导。（2）坚持以人为本、民主、公正的价值取向。（3）做好制度改革，包括社会保障体制、流动人口管理体制以及土地管理制度的改革③。

---

①　周延礼：《城镇化中的社会公平保障体系建设》，《中国金融》2013 年第 10 期。

②　王延中：《中国社会福利制度的发展及其对城市化的影响（上）》，《中国社会科学院研究生院学报》2010 年第 2 期。

③　秦建建：《城镇化进程中的社会稳定问题探析》，《湖北工业大学学报》2009 年第 6 期。

第二章　城镇化进程中管网工程
　　　　效益评价

城市是一个资源共享的、具有开放性的系统，是一个包括多个子系统的综合性系统。其各个子系统之间相互影响，相互作用，不断地进行资源交流。而随着城镇化进程的逐步推进，城市系统的各个子系统之间的联系变得更加复杂。在新型城镇化背景下，管网作为城市居民生活及商企运营不可或缺的基本保障，其设计与改造具有重要的经济、社会意义。因此，在城市规划中，对城市管网的设计研究至关重要。

第一节　管网的整体设计与环保节能

随着我国经济的快速发展，环保节能设计在现代化城市建设中越来越受到人们的重视，以往传统落后的建筑材料正在逐步被新型科技含量高的建筑材料所代替，这是科技发展和时代进步的需要，也是人们生活水平提高的表现。环保节能技术的应用提高了城市发展的综合效益，有利于城市建设的可持续发展。市政管网设计实现环保节能，对城市建设和城镇化发展都有促进作用。

王贤萍指出，在市政管线综合规划中要合理安排三种典型断面的城市道路各地下管线的管位，同时，也应成立地下管线管理部门对城市管网实施统一的管理[1]；方毅立、赵萍、王敏晔曾以台州市区为例，着重探讨了综合规划与专业规划的一体化编制方法、现状与规划管道的有机衔接、规划管理体制的革新等，也对平面和竖向管线综合布置的边界条件进行了一

---

① 王贤萍：《市政管线的综合规划与管理》，《中国给水排水》2002年第6期。

定的研究①。以上研究为管网的整体设计、管理和改造提供了参考，但针对不同的对象仍需做具体的调整。

水网建设方面，欧阳建新提出在选择排水体制时，不能盲目地一律选择分流制，要因地制宜，选择适合本地的最佳排水体制②。这成为多数城市选择排水体制的首要原则，但未通过实例说明哪种情况适宜选择哪种的排水体制；庄匀提出按分质要求调整改造城市管网，按源水水质、水厂位置、生产能力、各条管线用户需用水量划定分质范围③。按分质要求调整改造城市管网被广泛应用于后来的研究和城市规划中。后来学者针对不同地区的管网设计分别进行了研究。杨明松针对平原水网地区城市排水管道存在的问题提出以下建议：总体规划阶段的城市排水规划要突出重点，总体规划完成后，要及时编制排水专项规划，为详细规划阶段的排水专业规划提供依据，重点解决支路和小区道路下的排水管道④。刘前军对平原地区的排水专项规划提出了详细的建议，并指出了需要重点解决的问题，但未提出解决问题的具体方法；刘前军以宁波市为例，提出大型城市水管网布局应建设工业专用水和生活用水两套独立管网系统的建议，工业专用水管网还需和生活用水管网联网联保以提高工业专用水管网供水的可靠性，为了提高管网管理、服务水平，应建立管网智能化管理系统⑤。工业用水与生活用水独立建设以及建立管网智能化管理系统符合现代化城市管理的需要，应当在城市管网设计中实现，但文章未说明应如何实现；王浪、景璟分析了一个山区城市供水系统，提出在建立山区城市供水系统时应考虑源水、地形等多个因素，选择适宜的城镇及农村的净水设施布局、输配水系统，并依据地势高差对配水管网合理分区、设置合理的控制点和最小自由水头，对枝状管网设置安全设施，使得城乡一体化供水系统经济、合理、安全⑥，虽然该文对山区城市的水管网规划提出了很好的建议，但需

① 方毅立、赵萍、王敏晔：《统筹规划工程管线　集约利用地下空间——以台州市区为例》，《城市规划》2010 年第 S1 期。
② 欧阳建新：《排水体制的起源与发展》，《城市规划》1997 年第 6 期。
③ 庄匀：《城市分质供水的设想》，《城市规划》1988 年第 1 期。
④ 杨明松：《平原水网地区城市排水规划问题研究》，《城市规划》2001 年第 9 期。
⑤ 刘前军：《特大型城市给水管网布局研究——以宁波市为例》，《城市规划》2010 年第 S1 期。
⑥ 王浪、景璟：《山区城乡一体化供水系统研究——以浙西某县为例》，《城市规划》2010 年第 S1 期。

针对各城市的地形、水源因地制宜，不具有很强的针对性。

电网设计方面，王殿泽在有关规划设计的实践方面积累了大量的供电指标数据，并经过实践检验得出，公建每平方米用电负荷，一般最好取中、上限，住宅用电负荷近几年内取中、下限。在规划区内完成全部计算负荷之后，还应统一进行调整，总负荷应乘以规划负荷系数 g[①]。魏绍昌对电网的总体规划进行了论述，但不够具体，因此，之后的学者对电网的具体规划进行了研究。魏绍昌认为城市用电规划的设计可根据负荷分布情况，在供电半径允许的条件下，将变电所（或电厂）布置在城市的边缘。对于拥有两个以上变电所的城镇，可采用分区环形的供电方式，区与区之间需建立联络线。对于大城市，除了中压采用环形结构开环运行外，为了缩短供电半径，可采用高压伸入到市中心，规划中心变电所的供应方式[②]。王传森虽对城市、城镇的电网规划提出了详细的规划方案，但仍有许多地区的电网设计问题亟待解决；王传森在魏绍昌的基础上研究了县城用电规划设计，研究得出，变电站一般设置在城区边缘或工业区附近，生产用电线应与生活用电线分工明确，商业街、主干道等地可考虑布置地下电缆，架空线要避开城市主干道和少跨越主干道，在保证供电能力的基础上使线路最短[③]。近年来，对城市电网规划的研究越来越专业化，例如魏保军利用 GIS 空间分析技术，结合改良的变电站选址模型，提出了较完整的计算变电站空间布局的方法[④]。该方法可避免"站群"矛盾以及电网规划与电力行业管理相脱节等问题，但未通过实例证明该方法在具体实施过程中的可行性和合理性。

关于其他管道的设计问题，刘冰等通过对管道的处于极限状态的椭圆化、拉裂和局部弯曲等失效形式与现行的基于应变的标准进行对比[⑤]，为我国管道设计提供了解决地震、断层等区域管道设计问题的重要参考。赵起龙提出：针对采油厂用气量不均衡的问题，可通过自平衡式压力调节系统解决；对于地下水位高、河流和沟渠多的问题，可采用小型定向钻的穿

---

　① 王殿泽：《城市居住区供电规划参考指标》，《城市规划》1980 年第 2 期。

　② 魏绍昌：《城市供电总体规划设计初探》，《城市规划》1981 年第 2 期。

　③ 王传森：《县城供电规划设计探讨》，《城市规划》1984 年第 2 期。

　④ 魏保军：《基于 GIS 空间分析的变电站空间布局规划研究——以北京为例》，《城市规划》2011 年第 S1 期。

　⑤ 刘冰、刘学杰、张宏：《基于应变的管道设计准则》，《天然气工业》2008 年第 2 期。

越方式进行解决[①]。在城市天然气管道设计中均可采用上述解决问题的方法，但需针对具体城市加以改进；现有的解决天然气地埋管冻胀的方法存在解决不彻底、设备能耗高等问题，梁晓雨、李琦芬、侯宗钦等提出在天然气地埋管防冻胀系统中可以采用光伏热水模块，以江苏某天然气门站为例，根据当地条件设计出系统并进行了性能模拟，结果表明在降压幅度较大的天然气回温系统中采用防冻胀系统具有较高的经济效益，节能效果也比较明显[②]。张晓松、郭旭针对北京、天津等城市的供热系统存在的主要问题及产生原因进行了分析，结果表明我国集中供热虽加速发展，但我国的供热管网仍存在起点低、技术差、资金欠缺等问题[③]。郝雪梅对城市供热管网的布置类型、敷设方式、热补偿以及水力失调问题进行了探讨，提出在热力管线的设计过程中应遵循经济合理、技术先进等原则，保证运行过程中热力管线的安全、可靠[④]。

王静争初步探究了城市供水规划与设计中的节能问题，认为做好城镇供水节能关键在于两个方面：合理规划和搞好管理[⑤]。虽然研究不够详细，也未说明具体内容，但这一结论为后人的研究指明了方向。武云甫、檀星、周易冰对沈阳分质用水中的污水回用和引进水库优质水做了详细的分析和论述[⑥]。研究表明污水回用既节省了污水处理的费用，又使城区的大量报废水井复活，经济实用，为其他地区的污水处理提供了参考。陆国锋、李继松、方燕等通过研究分析找出了城市污水管道费用的影响因素，并解决了传统管网设计优化方法存在的问题[⑦]。这些研究具有很高的应用价值，有利于提高城市环保工作的效率，但文章未通过实例说明其方法的合理性。郭志霞简要分析了现阶段我国绿色建筑中供水系统各个节点设计所存在的问题，并提出了合理化的解决措施，既满足了绿色

---

① 赵起龙：《辽河油田天然气管网设计特点浅析》，《石油与天然气化工》2014 年第 3 期。

② 梁晓雨、李琦芬、侯宗钦等：《基于太阳能利用的天然气地埋管防冻胀系统设计与性能分析》，《可再生能源》2016 年第 3 期。

③ 张晓松、郭旭：《城市集中供热系统现状和问题分析》，《煤气与热力》2009 年第 11 期。

④ 郝雪梅：《城市集中供热管网的设计优化探讨》，《洁净煤技术》2007 年第 3 期。

⑤ 王静争：《城镇供水规划与节能设计初探》，《城市规划》1988 年第 4 期。

⑥ 武云甫、檀星、周易冰：《沈阳市城市分质供水规划略谈》，《城市规划》1999 年第 9 期。

⑦ 陆国锋、李继松、方燕等：《污水管网的优化设计研究》，《中国给水排水》2012 年第 21 期。

建筑供水系统的节水要求，又促进了建筑供水系统的进一步完善。以上关于节能环保问题的研究均针对供水管道，对于其他管道设计中的节能问题，也有不少学者做了研究。吕淼从管网的管网能耗减少技术、保温技术、温控计量技术及水力平衡技术四个方面研究了供热管网的节能技术，并对供热管网的节能改造提出了具体措施，即改造管网供热方式及加强管网的供热效率①。该文章未预测改造中可能出现的问题并提出解决方案，研究不够全面，因此仅可以在城市供热管网的实际建设中作为参考。郑志、王树立、王婷等探讨了我国天然气输送过程中流体压力能回收技术的现状，并在天然气管网压力能回收的基础上，提出天然气－LPG 储存调峰方案，使得天然气管道能够长期均衡供气，提升了管道的利用率②。上述研究针对不同管道网络设计中的环保、节能问题进行了论述，均对我国城市的节能环保具有重要意义，但随着科技的进步和发展，针对这些问题的解决方法仍需要进一步的研究。

市政管网建设工程是一个综合性工程，需要从各方面考虑节能。电力（含架空线、电力管沟、高压电力铁塔）、电信、燃气、给水、雨水（管道、明渠、暗渠、过路涵洞）、污水及输油管线等都需要采用先进的节能手段，达到环保节能的目的。在市政管网规划中考虑环保节能设计的理念后，不仅能减少不必要的开支，节约能源的消耗，更能提升城市管理者的实力，提升这个城市的形象，为这个城市的可持续发展提供有力的保障。

第二节　管网设计与自然灾害

随着科学技术的日益发展，人类利用自然、改造自然的能力不断提高，但众多的灾害却给人类带来了巨大的威胁和挑战，给人类社会造成难以估量的损失。作为一定区域内政治、经济和文化中心的城市，既是人口和财富的集中地，也是交通和通信的重要枢纽，一旦受灾，损失将会非常严重。在早期的城市规划和城市建设中，对城市自然灾害的危害性认识不够，导致城市在发生自然灾害时，生命财产损失较大，因此在将来的城市

---

① 吕淼：《供热管网的节能技术分析》，《企业技术开发》2014 年第 6 期。
② 郑志、王树立、王婷等：《天然气输配过程流体压力能回收技术现状与展望》，《天然气与石油》2009 年第 1 期。

政管网建设和规划中必须系统地研究城市自然灾害的现状和发展规律,减少灾害的损失;另一方面,城市发生的自然灾害与人们的生活工作息息相关,有条件对发生在城市地域内的自然灾害进行详细观察,获得灾害形成、发展和致灾的大量观察数据,对这些数据的分析和研究将进一步了解城市灾害的成因机理和变化规律,丰富自然灾害的理论,对市政管网规划建设提供借鉴和指导。

程建军通过总结国外关于灾害学的研究,结合我国的实际情况,指出了作好城市防灾规划的关键性和紧迫性,并详细阐述了城市防灾规划的内容和方法[①]。但研究处于初始状态,仍有许多问题未得到解决;陈衡在前人研究的基础上,提出在城市防灾规划中应重视规划的科学性[②]。以上研究表明了城市防灾规划的重要性并提出规划中应注重的原则,但没有针对具体问题给出解决方法。之后的学者在掌握了设计原理后,对具体问题的解决方案进行探讨:梁伟、冀永进、李海梅针对目前城乡规划面临的问题和困境,从规划理念、技术标准落实、规划管理、基础设施建设、综合防灾机制构建等方面,提出了在城乡规划中应对灾害事件的对策,特别对城市规划的防灾职责从四个方面进行了深入研究[③],对我国多数城市防灾机制的构建具有借鉴意义;李铎、李晓辉、杨言海等针对天然气管道发生的自然灾害,提出开展管道腐蚀检测、应急保障、增加联络线、优化集输工艺、改进清管器、完善管理体制等建议[④]。这些都有助于进一步提升管网的安全运行水平。城市中发生频率最高的灾害是水灾,因此我国许多学者对城市水网设计中的防灾做了深入研究:邓艳霞以"7·21"北京通州区特大暴雨灾害为例,分析其发生的原因,提出了应对水土流失的措施,包括从源头控制水土流失、提高城市雨水管网利用率、综合利用渣土资源、提高植被覆盖率、充分利用雨水资源等[⑤],这些为我国城市建设防灾减灾提供了参考;谢映霞从城市规划、用地布局及排水专项规划入手,深入地

①　程建军:《城市灾害防御规划》,《城市规划》1989 年第 4 期。

②　陈衡:《从 1991 年特大洪涝灾害谈城市防灾规划》,《城市规划》1992 年第 3 期。

③　梁伟、冀永进、李海梅:《灾害事件对我国城乡规划的启示》,《城市规划》2011 年第 2 期。

④　李铎、李晓辉、杨言海等:《苏里格气田骨架集输管网风险识别与控制》,《油气储运》2012 年第 10 期。

⑤　邓艳霞:《北京通州区"7·21"特大暴雨灾害与城市水土保持》,《中国水土保持科学》2012 年第 6 期。

探讨了城市洪涝灾害发生的原因,借鉴国外先进理念[①]和最佳实践经验,从系统构成、规划理念、规划标准、规划方法、制度建设等方面具体分析了我国的雨水规划,提出排水规划的发展思路以及应对城市内涝灾害的策略和对策,特别提出了构建大排水系统的概念,在理论阐述和结合实践说明的基础上,提出开展城市内洪涝灾害评估的对策,这一对策为优化排水与暴雨内涝防治规划方案和应急管理提供了技术支撑。上述研究中提出的措施或建议均针对防灾减灾,张金成针对我国灾后的恢复能力提出了自己的见解[②],弥补了前人研究的不足,但也只是简单地论述,未进行深入的探讨。还有部分学者针对某灾害的灾后恢复和重建进行了详细的论述,例如,王建平、刘晓飞、陈亚新等针对2008年汶川地震的震中汶川县供水系统的灾后恢复重建工作,提出有关科学重建、水厂定位、管网布局、管材选择等方面的建议和思路,为同类地区供水系统的灾后恢复工作提供了参考[③]。以上学者的研究为我国城市的防灾减灾以及灾后恢复工作提供了参考,为我国城市的安全提供了保障。

市政管网系统作为城市生命线系统工程的重要组成部分,其安全运行问题越来越受到人们的关注,提高其抗灾能力是国民经济安全稳定运行的前提。由于管网系统多暴露在自然环境中,容易受到自然灾害的影响,系统研究自然灾害对市政管网系统的影响,能够帮助市政建设部门采取相关措施以减少自然灾害带来的损失,提高市政管网系统的应对能力。努力提高管网系统的抗灾能力,会对城镇化的发展产生积极的促进作用。

第三节　新型城市化背景下的工程效益评估

管道设计的效益评估是对管道修建改造的投入产出效益的综合评价。通过评价,可以反映管道规划的合理性、决策的正确性,也可以优化资源

[①] Technical Circular (Works) No. 2/2006 – Drainage Impact Assessment Process for Public Sector Projects. http://www.devbwb.gov.hk/Util Manager/tc/C – 2006 – 02 – 0 – 1.pdf. 2006 Drain and Sewer Systems Outside Buildings. BS EN752 – 4. 1998.

[②] 张金成:《浅谈对供水管网的综合控制管理》,《黑龙江科技信息》2014年第2期。

[③] 王建平、刘晓飞、陈亚新等:《汶川县供水系统灾后重建方案探讨》,《中国给水排水》2009年第10期。

分配，进而发挥产业经济的聚集效应。实践证明，对管道设计进行的评价程序是道路治理与运营的一项基本工具，科学高效的评价体制是实现良好道路管理的重要前提。道路规划的发展具有动态性特征，因此，在开展效益评估时，除了需要对目前的运行情况进行评估以外，还要根据实际情况的变化，对道路适应性水平进行趋向性判断，并结合未来的发展提出对应的调整建议。但是由于难以准确地掌握评估的具体方面及侧重点，因此，在客观上容易造成评估误差，达不到预期规划的评估目的。因此，进行市政管道效益评估时，有必要对可使用的方法进行更为准确和更加详细的了解和分析，以便因势利导地选择评价方法。

本书通过研究青岛市重庆路市政管道线路的改造工程，通过分析总体规划实施的决策机制，进行经济和社会等方面的效益评估，并最终对城市道路市政管线总体规划实施效益评估的结果进行整理、归纳。

实施效益评估的方法可分为定量与定性方法两大类，其中定量法包括熵值法、灰色关联度法、因子分析法、回归分析法和路径分析法等，定性法包括德尔菲法、层次分析法、模糊综合评价法、模糊聚类法和比重法等。每种评估方法各有优劣，因此在评估过程中，为了能够更好地提高评价结果的精度和可信度，需要综合对比各种方法，权衡利弊，才能选择出最佳的评估方法。

一　熵权分析法

熵权分析法是通过比较评价指标值的大小来确定指标权重的方法。在评估过程中能够获得的最大信息量是影响熵权分析法评估结果精度和可靠性大小的重要因素之一。在评价过程中，人们希望能最大限度地减少主观性因素和不确定性因素对评价结果的影响。因此，部分学者在进行项目评价时对该方法进行了改进，吕盼等采用理想解与负理想解的方法，让方案指标向量不断地靠近理想解而逐渐远离负理想解，从而对确定方案的好坏程度进行判断，然后用熵权法确定加权决策矩阵中的指标权重，以保证决策结果拥有较高的可信度[①]。苏旭明曾通过建立可以满足多指标性能参数的评估需求的模型，结合熵权法和物元分析法对跨部门信息的高速公路安

---

① 吕盼、乔怡、葛丽婷：《基于熵权 TOPSIS 法的输电网规划综合决策》，《华北电力大学学报》（自然科学版）2010 年第 4 期。

全进行评价①。王翠红指出，对工程的后期评估是提高投资效益、改善决策的重要途径，因此，她在对工程评估时引入了基于熵权的模糊综合评价法，并将通过将该模型得到的评估结果和实际情况进行比较，从而证明了该熵权分析法的实用性与科学性②。

熵权分析法具有极强的现实操作性。其评价结果客观，能够挖掘出数据中暗含的信息，增强指标之间的分辨意义，并可以良好地突出各指标的差异，从而能够避免因选用指标的差异过小而造成的后期分析困难。由于其分析结果不因个人意愿而产生与实际情况的偏差，从而可以全面反映各类信息以提高分析结果的可靠性，因此，该种方法是适用于软科学领域多因素层次问题分析的有效的科学方法。

在评价时，可能因为设置的多个指标中某个评估指标的突出性而掩盖了本应最优的指标。所以通常为降低这种可能性，兼顾公平的原则，采用熵权分析法。首先，根据各指标值构成的判断矩阵来计算评价指标的熵，并由此确定其熵权，然后，将熵权与指标权重相结合，最终选出最佳方案。熵权分析法解决了在评估过程中可能出现的由于极个别指标的特殊性，而使获得的评估结果不是最佳的问题，消除了一些非客观因素的干扰，保证评估过程公正、科学，结果符合客观实际。用熵权分析法分析评价时，必须保证要有充足的信息量，这样才可以保证结论的正确性和客观性。但是，在评价指标多、变化大、评价数据缺失的项目时，评价过程中数据处理是比较难以操作的，所以该方法可能会在某些问题的解决上存在困难。

二　灰色关联分析法

纵观全国道路建设的发展，管网设计一直是道路建设过程中备受关注的焦点之一。管道系统的监管整理、可靠性分析及风险评价也备受各方瞩目。因此，为了更加有效地发挥管道系统的作用，在管网设计时应进行必要的效益评估。

灰色关联度法是通过确定方案中某一指标与其他指标的相似度，借助

---

① 苏旭明：《基于跨部门信息的高速公路交通安全评估系统研究》，硕士学位论文，北京交通大学，2011年。

② 王翠红：《基于熵权模糊综合评价法的建设项目后评价研究》，硕士学位论文，河北工程大学，2013年。

指标之间的发展趋势来衡量各指标之间的关联程度。城市管网是一个相对复杂的系统，且这些问题具有一定的局限性，因此我们可以把它视为一个灰色系统。灰色系统注重分析被分析对象各因素之间的相互关系。当两个因素变化呈现正相关关系时，且其变化趋势具有较高的一致性，就说明二者间关联程度较高；反之，则关联度较低。因此，灰色关联分析方法是依照因素之间变化趋势的相近程度来评估工程的。

利用灰色系统理论可以对某个大系统下各个小系统间进行灰色关联度分析，借助某种途径去获得大系统下各因素的数值关系。因此，灰色关联度法是系统发展变化态势的一个量化了的度量。因此，灰色模型更加适合对动态过程分析。很多学者已经利用该模型在管道项目评估领域取得了不少成绩，在长输管道的灰色系统中，李建华以风险因素故障树为模型，运用灰关联分析法进行综合评估分析，为管网管理提供了理论数据基础[1]。在对供水管网的评估方面，许刚、王坤、王志红等利用灰色模型量化指标因素作为权重，分析了无量纲化管道评价指标，并通过计算灰色关联系数，研究证明了其评估结果非常接近实际供水事故发生频率[2]。马超群、王玉萍、陈宽民等将灰色加权关联度法引入到了对轨道线网方案的综合评价中，并利用该理论对西安市城市轨道交通线网规划中的4个预选方案进行了评价，并给出了最优方案[3]。

灰色关联度分析法和模糊综合评价法二者都是基于多因素的评价方法，而通过两者的对比可以发现，前者所涵盖的信息量更为丰富，使得分析更全面、评价结果更精确。利用灰色关联度作为测度进行综合评价，可以充分利用已获得的信息来减少误差，相对来说，在方案的抉择上可以提供一种简单易行的方法。但是，在使用的时候，该方法或许会疏于对实际指标间存在的差异性的分析，因此，使用时应当为各指标赋予相宜的权重。

三　因子分析法

因子分析起源于 20 世纪初，最初由 Karl Pearson 和 Charles Spearman

---

①　李建华：《基于故障树分析的长输管道定量风险评价方法研究》，博士学位论文，兰州理工大学，2008 年。

②　许刚、王坤、王志红等：《基于权重分析的灰色关联度法在供水管网健康度评价中的应用》，《给水排水》2014 年第 7 期。

③　马超群、王玉萍、陈宽民等：《基于灰色加权关联度的城市轨道线网方案评价》，《长安大学学报》（自然科学版）2007 年第 3 期。

等应用于智力测验的统计工作中，而随着时间的推移，其理论内容也一直在不断地被丰富与完善。目前因子分析法已经被应用于医学、心理学及经济学等多个科学研究领域。

因子分析法是把反映样本某项特征的多个指标变量转为少数几个综合变量的多元统计方法。进行工程项目评估时，需要我们统计大量的信息以供研究分析，由于统计的众多指标之间存在部分的信息重叠，这会使得这些信息之间存在一定的关联性，而这种既不完全独立又不完全相关的关系，会加大数据处理的困难程度，从而给研究工作带来极大的不便。然而，解决这一困难最有效的方法就是减少变量的个数，但又不能因此使得损失的信息量太多，否则将会降低评估结果的准确度。而因子分析法就是一种在不损失过多信息的同时，又能够缩减变量数目的方法，因此在实际分析工作中得到了广泛的应用。高翔曾应用因子分析法，从众多的原始变量中精简出较少的几个综合性指标，对城市供水管网等问题进行了全面系统的评价①。

在利用因子分析法进行分析问题时，按照类别区分影响因素，将相关程度高的几个变量归在同一类别中，其中，每一类别的变量代表一个因子，最后便可以少量几个因子反映原始数据的大部分信息。在对因子进行选择时，必须依据问题的实际意义为标准。从而保证了在各个观测变量的表达式中都出现的因子，是相互独立且不可观测的变量。运用因子分析法可以快速地判断影响问题的主要因素以及它们的影响力。因此，只要把握这些主要影响因素，舍弃次要因素，就可以简化系统的结构从而完成分析。纵然因子分析法中因子的数量远少于原始变量的数量，但是这少数的因子足以反映原始变量的多数信息，这在问题的深入研究和模型的应用上起着重要作用。因子分析法在简化分析过程的同时，将原始信息的损失程度降到最低，并使得到的因子间不具有显著相关性，在面对处理大量数据信息的时候比较实用。

四　模糊综合评价法

模糊综合评价法又称为模糊多目标决策，是工程模糊系统的一个基本

---

① 高翔：《基于因子分析法的城市供水安全评价研究》，硕士学位论文，昆明理工大学，2011年。

评价方法，且其应用领域十分广泛。模糊综合评价法是指在模糊环境下，综合分析多个影响因素，为达到某一目的，利用模糊变换对某一事物作出综合评价的方法。模糊综合评价法大致可以分为三部分，即对权重的分配、模糊关系矩阵的确定以及算子的选择。

在现实世界中广泛存在着一些边界不清或者不易量化的因素和一些不确定的事物，模糊综合评价可以针对这些模糊的因素进行量化处理与衡量。李高阳认为相比较而言模糊综合评价法更加适合工程项目风险的评价[1]；史永彪研究水利建设项目时曾把层次分析方法和模糊综合评价方法结合起来，综合运用两种方法从社会学角度出发对其评估研究进行实证分析[2]。

模糊综合评价法是基于模糊集合，从多个影响指标出发进行综合性评判，划分影响因素时不仅要顾及评价的条理性，突出评价标准界限不清晰性、影响因素模糊性等特征，而且在评价过程中要适当发挥人的主观意识和经验，使评价结果信服力强。

虽然利用模糊综合评价法建立的数学模型优点突出，但也有缺陷，通常情况下可以用模糊评价法建立非线性模型弥补这方面的不足。许雪燕就在利用模糊综合评价模型进行研究时打破常规，在该方法的基础上进行革新，建立起基于模糊综合评价法的非线性模型，证明了该非线性模型比普通的线性模型更具有优势，能够很好地满足评价的实际[3]。

五　层次分析法——模糊层次综合评价法

层次分析法（AHP）是美国匹兹堡大学著名运筹学家 T. L. Saaty 于20世纪70年代初期创立的定性、定量科学决策方法。层次分析法将涉及多因素、多目标的复杂决策问题转化成一个包含若干个层次的系统。该系统体现了系统分析和系统综合的原则，在对每层的因素作分析、比较、量化和排序后，逐级判断，最终做出决策。

张文鸽等曾指出在应用层次法来分析问题时，可能会产生实际应用与模型思维之间脱节的问题，因此，他在应用层次分析法分析问题时，将实

---

① 李高扬：《工程项目风险模糊综合评价研究》，《人民长江》2012年第7期。

② 史永彪：《水利建设项目社会评价指标体系及多层次模糊综合评价模型研究》，硕士学位论文，河海大学，2003年。

③ 许雪燕：《模糊综合评价模型的研究及应用》，硕士学位论文，西南石油大学，2011年。

际应用中出现的标度作了整理和分析，并探讨了定性指标和定量指标两种
情况下的评价准则指标①。因此，由于层次分析法将定量指标和定性指标
的方法结合起来使用，所以这种方法能够确保评价结果更加有效、合理。
黄文杰等在分析输电线工程项目时，对层次分析法的评价模型做了改进，
并在新模型下建立了相应的评价指标体系，进一步证明了层次分析法较强
的可改造性和实用性②。利用层次分析法得到的评价结果客观可靠，采用
此方法对项目进行评价，其结果将更能满足实际需求。

　　如果把复杂烦琐的问题分解成几个组成部分，然后将各部分两两比
较，从而确定每层中多个因素的相对重要程度，最终通过综合判断决定诸
因素相对重要性的总顺序把 AHP 扩展到模糊环境中，就得到了模糊层次
分析法。

　　模糊层次综合评价法是结合了模糊综合评价法和层次分析法的综合性
评价方法。在效益评估、系统优化、决策方案评价等方面有着广泛的应
用。由于模糊层次评价法是以层次分析法为基础的，因此，它同层次分析
法一样，是一种定量与定性分析相结合的评价模型。所以，模糊法是存在
于层次法之上，二者之间又融合贯通的分析方法，因而，依靠模糊层次评
价法可以得到高可靠性的评价结果。

　　模糊层次综合评价法是对工程进行综合评价的最佳选择之一。其评价
过程中评价指标的选取是否合理，会直接影响综合评价结果的精确性。随
着公路工程建设规模的日趋扩大，影响公路工程发展的因素也逐渐增多，
并且这些因素之间的关系错综复杂，所以，其效益评估很难准确描述。因
此，在构建公路工程建设评价指标时，应广泛搜寻查阅与其评价指标相关
的资料或者相关的国家政策，以确保指标选取的科学性，使得评价结果与
实际的发展相吻合。

　　在进行工程评价时，可能会出现很多不确定的因素，制约事物或对象
的发展，而模糊综合评价法可以减弱这种不确定性对评价结果的影响，更
加便于解决含糊不清的、不易量化的问题。丁一鸣在进行项目评价时建立
了模糊层次综合评价模型，他利用该模型来确定风险识别因素，进而分析

---

① 张文鸽、黄强：《层次分析法（AHP）的标度分析及其在水利工程评价中的应用》，《西
北农林科技大学学报》（自然科学版）2006 年第 3 期。
② 黄文杰、傅砾、肖盛：《基于改进层次分析法的输变电工程后评价》，《统计与决策》
2010 年第 20 期。

项目的总体风险,从而提高了项目后期运营效益①。模糊层次综合评价法的结果能够提高工程项目风险评价的准确性和科学性。李希胜、施艳通过构建模糊层次综合评价模型,采用实证分析法印证了该模型的实用性,并证明了模糊层次综合评价法在工程效益评价问题上的参考价值②。该评价模型能够依据项目的实际情况,有侧重地选择评价因素,科学地确定评价值与评价因素值之间的关系,最后合理地为各评价因素分配权重,从而获得科学、有效的评价结果。

模糊层次综合评价法是模糊数学中基本的数学方法之一,该方法是以影响因素占权重大小来探讨模糊界限的。通常情况下,由于影响研究结果的诸多因素之间关系复杂多样,影响因素和评价标准边界存在的模糊性及不确定性、因素指标不易量化等一连串问题,会增加评价难度,因此,不能用绝对的"非此即彼"来客观地描述事实,所以,常有"亦此亦彼"的模糊现象的发生。

建立在模糊集合基础上的模糊层次综合评价方法,从多个影响因素出发进行综合性评判,把它们按区间进行划分,不仅可以顾及评价对象的层次性,突出评价标准、影响因素的模糊性,而且可以做到评价结果切合实际。模糊层次综合评价法结合定性分析和定量分析,丰富的数据信息足以获得高精度的评价结果。需要指出的是,评价结论的准确度在理论上受着决策偏好的制约,在实践上还受着对应口径收集和处理难度的影响。

众多传统的综合评价方法在各领域里都有着广泛的应用,而不同的方法各有优劣,适用的范围也不尽相同,因此没有哪一种方法是能够适用于任何场所、可以用来解决所有问题的。但是若要解决多层次多因素的庞杂问题时,模糊层次综合评价法则是相对而言更为合适的评价方法。

---

① 丁一鸣:《模糊层次综合评价法在项目风险评价中的应用》,《项目管理技术》2012年第10期。

② 李希胜、施艳:《基于模糊层次分析的工程项目综合效益评价方法》,《森林工程》2010年第4期。

第三章 青岛市重庆路道路改造管网效果评价

新型城镇化是一项庞大的系统工程，也是一项深刻的经济和社会改革。通过建立起一系列的具有内在联系的指标体系，分别在社会、经济、环境维度上评估及衡量重庆路管网规划的效果，探寻城镇化视角下管网改造的作用，这将对建设高质量的新型城镇化具有重要的指导意义。

第一节 重庆路市政管网规划背景

一 规划背景

自改革开放以来，我国城镇化经历了一个低起点、高增速的历程。而随着国家发展战略的不断调整与行政改革的不断深化，我国的城镇化水平也随之不断提高，城镇化进程与城市建设取得显著成就。在城镇化迅速发展的大背景下，享有"中国品牌之都"、"中国十大品牌城市"美誉的青岛市，其城市基础设施建设与公用设施服务能力得以明显提升，人居环境也得到了不断的改善，经济也实现了跨越式发展，因此，青岛市也逐步吸引了越来越多的外来人口。

对青岛而言，高水平推进城镇化进程，对于更好、更加科学地实施城市空间战略布局，促进经济转型升级，进一步缩小城乡和城区差距，促进城市文明进步，实现建设宜居幸福的现代化国际城市的目标，具有重要意义。要立足已有基础，坚持新型城镇化的正确方向，按照"全域统筹、三城联动、轴带展开、生态间隔、组团发展"的空间战略布局，以人的城镇化为核心，以提高城镇化质量为着眼点，走以人为本、四化同步、生态文明、文化传承的新型城镇化道路。然而，随着外来人口的不断融入，青岛市的土地资源变得越来越紧张，这逐步成为了制约青岛市发展的一个重要因素。

土地是不可再生的资源，因此在城市化规划的过程中要充分考虑城市空间资源的有效利用程度。城市空间资源的分配包括对市政管线在城市地上、地下空间的布置、安排及定位。重庆路是青岛市城区规划交通要道网的中轴线，其服务范围广，地理位置优越，而且它还是公共部门按照公路标准负责修建的一条公路。但建设初期设置的标准较低，且当时只负责修建路面，不负责地下管网的修建，因此重庆路沿线的市政管线十分匮乏。在本次改造前仅敷设有通信管道、引黄济青给水管道、架空电力线杆及雨水边沟，这已经远远不能满足周边地区市政配套的需要。重庆路地下管线配套设施的缺乏，严重制约了两侧地块的开发和区域经济的协调发展。

二　重庆路市政管网改造前概述

重庆路沿线地下管线共有 7 种，分别为电力（含架空线、电力管沟、高压电力铁塔）、电信、燃气、给水、雨水（管道、明渠、暗渠、过路涵洞）、污水及输油管线。其中电力管沟、高压电力铁塔、燃气、雨水（暗渠）、污水及输油管线为部分区段敷设，电信、给水管线为全线敷设。

1. 电力管线

重庆路现有电力管线分为 10—35 千瓦架空电力线线杆（塔）、35 千瓦电力管沟及 220 千瓦架空电力走廊。其中，10—35 千瓦电力管线主要为道路沿线用户提供服务，220 千瓦架空电力走廊则是位于重庆路、洛阳路路口西南侧水清沟变电站的主要出线路径。电力管沟改造前情况如表 4 - 1 所示：

表 4 - 1　　　　　　　　电力管沟汇总表

位置	范围	断面尺寸	电压等级
路东侧	北部供电局院外	1.5 米 × 2.0 米	35 千瓦
	兴华路至虎山变电站	2.0 米 × 2.0 米	110 千瓦、35 千瓦
路西侧	北红太阳加油站至仙山路	1.2 米 × 0.6 米	10 千瓦
	文安路至兴华路	2.0 米 × 2.0 米	110 千瓦

资料来源：重庆路改造整治工程初步设计说明书。

另外，重庆路沿线除相交路口外，还分布有十余处架空电力线塔

（杆），改造前情况如表 4 - 2 所示：

表 4 - 2　　　　沿线跨路架空电力线塔（杆）汇总表

序号	桩号	位置	电压等级	回路	备注
1	K2 + 975	长沙路	35 千瓦	2	
2	K3 + 725	小水清沟变电站	220 千瓦	2	
3	K3 + 800	小水清沟变电站	220 千瓦	2	
4	K9 + 640	虎山变电站南	35 千瓦	2	
5	K9 + 675	虎山变电站南	35 千瓦	3	
6	K9 + 920	虎山变电站	110 千瓦	2	
7	K11 + 200	唐山路	10 千瓦	1	立交区域
8	K11 + 380	南岭一路	110 千瓦	4	立交区域
9	K12 + 465	板楼路北	10 千瓦	1	
10	K14 + 325	青岛卷烟厂南渠仓库南	35 千瓦	4	
11	K14 + 790	三鑫德宾馆	10 千瓦	1	
12	K15 + 930	红太阳加油站	35 千瓦	2	立交区域
13	K16 + 500	仙山路	10 千瓦、35 千瓦	2	立交区域

资料来源：重庆路改造整治工程初步设计说明书。

2. 电信管线

重庆路现有电信管线为 20 世纪 90 年代初敷设，主要有传输局国防光缆，省际光缆，联通、移动的通信电缆以及部分区段部队的军用电缆。其主要分布于道路中心线西侧慢车道及绿化隔离带上，大多为 12 孔，局部区段（萍乡路至南京路）为 24 孔。有线电视管线绝大部分位于路东侧电力线杆架空敷设。

3. 燃气管线

重庆路现有煤气管线为 20 世纪 90 年代末敷设，管径为 DN400，敷设范围为山东路—南京路段，仙山路—流亭立交桥段位于道路中心线西侧，青山路—虎山路段位于道路中心线东侧，主要为道路沿线两侧居民、厂企服务。改造前情况如表 4 - 3 所示：

表 4 - 3 　　　　　　　　　　　**现状燃气管线汇总表**

位置	区段	管径
路西侧人行道	南京路至山东路	DN400
路西侧绿化带	清江路向北约 110 米	DN400
路西侧慢车道	大村河至振华路	DN300
路东侧慢车道	虎山路至青山路	DN400

资料来源：重庆路改造整治工程初步设计说明书。

4. 给水管线

重庆路现有给水管线为青岛市白沙河、仙家寨给水厂进入青岛市市区的主要供水管线，承担着市区 65% 以上的供水量。改造前情况如表 4 - 4 所示：

表 4 - 4 　　　　　　　　　　　**现状给水管线汇总表**

位置	区段	管径	备注
路西侧	仙山路至阎家山加压站	2 条 DN1000	输水管线
路东侧	仙山路至阎家山加压站	1 条 DN1200、1 条 DN1000	输水管线
路东侧	金水路至上苑路	1 条 DN1000	
路东侧	虎山路至振华路	1 条 DN800	
路西、中侧	仙山路至瑞金路	1 条 DN800—DN600	输配水管线
路东侧	阎家山加压站至河西加压站	1 条 DN1200、1 条 DN1000	输水管线
路东侧	河西加压站至淮安路	1 条 DN1200、1 条 DN1000	输水管线
路东侧	河西加压站至开平路	1 条 DN800	输水管线
路东侧	淮安路至清江路	1 条 DN1200	输水管线
路中、东侧	仙山路至山东路	1 条 DN300—DN600	配水管线

资料来源：重庆路改造整治工程初步设计说明书。

5. 雨污水管线

重庆路现有排水管线建设年代较早，且敷设范围较少，其敷设区间为山东路—公交四公司、大村河—美猴王佛桃冷食有限公司、南岭村委—遵义路。其中道路上的雨、污水管线的管径偏小；其余路段以边沟形式排放雨水，且不同程度地存在雨、污水混流情况，不能满足道路两侧开发建设的发展要求。改造前情况如表 4 - 5 所示：

表 4 - 5   沿线现状雨水管线汇总表

位置	区段	管线规格	备注
路两侧	公交四公司至山东路	DN400—DN1000	雨水管线
路西侧	长沙路至小水清沟	4.0 米 ×1.8 米暗渠	
路东侧	京口路至大村河	2.2 米 ×1.8 米暗渠	
路西侧	虎山路至上苑路	3.0 米 ×1.8 米暗渠	
路东侧	遵义路至南岭三路	DN300—DN600	
	遵义路至湘潭路	1 条（1.5—3.0）×1.25 米暗渠 1 条 DN1000	
	仙山路至瑞金路	DN1200—1.2 米 ×1.2 米盖板沟	
路东侧	仙山路至瑞金路	DN500—DN600—1 米 ×1 米盖板沟	污水管线
路两侧	公交四公司至山东路	DN250—DN300	
路东侧	延寿宫路向北约 140 米	DN300	
	重庆花园至金水路	DN300—DN600	
路西侧	唐山路向南约 440 米	DN300	
	南岭三路至遵义路	DN300—DN400	
	遵义路至湘潭路	DN300—DN400（2 条）	
	湘潭路至钢厂宿舍	DN300	

资料来源：重庆路快速路可行性研究报告。

6. 热力管线

重庆路现有热力管线（输送介质为高温水）以过路管线为主，过路管线基本位于沿线的相交道路上，主要有人民路、清江路、德丰路、洛阳路、振华路、文安路、十梅庵路、湘潭路等过路管线。沿重庆路敷设的现状管线较少，改造前情况如表 4 - 6 所示：

表 4 - 6   现状热力管线汇总表

位置	区段	管径
路东侧	通真宫路以北 300 米至大村河	DN600
	京口路至上苑路	DN700
	文安路至金水路以北 300 米	DN800
	南岭一路至南岭三路	DN200

资料来源：重庆路快速路可行性研究报告。

7. 输油管线

重庆路自鞍山二路至南京路段，路东侧车行道上有 2 条 DN200 输油管线，来自孟庄路第一油库，输往路西侧嘉定山第二油库。

三　重庆路市政管道改造前存在的问题

重庆路市政管线改造之前市政管线配套已存在很多问题，以下是较为突出的几个方面。

（一）专业管线敷设较少，市政基础设施不完善

由于重庆路设计年代久远，初期按公路标准设计，交通等级低，并且在市政管线方面，也没有进行较为合理的设计。重庆路沿线现有的地下管线中仅有电信跟水管线为全线敷设，电力管沟、电力排管、高压电力铁塔、燃气、雨水（暗渠）、污水及输油管线为部分区段敷设，市政配套设施极不完善，制约了区域经济的发展。

（二）管道材质差，超期服役，漏水、爆管现象严重

青岛市供水管道迄今已有114年历史。一些管道使用年限较长，且未能得到及时更换，再加上原有重庆路的供水管道是水泥管，经过车辆长期碾压，管道破损严重，管道爆管、漏水现象时常发生，仅 2005 年至 2010 年间就发生过 14 次较严重事故。

（三）管道乱接乱排，资源浪费严重，污染环境

重庆路现有排水管线大多是以边沟形式排放雨水，其中道路两侧原有雨水边沟约 20 千米，尺寸较小且大多为雨污混流，使得雨水无法再利用，造成了雨水资源的巨大浪费，同时雨、污水混流对周围河流造成污染，甚至威胁到地下水资源的质量。

（四）架空线路散乱分布，影响市容市貌

目前重庆路上的电力线路，基本以架空电力线塔（杆）的形式联络成网，道路东侧架空电线容量小，扩容空间十分有限，输送的电力负荷无法满足规划发展的需求，并且线杆高低不齐，分布散乱，严重影响沿线环境的美观。同时，架空线路容易发生故障，存在各种潜在危险，给行人、居民及周边商企带来很大的不便。这些问题的存在严重影响了居民的生活及企业的生产，同时，对青岛市的市容市貌产生了影响。

四　重庆路市政管网改造方案

重庆路共需规划市政专用管线 8 种，主要包括给水输水、配水管线，220 千瓦/35 千瓦/10 千瓦电力管沟，通信管线，燃气管线，热力管线，雨水管线，污水管线，中水管线。本次重庆路改造整治过程，针对重庆路管网的状况，在对管网深入调查、综合分析的基础上提出以下改造重庆路管网的方案和构想。

按照《重庆路快速路工程可行性研究报告》（管线部分）中对现有专用管线评价及规划管线的需求预测，来确定市政专业管线的设计容量。依照《重庆路快速路工程可行性研究报告》（管线部分）专家评审意见，本次设计采用管线直埋敷设方式对管线进行规划布置。

改造方案设计过程中充分考虑了以下三方面：

（1）重庆路给水输水管线是青岛市净水厂输送水源进入市区的重要路由之一，肩负着市区 65% 的输水量。另外，沿重庆路建设的输电管沟，是山东省电网进入青岛市供电系统的重要路由之一，并且具有工程量大、费用高、安全运行后再次迁改难度大等特点。故本次管线规划需确保远期高架桥方案实施时，给水输水管线及输电电力管沟不受影响。

（2）为保证沿线厂企、居民的正常生产生活，对现有给水配水管线、35 千瓦/10 千瓦架空电力杆线、通信管线及部分区段的燃气管线、雨污水管线，需重新按照规划要求翻建改造并完善贯通。依照本次重庆路地面道路设计方案，在不产生拆迁的情况下，充分结合远期高架桥方案布置管线，使近期实施的给水配水、通信、配电管沟、燃气、雨污水等管线，在远期高架桥方案实施时，除立交桥区、上下行匝道段需废除迁改或采取保护措施外，其余区段可最大限度地保留利用。

（3）结合沿线地块及周边区域规划发展需求，合理规划设计新设管线。由于本次重庆路地面道路的实施宽度受限，管线规划设计中预留规划西侧绿化带内中水管线、东侧绿化带内通信管线位置，以便有条件时实施。

管线规划设计中近期地面道路方案与远期高架桥方案相结合，管线布置横断面示意图如图 4-1 和图 4-2 所示：

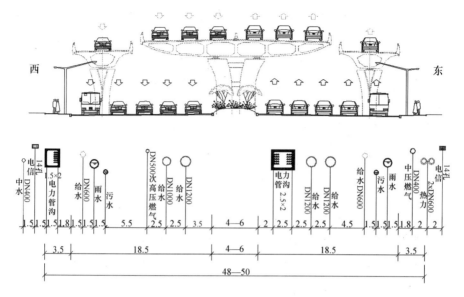

图 4-1　近远期结合管线规划标准横断面一（米）

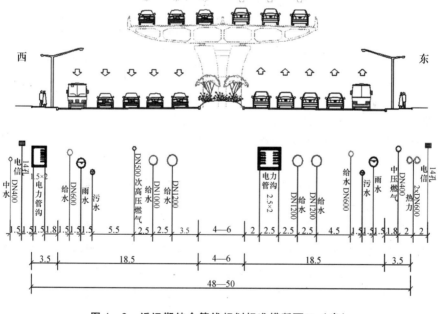

图 4-2　近远期结合管线规划标准横断面二（米）

具体规划内容如下：

根据青岛市市政专项规划方案及现有市政专用管线实际情况，结合沿线地块及周边区域规划发展需求，本着近远期结合、合理利用、切实可行的原则，按照重庆路道路方案进行管线规划设计：仙山路至山东路段，现有管线不完善且管线平面位置不规则，管线规划原则按照规划重建设计；山东路至鞍山二路段，现状管线较完善，原则予以保留，如需扩容，采取原位置翻建方案。仙山路至山东路段，具体设计如下：

（1）电力管线

道路东侧：仙山路至福州路，在东侧行车道（距中央分隔带边线2.0米）规划新建电力管沟2.5米×2.0米，规划放置110千瓦、220千瓦电力电缆。

道路西侧：仙山路以南（红太阳加油站）至山东路，在西侧人行道（距路沿石1.8米）规划新建电力管沟1.5米×2.0米，将现状10千瓦、35千瓦架空电力线按规划落地敷设。

沿线下列现状管沟予以保留，如表4-7所示：

表4-7 　　　　　　　　　　　　电力管线现状保留汇总表

位置	区段	电压等级	断面形式
路西侧	文安路至兴华路	110千瓦	2.0米×2.0米管沟
	仙山路至红太阳加油站	10千瓦	1.2米×0.6米管沟
路东侧	兴华路至虎山变电站	110千瓦	2.0米×1.8米管沟
	兴华路至虎山变电站	35千瓦	2.0米×2.0米管沟

资料来源：重庆路改造整治工程初步设计说明书。

沿线横跨重庆路的架空电力线塔，均结合本次规划落地敷设。

（2）电信（含有线电视）管线

沿重庆路两侧人行道分别敷设电信（含有线电视）管线，其中：沿西侧人行道（距路沿石4.8米）敷设14孔电信（含有线电视）管线，将道路西侧绿化隔离带附近的现有电信管线迁移至西侧规划位置。东侧绿化带（距路沿石5.8米）规划14孔电信（含有线电视）管线。

（3）燃气管线

规划沿重庆路两侧分别布置中压燃气管线和次高压燃气管线。中压燃气管线位于仙山路至山东路，沿路东侧人行道（距路沿石1.8米）规划

DN400 中压燃气管线。DN500 次高压燃气管线在仙山路至大桥接线，沿路西侧车行道（距路沿石 11.5 米）规划 DN500 次高压燃气管线；大桥接线至德丰路沿路西侧车行道（距路沿石 6.5 米）规划 DN500 次高压燃气管线；德丰路至南京路，沿东侧人行道（距路沿石 8 米）规划 DN500 次高压燃气管线。现有燃气管线废除。

（4）给水管线

仙山路至大桥接线，沿东侧车行道规划敷设 2 条 DN1200 输水管线（距路沿石 9.0 米、11.5 米）；沿西侧车行道规划敷设 2 条 DN1000、DN1200 输水管线（距路沿石 12.5 米、15 米），大桥接线至德丰路，沿西侧车行道规划敷设 2 条 DN1000、DN1200 输水管线（距路沿石 13 米、15.5 米）；德丰路至淮安路，沿西侧车行道规划敷设 2 条 DN1000、DN1200 输水管线（距路沿石 7.0 米、9.5 米）；淮安路至清江路，沿西侧车行道规划敷设 1 条 DN1000 输水管线（距路沿石 13 米）；大桥接线至清江路东侧无输水管线。清江路至山东路两侧均无输水管线。

仙山路至清江路，沿道路两侧各布置 1 条 DN400—DN600 配水管线，东侧位于慢车道（距路沿石 4.5 米）；西侧位于慢车道（距路沿石 1.5 米）。清江路至山东路，沿道路东侧车行道布置 2 条 DN600、DN400 配水管线（距路沿石 4.5 米、6 米）；西侧慢车道布置 1 条 DN400 配水管线（距路沿石 1.5 米）。沿线下列管线保留利用，其余废除，如表 4 - 8 所示。

表4-8　　　　　　　　　给水管线现状保留汇总表

位置	区段	管径
路东侧绿化带	上苑路至金水路	DN1000 输水管线
路东侧车行道	振华路至虎山路	DN800 输水管线

资料来源：重庆路改造整治工程初步设计说明书。

（5）雨水管线

仙山路至清江路，沿东、西两侧车行道（距路沿石 1.5 米、3 米）分别规划雨水管渠，沿线分别就近接入过路涵洞及河道。清江路至山东路，沿东、两西侧车行道（距路沿石 1.5 米、3 米）分别规划雨水管渠，沿线分别就近接入过路涵洞。

南京路至山东路，西侧车行道下现有 DN600—DN1000 雨水管线予以保留，其余现有管线废除。

（6）污水管线

仙山路至清江路，沿东、西两侧行车道（距路沿石 3 米、4.5 米）分别规划污水管线，沿线分别就近接入相交道路的截污管线。现有管线废除。

（7）中水管线

仙山路至南京路，沿西侧绿化带（距路沿石 6.3 米）规划 DN300—DN400 中水管线。沿线结合规划需求，预埋过路支管。同时结合沿线供水分区及与重庆路相交道路的中水管线规划情况，合理取消部分区段的规划位置。

（8）热力管线

沿东侧绿化带（距路沿石 3.8 米）规划 2×DN400—2×DN700 热力管线。沿线结合规划需求，预埋过路支管。

现有过路管线予以保留，见表 4-9，同时结合沿线规划需求，对沿线现有管线进行合理整合改造。

表 4-9　　　　　　　　　热力管线现状保留汇总表

区段	管径
通真宫路以北 300 米至大村河	DN600
上苑路至京口路	DN700
文安路至金水路以北 300 米	DN700

资料来源：重庆路改造整治工程初步设计说明书。

结合沿线供热分区、与重庆路相交道路的热力管线规划情况，合理取消部分区段的规划预留位置。

（9）输油管线

南京路至山东路，东侧慢车道 2 条现有 DN200 输油管线规划予以保留。

（10）交通监控、路灯管线

沿重庆路东、西两侧人行道（距路沿石 0.5 米）分别敷设交通监控管线、路灯管线。

第二节　新型城镇化背景下重庆路市政管网
改造评价指标体系的构建

一般来说，对市政管道改造工程的评价，主要有经济评价和社会评价等评价方法。经济评价一般是指在资源配置合理的情况下，从整体的角度来分析计算工程对社会经济的贡献率，从经济的角度来考察工程是否合理。社会评价一般是指一项工程的实施给整个社会带来的各方面的好处。一般情况下，经济评价和社会评价均较好的工程，应当给予批准；经济评价较差的工程，一般情况下不予批准。而实际上由于经济评价比较难做，所以，以经济评价可行与否为评价标准就很难落实了。因此，仅仅以社会评价作为工程投资是否合理的决策依据是不可行的，必须是在经济评价的同时辅之以一定的社会效益分析，这样才能对一项工程作出较为客观准确的评价。

青岛市重庆路市政管道改造工程不仅在一定程度上产生了经济效益，还产生了较为广泛的社会效益，如用户效益、行业效益、环保效益等。基于以上认识，本章采用模糊综合评价法和层次分析法，将定性指标定量化处理，对重庆路管网改造产生的效益进行定量描述。本章在结构和评价方法上作如下安排：

（1）将青岛市重庆路市政管道改造工程的效益分为企业经济效益和社会效益两方面，分别采用不同的方法对其进行分析与评价。

（2）对青岛市重庆路市政管道改造工程的企业经济效益进行以财务评价为核心的经济效益评价。

（3）对青岛市重庆路市政管道改造工程的社会效益的评价，则是从宏观、中观、微观三个层面出发，通过具体的分析来建立模糊层次评价模型以进行综合评价。这样可以使定量分析和定性分析有机地结合起来，从而全面反映青岛市重庆路市政管道改造的各方面效益。

所谓指标是指在评价不同方案的技术经济效果时所确定的评价依据和标准。指标是计划和统计中，用来反映社会经济现象数量方面的一个概念，包括指标名称和指标数值。

所谓指标体系是指在计划和统计工作中，由一系列相互联系的指标所构成的有机整体。对管网改造的经济评价是项复杂的工作，只用个别指标来衡量管网改造的经济效益，是达不到综合评价的目的的。

一　建立指标体系的原则

（1）科学性原则。整个评价方法必须是科学的，包括指标体系、同度量化方法、权数体系、合成方法等方面都要尽量科学合理。而指标的选取则是要建立在经济学等相关理论的基础之上，经济效益评价的结论也必须科学准确。

（2）可比性原则。可比性包括动态（纵向）可比和静态（横向）可比。动态可比是指管网改造经济效益评价指标可以在时间上进行动态比较，可以用来说明经济效益提高的速率。静态可比是指各项经济指标可以在同一层面的不同主体之间进行比较，用以找出差距，从而衡量经济效益提高的水平。

（3）导向性原则。通过设置管网改造经济效益评价指标体系，设计数量评价方法，从而对青岛市重庆路管网改造效益进行综合评价。这就要求在指标体系的设计中，抓住关键环节和重要标志设置指标。通过设置指标和综合评价，客观准确地反映出重庆路管网改造的经济效益。

（4）可操作性原则。指标体系的设计应与现有的核算制度相衔接，其计算所依据的资料也应比较容易取得。指标计算要力求简单，指标的个数不能太多。

（5）系统性原则。指标体系应根据系统的需求，利用指标体系与外部的联系，以及体系内指标之间的相互关系来构建，形成一个开放的、互动的评价指标体系。

在运用指标体系评价经济效果时，须将动态分析与静态分析相结合，定量分析与定性分析相结合，局部效果与整体效果相结合，宏观经济与微观经济相结合。只有选取正确全面的评价指标体系，才能使评价结果具有客观性、全面性、合理性、实际性和可比性等优点。

二　经济效益指标确立与描述

（一）水网、电网性能指标

整个经济效益分析是以水网、电网性能指标的分析为前提和基础的。选择售电量、线损率和供电质量三个指标来反映重庆路市政管道改造后电网技术性能的提高程度；选择售水量、漏损量和供水质量三个指标来反映重庆路市政管道改造后给水技术性能的提高程度，理由是：重庆路市政管道的改造的目的之一是提高供水供电质量和能力，而所选取的这些指标则从不同的角度体现了这一目标，同时，这几个指标也是国家电力公司在城网改造目标中所重点提到的三个指标。

（二）经济效果指标

选取销售收入、经营成本、劳动生产率这三个指标来反映重庆路市政管道改造后的经济效果。由于三个指标分别代表了收入、成本和效率三类经济指标，所以，借助这三个指标可以反映出市政管道改造在增加企业收入、降低成本、提高效率方面的作用。企业经济效益评价指标体系如图4－3所示。

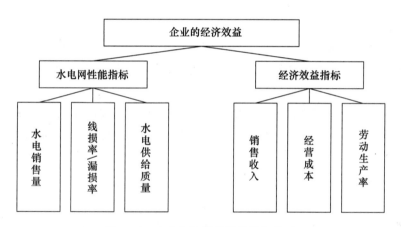

图4－3　企业经济效益评价指标体系

三　指标的内涵界定

（一）水网、电网性能指标

1. 水电销售量

售水量是指自来水公司销售给用户的水量及供给本企业非水力生产、基本建设、非生产性部门等所使用的水量。同时售电量是指电力企业销售给用户的电量及供给本企业非电力生产、基本建设、大修理和非生产性部门等所使用的电量，但不包括电力企业之间的输出电量。其计算公式分别为：

增售水量 = 增供水量 × （1 － 改造后的漏损率）　　　　　　（3.1）

增售电量 = 增供电量 × （1 － 改造后线损率）　　　　　　　（3.2）

2. 线损率与漏损率

漏损是指自来水厂在整个供水过程中发生的水漏损，它是以自来水厂出厂至用户水表上所发生的水的损失。线损则是指供电企业在整个供电生产过程中发生的送变电设备的生产消耗和不明损失，它是以发电厂出线至用户电度表上所发生的电能消耗和损失。

漏损率是指给水管道漏损水量占供水量的百分比，其计算公式为：

漏损率 =（给水管道漏损水量/供水量）×100% =（1 – 售水量/供水量）×100%   (3.3)

线损率则是指线损电量占供电量的百分比，其计算公式为：

线损率 =（线损电量/供电量）×100% =（1 – 售电量/供电量）×100%   (3.4)

3. 水电供给质量

从技术意义上来说，供水质量包括水压质量和供水可靠性两个指标；供电质量包括供电频率质量、电压质量和供电可靠性三个指标。本章主要分析供水可靠性和供电可靠性指标。

水电供给的可靠性是指对用户连续供给水电的可靠程度。在市政管道规划中，应以满足水电网水电供给安全准则和满足用户水电需求两方面来考核。

水电供给可靠性指标主要通过水电供给可靠率来表示。

水电供给可靠率是指在统计期间内，对用户有效供水、供电时间总小时数与统计期间小时数的比值，计算公式为：

水电可靠率 =（1 – 用户平均停水 or 停电时间/统计期间）×100%   (3.5)

（二）经济效果指标

1. 销售收入

销售收入是指企业在产品销售和对外服务中取得的收入。公式为：

销售收入 = 商品销售量×单价   (3.6)

对水电企业来说销售收入主要是水电销售收入，公式为：

售水收入 = 售水量×售水单价   (3.7)

售电收入 = 售电量×售电单价   (3.8)

由上式看，影响水电销售收入的因素主要有两个：水电销售量和水电销售单价。水电销售量指标的变化在上文已有详细的论述，而水电销售单价一般情况下变化不大。

市政管道改造后企业增加了水电销售收入，这主要是由水电销售量的增加所引起的。即：

增售水电收入 = 增售水电量 × 水电销售单价　　　　　　　　（3.9）

2. 经营成本

成本和费用是工程法人在生产经营过程中发生的物质消耗、劳动报酬及各项费用。

总成本费用包括产品成本和财务费用。

经营成本是指工程总成本费用中扣除折旧费、无形及递延资产摊销费用和财务费用后的全部费用。

市政管道改造有推动企业总成本增加和降低经营成本的作用。首先从企业总成本费用来看，由于管道改造投资额巨大，由此形成的折旧费用和财务费用在市政管道改造后将有大幅度增加，造成了总成本费用的增加。另一方面，单从水电供给经营成本来看，市政管道改造可以明显地降低成本效应。市政管道改造后由于管道漏损和技术线损降低引起的节能降耗收益要从成本中减除；另外企业在生产运行、维修和事故处理中所需材料费和维护修理费用会相应减少，这都在一定程度上降低了经营成本。上述两种效应都应在成本分析中考虑在内。

3. 劳动生产率

政治经济学对劳动生产率是这样定义的：劳动生产率是指劳动者生产某种使用价值的效率。劳动生产率的高低通常有两种表示方法：一是单位时间内生产的产品数量或产值；二是生产单位产品所消耗的劳动时间。本章采用第一种方法。

对水电供给企业来说劳动生产率可以用年人均产值来表示。劳动生产率的提高不仅取决于产值的增加，还取决于企业人员的减少，这就需要水电供给企业深化体制改革，努力提高管理水平，切实做到减人增效。

四　社会效益评价指标的确立与描述

本章所运用的重庆路市政管道改造工程的社会效益评价指标体系共包含三个主要指标，如图 4 - 4 所示：

1. 用户效益

用户经济收益和用户满意度是衡量用户效益指标的重要指标。这里选取用户经济收益和用户满意度两个指标来反映用户效益。

2. 行业效益

行业效益是多种因素共同作用的结果，这里选取了两个与行业效益紧密相关、能通过数据分析得到的指标：行业经济效益和行业综合效益。

3. 宏观效益

重庆路管道改造工程产生了众多宏观效益，这里选取了四个角度来进行分析：拉动经济增长、减少空气污染、美化城市、改善投资环境。

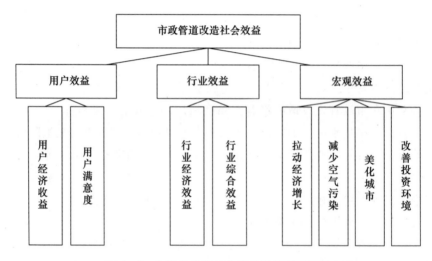

图 4 - 4　市政府改造社会效益评价指标体系

指标体系中包含用户效益、行业效益、宏观效益三类共八个指标，分别代表微观、中观、宏观三方面的效益。以下对各指标进行具体的内涵界定。

五　社会效益指标的内涵界定

（一）用户效益

1. 用户经济收益

用户经济收益是指市政管道改造后，由于给水管道、电网等的输送能力、可靠性和水电质量的提高而使各类水电用户增加的收入或减少的损失。本章通过用户停水、停电损失的减少量来计算经济收益，即计算由于供水、供电质量提高而使用户减少的因水电供应不足所造成的损失。各类用户的停水、停电损失随可靠性指标变化相差较大，因此必须将用户分为不同种类来讨论。我们可以将用户分为工业用户、居民用户和商业用户三类典型的用户。

2. 用户满意度

用户满意度是指水电用户在用水、用电过程中所产生的满意程度。市政管道改造后，水电供应的数量和质量方面都有很大的提高，用户会因此产生更大程度的满足感和获得更好的用户体验，即增加了用户满意度。市政管道改造的实施可增加用户的满意度，这一点可以从居民用户的实际用水、用电过程中得到证明。居民家庭用水、用电主要有两种用途：一是进行家务管理，二是享受闲暇，进行娱乐活动。如果水电供应不足，水电质量差，就会影响这些活动的进行，从而降低用户满意度。但是市政管道改造后，由于供水、供电质量的提高，上述情况发生的可能性就会大大降低，这将使用户在用水用电过程中产生更大程度的满足感和获得更好的用户体验，从而提高用户的满意度。

（二）行业效益

1. 行业经济效益

行业经济效益是指除了项目所在企业之外的其他水力、电力行业企业因市政管道改造的实施而获得的经济效益。

市政管道改造后，供电企业的售电量将有不同程度的增加，作为供电企业的上游企业，发电厂将会因此而获得更大的收益。即由于售电量增加导致产电量的增加，从而增加了发电厂的销售收入。计算公式如下：

$$\Delta 上网电量 = \Delta 售电量 + \Delta 线损电量 \tag{3.10}$$

$$\Delta 销售收入 = \Delta 上网电量 \times 上网电价 \tag{3.11}$$

水力、电力行业经济效益还应包括与水力、电力生产相关的其他企业，如水电力设备、水电力材料、水电力建设和安装企业所增加的效益，市政管道改造的建设，必然增加这些企业收益。但由于市政管道改造中招投标制的普遍采用，这部分效益变得难以估算。

2. 行业综合效益

市政管道改造不仅为水力、电力企业带来可观的经济效益，而且对水力、电力行业的长远发展具有特别重要的意义，这种存在于经济效益之外的作用和影响我们称之为综合效益。

市政管道改造后水力、电力行业综合效益表现为以下三方面：

（1）解决或初步解决了水力、电力行业长期以来形成的结构不合理问题，尤其是水电生产与水电供给网络不配套的问题，从而促进电力行业的协同发展。

（2）提高了水力、电力企业的形象和信誉，既增加了这些企业的有形资产，又增加了其无形资产。

（3）开拓了水力、电力市场，拓展了水力、电力企业的赢利空间，对水力、电力行业的可持续发展具有重要意义。

（三）宏观效益

1. 拉动经济增长

市政管道改造对经济的拉动作用主要体现为市政管道投资对经济增长的刺激作用和对就业率的改善作用。根据凯恩斯的产出决定理论，投资对经济增长具有乘数效应，即增加一笔投资会带来大于或数倍于投资额的GDP增加。"乘数"本身是一种系数，表明每单位投资量的增加所导致的产出增加的数量。简单乘数公式为：产出变动 = 1/MPS × 投资变动，其中MPS为边际储蓄倾向，即在每一元增加的收入中用于增加储蓄的部分所占的比例。由于MPS值总是小于1的，所以乘数值必然大于1。因此通过对乘数模型的讨论可以量化分析市政管道改造投资对经济增长和就业的影响。在一定的社会经济环境下，市政管道设施和经济发展之间存在很多相互的关联，但市政管道设施是要在满足某些条件的前提下才能刺激和促进城市的经济发展。在目前经济全球化、信息技术高速发展并向越来越多的产业进行渗透，远程办公成为可能并为越来越多的公司和个人采纳的背景下，这种关联也必然产生着新的变化①。

2. 减少空气污染

市政管道改造的环境效益主要体现在节能效应和替代效应两个方面。节能效应是指市政管道改造工程实施后，通过降低线损、节约电能从而减少供应侧的燃料损失所带来的效益。我们知道，化工燃料燃烧是引起空气中 CO_2、SO_2、NO_x 及粉尘含量增加的主要原因。因此，减少燃料消耗就能在一定程度上减少污染物的排放，这就是城网改造工程的节能效应。

替代效应是指通过市政管道改造增加了电网输配电容量，从而提高了

---

① 龚定勇、蒋爱民：《基础设施建设与城市经济增长的关系》，《城市问题》2004年第1期。

供电能力,进而使广大用户有条件采用电能这一清洁能源而减少对煤等一次能源的依赖,即以电来替代煤等一次能源达到的减排效应。当前,大型电厂普遍采用了脱硫等环保装置,这使得污染物的排放量明显少于一次能源直接燃烧的污染物排放量,因而,这种替代效应能够起到减少空气污染的作用。

3. 美化城市

随着中国城市化进程的加快,城市环境问题日益突出。城市公共基础设施,特别是生态环境基础设施的建设和运营,对城市环境质量具有显著的改善作用。城市公共基础设施环境效益反映了基础设施投入与所产生的城市环境有益成果之间的对比关系,是衡量运营效果的重要指标。以新型城镇化战略为指导合理推进小城镇公共基础设施建设、以国际典型可持续发展城市为标杆优化城市公共基础设施发展模式,是从根本上改善我国城市公共基础设施环境效益状况的必然选择[①]。

青岛市重庆路市政管道由于长期得不到改造,网络结构极不合理、架空线路较多、线路老化严重。这既不安全又影响了城市环境的美观,市政管道改造工程的实施为这一问题的解决提供了良机。由于市政管道改造后电网的统一规划设计,架空线路入地敷设,使电网朝着标准化方向发展,为未来城市发展预留出较多的空间。

4. 改善投资环境

城市基础设施的建设与发展具有强烈的外部性,是城市建设与发展现代化的前提与载体,城市基础设施系统的技术状态、功能负荷直接影响着城市社会经济系统运行的效率,影响着外部资金进入的积极性和投资效益,随着区域经济竞争程度的不断加剧,以城市基础设施为核心的投资硬环境的优劣,已成为区域竞争力强弱的重要标志,这样,便产生了着眼于城市基础设施对投资环境影响综合评价的客观需求[②]。

对外开放是我的一项长期基本国策。我国已经进入世界贸易组织,对外开放已经全方位渗透到社会各个角落。要想吸引更多的外商投资,基础设施是否完善常常是其考虑的主要因素,而供水、供电水平又是基础设

---

① 孙钰、王坤岩、姚晓东:《城市公共基础设施环境效益研究》,《中国人口·资源与环境》2015 年第 4 期。

② 贾秀兰:《基于 GIS 的城市基础设施对投资环境影响的综合评价》,《潍坊学院学报》2008 年第 3 期。

施中不可缺少的重要方面。因此，市政管道改造后水力、电力设施的进一步完善将对一个城市改善投资环境、扩大对外开放、发展外向型经济发挥重要作用。经济高速发展离不开良好的基础设施建设，只有高度重视基础设施建设，加快小城镇建设步伐，才能为经济高效快速发展起到良好的推动作用①。

第三节　新型城镇化背景下重庆路市政管网改造工程效益分析

一　企业经济效益分析

（一）水、电网性能指标分析

1. 水电销售量分析

本章分析的重点是重庆路市政管道改造工程实施前后水电的销售量的起点值和目标值。起点值是市政管道改造前的最近一年（2011年）的水电销售量，数值分别为28837万立方米、313.44亿千瓦时。

重庆路市政管道改造工程水电销售量的目标值，即市政管道改造后所预计达到的水电销售量的数值。这里只能通过参考一定的指标对其进行预测。本章参考了青岛市水务集团和青岛市电力集团对相应水电指标的预测。根据上述部门的预测结果，2013—2020年水电增长率最低为5%，最高为6.5%。为了保守起见，我们选取5%。当然水电销售量的预测可能会产生误差，但这对其他指标的计算结果影响较小。

影响售水量增加的因素可以从以下几个方面予以考虑：（1）重庆路市政管道改造完成后，水网结构变得更加合理，给水管道口径增大，供电能力大幅度提高，从而引起售水量的增加；（2）给水管道管材的优化，减少了爆管、漏水的现象，水的漏损率降低，也对售水量的提高有促进作用；（3）随着供水可靠性的增强，用户的平均停水时间普遍减少，因而增加了售水量。影响售电量增加的因素可以从以下几个方面予以考虑：（1）重庆路市政管道改造后，电网结构更加合理，大幅度提高了供电能力，从而导致售电量的增加；（2）管理线损的降低可增加一部分售电量；（3）随着供电可靠性的提高，会减少用户平均的停电时间，因而会增加

---

①　王增华：《加强基础设施建设　改善投资环境》，《小城镇建设》1995年第1期。

售电量。同时我们应当看到，水电供给能力的提高并不是售电量增加的唯一因素。用户对水电的需求是水电销售量的决定因素。因此国家的宏观经济趋势、产业结构调整、居民生活水平的提高等外部因素对售电量也起着很大的作用，甚至是决定作用。而对水电企业来说如何通过提高管理和服务水平，运用各种营销手段来开拓水电市场对水电销售量的增加有着很大的影响。

2. 漏损率和线损率分析

对漏损率和线损率的分析同样需要重庆路市政管道改造前后的起点值和目标值。起点值是市政管道改造前的最近一年（2011年）的漏损率和线损率，数值分别为12%、7%。

重庆路市政管道改造工程漏损率和线损率的目标值即市政管道改造后所预计达到的漏损率和线损率的数值，这也只能参考一定的指标进行预测。本章参考了青岛市水务集团和青岛市电力集团对相应水电指标的预测。根据上述部门的预测结果，2013—2020年水电漏损率和线损率分别为9%、4%。事实上由于市政管道改造工程的高质量完成，漏损率和线损率仍有可能继续降低，但为了分析和计算方便，我们假设漏损率和线损率数值保持目标值不变，这将简化对节能降耗效益的计算。

漏损率和线损率的降低不但增加了水电销售收入，而且减少了水电在输送过程中的损耗，从而减少了企业的水电生产费用。另外减少的电力消耗会减少因发电而产生的空气污染，从而产生环保效益。

3. 水电供给质量分析

水电供给质量中较重要的指标为水电供给可靠率和水压、电压合格率，其中水电供给可靠性为重点分析指标。起点值是市政管道改造前的最近一年（2011年）的水电供给可靠率，数值分别为95%、96%。重庆路市政管道改造工程水电供给可靠性的目标值即市政管道改造后所预计达到的水电供给可靠性数值，这也只能参考一定的指标进行预测。本章参考了青岛市水务集团和青岛市电力集团对相应水电指标的预测。根据上述部门的预测结果，2013—2020年水电供给可靠率分别为99%、99.9%。水电供给可靠性的提高同时蕴含着巨大的经济效益和社会效益，一方面其有助于提高水电销售量，从而给水电企业和用户带来可观的经济效益；另一方面水电供给质量的提高有助于提高用户效益和用户满意度，会带来无形的巨大社会效益，随着我国经济的发展和人民生活质量的提高，用户对水电供给连续性的要求越来越高，水电供给可靠性的提高有助于水电企业树立良好的企业形象，同时对开拓水电市场和促进水电企业服务水平的提升大有裨益。

（二）经济效益指标分析

1. 水电销售收入

根据公式：售水收入＝售水量×售水单价，在售水单价不变的情况下，售水收入直接决定于售水量。

$$增售水收入 = 增售水量 \times 售水单价 \qquad (3.12)$$

根据公式：售电收入＝售电量×售电单价，在售电单价不变的情况下，售电收入直接决定于售电量。

$$增售电收入 = 增售电量 \times 售电单价 \qquad (3.13)$$

青岛市重庆路市政管道改造后水电销售增加带来的收入增量及未来几年的预测值如表4-10和表4-11所示：

表4-10　　　　　　未来几年售水量增加带来的收入预测值

年份	单价（元）	增长量（万/平方米）	增售收入（万元）
2011	2.5	—	—
2012	2.5	1441.85	3604.63
2013	2.5	1513.94	3784.85
2014	2.5	1589.64	3974.10
2015	2.5	1669.12	4172.80
2016	2.5	1752.58	4381.45
2017	2.5	1840.20	4600.50
2018	2.5	1932.22	4830.55
2019	2.5	2028.83	5072.08
2020	2.5	2130.27	5325.68

表4-11　　　　　　未来几年售电量增加带来的收入预测值

年份	单价（元）	增长量（亿千瓦时）	增售收入（亿元）
2011	0.541	—	—
2012	0.541	15.67	8.477
2013	0.541	16.46	8.905

续表

年份	单价（元）	增长量（亿千瓦时）	增售收入（亿元）
2014	0.541	17.28	9.348
2015	0.541	18.14	9.814
2016	0.541	19.05	10.306
2017	0.541	20.00	10.820
2018	0.541	21.00	11.361
2019	0.541	22.06	11.934
2020	0.541	23.15	12.524

2. 经营成本

重庆路市政管道改造工程的实施可产生降低经营成本的作用，这体现在以下两方面：

一方面由于漏损率和线损率的降低带来的节能降耗效益，可减少企业的水电购买费用，从而减少了经营成本。另一方面经营成本中的某些成本项也有不同程度的降低。对于工资及劳保统筹和其他费用（即综合费用，多为各项管理费用），考虑到城网改造对其无影响或影响不大，将不再计算其增量。只是"其他费用"中的保险费会随新增固定资产的增加而增多，针对这项费用我们进行了单独的结算。

通过调查得到随着重庆路市政管道改造工程的实施，修理费和材料费会有所降低。通过对历史数据的分析得知，如不进行市政管道改造，修理费将以年均10%的速度递增，材料费将以年均8%的速度递增，而进行市政管道改造，在未来几年，修理费和材料费会有明显降低。

3. 劳动生产率

通过对青岛市水务集团和电力集团2005—2013年与劳动率相关数据的分析来看，近几年来，两企业的劳动生产率均呈上升趋势，在总职工人数达到近几年来最低水平的2013年，其劳动生产率较2005年翻了一番，这一方面主要得益于企业效益的持续稳定提高，同时也与企业减人增效，优化人员结构的努力分不开。

对于重庆路市政管道改造以后的企业劳动生产率状况我们做了如下预测：如果企业人员状况在此基础上保持不变，且企业产值与销售收入数值变化不大，则企业劳动生产率将随水电销售量的增长以大于5%的年增长率增长。如果在此基础上，企业能够努力提高管理水平，进一步减人增效的话，则劳动生产率水平还会有更大提高。

二　社会效益分析

1. 用户效益分析

（1）用户经济收益

各类用户的停电损失计算公式如下：

1）工业用户的停电损失

工业用户停电损失可用下面的公式表示：

$$IC^I = \sum_{j=1}^{a} \left[(Q_j - B_j) \cdot g_j \cdot LOLP/H_j - f_j \cdot Z_j \right]$$

IC^I——工业用户的年停电损失（元）；

Q——某工业部门年总产值（元）；

B——某工业部门年耗费电能的价值（元）；

g——运行时间停电占总停电时间百分比；

$LOLP$——电力不足概率（小时/年）；

H——年运行小时数；

f——年停电次数；

Z——某工业部门在每次停电期间没有损失的原材料价值（元）。

2）商业和其他用户的停电损失

此类用户中，仅以商业用户为代表进行估算，下面给出估算公式：

$$IC^C = \sum_{j=1}^{b} (q_j \cdot a_j/T_j) \cdot LOLP \cdot \beta_1$$

其中上标符号 C 代表商业，$j=1$，2，…，b 代表商业用户的详细分类；

q_j——第 j 类商业用户的年收入（元）；

a_j——第 j 类商业用户的平均利润率；

T_j——第 j 类商业用户的年工作时间（小时）；

β_1——18 点到 24 点停电时间占全天停电时间的百分比。

3）居民用户的停电损失

居民用户停电损失估算公式为：

$$IC^R = \frac{Y \cdot N \cdot S \cdot LOLP}{T_D} + \sum_{i=1}^{K} \frac{P_i \cdot X_i \rho_i \cdot (A/P, I, T_i) \cdot LOLP \cdot S \cdot M}{T_i'}$$

IC^R——居民用户的年停电损失（元）；

Y——年人均纯收入（元/人·年）；

T_D——每年工作时间（小时）；

N——地区总人数（人）；

$LOLP$——电力不足概率；

S——年中 18 点至 24 点发生停电时间占总停电时间百分比；

P_i——第 i 种家用电器的平均价格；

X_i——第 i 种家用电器的平均每户拥有量（台）；

ρ_i——第 i 种家用电器的使用概率；

T_i——第 i 种家用电器的平均使用寿命（年）；

T_i'——第 i 种家用电器的每年平均使用时间（小时）；

$(A/P,\ I,\ T_i)$——等额分付资本回收系数；

M——地区家庭个数。

根据以上公式，通过对青岛市重庆路市政管道改造前后的经济和社会发展的相关数据计算可得：

2013 年重庆路市政管道改造后，青岛市重庆路周边的制造企业、商业和居民用户每年因停电次数减少所降低的损失分别为 5083 万元、637 万元和 426 万元，预计这一数值以后将会随着国民生产总值和人均收入的增加而逐年递增。

（2）用户满意度

青岛市重庆路本次市政管道的改造重点是综合规划地下管网，全线敷设 8 种市政专业管线。在改造的过程中，保留可用的管线，更换老旧管线，增大管道口径，提高了供水能力，降低了因为压力大而产生的爆管现象，保证了供水的安全，使给水管网供水能力、稳定性和安全性水平上升到了一个全新的高度。同时，重庆路沿线的架空线路全部入地敷设，更换老旧电线，使持续供电能力、稳定性和安全性有了较大程度的提高，同时还美化了城市。此外，设计的雨、污水分开排放的排水系统，避免了雨、污水混流，节约了巨大的水资源，保护了周边的环境。重庆路沿线的市政管道设施配套逐步完善，改善了周边市民的生活水平，从而提高了沿线用户满意度水平。

2. 行业效益分析

（1）自来水厂、电厂效益的估算

本章将预估青岛市重庆路市政管道改造工程竣工后近 10 年，由购水量、购电量的增加而给自来水厂、发电厂带来的效益（增加的收入和净效益）。

假设自来水厂年利润率为10%，水价按2011年2.5元/立方米计算，增加购买的水量来自增供增售水量测算表。具体计算结果如表4-12所示。

表4-12　　　　　　　　近10年增加的购水带来的利润增加值

年份	增加的购水收入（万元）	利润率（%）	增加的利润（万元）
2012	3604.63	10	360.463
2013	3784.85	10	378.485
2014	3974.10	10	397.410
2015	4172.80	10	417.280
2016	4381.45	10	438.145
2017	4600.50	10	460.050
2018	4830.55	10	483.055
2019	5072.08	10	507.208
2020	5325.68	10	532.568
2021	5591.95	10	559.195

除自来水厂之外，行业经济效益还应包括自来水行业所属的实业公司的效益。由于自来水行业实业公司的下属企业主要从事水力建设、安装和设备制造，因此这些实业公司能从重庆路市政管道的改造中获得一定的效益。以青岛市水务集团为例，具体计算结果如表4-13所示：

表4-13　　　　　　　　青岛市水务集团效益统计表　　　　　　　单位：万元

年份	总收入	利润
2011	6539	641.7
2012	6697	653.4
2013	1059	108.9

从表4-13可以看出，重庆路市政管道的改造对企业效益的促进作用是明显的。

假设电厂年利润率为 10% ，上网电价按 2011 年水平 0.541 元计算，增加购买的电量来自增供增售电量测算表。具体计算结果如表 4 - 14 所示。

表 4 - 14　　　　　　　　　　近 10 年增加的购水带来的利润增加值

年份	增加的购电收入（亿元）	利润率（%）	增加的利润（亿元）
2012	8.477	10	0.8477
2013	8.905	10	0.8905
2014	9.348	10	0.9348
2015	9.841	10	0.9841
2016	10.306	10	1.0306
2017	10.820	10	1.0820
2018	11.361	10	1.1361
2019	11.934	10	1.1934
2020	12.524	10	1.2524
2021	13.811	10	1.3811

除电厂之外，行业经济效益还应包括电力行业所属的实业公司的效益。由于电力行业实业公司的下属企业主要从事电力建设、安装和设备制造，因此这些实业公司能从重庆路市政管道的改造中获得一定的效益。以青岛市电力实业总公司为例，具体计算结果如表 4 - 15 所示：

表 4 - 15　　　　　　　　青岛市电力实业总公司效益统计表　　　　　　单位：万元

年份	总收入	利润
2011	7912	762.9
2012	8031	797.6
2013	12690	1270.4

从表 4 - 15 可以看出，重庆路市政管道的改造对企业效益的促进作用是明显的。

（2）行业综合效益

重庆路市政管道的改造对水力、电力行业的未来发展具有非常重要的作用，具体表现在以下三方面：

1) 优化水力、电力行业的结构。多年来，水力、电力行业都存在"重水源、电源，轻给水管网、电网"的问题，给水管网、电网的不配套不仅影响了自身经济效益的提高，而且制约了水力、电力行业甚至整个国民经济的发展。不断加强给水管网、电网的建设，不但能解决这种"瓶颈"问题，而且还能充分发挥水电网的整体作用，优化水力、电力行业的整体结构。

2) 提高水力、电力企业的形象和信誉。水力、电力企业大都是国有参股，在经营过程中经常处于垄断地位。但由于其普遍管理水平欠缺，因而给社会留下了不良的形象。水力、电力企业可以通过本次青岛市重庆路市政道路改造来改变自身形象，在设备和技术方面进行改进的同时不断提升管理水平，在不断提高员工素质的同时，提高服务水平，以此不断改善水力、电力企业的形象。在以市场为主导的经济中，形象就代表着效益，当企业形象逐步形成品牌时，企业就拥有了一笔巨大的无形资产，并且这种无形资产具有随时增值的巨大潜能。现在海尔集团的辉煌成就很大程度上就得益于其拥有的这种无形资产。今后不断打破垄断地位，逐步走向市场并建立良好的信誉和形象对水力、电力企业将来的发展将会发挥越来越大的作用。

3) 促进行业的可持续发展。市政管道改造后，进一步提高了沿线电网的供电质量，这样会在刺激重庆路周边的消费的同时，使电力市场得到进一步的发展。此外，技术先进、结构合理的电网也为电力行业的盈利进一步拓展了空间。随着互联网技术的不断发展，网络既是资源又是财富已经成为全社会的共识。现在可以通过电力线路来实现互联网接入，而随着经济的发展，电网也将在新经济领域发挥越来越大的重要作用。市政管道的改造将使之成为可能，这为电力行业的发展奠定了良好的基础。

三 宏观效益分析

（一）拉动经济增长

从青岛市重庆路市政管道改造工程来看，在 24 亿元的工程投资中，其中大约有 15 亿元的投资资金用于采购管道材料，管道材料制造厂家将在此次市政管道改造工程中获得较大的利益。现阶段，我国管道制造企业普遍存在销售业绩下滑的现象，本次重庆路市政管道改造工程中采购管道材料的行为推动了青岛市管道制造销售企业的发展，为这些企业在未来的发展提供良好的契机。同时，青岛市管道制造销售行业人均产值还不足10万元，15亿元的投资可以增加1.5万个就业岗位。从这个意义上来讲，青岛市重庆路市政管道改造工程将在一定程度上缓解当前青岛市的就业压力。在本次24亿元市政管道工程投资中，其中有约8880万元用于重庆路市政管道路线的设计和管道安装工程，青岛市多个建筑企业和安装企业在这个过程中获得了较大的收益。此外，根据经济学中关于乘数的介绍，投资也具有乘数效应，一些与重庆路市政管道改造工程不直接相关的行业如机械加工、建筑材料及设计和相关科研单位都可以获得数倍于投资的效益。

（二）减少空气污染

青岛市重庆路市政管道工程实施后，由于对重庆路沿线的架空路线及电网进行了全新的改造，线损率显著降低。由此每年将可以节约很大一部分电能。电力主要有三种生产方式：火力发电、热力发电和水力发电。而青岛市电力的生产方式以火力发电为主，在火力发电过程中燃烧煤会产生CO_2、SO_2等有害气体。因此，在降低线损率节约大量电能的同时，也意味着大量污染物的减排，从而减少了废气治理费用和污染物带来的损失。

通过降低线损率，预计2020年青岛市重庆路沿线的电网每年可以节约电量6593万千瓦时，以每千瓦发电煤耗340克计算，相当于节约标准煤2.24万吨，节约煤的同时也就意味着少排放381吨的SO_2等有害气体和6349吨的粉煤灰，这样又可以减少间接经济损失80万元。此外，在发电厂销售电量增加的同时，也意味着重庆路周边居民及企业将会减少煤等不可再生能源的使用，而是较多地采用清洁的能源——电能；减少燃煤锅炉的使用，增加电锅炉的使用；减少其他炊具的使用，增加电炊具的使用。这些改变都会起到减少空气污染的作用。

烧煤是高能耗、高污染、低效率的传统供热方式。一个供热季，青岛市全市供热燃煤锅炉消耗燃煤约120万吨。据测算，燃烧一吨煤可产生约1万立方米废气和200千克烟尘。供热期间，除了二氧化氮、二氧化硫、可吸入颗粒物三项污染物总量呈现上升趋势外，细颗粒物PM2.5的含量也呈升高趋势。在青岛市供热行业中，煤炭供热占比超过95%，污染物排放量较大，能源利用效率有待提高。

（三）美化城市

青岛市重庆路市政管道改造之前，电力基本以架空电塔的形式联络成网，线杆高低不齐，分布散乱，影响沿线环境美观。重庆路市政管道改造后，重庆路沿线架空线路全部入地敷设，这将缓解架空线路与树木路径冲突的矛盾。现在重庆路沿线已整体实现由架空线路向线路入地敷设电缆化的转变，使重庆路两旁的环境得到优化，同时，重庆路沿线线杆高低不齐、分布散乱的现象不复存在，使整个城市的面貌得到了较大的改观。

（四）改善投资环境

青岛市重庆路周边分布着较多的工厂企业，重庆路沿线的市政管道配套设施成为青岛市改善投资环境、吸引优秀企业来青投资的有利条件。重庆路市政管道的改造使重庆路周边的基础设施配套水平进一步完善，改善了周边的投资环境，为外商投资提供了优越的条件，为四方、李沧、城阳等经济区域的招商引资创造了良好的投资环境。重庆路市政管道的改造使其周边的投资环境得到较大的改善，投资环境得到改善的同时，使工厂企业的收入增加，从而得到稳步发展。另外，重庆路沿线吸引了外国企业入驻的同时，还引进了外国先进技术和完善的管理方法，这样可以促进国有企业产品质量的改进和经济效益的提高，使国有体制得到深化改革。

四 社会效益模糊层次综合评价

模糊综合评价中的具体指标一部分可以定量计算，另一部分具有模糊或不确定性，难以用经典的数学方法处理。模糊数学是研究上述不确定性问题的定量处理方法，而层次分析法是用于进行定性和定量因素相结合的决策方法，所以我们将模糊数学和层次分析法相结合，用于进行城网改造经济效益的综合评价。

1. 模糊评价方法

模糊评价方法在"管网效益评估"一节已有详细论述，此处不再赘述。以下说明城网改造社会效益评价中的模糊评价法。

设 $H = \{U_1, U_2, \cdots, U_m\}$ 为评价指标集，选择 $V = \{V_1, V_2, \cdots, V_7\} = \{极好，好，较好，一般，较差，差，很差\}$ 为评语集，模糊矩

阵 R 为评价矩阵：

$$R = \begin{vmatrix} R_1 \\ R_2 \\ \vdots \\ R_m \end{vmatrix} = \begin{vmatrix} r_{11} & r_{12} & r_{13} & r_{14} & r_{15} & r_{16} & r_{17} \\ r_{21} & r_{22} & r_{23} & r_{24} & r_{25} & r_{26} & r_{27} \\ \cdots & \cdots & \cdots & \cdots & \cdots & \cdots & \cdots \\ r_{m1} & r_{m2} & r_{m3} & r_{m4} & r_{m5} & r_{m6} & r_{m7} \end{vmatrix}$$

其中 $R_i = (r_{i1}, r_{i2}, \cdots, r_{i7})$ $(i = 1, 2, \cdots, m)$ 为指标 u_i 的单因素评价，r_{ij} 为相对指标 u_i 给予 v_j $(j = 1, 2, \cdots, 7)$ 评语的隶属度。权重集合（向量）$A = (a_1, a_2, \cdots, a_m)$ 反映各评价因素的重要度，其中 a_i 为评价因素 u_i 的权值，且有：

$$\sum_{i=1}^{m} a_i = 1, a_i \geq 0$$

模糊综合评价 B 是评价集 V 上的模糊子集，有 $B = AOR = (b_1, b_2, \cdots, b_7)$，其中"O"为模糊算子。

城网改造社会效益评价的指标体系是一个递阶的结构，某一层次的评价指标有可能包含下层的子评价指标，这样，该指标的单因素评价实质上是下一层次子指标的综合评价，从而有多级模糊综合评价模型，见下图：

$$B = AOB = AO \begin{vmatrix} A_1 O \begin{vmatrix} A_{11} OR_{11} \\ A_{12} OR_{12} \\ A_{1K1} OR_{1K1} \end{vmatrix} \\ A_m O \begin{vmatrix} A_{m1} OR_{m1} \\ A_{m2} OR_{m2} \\ A_{mKm} OR_{mKm} \end{vmatrix} \end{vmatrix}$$

由此可见，在评价指标体系建立以后，进行模糊综合评价的关键在于分配同层次指标间的权重，对最底层指标进行单因素评价，以及选择合适的模糊运算合成算子。

本章运用模糊层次综合评价模型，对青岛市重庆路社会效益作出评价。

根据社会效益评价指标体系，建立如图4-5所示的递阶层次结构：

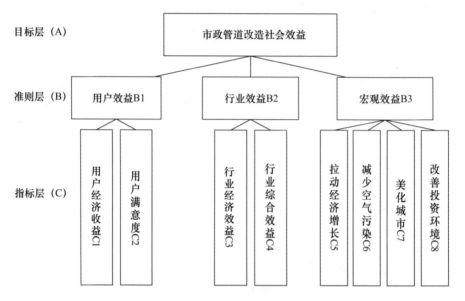

图 4 - 5　市政府管道改造递阶层次

2. 确立评价权重

（1）构造两两判断矩阵

根据上图的层次结构模型，并参照对各因素的分析，对各指标进行两两比较其相对重要性，构造模型的模糊一致矩阵如判断矩阵 1（表 4 - 16）所列，然后进行单排序。

表 4 - 16　　　　　　　　　　判断矩阵 1

A	B1	B2	B3	W
B1	1	7	3	0.65
B2	1/7	1	1/5	0.07
B3	1/3	5	1	0.28

由矩阵 1 可以知道，准则层各指标之间的相对权重分别是 0.65、0.07、0.28。下面用同样的方法计算各子准则层指标之间的相对权重，见判断矩阵 2、3、4（表 4 - 17、表 4 - 18、表 4 - 19）。

表 4 - 17　　　　　　　　　　　　判断矩阵 2

B1	C1	C2	W
C1	1	1	0.5
C2	1	1	0.5

表 4 - 18　　　　　　　　　　　　判断矩阵 3

B2	C3	C4	W
C3	1	1	0.5
C4	1	1	0.5

表 4 - 19　　　　　　　　　　　　判断矩阵 4

B3	C5	C6	C7	C8	W
C5	1	3	5	5	0.556
C6	1/3	1	3	3	0.25
C7	1/5	1/3	1	1	0.097
C8	1/5	1/3	1	1	0.097

（2）一致性检验

①矩阵 1

$\lambda_{max1} = 3.067$　$CI = 0.034$　$CR = 0.059 < 0.1$

矩阵 1 通过一致性检验。

②矩阵 2

$\lambda_{max2} = 2$　$CI_2 = 0$　$CR = 0 < 0.1$

矩阵 2 通过一致性检验。

③矩阵 3

$\lambda_{max3} = 2$　$CI_3 = 0$　$CR_3 = 0 < 0.1$

矩阵 3 通过一致性检验。

④矩阵 4

$\lambda_{max4} = 4.045$　$CI_4 = 0.015$　$CR_4 = 0.016 < 0.1$

矩阵 4 通过一致性检验。

⑤总体一致性检验

$$CR = \frac{\sum\limits_{j=1}^{3} a_j CI_j}{\sum\limits_{j=1}^{3} a_j RI_j} = \frac{0.65 \times 0 + 0.07 \times 0 + 0.28 \times 0.015}{0.65 \times 0 + 0.07 \times 0 + 0.28 \times 0.94} = 0.016 < 0.1$$

通过总体一致性检验。

指标	C1	C2	C3	C4	C5	C6	C7	C8
权值	0.325	0.325	0.035	0.035	0.156	0.07	0.027	0.027

（3）子准则层的总排序权值

指标	C1	C2	C3	C4	C5	C6	C7	C8
权值	0.325	0.325	0.035	0.035	0.156	0.07	0.027	0.027

（4）评价结果分析

根据前面的分析与青岛理工大学的相关专家调查结果给出单因素评价集如表 4 - 20 所示：

表 4 - 20　　　　　　　　　单因素评价集

指标	极好	好	较好	一般	较差	差	很差
C1	0.2	0.2	0.6	0	0	0	0
C2	0.2	0.6	0.2	0	0	0	0
C3	0.2	0.4	0.4	0	0	0	0
C4	0.8	0.2	0	0	0	0	0
C5	0.4	0.6	0	0	0	0	0
C6	0.2	0.2	0.4	0.2	0	0	0
C7	0	0	0.8	0.2	0	0	0
C8	0	0	0.6	0.4	0	0	0

根据上述评价集作模糊评价矩阵：

$$R = \begin{array}{c} \\ R_1 \\ R_2 \\ \vdots \\ R_8 \\ \\ \\ \end{array} \begin{vmatrix} 0.2 & 0.2 & 0.6 & 0 & 0 & 0 & 0 \\ 0.2 & 0.6 & 0.2 & 0 & 0 & 0 & 0 \\ 0.2 & 0.4 & 0.4 & 0 & 0 & 0 & 0 \\ 0.8 & 0.2 & 0 & 0 & 0 & 0 & 0 \\ 0.4 & 0.6 & 0 & 0 & 0 & 0 & 0 \\ 0.2 & 0.2 & 0.4 & 0.2 & 0 & 0 & 0 \\ 0 & 0 & 0.6 & 0.2 & 0 & 0 & 0 \\ 0 & 0 & 0.8 & 0.4 & 0 & 0 & 0 \end{vmatrix}$$

$A = (a_1, a_2, \cdots, a_8) = (0.325, 0.325, 0.035, 0.035, 0.156, 0.07, 0.027, 0.027)$

模糊综合评价 $B = AOR$

为保证 R 阵信息的充分利用，且保证 A 是有权向量性质，这里选用 $M(\cdot, \oplus)$ 算子（即 "O" 算子为 "乘" 和 "有界加"）进行模糊综合评价，得结果向量：

$B = (0.24, 0.39, 0.35, 0.02, 0, 0, 0)$

因为评价结果向量 B 中各元素均不大，较大的为 0.38，较离散，故不宜用最大隶属度原则直接对结果作判断，现进行换算。

$D = (3, 2, 1, 0, -1, -2, -3) = $令（极好，好，较好，一般，较差，差，很差），作向量积 $C = B \cdot D^T = 1.85$。

评价结果介于 "好" 与 "较好" 之间，接近 "好"。所以青岛市重庆路市政管道改造工程的最终评价结果为 "好"。

五　重庆路市政管道改造工程的综合评价

（一）水电网技术性能评价

青岛市重庆路市政管道改造后，重庆路沿线给水管道的供水能力和电网的供电能力有了较大幅度的提高，可以满足较长时期内用水需求增长和用电负荷增长的需要。这将进一步带来水电销售量的增加，有利于开拓水力市场和电力市场。重庆路沿线的集水管道漏损率将会由 2011 年的 12%降至 7%，电网综合线损率将由 2011 年的 9%降至 4%，水力供给可靠率将由 95%提高到 99%，电力供给可靠率将由 99.831%达到 99.96%，水电压合格率由 96.5%提高到 98%以上。

（二）经济效果评价

青岛市重庆路市政管道中给水管道供水能力和电网供电能力的提高有助于青岛市水务集团和青岛市电力集团的水电销售量，这将使这些企业的销售收入有较大幅度的增加；同时，由于漏损率和线损率的降低而产生的节能降耗效益能在一定程度上控制成本的上升。但是，由于青岛市重庆路市政管道改造工程投资额巨大，由此带来的巨额的折旧和财务费用导致了总成本的大幅增加，经营成本也呈上升趋势。同时市政管道的改造促使企业改善管理、减人增效，有助于提高劳动生产率。

（三）社会效益评价

青岛市重庆路市政管道改造后，社会效益指标体系中的各个指标比改造前都有不同程度的改善。重庆路沿线用户因市政管道改造后水电供给质量的提高而获得收益，同时其满意度水平也有很大提高。水电行业通过改造一方面提高了经济效益，另一方面拓展了盈利空间，为自身的可持续发展创造了良好条件。重庆路市政管道改造的投资对拉动经济增长提供就业机会具有较大促进作用，同时重庆路市政管道改造后水电消费的增加刺激了其他行业的发展，对国民经济发展推动较为明显；青岛市重庆路市政管道改造工程的环境效益显著，不但减少了污染物的排放，节省了相关费用，而且使城市面貌得到较为显著的改观，美化了环境。青岛市重庆路市政管道改造工程的实施改进了重庆路沿线的基础设施水平，为对外开放、招商引资创造了有利条件。

（四）管网规划效果评价的结论

本部分通过分析重庆路市政管道改造工程带来的企业经济效益和社会效益，对用户效益和行业效益进行了模型量化，得出重庆路市政管道改造工程的社会效益评价结果为"好"的结论。我们得出青岛市重庆路市政管道改造工程能够在将来得到比投资还要多的收益，其中包括用户效益、行业效益和宏观效益，将会拉动青岛市经济的增长，造福整个青岛市。此外，青岛市重庆路改造工程提升了重庆路沿线地段的价值，促进了重庆路周边房地产的开发及销售，为重庆路沿线的快速发展增添了新的活力。总之，青岛市重庆路市政管道改造工程将对重庆路沿线用户、水电行业以及国民经济和社会发展产生广泛的效益，方案的社会效益优良。

六　讨论方案的改进建议

通过以上对青岛市重庆路市政管道改造带来的企业经济效益和社会效益的分析与评价，使我们对重庆路市政管道改造工程的效益问题有了更加全面而深刻的认识，以此为基础，下面将对青岛市市政管道改造工程的进一步改进和完善提出自己的看法。

（一）在市政管道改造中注重管理因素的作用

影响市政管道改造效益的内在因素可归结为两类：一类是技术因素，如设备选型、网络结构、自动化水平等；另一类是管理因素，如服务水平、工作效率、人员素质等。改革开放的深入，经济的腾飞，城市化进程的快速推进，促使市政工程建设迅猛发展，相比较于市政工程建设的发展速度，市政工程建设管理的发展显得相当缓慢，逐渐地跟不上工程建设的步伐，伴随着市政工程建设业务量的增多和规模的扩大，工程建设管理已经无法有效地对其进行统筹兼顾，于是许多新的问题便凸显了出来。工程质量以及安全问题近年来频频发生，监管机制不健全，造就了一大批危害人民生命健康安全，浪费国家大量财产的"豆腐渣市政工程"。市政工程的质量以及安全已经成为我国市政工程建设管理工作中的最大的问题，这个问题的长期存在势必对我国市政建设行业的良性发展带来极为恶劣的影响。因此，我们需要认真分析市政工程项目中影响质量和安全的因素，采取科学合理的质量与安全控制手段，解决建设中的问题，完善建设管理中的体系不足，着力提升市政工程的品质和安全性能[①]。

事实上通过前文的分析可以看出，管理因素的改善不仅有助于企业降低成本、提高效率，而且对改善企业形象、开拓水电市场有很大帮助，这将有助于企业经济效益的提高。另外，技术因素和管理因素是相互影响、密不可分的。以技术指标线损率为例，目前企业线损率仍然居高不下，这当然与设备落后、网络结构不合理有关，但另一主要原因就在于管理线损费用太高，尤其是窃电现象极其严重，这说明企业的线损管理方法还存在问题，还需从各方面加大管理力度，加大投入，完善防窃电措施。总之，如何在改进技术的同时加强管理是企业面临的另一重要课题。

市政管道工作质量事关城市居民生活和城市对外形象，因此加强市政

---

① 陈江峰：《市政工程建设管理要点与体系完善研究》，《门窗》2012 年第 12 期。

管道施工质量管理至关重要。一方面，高质量市政管道工程需要配以严格的工程施工质量管理体系，并在该体系下对施工原材料、施工过程进行严格监督，使得市政管道工程施工得以在制度和材料方面得到保障；另一方面，优质的市政管道工程，不但有效地提高了人们的生活质量，而且能够延长管道工程使用寿命，在保障城市基础设施完善的前提下，节约了工程造价成本，并促进了城市社会稳定与经济增长。可见，市政管道施工管理具有重要现实意义和指导作用[①]。

（二）把计量问题作为市政管道改造的重要内容对待

计量方式对水电的营销起着非常重要的作用。如今的水电用户已不同于过去计划经济下的用户，他们对计量装置标准化的要求日趋强烈，而对于水电企业经营来说，没有比计量问题更重要的了。

自来水计量系统改造工程有助于提高用水计量精度、节约用水、改善水质、提高供水管理效率和服务质量。自来水计量系统的改造必须遵循国家及省市的有关法规、规范和规定，按照先易后难、以点带面、点面结合、区域推进的原则，因地制宜，以移表出户为主要改造方式，积极、稳妥、规范、有序地进行。在计量系统改造的内容和形式方面，根据是否符合安装技术要求、不同的楼宇层数以及现有的供水方式，确定或改造或原地更换机械表或原地更换远传智能抄表系统的改造方案，并加装消防计量水表，是切合实际的、可实施的[②]。

随着计划经济走向市场经济的重大改革，电力作为一种商品走向市场已是大势所趋。电力产品的发、供、用同时完成，要保证这个特殊商品市场的正常高效运作，必须依靠现代化的技术手段，由电能测量技术、计算机技术、网络技术、通信技术、数据库技术构成具有采集、存储、传输、归并、处理、计算、显示、打印等一系列功能组合的、完整的一体化系统，克服传统的人工抄表的不准确性、不统一性、实时性差的问题[③]。在先进科技的影响下，电力计量自动化系统能够对电力系统进行远程操控，有效改善传统的人工计量的方式，对输电线路的整体损耗有个全面的把握，进一步确保电力能源的质量，不会受到较大负荷量的影响，降低实用

---

① 郭永琴：《市政道路施工质量管理问题分析》，《科协论坛》（下半月）2011年第5期。

② 蔡志盛：《广州市居民自来水计量系统改造形式设计》，《科技资讯》2008年第11期。

③ 蒋延华：《电力计量自动化系统的综合应用分析》，《通讯世界》2015年第22期。

性，其综合应用意义重大。电力企业要想在市场上具有较强的适应能力和竞争力，就必须要实施计量的规范化和标准化的管理，同时可以降低电能的损耗，实时掌握经济指标，标准化的管理，对提高供电企业的生产效益和经济效益具有十分重大的意义。同时反映出电力企业的信誉和资质，为企业稳健快速的发展提供了坚实的保障，在管理模式上进行创新，有助于公司更适应社会平台，面对一切的竞争①。

但目前一些地方的市政管道改造规划和投入往往都把这个问题漏掉了，对计量装置技术要求的操作性也不具体，如应统一使用哪种类型的计量表计，连接线的规格、长度的要求等。青岛市重庆路市政管道改造工程中忽略了这方面的内容，因此，在这方面应该有一定的投入。

---

① 周俊辰：《试论电力计量的标准化管理》，《科技创新与应用》2012 年第 24 期。

本篇小结

在城镇化高速发展的今天，我国许多城市在市政管线配套上普遍存在市政管线匮乏、容量不足、超期服役、乱接乱排等现象，不仅影响城市的市容市貌，还逐步成为制约城镇化发展的一个重要因素。加快建设覆盖面积广、功能分工明确、以线带面的辐射状管线网络，并与沿线相交道路管线相衔接，为沿线地块开发及发展提供基础设施保障成为一个亟待解决的问题。

城市管道网络设计和工程规划作为社会发展过程中的基础建设，对城镇化发展起到不可忽视的作用。加强城市管道网络的优化设计和工程的合理规划有利于促进城镇化的良好发展，并且管网的优化设计及工程的合理规划也会为城市居民带来很大的便利，有助于提升居民的生活质量。市政管线的合理设计能够节约地上空间，充分利用地下空间，同时具有重要的经济、社会意义，对空间资源的节约、对城市经济发展的促进、对自然资源的节约具有重要意义，市政管线合理规划可以使城市空间得到有效利用，为城市未来的发展预留空间；市政设施是城市现代化程度的重要标志，同时也是促进城市经济发展，提高城市现代化的重要物质条件；排水管网的系统规划设计，可以解决雨污混流、节约水资源、保护生态环境，符合可持续发展的要求。

新型城镇化建设过程中管网建设起到至关重要的作用，加快城镇管网建设，将为城镇化的发展提供保障，对我国城镇化进程起到推进作用。

第五篇

新型城镇化背景下道路建设与
房地产升值效益研究

我国已经进入全面建成小康社会的决定性阶段，处在经济转型和社会主义现代化建设的重要时期，同时也处于城镇化①的关键时期。由于城镇化是现代化的必由之路，是保持经济持续健康发展的强大引擎，是加快产业结构转型升级的重要抓手，是解决农业、农村、农民问题的重要途径，是推动区域协调发展的有力支撑，是促进社会全面进步的必然要求，这使得积极、稳妥、扎实、有序推进的城镇化，对全面建成小康社会、加快社会主义现代化建设进程、实现中华民族伟大复兴的中国梦，具有重大现实意义和深远历史意义。

　　改革开放以来，我国城镇化进入了复苏期，国家制定了设镇标准，开设了城乡集贸市场，发展了乡镇企业，随着我国经济发展和工业化进程的加快，经历了一个起点低、速度快的发展过程，这些特点主要是由我国城市化发展的基础、阶段性特点所决定的，因此我国的城镇化是具有中国特色的②。近20年来，我国的城镇常住人口从35174万人增加到74916万人，城镇化率③从29.04%提升到54.77%，年均提高1.29个百分点。城镇化进程的快速推进，在引导农村大量劳动力就业的同时，也提高了社会资源的配置效率及生产效率，不仅推动了国民经济的快速发展，而且带动了居民生活水平的提升，取得了举世瞩目的成就。

　　近20年来，我国城镇化率年均提高1.29个百分点，平均每年约有2065万人进入城市，中国城镇化进程呈现高速增长态势，说明我国的城镇化发展进入高速发展期。因此，作为新型城镇化建设的基础，基础设施建设必须达到总量充足、设施完善、标准合格等要求，这给我国城市建设

---

①　城镇化是指伴随工业化发展非农产业在城镇集聚、农村人口向城镇集中的自然历史过程，是人类社会发展的客观趋势，是国家现代化的重要标志。
②　金花：《我国城镇化发展的阶段性特征与主要矛盾》，《经济纵横》2011年第11期。
③　城镇化率是指一个地区城镇常住人口占该地区常住总人口的比例。

带来了极大的挑战，同时也带来了矛盾和问题。凸显的问题主要包括以下两个方面：

（1）土地城镇化的速度远高于人口城镇化，建设用地粗放低效。部分城市进行了大量的广场扩建、道路扩建、城区扩建等，使得新建城区的人口密度偏低，土地大量占用导致的"空心镇、空心村"反映了城镇化"虚"高的现象，这使得部分土地的使用效率严重下降，甚至是浪费，说明节约利用土地的目的没有实现，城镇化发展缺乏集约性①。2005—2014年，全国建成区面积由 32520.72 平方公里增加至 49772.63 平方公里，每年平均增加 1725.19 平方公里；城市建设用地面积由 29636.83 平方公里增加至 49982.74 平方公里，每年平均增加 2034.59 平方公里；城市管辖区年末总人口为 100 万以下的地级及以上的城市减少了 24 个，年末人口为 100 万以上的地级及其以上的城市增加了 36 个。通过这些数据的对比，我们可以粗略地看出，一些地方过度依赖于土地出让及抵押的收入推动城镇化的进程，在威胁国家粮食安全的同时，也由于土地的粗放利用带来了巨大的耕地浪费和环境破坏。

（2）城市管理服务水平不高，"城市病"问题日益突出。由于大量人口快速涌入城市，部分城市盲目进行城市空间开发，使得人口过度集聚，出现了仅仅达到人口数量城镇化而城镇化质量水平并不高的现象。而且，在经济发展的过程中，由于城镇化建设规划不完善所引起的"近视"现象导致了重经济发展、轻环境保护，重城市建设、轻管理服务的城市规划的制定，这些共同导致了严重的交通拥堵问题和大量的公共安全事件，加之城市管理运行效率低下，公共服务能力不足，严重阻碍了城市经济的高速发展和新型城镇化的进程。

作为基础设施的重要组成部分，很好的道路建设②可以很好地解决以上两个问题：①有效的道路建设可以起到城市交通骨干的作用，从根本上解决交通问题，通过统计研究车辆增长与道路增长的合理比例，道路面积与城市面积的合理比例，机动车、非机动车的车道布局及容量等，制定出

---

① 金花：《我国城镇化发展的阶段性特征与主要矛盾》，《经济纵横》2011 年第 11 期。

② 有效的道路建设，是指使交通参与者在使用交通设施时感到方便、快捷、安全，进而实现交通管理设施的人性化。

完善的道路交通规则和有效的道路建设①，从而依靠其较高的通行能力和较强的交通周转能力大大地提高了城市交通的运行能力，并缓解了其他城市道路的运行压力。这样一来，可以有效地降低城区之间的行车时间，拉近了城区之间的距离，使得广场、道路等基础服务设施的使用效率得到提升，同时降低了非必要基础设施的建设，节约了土地资源。②有效的道路建设可以完善城市道路网络，同时诱导城市土地的发展。一方面，有效的道路建设可以配合现有的城市交通线路，合理规划沿街道路建设，结合道路系统的基本准则清除妨碍交通的大型服务型建筑，根据交通限制和要求完善交通布局，提升交通能力，提高市民、物流等的流通需求及流通效率；另一方面，有效的道路建设可以提升周边城区的交通运输能力，进而提升道路周边的土地价值，促进相应区域的土地得以更好地开发利用，促进相应地区的繁荣发展。同时，带动基础设施的建设，借助道路建设完善城市排水给水、电力、煤气、热力、照明、绿化等一系列地下管线和地上设施的建设，从而避免了以后为反复建设这些城市设施而导致的人力、物力、财力的浪费。②伴随着道路周边经济的发展，城市建设重心会向城市管理服务转移，这使得城市管理水平和公共服务水平不断提高，进一步促进新型城镇化的发展。

由于道路建设的这一重要作用，道路交通建设将成为基础设施建设中的重中之重。2015年年底，国务院拟投资10万亿元于七大类基础设施项目③，目前已经落实投资7万亿元。而在已公布的420多项基础设施中，交通类占了203个，接近50%。1995—2014年的20年间，全国城市铺设道路总长度从115.7万公里增加到446.39万公里，增加了近3倍；公路运输就业人员从2172000人增加到3881462人，增加了近1倍。这不仅说明了我国对道路建设的重视程度，而且说明了在城镇化进程中，通过道路建设可以解决部分人员的就业问题，保证了城镇化的顺利进行。

作为基础性、先导性的产业，房地产业是世界各国经济的重要支柱之一，在经济快速发展的过程中起到了重要作用。与此同时，在城镇化进程

---

① 鲍玉平：《道路建设在城市建设中的地位与作用——赤峰市区道路建设的几个问题》，《科技视界》2013年第29期。

② 同上。

③ 七大类基础设施项目，分别是粮食水利、交通、生态环保、健康养老服务、重大网络工程、清洁能源和油气矿产资源。

中，最基本的表现即为人口的转移。伴随人口大量涌入城市，作为人类生存最基本的条件之一的房地产的需求量会大幅上升，而处在加速城镇化进程的国家和地区对于房地产的需求具有巨大的潜力。由于道路建设可以为人们提供便利的交通、舒适的环境以及便捷的生活，这使得道路建设的优劣直接影响了周边房地产的升值空间，道路建设对于周边房价的制定具有直接作用。基于已有的研究可知，结合城市道路建设和房地产业进行研究，利用道路建设来引导房地产的开发，可以充分挖掘土地升值潜力，最大限度提升由房地产业带来的区域经济增长幅度。

第一章　青岛市房地产市场分析

根据《青岛市"十二五"住房建设发展规划》（2011—2015），"十二五"期间青岛市结合全市房地产业现状和发展趋势，从建设布局上，按照公共交通导向、产业布局引导、就业与居住均衡发展、促进社会公平与融合和旧区改造与新区发展并重的原则加以引导。青岛市住房建设结合轨道交通和城市主要快速道路的建设，开发重点分青岛片区（市内四区和崂山区）、黄岛区和城阳区。开发布局重点向青岛中北部、黄岛及城阳转移。

重庆路的改造工程正是在该规划的基础上，为城阳、李沧和四方三区的发展注入新的活力，在提高区位条件的同时，创造出了巨大的潜在经济效益。

第一节　我国城镇住房制度的演变

根据建设部课题组的统计结果，1978 年我国城市人均住房面积只有6.7 平方米左右[1]，甚至低于 1949 年的城市平均住房面积。例如，哈尔滨市 1979 年的人均住房面积只有 2.93 平方米，大大低于新中国成立初期的3.62 平方米；其中，人均住房面积在 2 平方米以下的有 5000 户，无房户6500 户。重庆市 1979 年的人均居住面积为 2.83 平方米，在市中区仅 8 平方公里的土地上居住着 55 万人。广州 1/3 的住户人均住房面积只有 1.5平方米。住房形势可谓相当严峻。

面对如此严峻的住房形势，1980 年 4 月邓小平同志在讨论中国经济

---

① 建设部课题组：《住房、住房制度改革与房地产市场专题研究》，中国建筑工业出版社2007 年版。

长期规划时，对建筑业发展和住房制度改革提出了许多开创性的设想，包括"打破单一单位建房模式，采取公私合营、民建公助或个人自建等多种方式，通过提高公房租金增强个人购房欲望；个人购房可以分期付款，对低收入者予以补贴等"。当年6月，中共中央、国务院批转国家建委党组《全国基本建设工作会议汇报提纲》，该提纲第七部分"加快城市住房"从操作层面做出了部署。房改的目标确立为"实现住房商品化社会"。此后，我国城市住房制度改革开始起步。这期间的一些标志性做法包括：一是实施"提租补贴"。1986年，在公房出售补贴试点受阻后，一些城市开展了租金改革试点。国务院1988年发布的《关于全国城镇分期分批推行住房制度改革实施方案》等一系列文件明确了"提租补贴"的住房改革方案。同时在住房投资体制上，转换成国家、集体和个人三方面共同承担的体制。二是确立了1982年深圳市率先开征城市土地使用费。1984年9月，国务院决定对土地"实施有偿转让和出售"；1987年12月，实施土地有偿使用制度，明确了土地使用权可以有偿转让。深圳市首次举行土地"拍卖"活动。三是开展公积金制度试点。1991年，国家引入新加坡的强制公积金制度，并在上海进行住房公积金试点。

　　1993年，中共十四届三中全会提出了社会主义市场经济体制改革的方向和目标，也为住房制度改革指明了市场化的改革方向。这期间的一些标志性做法包括：一是开始探索建立多层次的住房供应体系。国务院1994年第43号文件《关于深化城镇住房制度改革的决定》中明确提出经济适用房和商品房针对不同的供应对象。二是建立商品房预售制度。为缓解房地产开发企业资金紧张的局面，借鉴香港经验，首先在深圳试点商品房预售并随后在《城市房地产管理法》中加以明确。三是全国城市普遍推行住房公积金制度。

　　从1998年开始，我国城市住房制度改革进入全面推进阶段。这期间我国面临着亚洲金融危机的冲击，政府亟须寻找新的经济增长点。由此，城镇住房制度货币化改革应运而生。这期间的标志性做法包括：一是正式停止全国性的住房福利分配制度，逐步实行货币化分配。国务院1998年第23号文件《关于进一步深化城镇住房制度改革加快城镇建设的通知》首次提出了廉租房概念。二是强化土地有偿使用制度。国土部2002年发布的《招标拍卖挂牌出让国有土地使用权规定》明确要求，商品住房等经营性土地必须通过招、拍、挂等方式出让。三是大力推进住房金融体系。1998年4月7日，中国人民银行出台了《关于加大住房信贷投入，支持住房建设与消费的通知》（169号）。1998年5月15日，中国人民银行颁布了《个人住房贷款管理办法》，实行积极的住房贷款政策。1999年，中国人民银行下发了《关于鼓励消费贷款的若干意见》，将住房贷款与房价款比例从70%提高到80%，鼓励商业银行提供全方位的优质金融服务。同年9月，中国人民银行调整个人住房贷款的期限和利率，将个人住房贷款最长期限从20年延长到30年，按法定利率减档执行的个人住房贷款利率进一步下调10%，要求进一步放松信贷管制，支持个人住房消费和商品房投资开发。这些政策措施的实施，促进了商业银行个人购房融资业务的开展和住房金融市场的成长。

从2003年开始，中国住房制度改革开始进入随后的十年调控阶段。由于房地产市场出现了投资增幅过大、供给结构不合理、价格增幅过快等现象，国家有关部门密集地出台了一系列调控政策措施并沿用至今。这期间的标志性做法主要包括：一是中国人民银行2003年发布的21号文件与国务院2003年发布的18号文件对房地产市场的定位出现了截然对立，而18号文件的提出基本上使得经济适用房逐渐边缘化。二是各种调控措施纷纷出台。在2004年国土资源部发布的71号文件，强调2004年8月31日之后不得再以历史遗留问题采用协议方式出让经营性土地使用权，即"8·31"大限。在信贷方面，央行时隔9年首次上调存款基准利率。2005年，面对房价继续攀升，国家出台了"国八条"、"新国八条"、"七部委八条"等一系列调控政策。主要内容包括：调控供给结构，增加普通商品房、经济适用房和廉租房的供给；加大房地产交易环节的税收力度，对个人购房不足两年转让的全额征收营业税；调整个人住房贷款政策；加大对闲置土地的清理力度；减缓房屋拆迁力度；严肃查处违规销售遏制投资炒作。上述措施成为后续频繁出台的各种调控政策的模板。2006年5月17日，国务院常务会议通过提出了"国六条"，再次强调房地产健康发展问题。随后九部委出台了"国十五条"。在2007年全球金融危机冲击下，紧缩性调控在2008年宣告终结。国务院2008年年底发布的《关于促进房地产市场健康发展若干意见》提出，要加大对自住型和改善性住房消费的信贷支持力度。到了2009年全国房价大幅反弹，房地产宏观调控再度从紧。2010年国务院办公厅发布4号和10号文件，开启了新一轮的紧缩性调控。这一轮调控的标志性做法是以"三限"（限制购房、限制价格、限制贷款）为主的行政性调控。同时，实行严格的地方政府房价目标考核机制。三是在调控的同时，保障房建设的重要性逐渐提升。2007 年，国务院发布的 24 号文件《关于解决城市低收入家庭住房困难的若干意见》进一步明确了我国住房保障体系。"十二五"规划又提出了建设 3600 万套保障房的宏伟目标。

表 5 - 1　　　　　　　　　1999—2009 年中国住房价格变动趋势

年份	住宅销售价格（元/平方米）	新建住宅销售价格指数（上年＝100）
1999	1857	100.4
2000	1948	101.4
2001	2017	101.9
2002	2092	104.0
2003	2197	105.7
2004	2608	109.4
2005	2937	108.4
2006	3119	106.4
2007	3645	108.2
2008	3576	107.1
2009	4474	109.1

资料来源：数据来源于中经网统计数据库。其中，2009 年住宅销售价格来源于国土资源部，2009 年价格指数以国家统计局公布的当年 12 月房屋销售价格指数代替。

　　前住房和城乡建设部部长姜伟新（2009）认为，城镇住房制度改革对于居民生活水平、居民消费结构、经济发展等产生了深远的影响。一是确立了市场机制配置住房资源的基础性地位，普通商品住房市场成为居民解决住房问题的主渠道，住房成为城镇居民消费结构中的主导消费品。二是培育和发展了以住房为主的房地产业，房地产业的健康发展成为拉动国民经济增长的重要力量。三是在促进居民居住条件明显改善的同时，住房建设带动了城市公共设施和基础设施建设、环境建设，使得城市建设飞速发展。四是帮助越来越多的群众拥有了自己的财产。我国广大城镇居民通过购买原承租公房或在市场上购买商品住房，使住房成为其家庭财产结构中比重最大的财产。

杨丽（2007）认为，中国的城镇住房制度建设经过了20多年的实践有了一些积极的成果，具体表现为：城镇居民人均住房条件有较明显的改善，人们的住房观念发生了重大的变化；住房制度在体制上逐渐从福利分房转变为货币分房，形成了日趋多元的投资模式，逐渐向市场化方向转变；通过全面推行住房公积金制度，初步形成了住房金融体系。同时，制度的两面性也带来了一系列的问题：全面推行导致了"全民买房"现象；租赁住房发展较为薄弱，因此住房市场仍不完善；中低收入家庭的住房问题仍然没有得到有效解决，但商品房的空置率仍然居高不下；住房保障制度并没有发挥预期作用。

包宗华（2010）认为，我国30年的住房制度改革尤其是1998年以后实施的住房分类供应制度改革是成功的，原因在于：①住房制度改革推进了住房建设与投资；②住房建设的高速增长推动了经济增长；③城市面貌焕然一新；④城市财政随之得到大幅改善；⑤带动了几十个相关产业的发展；⑥相应地增加了大量就业人口；⑦城镇人均住房建筑面积从18平方米增加到28平方米；⑧以住房为主体的房地产业已经成为我国国民经济的支柱产业。包宗华的观点得到了建设部课题组（2010）的认同，课题组同时认为我国新的住房制度已经基本确立，认为住房制度改革"确立了住房社会化、市场化改革方向，形成了以居民自由产权为主、多种产权形式并存的产权格局。房地产市场从无到有，住房二级市场和租赁市场逐步发育，中介服务加快发展，房地产金融不断创新，专业化的物业管理基本建立，市场规则不断完善，市场体系逐步健全。针对不同收入群体的住房需求，初步形成了以商品性住房供应为主、对低收入家庭给予保障和对中低收入家庭给予支持的住房供应体系"。

第二节　青岛市房地产投资概况

由图5-1可以看出，青岛市房地产投资总额在地区生产总值中所占比例呈逐年上升的趋势，投资增长率总是为正数，并且在一定范围内变动。另外，青岛市统计信息网显示，2014年青岛市规模以上固定资产投资完成5766.03亿元，同比增长16.5%。全市房地产开发累计完成投资1346.79亿元，增长2.3%，占规模以上固定资产投资总额的23.35%，占山东省房地产投资总额的19.2%；各类房屋施工面积为7294.7万平方米，同比增长 9%。图 5 - 1 反映了 2007 年以来青岛市房地产投资占规模以上固定资产投资比重的变动情况。总的来说，房地产业已经成为拉动青岛市经济的重要力量。

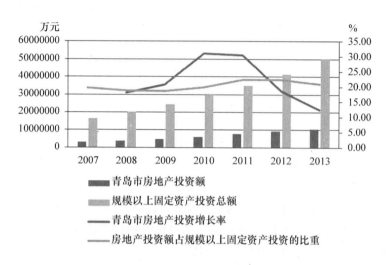

图 5 - 1   青岛市房地产投资增长趋势

资料来源：青岛市统计信息网、2014 年《中国房地产统计年鉴》。

第三节   青岛市房地产开发概况

坐落于山东胶东半岛南端的青岛市，濒临渤海，连接平原陆地，拥有优越的地理位置。青岛市作为山东省重要的区域经济中心，不仅是 2008 年北京奥运会唯一的合作伙伴城市、东北亚航运中心，同时也是旅游度假胜地。

近年来，青岛市不断推进城镇化的进程，青岛市作为全国房地产 40 个热点城市之一，其房地产市场也实现了稳步发展。在 21 世纪，经济实力、科技实力、文化实力等综合实力的提升，使得青岛市的房地产市场再次进入了蓬勃发展阶段。

2006 年以来许多大型地产商不断涌入青岛市，期望在青岛市强劲增长的房地产市场中占有一席之地。万科、保利、中海、宝龙地产、上海实业地产、龙湖地产、华润置地、四川蓝光等大型内陆房地产开发商以及和记黄埔、香港瑞安、台湾远雄等大型海外房地产开发商都纷纷入驻青岛

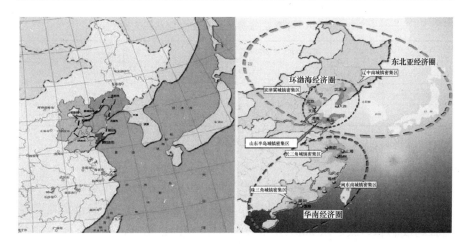

图 5 - 2 青岛市地理位置

市。由表 5 - 2 可以看出，从 2007 年到 2013 年，青岛市房地产开发企业的数量总体处于持续增加的态势。青岛市房地产开发一级企业数量到 2008 年增至 10 家，此后大致稳定在该范围内，到 2012 年和 2013 年已达到 11 家。二级企业数量在 2008 年一级和三级企业增加时保持大致不变，此后到 2013 年一直呈增长趋势。由此可见，三级企业的增加数量最多且企业数量波动较大，但总体呈上升趋势。

表 5 - 2 　　　　　　　2007—2013 年青岛市房地产开发企业数量 　　　　　单位：家

	2007 年	2008 年	2009 年	2010 年	2011 年	2012 年	2013 年
一级企业	7	10	9	10	10	11	11
二级企业	40	39	46	48	51	55	56
三级企业	151	179	167	170	166	179	178

资料来源：2010 年、2013 年《中国房地产统计年鉴》。

　　由表 5 - 3 可知，房地产从业人数波动性较大。一级企业从业人数波动最为明显，在 2008 年由 2298 人锐减为 899 人，到 2010 年猛增至 2126 人，增幅较大，2011 年又降至 1134 人，随后两年，一直维持在 1100 人左右。二级企业从业人数和三级企业从业人数较稳定，变化幅度相对较小。

表 5 - 3　　　　　2007—2013 年青岛市房地产开发企业从业人数　　　　　单位：人

	2007 年	2008 年	2009 年	2010 年	2011 年	2012 年	2013 年
一级企业	2298	899	916	2126	1134	1106	1136
二级企业	2122	2255	2688	2494	2521	2865	2941
三级企业	4882	5127	4644	4682	4495	4773	4839

资料来源：2010 年、2013 年《中国房地产统计年鉴》。

　　建设部课题组认为，青岛市 2007 年至 2013 年房地产开发企业个数和人数变化趋势反映了青岛市房地产市场的发展趋势，表明青岛市房地产市场日趋成熟和繁荣。从 2007 年至 2013 年，青岛市房地产开发企业一级资质的企业在企业个数上有所上升，宝龙地产、万科、保利、中海、上海实业地产等大型内陆房地产开发商和香港瑞安等大型海外房地产开发商都纷纷入驻青岛市，使得青岛市房地产投资额和房产质量、数量上都有所上升。同时，青岛市房地产开发企业三级资质的企业个数更是增长迅猛，表明越来越多的企业涉足青岛市房地产行业，参与到青岛市的房地产事业建设中来，推动了青岛市房地产市场的蓬勃发展。

第四节　青岛市房地产开发和销售

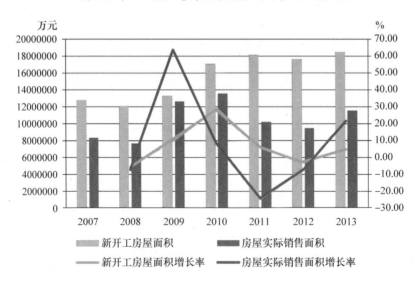

图 5 - 3　2007—2013 年青岛市新开工面积与销售面积及其增长率

从图 5-3 中，可以看出，青岛市房地产销售面积增长率与新开工面积增长的态势基本保持一致。房地产销售面积在 2009 年增长最多，增长率为 63.80%，而在 2008 年、2011 年和 2012 年的销售面积却是负增长，分别为 -7.56%、-24.31% 和 -7.67%。商品房屋销售增长速度大于供给增长速度且新开工房屋面积变动总是紧接着出现在商品房屋销售面积变动之后，且幅度小于前者，说明青岛市的房地产市场较为有效，能够及时地针对行情做出积极反应。2008—2010 年青岛市房地产市场的销售面积呈增长趋势，在 2011 年时销量骤降，截至 2013 年年末销量有所回升。本书课题组分析认为，2008 年时金融海啸造成全球经济的低迷，青岛市作为对外开放贸易进出口城市，自然也受到牵连，因此 2008 年青岛市房地产市场出现低迷，新开工面积和销售面积双双下滑；此后的 2009 年房地产市场经过短暂的复苏后开始接受宏观调控，于 2011 年受到限购令的影响，由此可以解释 2011 年 -24.31% 的负增长率。通过对新开工面积和销售面积增长率进行分析，可以观察到市场对于房地产业的信心以及大体走势。

第五节　青岛市房地产价格变动

青岛市房地产价格仅 2008 年略有下降，此后始终保持上涨趋势，在经历了 2008 年的小幅下跌（-2.4%）后，青岛市商品房销售均价从 2007 年的 5201 元/平方米增加到了 2013 年的 8056 元/平方米。结合前文所述，金融危机在 2008 年对青岛市房地产市场产生一定冲击。在增长率这一方面，自 2008 年以来市场增长率一直为正值，2007—2013 年青岛市房地产销售均价年均增速为 9.36%，较同期山东省水平低 1 个百分点。但随着经济的复苏，青岛市以及山东省的房地产市场开始回暖，2010 年以来，青岛市销售均价增长率均高于山东省平均增长水平。

不可否认，利率水平、宏观经济、国家政策、人口等因素都会对房地产价格产生重要影响，但与此同时，众多学者将房地产交易市场划分在土地市场中的二级市场，同时认同土地的一级市场交易会对房地产的价格产生不可忽视的影响。

由图 5-4 可知，价格既是市场的交易结果，同时也是市场间信号传递的主要内容，一级市场及二级市场的价格都是由市场信号决定的，土地

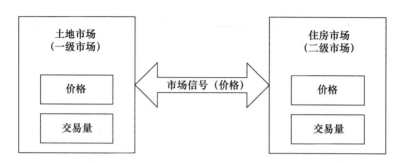

图 5 - 4　土地市场和住房市场互动机制图

市场中的交易价格直接影响住房市场上的房产价格。对于土地市场信息影响住房市场的作用机制，价格发现理论①②③囊括了早期关于土地供给的规划控制和数量限制等因素的分析，从土地市场信号影响住房价格预期这一角度给出了严格的理论分析和实证检验。价格发现理论认为，住房市场中人们对于预期价格的判断受到相关历史信息的显著影响，而土地价格则是与住房实物市场最为相关的土地实物市场的直接交易结果，因而在短期中对住房价格预期具有显著的冲击作用④。从土地市场和住房市场的相互影响情况来看，土地市场信号对住房价格具有短期的影响效果。从宏观来看，房价与地价的相互作用同样较为明显，如图 5 - 5 所示。因此，在房地产价格的研究中，地价这一方面不仅不可忽略，还要引起相应的重视。

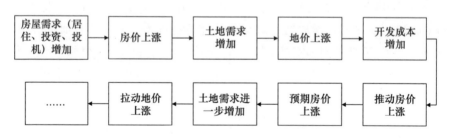

图 5 - 5　房价与地价推拉关系

①　任超群：《土地出让价格信号对房价的影响研究》，博士学位论文，浙江大学，2011 年。

②　Ching S, Fu Y. Contestability of the urban land market: an event study of Hong Kong land auctions. Regional Science and Urban Economics, 2003, 33 (6): 695 - 720.

③　Chau K W, Wong S K, Yiu C Y, et al. Do unexpected land auction outcomes bring new information to the real estate market? The Journal of Real Estate Finance and Economics, 2010, 40 (4): 480 - 496.

④　任超群：《土地出让价格信号对房价的影响研究》，博士学位论文，浙江大学，2011 年。

　　综合地价指数是反映土地价格随时间变化的趋势与幅度的相对数，是反映一个城市各类土地价格变化及其总体综合平均变化趋势的相对数。由图5-6不难看出，地价与房价的变化趋势大致相同且一直呈增加的态势。

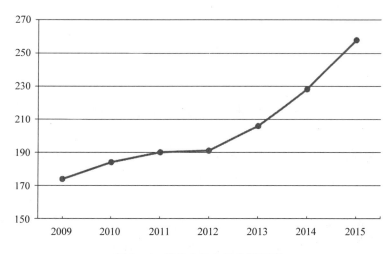

图5-6　青岛市综合地价指数图

资料来源：中国城市地价动态监测系统。

第二章　道路建设与房地产增值

第一节　房地产价值的影响因素研究

纵观国内外的研究成果，众多学者对房地产价格的影响因素进行了研究，其中：Adams 和 Fuss（2010）[1] 通过运用协整检验的方法，选取 15个国家 1975—2007 年的季度数据，建立误差修正模型，发现宏观经济水平、建筑建造成本和长期利率变化对房地产价格的影响力最为显著；熊艳（2009）[2] 选取中国 10 个城市的截面经济数据，通过 Panel-Date 模型进行研究，结果表明人民币升值及预期和房价的前期增长率是推动房价上涨的主要因素，利率则起抑制作用；Marco Terrones（2004）选取 18 个国家1971—2003 年的数据，运用实证分析方法，证明了居民实际收入、利率、信贷、个人住房贷款、人口以及银行对房价变化的承受程度等因素对房地产价格的变化起着基础性的影响作用；Balazs Egert 和 Dubravko Mihaljek（2007）[3] 运用实证分析方法对中欧、东欧 8 个经济转型国家和 OECD 中的 19 个成员国房地产价格变化的主要影响因素进行了研究，发现人均GDP、实际利率、信贷和人口对房地产价格的影响相对较大，同时经济转型的 8 个国家中还有其特有的影响因素，如房地产市场发展不完善等制度性因素。

相对于国外房地产价格的影响因素而言，由于我国房地产市场发展较晚，且我国处于经济转轨时期，很多转型经济特有的因素也会对我国房地

---

① Zeno Adams, Roland Fuss. Macroeconomic determinants of international housingmarkets. Journal of Housing Economics, 2010 (19): 38 – 50.

② 熊艳：《我国房地产价格影响因素研究》，《金融经济》2009 年第 2 期。

③ Balazs Egert, Dubravko Mihaljek. Determinants of house prices in central and eastern Europe. The University of Michigan, William Davidson Institute Working Papers, 2007 (10): Number 894.

产价格产生影响。国内对房地产价格的研究主要从 2000 年开始，大部分研究主要验证了收入水平、土地价格、政策因素、金融因素、区位因素等对房地产价格的影响机制。随着我国房地产市场的不断发展，我国学者不断完善有关我国房地产价格影响因素方面的研究。

与此同时，随着国内城市外延和内涵的快速发展，城市交通问题开始日益突出，而交通条件的变化和改善对房地产业的发展产生了较大的影响。城市交通的改善导致了土地区位外界条件的改变，进而影响了土地之上的房地产的价格，促进了房地产业的发展。仅就区位因素与房地产的研究而言，大部分学者主要关注轨道交通对房地产价格的影响，而对于以快速路为代表的市政交通对房地产价格的影响因素的研究则少之又少。叶霞飞和蔡蔚（2002）[①] 对 1999—2000 年间上海地铁莘庄 2 公里圈内和圈外多层住宅平均房价的变化情况进行了研究，提出了城市轨道交通车站与建筑物一体化、轨道交通与城市物业一体化的问题；王霞等（2004）[②] 以北京市轻轨 13 号线为例进行研究，结果表明轻轨站点在城市中心区对房价的影响较小，越远离城区对房价的影响程度越大；郑捷奋和刘洪玉（2005）[③] 通过构建改进的特征价格模型考察了深圳地铁一期周边物业价格的变化，研究了轨道交通与周边房地产价值的关系，并计算了深圳地铁一期建设对周边房地产的增值效益。

从定性的角度看，区位因素是指某一特定区域内的自然条件与社会、经济、行政、技术等因素相结合所产生的区域特性，对该区域内的土地价格水平产生影响。这类因素可细分为商服繁华因素、可达性因素、城市设施状况因素和环境因素。

（1）商服繁华因素。这是指所在地区的商业、服务业繁华状况及各级商业、服务业中心位置关系。它与房地产价格成正比，商服繁华度较高，该地区的房地产价格水平也较高。

（2）可达性因素。这是指所在地区道路系统通畅程度，道路的级别

---

① 叶霞飞、蔡蔚：《城市轨道交通开发利益还原方法的基础研究》，《铁道学报》2002 年第 1 期。

② 王霞、朱道林、张鸣明：《城市轨道交通对房地产价格的影响——以北京市轻轨 13 号线为例》，《城市问题》2004 年第 6 期。

③ 郑捷奋、刘洪玉：《深圳地铁建设对站点周边住宅价值的影响》，《铁道学报》2005 年第 5 期。

（主干道、次干道、支道）越高，交通便捷程度越高，该地区的房地产价格水平也越高。

（3）城市设施状况因素。城市设施可以分为以下三类：①基础设施，主要包括供水、排水、供电、供气、供热和通信等设施；②生活设施，主要包括学校、医院、农贸市场、银行、储蓄所、邮电局等设施；③文体娱乐设施，主要包括电影院、图书馆、博物馆、俱乐部、文化馆等设施。以上三类设施可以用基础设施完善度、生活设施完善度、文体娱乐设施完备度等指标来衡量，这些指标一般对房地产价格存在正向的促进作用。

（4）环境因素。若一个地区环境优美、资源充足、适宜居住，则该地区的房地产价格水平较高；若一个地区环境恶劣、资源匮乏、污染严重，则该地区房地产价格水平较低。

在现有的研究中，部分学者基于区位理论对交通费用和住房费用的关系进行了研究，表明区位因素对城市住房价格的影响作用取决于交通费用和出行成本的高低。汪浩和王小龙（2005）[①] 在考察我国房地产销售的实际情况后，研究了城市交通与房地产楼盘价格之间的关系，他们认为城市公共产品，如交通、卫星城基础设施等的供给，可以作为政府调控房地产市场的有效政策工具。

同时大量研究表明，最直接且最显著的城市交通外部效应是对沿线房地产价值的影响。原因在于城市交通投资效益存在巨大溢出，除部分项目的成本可以在一个较长时间内回收外，相当一部分项目成本形成集聚沉淀，导致低回报或无直接回报。投资成本的集聚沉淀主要表现在城市周边地区的土地上，向外溢出的经济效益通过地价收益流向周边土地和物业所有者，主要包括政府部门、土地上已有物业的所有者以及将在该土地上建造房产的开发商。这部分地价收益再通过房地产市场上的租赁价格和出售价格最终实现。因此，通过评价房地产价格的增幅来评价交通基础设施产生的外部效应是公认的主要思路，目前大多数城市交通外部性研究也以对沿线房地产增值的影响为主，可以说，市政道路交通经济效应作用机制主要通过沿线房地产增值机制来体现。

---

　　① 汪浩、王小龙：《公共产品供给与房地产市场调控：理论分析与政策建议》，《财经问题研究》2005 年第 11 期。

第二节　道路建设对房地产的影响研究

一　房地产价值的国外研究综述

经济分析中的需求主要是指在一定的市场上，购买者按照某一组价格愿意并且可以购买的某商品或劳务的数量。与此类似，住房需求是指社会上房地产需求方在一定时期和一定市场上，按照某一组价格愿意并可以购买的其所需住房及相关服务的数量，这种需求不仅限定了特定的时期和买卖的市场，而且暗含购买者有相应的支付能力，因此，与住房需求紧密联系在一起的有两个重要变量：一是房地产商品的销售价格；二是人们有能力购买且愿意购买的数量。

从文献检索来看，国内外对住房需求的研究主要集中在以下几个方面：一是住房异质性的克服和需求弹性问题；二是住房居住形式选择；三是资本市场上住房投资需求问题；四是从宏观经济学和人口学的角度对住房需求总量和变动的分析。Muth 等（1960）[①] 关于"非农住房需求"的研究开启了西方经济学领域中住房需求的研究。房地产的异质性直接导致了对房地产的需求分析难以简单地套用传统的消费者行为理论和需求效用最大化等框架。基于此，Olsen（1969）[②] 提出可以假设存在一种无差异的单位即"居住服务"（Housing Service），这样，即使所有的住房都是不同质的，但它们都为居住者提供了一种服务流，这种服务流可以看作是无差异的，只存在量的多少。但居住服务在现实中特别是在评估住房价值时是无法估测的，因此这一假设并没有解决住房的异质性问题。直到后来，享乐价格法的出现才真正衡量了住房异质性对住房需求和价格的影响（Rosen，1974）[③]。

从供给方面来说，土地用途管制对住房供给有较大影响，但是存在着一定的不确定性。Guidry 等（1991）[④] 对 20 世纪 70 年代美国规划局土地

① Muth, Richard. The Demand for Non-farm Housing, in Harberger, ed. , 1960: 29 - 96.

② Olsen E O. A Competitive Theory of the Housing Market. American Economic Review, 1969, 59 (4): 612 - 622.

③ Rosen S. Hedonic Prices and Implicit Markets: Product Differentiation in Pure Competition. Upsala Journal of Medical Sciences, 1974, 82 (1): 34 - 35.

④ Guidry, Shilling and Sinnans, 1991, An Econometric Analysis of Variation in Urban Residential Land Prices and the Adoption of Land-use Controls, Working Pape, University of Wisconsin, Center for Urban Land Economics Research.

利用与环境数据进行了研究，发现在土地用途控制强的州，其住房价格上涨较小，管制与价格之间的弹性大约为 0.16；对 90 年代城镇土地部门的数据进行研究则表明，15 个管制最少的城镇土地价格仅减少至 24000 美元，而在管制最为严格的城镇，土地价格超过 50000 美元。这说明，利用不同部门、不同时期的数据所得出的研究结论存在差异。但更多的学者证明了管制对住房价格上升的带动作用（Pollakowski and Wachter，1990）[①]。Malpezzi 等（1998）[②] 的研究表明，从一个缺乏管制的区域迁移到一个管制较为严格的区域，在一个二次曲线模型中，估计住房租金将上涨13%—26%，住房价格上涨 32%—46%；而在一个线性模型中，住房租金上涨 9%—16%，住房价格上涨 31%—46%，即采用不同模型的研究结果存在一定的差异。Fu 和 Somerville（2001）[③] 对上海 1992—1993 年的土地租赁数据进行研究，结果表明土地利用强度管制显著影响土地价格。Listokin 和 Hattis（2004）[④] 则认为建筑规划的规范会提升房价 13% 左右，并从数量规制方面阐述了美国进行规制的所有建筑属性，并分析了其对住房价格的影响。实际上，Katz 和 Rosen（1987）[⑤] 已经对北加利福尼亚州的社区进行了研究，发现基于增长控制的规划政策会导致更高的住房价格。Glaeser 等（2005）[⑥] 测度了美国曼哈顿地区住房价格与边际成本之间的差距。如果没有充分的竞争，房地产开发商将高估管制对市场价格的影响。Glaeser 和 Ward（2006）[⑦] 通过研究波士顿地区 187 个城镇的最小房间面积，发现房间面积的边际增长对住房市场的存量供给产生重要的负

① Pollakowski H O, Wachter S M. The Effects of Land-Use Constraints on Housing Prices. Land Economics, 1990, 66 (3): 315 –324.

② Malpezzi S, Chun G H, Green R K. New Place-to-Place Housing Price Indexes for U. S. Metropolitan Areas, and Their Determinants. Real Estate Economics, 1998, 26 (2): 235 –274.

③ Fu Y, Somerville C T. Site Density Restrictions: Measurement and Empirical Analysis. Journal of Urban Economics, 2001, 49 (2): 404 –423.

④ Listokin D, Hattis D B. Building Codes and Housing Building Codes and Housing. Cityscape, 2004, 8 (1): 21 –67.

⑤ Katz L, Rosen K T. The Interjurisdictional Effects of Growth Controls on Housing Prices. Journal of Law & Economics, 1987, 30 (1): 149 –160.

⑥ Edward L. Glaeser, Joseph Gyourko and Raven E. Saks, 2005, Urban Growth and Housing Supply, NBER Working Papers 11097.

⑦ Edward L. Glaeser and Bryce A. Ward, 2006, The Causes and Consequences Land Use Regulation: Evidence from Greater Boston, NBER Working Papers 12601, 2009, 65 (3): 265 –278.

向作用。Gyourko（2010）① 则通过建立土地利用规制指数来定量描绘规划政策对住房开发的影响。

在实证研究方面，Mankiw 和 Weil（1989）② 对美国 20 世纪 70 年代住宅价格的上涨进行了研究，指出人口的变化是影响住房价格的重要因素；第二次世界大战后生育高峰阶段出生的一代人进入购房阶段是导致该时期房屋价格上涨的重要原因，而在生育低谷阶段出生的一代人将在 20 世纪 90 年代进入购房阶段，这将导致住宅价格的下降。而同一时期的 Case 和 Shiller（1990）③ 选取了 1970—1986 年美国四大都市区域的季度数据，采用时间序列截面回归分析方法，以居民消费价格指数、就业、人口、居民个人收入、人口相关指标、建筑成本指数为解释变量进行了相关分析，结果表明，成年人口的变化以及人均真实收入的变化与该时期住房价格有着非常强的正相关关系。Poterba 同样利用时间序列截面回归的方法对美国 1980—1990 年间 39 个城市的年度数据进行研究，研究中以建筑成本、人口因素和收入作为解释变量进行了相关分析，结果表明，真实的收入和建筑成本的变化是影响住宅价格的重要因素，但人口并不是影响价格的原因。而 Quigley（1999）④ 选取 1986—1994 年美国 41 个大都市区域的年度数据，以就业、收入、居民和出租住宅空置率、总人口、家庭数、住宅开工量、住宅建设许可数为解释变量进行了实证研究，研究表明经济基本面的相关指标可以解释住房价格的走势，但是从短期来看经济基本面指标却不能解释太多的住房价格。

二　房地产价值与道路建设的国内研究综述

作为新型城镇化建设和发展的先决条件，城市道路建设一直都是我国城市建设中的重点投资项目之一。而房地产凭借其对经济增长的拉动作用

①　Gyourko J, Saiz A, Summers A A. A New Measure of the Local Regulatory Environment for Housing Markets: The Wharton Residential Land Use Regulatory Index. Urban Studies, 2010, 45 (3): 693 – 729.

②　Mankiw N G, Weil D N. The Baby Boom, The Baby Bust, and the Housing Market. Regional Science & Urban Economics, 1989, 19 (2): 235 – 258.

③　Case K E, Shiller R J. Forecasting Prices and Excess Returns in the Housing Market. Real Estate Economics, 1990, 18 (3): 253 – 273.

④　Quigley, J M. Real Estate Prices and Economic Cycle, International Real Estate Review, 1999, 2: 1 – 20.

和对新城开发的巨大推力成为了推动中国经济增长的支柱产业和影响城镇化进程的重要因素，与经济增长和城镇建设有着密切联系。城市道路建设对房地产类型、规模、价值以及消费者购房心理具有重要的影响；同时，房地产价值上升也会为城市道路建设提供重要的经费保障。

　　早在 1990 年，樊纲[①]便详细论述了基础设施的"瓶颈"制约及危害并提出了相应的解决对策。新华社记者段世文（2003）[②] 通过对广州市和北京市进行调研，提出了房地产开发的金科玉律为"地段、地段、地段"。而影响地段价值最关键的因素便是交通，有没有便捷的交通成了房地产能否升值的核心卖点。杨洋（2005）[③] 运用市场供需模型对北京八通线城铁周边的房地产价格进行了分析，表明交通条件改善地区的房地产业将不断升温，住房价格呈上升趋势。在大中城市中，地铁、轻轨等交通项目的建设会产生诸多经济与社会效应，公共交通设施的正外部性十分明显，其中较为重要的方面便是刺激了周边地区房地产市场的发展。李进涛、李白云、郑飞等（2014）[④] 利用线性回归模型和误差修正模型对武汉市近 20 年的数据进行了研究，运用 Eviews 6.0 软件探索了城市道路建设与房地产价格的关系，研究表明城市道路建设对房地产价格有长期显著的正向影响，且城市道路建设对房地产价格影响存在明显的滞后现象。

　　国内学者的大量研究表明，由于公共交通设施存在显著的正外部性，其发展的停滞势必会制约房地产市场的发展，而良好的道路环境会刺激周边房地产业的发展，使得房地产不断升值，并且城市道路改造会对城市环境、舒适度产生积极影响，进而激发消费者的购房欲望，进一步促进房地产市场兴旺繁荣。

　　国内学者按照道路建设对房地产影响类型的不同，分别从房地产开发、房地产价格、房地产分布等方面进行了研究。李文翎（2003）[⑤] 通过

① 樊纲：《论"基础瓶颈"》，《财经科学》1990 年第 5 期。
② 新华社记者段世文：《交通，卡住了房地产的"脖子"》，《新华每日电讯》2003 年 1 月 8 日。
③ 杨洋：《对交通条件与房价关系的思考》，《中国房地产》2005 年第 8 期。
④ 李进涛、李白云、郑飞等：《城市道路建设与房地产价格关系的实证——以武汉市为例》，《洛阳师范学院学报》2014 年第 11 期。
⑤ 李文翎：《城市交通与房地产开发的关联与协调——以广州市为例》，《热带地理》2003 年第 4 期。

分析广州市城市交通与房地产开发间的关系，论述了城市交通对房地产开发项目时序、房地产开发类型、房地产价格、房地产分布均有重大影响。由此可见，城市交通有必要为房地产业的开发提供超前服务。陈莉（2007）[①] 认为，轨道交通站点在其 2.5 公里的合理步行范围内对房价产生影响；对城市中心区的房价的影响较小，越远离城区其对房价的影响程度越大；轨道交通建设的时间越久影响越小；对于商业用房地产的影响较大，而对于工业用房地产的影响较小。纪艳凤（2010）[②] 以青岛市为例，通过对城市交通与经济发展关系的讨论，分析了城市交通方便程度对房地产市场的影响，该研究涉及车站的距离、到主次干道的距离、到市中心的距离、到商业设施的距离、到娱乐设施的距离等自变量，关系到居民的生活、出行、上学等方便程度，它们均与房地产价值成正比。John L. Glascock、丰雷、刘迎梅等（2011）[③] 应用 Hedonic 方法分析了不同地区（港岛、九龙和新界）和不同时期（牛市和熊市）公共交通易达性对住房价格的影响。分析表明，公共交通易达性对房价具有显著影响：位于地铁站点步行范围内的房价显著高于之外的房价；除新界外，其他地区邻近轮渡码头的房价更高；而邻近公共汽车站点对房价具有负向影响；市场景气时期公共交通易达性对房价的影响更为显著。

纵观国内学者的研究，我们可以得出：道路建设投入的增加导致了道路通达性增强，进而使得周边房地产价格上升。在相同条件下，住宅和商业都倾向于趋近公路交通便捷的地方，便捷的交通网络能够延伸各类房地产项目的自由度，并使居民区向价值低廉的郊区发展，城市空间从而得到拓展。

第三节　房地产的相关理论研究

住房是一个国家或地区国民财富的重要载体，住房价格的变动将通过改变托宾 q 值[④]、资产负债表渠道以及财富效应渠道等对房地产投资、居

---

① 陈莉：《轨道交通对沿线房地产价格影响的研究》，《特区经济》2007 年第 8 期。

② 纪艳凤：《浅谈城市交通对房地产的影响》，《价值工程》2010 年第 31 期。

③ ［美］John L. Glascock、丰雷、刘迎梅等：《公共交通易达性对香港房价的影响分析——Hedonic 模型的应用》，《统计与决策》2011 年第 3 期。

④ 托宾 q 值是指公司的市场价值与公司的重置成本之比。

民消费以及宏观经济产生直接影响。而宏观经济的一些关键变量，如人均收入、人口数量和结构、通货膨胀、利率和货币供应量以及宏观调控等因素的变动同样会对住房的发展产生影响。

一　住房市场对宏观经济的影响

首先，房价的波动通过改变托宾 q 值影响房地产投资。在住房市场上，当存量住房的价格超过增量住房的价格（成本）时，消费者将增加对增量住房的需求，开发商则会增加土地购置从而促进住宅投资的增加。公司对包括房价在内的资产价格做出反应，更加强化了经济周期。当经济高涨、资产市场繁荣时，托宾 q 值上升，公司会扩大投资；当经济不景气、资产价格下跌时，托宾 q 值下降，公司又会缩减投资。

其次，住房价格的波动将通过资产负债表渠道影响企业的融资，进而影响房地产投资。在信贷市场上，由于市场信息的不完全和不对称，借款人能够获得的银行信用供给额度主要取决于其资产负债表状况，包括了企业流动资产与可售抵押品之和。多数情况下，房地产是最好的抵押品。而一旦房价下降，就意味着抵押资产价值的下降。此时，银行从信贷资产的安全性考虑会减少对企业投资的借款并要求借款方增加抵押。住房价格的下降将导致贷款的减少和投资的下降，甚至恶性循环。这就是费雪在分析 20 世纪的大萧条时提出的元凶之一——"债务性通货紧缩"。后来的研究表明，确实存在着这种信贷收缩机制。同样，如果市场繁荣，企业可以得到更多的融资，将进一步刺激房地产投资。

最后，住房价格的波动将通过财富效应渠道影响居民的消费，进而影响经济增长。房价的上升通过家庭的"感知财富"、实际财富变化、抵押效应，甚至通过居住迁移以促进消费，这就是住房价格上涨的财富效应。据估计，在全球可变价格资产中，住宅和商业房地产总计为 90 万亿—130 万亿美元，占全部可变价格资产的一半。在正常情况下，房地产市场可以容纳占劳动力总量 5%—6% 的人就业，并间接涉及其他更多的就业人员，包括从事相关产业（水泥、钢铁、木料、铜等）的人员。大约 1/5 的房地产建造活动是比较稳定的，但其余的部分则具有高度的周期性。如果房屋建造市场总值下降 1/3，那么 GDP 将会减少超过 3%，这个比例听起来似乎还不算太高，但事实上房地产价格的下跌在财富效应的作用下还将使

GDP 另外削减一大块①。大量的实证研究表明，相对于股票等金融资产，住宅的财富效应要大得多并且非常显著。与此同时，宏观经济变量的变动，如收入、人口数量和结构、利率和货币供应量、汇率和国际资本流动以及宏观经济政策等因素，都对住房市场产生冲击，从而导致住房市场的波动。

二　宏观经济因素对住房市场的影响

首先，总产出或人均收入的波动是直接反映经济周期波动的指标。总产出或者收入的波动会直接影响到住房投资、房价、空置率等住房市场的一系列指标，对包括中国在内的研究表明，代表房地产周期的住房投资增长率与代表宏观经济的总产出增长率的波动高度一致。一般而言，当人均收入呈现快速增长，宏观经济处于高度景气时，人们对未来收入和经济增长的前景比较乐观，会倾向于从银行融资，从而增加杠杆推高房价、推动住房投资。一旦宏观经济不景气，收入下滑，一方面住房需求将下降，另一方面在过去景气状态下积累的债务仍然存在，极易造成债务性通货紧缩，从而导致整个住房市场和宏观经济的恶性循环。

其次，货币供应量对房地产市场具有直接影响。货币供应量的增加和宽松的信贷条件将促进住宅投资的增加和房价的上涨，特别是当货币供应量超常规增加引发通胀预期时，通常将导致资产价格的快速上涨。充足的流动性不仅可能导致商品和服务价格的上涨，而且更多的货币进入到资产市场会带来资产价格的上涨。而一旦央行迫于通胀压力开始收紧银根，改变宽松的信贷条件，则住房投资和房地产消费需求将受到抑制，住房市场会从繁荣走向衰退。

再次，金融支持对房地产市场具有重要影响。金融支持主要涉及三个因素：利率、期限和按揭比例。利率对住房市场的影响一般表现在两个方面：一是对房地产开发投资的影响，银行贷款是房地产开发资金的重要来源，利率的高低会直接影响开发成本和利润；二是对住房需求的影响，利率的高低影响到消费者的贷款信心、还款压力和支付能力等。一般来说，利率的上升会导致房价下跌。期限的延长和按揭比例的提高都会导致金融支持力度的加大，从而有助于住房市场的繁荣。随着住房金融支持的深

---

① ［挪威］拉斯·特维德：《逃不开的经济周期》，董裕平译，中信出版社 2008 年版。

化，某些国家还会出现资产增值抵押贷款即再按揭的情形。在开放经济条件下，资产价格不仅受自身供求因素的影响，也越来越多地受到汇率变动的影响。20世纪90年代，大量资本流入美国，使美元持续坚挺，与之相伴随的是美国利率的下降以及股票价格与房地产价格的上涨；1997年亚洲金融危机发生后，在本国货币急剧贬值的同时大多数发生危机的经济体出现了股票价格下跌与房地产价格下跌的"三重危机"现象。在中国，人民币升值预期下的大量外资流入，对中国2000年以来的房地产价格的上涨起到了推波助澜的作用。汇率的变动和大量国际资本的流入或流出，将对东道国资产市场产生冲击，导致资产价格的暴涨暴跌。

最后，人口是房地产市场的主体，在其他条件不变的情况下，一个国家或者地区的人口总量决定了住宅等房地产需求的大小。一般来说，这种需求随着人口的增长而增长。一些国家在特定的历史条件下出现了生育高峰并形成了"婴儿潮"现象，随着年龄的增长他们会对住房产生较大的需求。从人口的城乡结构看，城镇化过程中城市人口增多，将会改变城市人口总量和城市人口结构，相应地也会改变住房需求总量和结构。另外，家庭人口规模的变动也会导致住房市场的波动，即使总人口数量不再增加，但家庭规模的小型化也会影响住房需求的总量和结构。值得一提的是，人口老龄化及人口负增长现象将会减少住房需求。

三 政府行为对住房市场的影响

影响住房市场的政策因素很多，主要包括与房地产业密切相关、敏感程度较高的土地政策、财政政策、货币政策、投资政策、产业政策以及各种管制或行政干预措施等，这些政策因素在短期内对住房市场运行状况的影响是较为显著的。

公共设施具有地理上的固定性，必须要到达或者靠近公共设施才能享有其所提供的产品或服务。距离某一公共设施越近，就越方便地享有该公共设施所提供的效用，对其赋予的价值也就越高。因此，居民对于公共设施所赋予的价值往往与其到达公共设施的空间距离成反比，与公共设施的质量成正比。正是由于人们对于公共设施可达性（Accessibility）所赋价值的这种空间递减性，决定了城市内部空间上的区位价值差异，而区位价值是住房价值的重要组成部分。大量的理论和实证研究已经发现，住房价值中的区位价值是其所处区位内各种城市设施的资本化体现。"用脚投票"（Vote with Feet）理论阐述了在人口充分流动及地方政府竞争下公共产品通过住房市场实现有效配置的思想[1]。Rosen（1974）[2] 利用特征价格模型成功识别了住房区位特征的资本化效应。Zheng 和 Kahn（2008）[3] 以北京为例进行研究，发现地铁、公交站点、重点中学、空气质量、治安状况和公共绿地都已显著资本化到房价当中，住房价格的静态水平和动态变化均由于区位上城市设施供给质量的不同而存在差异。Smith 和 Tesarek（1991）[4]、Case 和 Shiller（1994）[5] 以及 Monkkonen、Wong 和 Begley（2012）[6] 等在对洛杉矶、波士顿、休斯敦和香港等城市进行研究后发现，在住房市场周期的不同阶段，住房价格随着其所处区域的不同及城市设施水平的不同而表现出显著差异。例如，交通便捷、靠近高质量小学和中学的住房，在市场需求增加、市场周期处于上升阶段的过程中，表现出更高的房价涨幅[7]。正因如此，在城市中一个区位上的住房价值往往体现了该地区市政公共品提供的水平和劳动力市场的机会。而不同区位上的住房价值差异，则明确反映出不同区位之间的公共品质量差异和就业机会差异。在可以"用脚投票"的情况下，居民会在住房市场中，根据各自的收入约束和效用目标，选择各自的目标住房，从而通过住房的选择，确认区位的选择结果，同时确认了与该区位连带的公共设施供给，最终实现城市设施对于住房区位价值的影响。

　　政府以土地出让收入对城市建设进行投入的行为是在现行制度框架下长期存在的，其行为的延续和这种行为所导致的土地价格对住房价格的长

　　① Tiebout C M. A pure theory of local expenditures. Journal of Political Economy, 1956, 64 (5): 416 –424.

　　② Rosen S. Hedonic prices and implicit markets: product differentiation in pure competition. Journal of Political Economy, 1974, 82 (1): 34 –55.

　　③ Zheng S, Kahn M E. Land and residential property markets in a booming economy: New evidence from Beijing. Journal of Urban Economics, 2008, 63 (2): 743 –757.

　　④ Smith B A, Tesarek W P. House prices and regional real estate cycles: Market adjustments in Houston. Real Estate Economics, 1991, 19 (3): 396 –416.

　　⑤ Case K E, Shiller R. A Decade of Boom and Bust in the Prices of Single Family Homes: Boston and Los Angeles. New England Economic Review, 1994.

　　⑥ Monkkonen P, Wong K, Begley J. Economic restructuring, urban growth, and short-term trading: The spatial dynamics of the Hong Kong housing market, 1992 –2008. Regional Science and Urban Economics, 2012, 42 (3): 396 –406.

　　⑦ Case K E, Mayer C J. Housing price dynamics within a metropolitan area. Regional Science and Urban Economics, 1996, 26 (3): 387 –407.

期影响也是在一定时间期限内可以充分预期的。房地产开发企业对于上述政府行为及其结果的预期,将在土地市场中形成以土地价格为表现形式和信息载体的对未来住房价格的预判。住房市场分散投资者也熟悉这一制度环境并了解政府的上述行为特点(以土地出让收入投入城市建设),因而将会根据土地价格所释放的开发企业在同一制度环境下发出的住房价格预期信号而调整自身的价格判断,影响未来的住房交易。

第三章 青岛市房地产影响因素

房地产业的发展水平指标要能准确地反映房地产业的规模和发展速度。为此，可选择房地产年投资额为主要指标；而反映房地产业内涵或质量的指标要更多地考虑消费者的选择及供需平衡关系，经征询意见，以销售率为衡量房地产质量的主要指标是可行的；辅助指标可选择施工面积和竣工面积等。青岛市 1995—2014 年消费价格指数、房地产业投资额、施工面积、竣工面积、销售额等指标情况如表 5-4 所示。

表 5-4　　1995—2014 年青岛市消费价格指数、房地产业投资额、施工面积、竣工面积、销售额等指标情况

指标 年份	居民消费 价格指数 （上年＝100）	房地产开发 投资额 （万元）	房屋施工面积 （万平方米）	房屋竣工面积 （万平方米）	房屋实际 销售面积 （万平方米）	房屋实际 销售额 （万元）
1995	116.2	562861	1008	240	103	185384
1996	112.6	455765	748	203	80	125150
1997	104	426570	675	237	113	216311
1998	100	438059	742	259	178	351805
1999	100.2	629717	900	474	240	430123
2000	103.3	675142	1047	352	301	550401
2001	101	925153	1374	532	406	802364
2002	98.9	1036476	1417	537	427	933031
2003	101.4	1277969	1765	552	469	1121885
2004	102.1	1626965	2101	635	516	1530964
2005	102.3	2238370	2363	811	740	2666738
2006	100.9	2683631	2751	654	719	3054907
2007	104.5	3223547	3224	641	833	4333566

续表

指标 年份	居民消费 价格指数 （上年=100）	房地产开发 投资额 （万元）	房屋施工面积 （万平方米）	房屋竣工面积 （万平方米）	房屋实际 销售面积 （万平方米）	房屋实际 销售额 （万元）
2008	104.7	3085652	3773	672	770	3924175
2009	100.5	4594829	4310	814	1262	7036744
2010	102.2	6024387	5058	1020	1360	8952942
2011	105	7827193	5693	925	1026	7702379
2012	102.7	9301099	6474	1212	951	7660684
2013	102.5	10485229	7073	957	1160	9786176
2014	102.6	11177297	8171	1136	1164	9708984

第一节　影响房地产行业的因素分析

一　影响房地产业的经济因素

影响房地产业的经济因素包括：国民经济的发展水平和速度、房地产交易价格、居民可支配收入、居民消费结构（恩格尔系数）、城市的产业结构水平、金融服务能力、购房用途、居民当前住房水平、房屋二级市场和租赁市场发育程度、房地产结构、房地产企业的规模和管理水平、房地产业的宏观管理水平等。

1. 国民经济的发展水平和速度

作为国民经济的一个组成部分，房地产业的发展与国民经济整体的发展水平和速度有着密不可分的内在联系。在经济发达国家，房地产业是国民经济的支柱产业之一，美国经济学家最早意识到：房地产业是发展经济、扩大内需最重要的产业，对国民经济具有重大的拉动作用。我国近几年扩大内需的实践也很好地印证了这一点。

据有关国际组织研究，当人均国民生产总值达到800美元时，房地产业就进入了正常的发展期。显然，青岛市房地产业已经进入了这个正常的发展期。青岛市市区1990—2000年的GDP和第一产业增加值资料如表5-5所示。

由于农民的自建住房未纳入房地产业的统计范畴，为保持指标的一致性，应将农业增加值从GDP中扣除。

一般来说，房地产业的发展水平与GDP呈高度的正相关关系，但具体形式及是否存在时滞现象则需要进一步研究。

　　除此之外，还应注意研究人均 GDP 与房地产档次结构之间的关系。当然，房地产的结构档次与居民的收入结构或消费结构可能有更密切的关系。在构建数学模型时，要注意到人均 GDP 的影响属于外生因素。

表 5 - 5　　　　　1990—2000 年青岛市市区 GDP 及第一产业增加值　　　　单位：万元

年份	GDP	第一产业增加值
1990（以下以 1990 年不变价计）	942522	99162
1991	1055413	93155
1992	1310015	108875
1993（以下为当年价）	2134414	108580
1994	2961388	148756
1995	3698851	169864
1996	3919347	204286
1997	4504174	185443
1998	4581036	205486
1999	5468616	205419
2000	6289194	210063

　　2. 房地产交易价格

　　房地产交易价格是供需双方达成交易的均衡点，是供需双方"讨价还价"的结果。房地产交易价格反映房地产市场供给和需求的数量及质量的平衡关系：从供方来说，这一价格直接反映房地产企业的期望利润、房地产企业的管理水平、建筑企业的劳动效率、建筑材料价格、政府的土地政策、各种公共设施和服务设施的税费政策等房地产成本因素；从需方来看，这一价格直接反映居民当前的住房水平与期望水平的差距、可支配收入、储蓄水平、融资能力、居民对个人或家庭未来收入的期望等购房能力因素。实际上，房地产交易价格还间接地反映出了城市的科技水平、经济发展水平、区位优势、劳动效率、产业结构、在一定行政区域内的政治和经济中心地位等因素。因此，房地产交易价格是一个综合程度很高的因素，在建立模型时要特别留意与其他影响因素的相互关系。

　　这里所说的房地产价格包括新房价格、二手房价格和房屋租赁价格，对同一房地产市场而言，上述三类价格既相矛盾又相统一。

新房价格与二手房价格的关系表现为：相对于新房，二手房价格高，居民就会选择新房；相对于二手房，新房价格过高，居民就会选择二手房。在其他条件一定的情况下，新房和旧房各有不同的消费群体：新房的消费者主要是年龄在30—55岁之间、有稳定收入、当前有较强住房需求和一定积蓄的中高收入者，他们多以售旧房换新房的形式改善自己的住房条件；旧房的需求群体主要是尚无积蓄的新婚家庭、与子女分居的老年人、下岗或就业不充分的家庭、个别外地来青务工的家庭。尽管买新房与买旧房的消费者主体不同，但确实存在着部分"可新可旧"的消费者。只有将新房和旧房的价格关系作为一个统一的整体，使之相互促进、相互适应，才能使整个房地产市场步入良性循环。因此，那种认为只有新房市场才是房地产市场的看法是不利于房地产业整体发展的。

房屋租赁价格与房屋买卖价格的关系表现为：房屋租赁价格高，部分租房者就会被挤入房屋买卖市场；而房屋租赁价格低则会将部分买房者吸引到房屋租赁市场。一般来说，房屋买卖市场和租赁市场也有其各自的消费群体。房屋租赁群体主要是由外地来青务工、求学、短期经商人员、部分下岗失业家庭及部分房改不彻底单位的职工等构成的。尽管租房与买房的消费者主体不同，但也确实存在部分"可买可租"的家庭，因此，处理好房屋买卖与房屋租赁的价格关系，也是繁荣房地产业的一个重要条件。

3. 居民可支配收入

该因素有如下三个层次的问题需要注意：

第一，居民的人均可支配收入水平是影响居民购房能力的重要因素。一般来说，可支配收入与房地产业的发展水平呈高度的正相关关系，但由于居民可支配收入与GDP也呈高度的正相关关系，故在运用数学工具对该因素进行研究时，需要特别留意。第二，房地产业发展与居民可支配收入之间是否存在时滞或非线性关系，是需要考虑的。第三，"人均可支配收入"指标掩盖了当前的社会分配不公现象，深入研究该因素时，应配以居民收入的结构资料。居民可支配收入属于内生因素。青岛市1990—2000年居民人均可支配收入、可支配收入结构抽样资料如表5-6及表5-7所示。

表 5-6　　　　1990—2000 年青岛市城市居民年人均可支配收入　　单位：元

年份	1990	1991	1992	1993	1994	1995	1996	1997	1998	1999	2000
人均可支配收入	1624	1856	2138	2668	3880	5357	5602	6222	6554	7282	8016

表 5-7　　　　　　　1990—2000 年居民平均每人每月可支配收入及

可支配收入结构抽样资料　　单位：元

户数及分类	最低收入户	更低收入户	低收入户	中等偏下收入户	中等收入户	中等偏上收入户	高收入户	最高收入户
1990 年[b]	77.13	69.88	99.38	115.07	133.98	158.12	184.32	228.86
1991 年	95.68	86.73	114.49	131.76	151.17	174.58	199.38	250.16
1992 年	108.06	98.29	132.39	152.44	174.94	200.43	227.97	285.36
1993 年	128.72	117.44	156.62	178.59	208.90	253.29	295.49	402.65
1994 年	171.63	151.82	215.60	256.72	307.17	369.10	434.53	586.79
1995 年	227.44	200.89	299.11	360.33	414.54	501.36	605.95	831.97
1996 年	242.08	219.97	314.86	367.55	430.56	518.26	654.08	848.96
1997 年[a]	260.91	225.59	341.04	389.29	465.19	589.11	742.26	1001.82
1998 年	264.45	218.65	335.41	412.61	505.90	622.37	769.13	1099.28
1999 年	269.78	232.86	364.44	441.29	565.33	721.02	900.82	1182.55
2000 年	264.66	219.82	378.15	478.88	620.50	791.59	1025.72	1410.41

注：a. 样本户数为 400；b. 样本户数为 200。

4. 居民储蓄水平

我国当前的居民储蓄存款总额高达 7 万亿元人民币，居民的储蓄存款水平与居民的即期收入和金融服务水平直接影响着居民的购房消费决策。居民储蓄与房地产业发展水平呈明显的正相关关系。该因素属于内生性质。青岛市 1990—2000 年居民人均储蓄存款余额资料如表 5-8 所示。

表 5-8　　　　　1990—2000 年青岛市居民人均储蓄存款余额　　单位：元

年份	1990	1991	1992	1993	1994	1995	1996	1997	1998	1999	2000
人均储蓄存款余额	984	1229	1551	2032	2828	3926	5069	5838	6563	7081	7575

5. 居民消费结构

居民的消费结构严重受制于居民的可支配收入，两者必然呈高度的相关关系，在建立模型时必须特别注意。但居民消费结构对房地产业的发展水平仍然有独立的影响。恩格尔系数高，居民对住房的需求就低，反之就高。这是一个内生因素。青岛市 1992—2000 年居民消费结构及住房所占消费比重资料如表 5 - 9 所示。

表 5 - 9　　　　　　1992—2000 年青岛市城市居民家庭消费结构

及住房所占消费比重　　　　　　单位：元、%

年份	月总支出	食品	比重	居住	比重
1992	162. 97	92. 92	57. 02	8. 89	5. 46
1993	203. 73	105. 50	51. 78	11. 87	5. 83
1994	289. 88	154. 32	53. 23	15. 69	5. 41
1995	383. 84	201. 33	52. 45	20. 2924. 65	5. 29
1996	423. 30	219. 34	51. 80	33. 64	5. 80
1997	460. 44	222. 09	48. 50	37. 08	7. 30
1998	463. 76	215. 23	46. 40	43. 12	8. 00
1999	498. 40	221. 59	44. 50	50. 35	8. 60
2000	556. 38	236. 23	42. 50	—	9. 10

注：1991 年及以前，因统计指标口径不一致，故舍去。

6. 城市的产业结构水平和科技水平

一般来说，城市的产业结构水平越高，企业的经济效益就越好，所在地域的 GDP 就越大，劳动者的工资就越高，居民的可支配收入也就越高，从而对房地产的需求也就越大。在研究该因素时，我们采用了城市第三产业占 GDP 的比重资料来间接地反映其产业结构水平和科技水平。同样应注意该指标和人均 GDP 及居民可支配收入的相互关系。城市的产业结构水平和科技水平属于外生因素。青岛市 1990—2000 年第三产业占 GDP 比重资料如表 5 - 10 所示。

表 5 - 10　　　　　1990—2000 年青岛市第三产业占 GDP 比重　　　　单位：%

年份	1990	1991	1992	1993	1994	1995	1996	1997	1998	1999	2000
第三产业比重	28. 5	28. 8	31. 2	33. 9	35. 6	35. 6	35. 0	37. 4	37. 6	38. 6	39. 1

7. 金融服务能力

这里主要是指银行、保险、证券业与房地产业相融合的程度。金融服务业与房地产业的关系可考虑用贷款利率及其与央行规定的同期存款利率之差、贷款期限、首付比例、抵押或质押等贷款方式的灵活程度等来表示。金融服务能力属于外生因素。

就贷款利率与房地产业的关系而言，利率高，房地产商的开发成本就高，房价随之提高；对房地产消费者而言，还贷压力大，因此不利于房地产业的发展。利率低，房地产商的开发成本低，房价就低，消费者的还贷压力也小，有利于房地产业的发展，进而有利于扩大内需。但银行贷款利率是政府进行宏观调控、抑制房地产泡沫甚至金融危机的重要工具。贷款利率与房地产业的发展呈负相关关系，但其相关的具体形式尚需具体研究。

保险业对房地产市场的介入程度也影响着房地产业的发展。如保险企业设立购房担保险种，可以在一定程度上解决部分居民的贷款难问题，从而促进房地产业的发展。

8. 居民当前的住房水平

当前的住房水平，是影响居民购房决策的最重要的因素之一。多数人是因为住房面积小、条件差，才有扩大居住面积、改善住房条件的动机，从而才会做出购房决策。

居民当前的住房水平与人均 GDP 或人均可支配收入是相互适应的，即它们呈高度的相关关系。国外曾有关于人均住房面积与人均可支配收入之间数量关系的统计资料。当前，在我国住房制度改革尚未完全到位的情况下，具有一定的参考价值。青岛市 1990—2000 年住宅建筑面积和人均居住面积资料如表 5 - 11 所示。

表 5 - 11　　1990—2000 年青岛市区住宅建筑面积和人均居住面积

年份	住宅建筑面积（万平方米）	人均居住面积（平方米）
1990	1734	6.7
1991	1856	7.0
1992	1993	7.3
1993	2125	7.5

续表

年份	住宅建筑面积（万平方米）	人均居住面积（平方米）
1994	2230	7.8
1995	2391	8.1
1996	2588	8.44
1997	2750	8.74
1998	2900	9.06
1999	3153	9.36
2000	3366	9.82

9. 住房二级市场、租赁市场的发育程度

在当前人均住房水平还较低的情况下，住房二级市场和租赁市场对整个房地产业的发展有着重要的推动作用。一般来说，住房二级市场主要是指旧房买卖市场，它的供方主要是"卖旧房换新房"的消费者，其需方则多为年轻人、与子女分居的老年人、中低收入者及外地来青务工者、来青短期经商人员。在住房达到饱和点之前（即居者有其屋），激活住房二级市场对推动整个房地产业具有重要意义。

房屋租赁市场的供应者则主要是原国有的房产经营公司、房地产公司利用积压房开办的房屋租赁公司、有两处或两处以上住宅的家庭。有部分家庭已经把房屋出租作为一种投资方式，不排除这部分家庭成长为房屋租赁公司的可能。而房屋租赁市场的需求者主要是外地来青的务工人员、求学者、新婚家庭、部分中低收入者与短期来青经商人员。

对租赁市场而言，房屋的租金低就会排斥房屋买卖市场，从而抑制房地产业的发展；租金高，则会将部分原打算租房的人挤入房屋买卖市场。因此，应适时地调整房价与租金的关系，以保持整个房地产市场的持续繁荣。可见，租金与房屋买卖量呈负相关关系。在分析它们的具体关系时，要注意到它们同为房地产业的组成部分。住房二级市场与租赁市场属于内生因素。

10. 房地产结构

这里主要指所开发房地产的用途、档次等的结构关系。通常，可按用途将房地产分为住宅、写字楼、商业营业用房。它们之间必须保持一定的比例关系，这一关系受城市的中心地位、城市的产业结构特别是旅游业的发展水平等因素影响。房地产结构属于内生因素。

房地产的档次主要是指在住宅房地产中，别墅、高档公寓、经济适用房等的比例关系。这一比例关系应该与房地产目标市场的居民可支配收入结构相适应，否则容易引起部分房地产的积压而另一部分房地产断档，从而影响整个房地产业的发展。青岛市1995—2000年房地产结构资料如表5-12和表5-13所示。

表5-12　　　1995—2000年青岛市各类房地产施工面积比重　　　单位:%

年份	住宅	办公楼	商业营业用房	其他
1995	67.08	10.03	18.59	4.39
1996	57.95	10.34	24.27	7.25
1997	60.36	12.75	21.03	5.85
1998	71.37	11.33	14.95	2.35
1999	72.74	9.31	15.32	2.62
2000	73.88	7.54	14.56	4.01

资料来源：根据《青岛市统计年鉴》计算。

表5-13　　　1995—2000年青岛市各类房屋实际销售面积比重　　　单位:%

年份	别墅	高档楼房	经济适用房	个人公寓	办公楼	商业营业用房	其他
1995	79.34	4.58	0.20	26.61	8.48	9.36	2.83
1996	83.73	4.63	2.63	36.55	3.50	9.76	3.00
1997	83.33	5.32	16.24	49.60	3.37	12.42	1.00
1998	85.46	6.40	9.38	59.29	1.91	11.40	1.24
1999	88.48	5.18	20.08	74.46	3.05	8.18	0.30
2000	80.05	2.79	16.69	73.53	3.43	12.31	4.22

资料来源：根据《青岛市统计年鉴》计算。

11. 房地产企业的规模和管理水平

当前，我国的房地产企业普遍存在着规模小、技术力量薄弱、管理水平低的问题。仅青岛市就有几百家房地产开发企业，与经济发达国家房地产行业的集约化程度存在着巨大差距。这就导致了资金分散、开发能力低、开发水平差、生产力资源浪费严重等现象；房地产企业之间忽而竞相压价、以次充好、欺诈消费者，忽而竞相提价，牟取暴利，严重影响了房地产业的健康发展。在研究这个问题对房地产业的影响时，可参照其他产业适度规模的经验，设定市区有 3—5 家房地产企业为理想状态（因为这样既能集中资金等生产力要素，降低房地产企业的开发成本；又有竞争，可避免垄断，有利于房地产企业的自律和行业管理），并进一步依据该理想状态进行等级划分和量化研究。房地产企业的规模和管理水平属于内生因素。青岛市 1992—2001 年房地产企业数资料如表5 – 14 所示。

表 5 – 14　　　　　　　1992—2001 年青岛市房地产企业数　　　　　　单位：家

年份	1992	1993	1994	1995	1996	1997	1998	1999	2000	2001
企业数	240	368	340	455	409	526	455	572	429	534

12. 房地产业的期望利润

一般来说，发达国家的房地产业经过反复竞争，已经成熟，各产业特别是传统产业的利润率水平已产生了明显的趋同现象，与各"日不落"产业相近，在10%左右。在美国，这一水平更低，一般在2.5%左右。而在我国，房地产企业的利润率即使在市场不景气的情况下也高达30%—40%，有时高达300%。由于房地产行业的准入门槛太低，当行业前景看好时，特别是在高额利润的诱惑下，大量资本进入这一行业，这些企业良莠不齐，形成了无序竞争的局面，一旦出现风吹草动，就会造成房地产泡沫。

当前房地产企业的暴利现象显然是不合理的，至少说明我国的房地产业还不成熟。一般来说，房地产行业的利润率不应低于同期贷款利率，但也不应高于同期"朝阳产业"的利润率。在研究这一因素的作用时，应以国内传统的"日不落"产业的平均利润率为参照进行量化研究。利润率水平属于内生因素。

13. 房地产业的宏观管理水平

房地产业宏观管理水平是指政府主管部门对房地产市场存在的现实和潜在问题的洞察能力及政府有关部门的协调能力及政府主管部门宏观调控

手段的科学化、现代化程度和能力。可以考虑将这个因素并入"城市管理水平"之中。房地产业的宏观管理水平属于外生因素。

二　影响房地产业的社会心理因素

影响房地产业的社会心理因素包括居民对个人或家庭收入的心理预期（即对住房的心理预期）、传统心理因素、舆论导向等。

1. 居民对收入的心理预期

居民对未来收入的心理预期是影响房地产市场的关键因素之一。就我国目前的居民收入与房价的关系看，90%以上的工薪阶层需要10年以上的家庭年收入才能买得上住房，这与国际公认的3—6年的房款收入比存在着很大差距。据此，有人甚至认为我国当前还不完全具备启动房地产市场的条件。这当然与现实情况背离，其主要原因是当前我国政治稳定，居民对经济发展充满信心，对自己未来收入的期望较高，特别是近几年，政府连续给公务员和事业单位职工增加工资，再加上为扩大内需所出台的个人消费贷款政策，进一步强化了居民的这种期望。当然，这部分人主要是年龄在30—55岁之间、有较高学历和稳定收入的人群。这是一个典型的内生因素。

2. 传统心理因素

我国居民中有很浓厚的传统文化色彩，如讲风水、图吉利等。这也会在一定程度上影响房地产市场，但量化研究的难度较大。

3. 舆论导向

舆论对尚不成熟的房地产市场，特别是对尚不成熟的消费者群体的需求起着重要的导向作用。客观公正的舆论导向会推动房地产市场的健康快速发展。因此，房地产管理部门应主动与媒体搞好关系，保持正确的舆论导向。这是典型的外生因素。对该因素的量化研究难度较大。

三　地域因素

地域因素包括城市在目标房地产市场的区位优势、城市规划管理水平、公共设施及社会服务能力等。

1. 城市在目标房地产市场的区位优势

由于地理位置、气候、经济发展水平、人文社会环境等方面的原因，人们在选择居住地点、工作地点甚至投资地点时，存在着显著的趋优倾向。就这些方面而言，青岛市在全国，甚至在东亚、东南亚也具有一定的优势。据调查，在青岛市购买别墅、高档公寓的消费群体中，外籍或外地人占有相当比重；另一部分则主要是祖辈移民到东北现在又移民回来的山东人，他们对住房的需求主要集中在中低层次上。我们姑且把上述现象称为"区位优势"。对青岛市而言，其区位优势将对经济发展特别是房地产业的发展起到重要的推动作用。因此，在进行本课题研究时，应注意对该资料的调查。这是一个外生因素。

2. 城市规划管理水平

合理的城市规划或布局，会强化其区位优势，有力地推动房地产业甚至国民经济的发展。大连市在前些年由城市规划建设引起的轰动效应就很好地说明了这一点。该因素可并入"区位优势"进行研究。

3. 公共设施及社会服务能力

如同城市规划的作用一样，良好的公共设施及其社会服务能力可以优化城市形象，推动房地产业的发展。因此，公共设施及社会服务能力也是强化区位优势的有效途径。这里的部分功能已在"城市规划管理水平"中得以反映，故该因素仍然以并入"区位优势"进行研究为宜。

在对地域因素进行量化研究时，可搜集区位优势相同或相近、区位优势不同但规模相同或相近的城市进行调研。

四　政策因素

与房地产业有关的政策因素包括房改政策及其贯彻执行情况、房地产开发及交易的税费政策、金融政策、城市的人口政策等。

1. 房改政策及其贯彻执行情况

货币化分房政策的完善程度及其贯彻执行情况是建立和形成房地产市场，推动房地产业健康、快速发展并使之成为国民经济支柱产业的前提条件。在房改之前，我国实行的是福利性质的实物分房制度，在当时，没有"房地产市场"可言，百姓个人即便有改善住房的愿望和能力，也很难实现。在房改政策出台之后，出现过"搭末班车"的房地产高潮，这一现象是房地产改革的前期效应，在研究时应注意对时间数列的修匀。此外，还有如高等院校这样的事业单位尚未实现完全的房改，也是应予以关注的。这是一个外生因素。

2. 土地政策

从亚洲金融危机及海南省、北海市的经验来看，房地产泡沫主要是由土地泡沫形成的。因此，土地的炒卖、转手次数，对房地产业的稳定发展有着至关重要的影响。在研究这一因素时，应以无土地炒卖现象为标准，将土地炒卖次数、土地价格的升幅综合起来进行量化研究。这是一个外生因素。

政府在进行宏观调控时也应规定所批租土地的开发期限并限制企业进行炒卖。

3. 房地产行业的收费政策

在我国，各行业以费代税的现象比较严重，房地产行业更是"重灾区"。据统计，房地产行业的各种税费达几百项，仅中央一再要求取消的不合理收费就有几十项。过乱的收费项目一方面滋生了腐败，破坏了党和政府的形象；另一方面抬高了房地产开发成本，而这却又成了房地产开发商降低房屋质量、哄抬房价的口实。其结果是，要么消费者深受其害，要么房地产市场的供求关系遭到破坏，最终制约房地产业的健康发展。研究各项目时，可直接以合理收费与乱收费的比例进行量化。这是一个外生因素。

4. 房地产交易的税费政策

房地产交易的税费是政府对房地市场实施宏观调控的重要手段，合理与恰当的税费水平是促进房地产业健康发展的重要保证。税费过重，会抑制房地产业的发展、加重消费者的负担，使该产业成为国民经济发展的瓶颈，甚至会导致偷税漏税的黑市交易现象；反之，则会造成房地产业的无政府状态。由于宏观经济形势和国际经济环境是不断变化的，因此政府的税费政策不仅应该是合理与恰当的，而且应该是适时的。这是一个外生因素。

5. 金融政策

就我国当前的居民收入水平而言，能够靠积蓄和即期收入购房的家庭是极少数，即使考虑到房改的政策性补贴，绝大多数家庭也难圆住房梦。因此，积极的金融政策是将供需双方连接起来的最有效的工具，经济发达国家的经验已经充分说明了这一点。宽松的金融政策固然能帮助普通百姓早日解决住房问题，但也同时孕育着房地产的投机行为，而这种投机行为也是造成房地产泡沫进而造成金融危机的一个重要因素。

在研究这一因素时，应调查购房者拥有两套或两套以上房屋的情况及这些房屋的用途。在进行数量研究时，应根据我国当前的实际情况，以"居者有其屋"为标准，超过这一水平，就意味着存在投机现象。

当然，金融政策本身也还有许多具体的措施，比如：贷款利率与中央银行的指导利率之差；抵押与质押；首付比例；贷款年限；还贷方式的灵活程度；等等。金融政策属于外生因素。

6. 城市的人口规模和人口政策

对住宅房地产而言，其消费多是以家庭为单位发生的；在一定时期内，家庭结构是相对稳定的，因此城市人口数是影响房地产业规模的重要因素。城市人口是内生因素。青岛市 1990—2000 年人口及家庭户数资料如表 5-15 所示。应注意，在研究范围内的 GDP、房地产业发展水平指标、人口数等的指标口径和范围要相互适应。

表 5-15   1990—2000 年青岛市区人口及户数   单位：户、人

年份	户数	人口
1990	639352	2057756
1991	671458	2072201
1992	689399	2092799
1993	725320	2212057
1994	701295	2238596
1995	751146	2183793
1996	712351	2149746
1997	763877	2272209
1998	779001	2295769
1999	792706	2319418
2000	804579	2345971

当然，按"居者有其屋"的要求，应研究城市居民户数与城市成套住宅房屋数之间的关系；同时，也应注意人均居住面积与国民经济发展水平和发展速度以及居民可支配收入之间的关系。

除计划生育政策实行全国一盘棋之外，全国各主要城市均有较为严厉

但程度不等的人口政策，以防止人口的过快膨胀。但最近几年各主要城市为吸引高素质人才和资金进入，又制定了相应的人口政策。在进行这一因素的量化研究时，应把青岛市的人口政策与同等规模的全国重要城市进行比较，以确定其相对优劣程度。

五 影响房地产的对外因素

对外因素包括：加入 WTO 的影响、外国投资者和居民享受国民待遇的程度、城市的对外开放程度等。

关于加入 WTO 对中国经济的影响有各种说法，总的来说利大于弊，加入 WTO 是中国经济发展、融入世界经济大循环的必由之路。

加入 WTO 意味着除个别行业之外，整个国民经济高度的透明和全面的对外开放，外国公司和公民将享受"国民待遇"，外国资本将更加自由地出入。在来中国淘金的外国人当中，肯定不乏投机者，这是需要我们警惕的。但更主要的是，大量外资的自由进入、退出将会直接导致我国货币供应量的变化和物价的波动。

就近期来看，主要是外资的进入，将推动经济发展、人均可支配收入增长、消费结构变化，甚至是房地产价格上涨。

在进行这一因素研究时，应特别注意加入 WTO 前后的国民经济景气指数、消费物价指数、消费结构变化、中（国）房指数等。这是个外生因素。

至于外国人享受中国国民待遇及地域的对外开放度也将因为加入 WTO 而最终彻底解决，故这几个因素可予以合并。经研究，将对外因素用年吸引外资额加以概括是可行的。青岛市 1990—2000 年实际利用外资额如表 5 - 16 所示。

表 5 - 16　　　　　　　　1990—2000 年青岛市实际利用外资额　　　　单位：万美元

年份	1990	1991	1992	1993	1994	1995	1996	1997	1998	1999	2000
利用外资额	7770	7895	34769	59472	84658	86573	93641	90641	84786	95301	128171

第二节　房地产行业影响因素的聚类分析

一　房地产行业聚类分析的基本原理

在社会经济领域存在着大量分类问题，而随着生产技术和科学的发展，人类的认识水平又在不断加深，分类越来越细，要求也越来越高。有时仅凭经验和专业知识是不能进行确切分类的，往往需要运用定性和定量分析相结合的方法分类，多元统计的聚类分析就是为了适应这一需要而产生的一种科学的分类方法。

聚类分析又称群分析，它是研究样品（或指标）分类问题的一种多元统计分析方法。为了将样品（或指标）进行分类，就需要研究样品之间的关系。目前，用得最多的方法有两种：一种方法是利用相似系数，即：性质越接近的样品，它们的相似系数的绝对值越接近1；而彼此无关的样品，它们的相似系数的绝对值越接近0。比较相似的样品归为一类，不怎么相似的样品归为不同的类。另一种方法是将一个样品看作 P 维空间的一个点，并在空间定义距离，距离较近的点归为一类。本系统的研究中采用了距离分类。其中，样品（或指标、因素）间定义的距离有 Minkowski 距离、Mahalanobis 距离、Canberra 距离等。本系统采用 Minkowski 距离中的欧氏距离。Minkowski 距离的一般定义为：

$$d_{ij}(q) = \left(\sum_{\alpha=1}^{p} \left| x_{i\alpha} - x_{j\alpha} \right|^{q} \right)^{1/q}$$

当 $q = 1$ 时，$d_{ij}(1) = \sum_{\alpha=1}^{p} \left| x_{i\alpha} - x_{j\alpha} \right|$，即绝对距离；当 $q = 2$ 时，

$d_{ij}(2) = \left(\sum_{dm=1}^{p} \left| x_{i\alpha} - x_{j\alpha} \right|^{2} \right)^{1/2}$，即欧氏距离。

二　房地产行业聚类分析的方法及步骤

聚类分析内容非常丰富，有系统聚类法、有序样品聚类法、动态聚类法、模糊聚类法、图论聚类法、聚类预报法等。本书采用系统聚类法中的最短距离法。

正如样品（或指标）之间的距离可以有不同的定义方法一样，类与

类之间的距离也有各种定义。例如，可以定义类与类之间的距离为两类之间最近样品的距离，或者定义为两类之间最远样品的距离，也可以定义为两类重心之间的距离，等等。类与类之间用不同的方法定义距离，就产生了不同的系统聚类方法，如最短距离法、最长距离法、中间距离法、重心法、类平均法、可变类平均法、可变法、离差平方和（Ward）法。下面是最短距离法的具体步骤：

第一步：定义样品（或指标）之间的距离 d_{ij}，计算样品两两距离，得一距离阵记为 $D_{(0)}$，开始每个样品自成一类，即 $G_i = \{X_i\}$。显然此时类 G_i 与 G_j 之间的距离 $D_{ij} = d_{ij}$，即

$$D_{(0)} = (D_{ij}) = (d_{ij}) = \begin{pmatrix} d_{11} & d_{12} & \cdots & d_{1n} \\ d_{21} & d_{22} & \cdots & d_{2n} \\ \vdots & \vdots & \vdots & \vdots \\ d_{n1} & d_{n2} & \cdots & d_{nn} \end{pmatrix}$$

其中，$d_{ii} = 0$，$d_{ij} = d_{ji}$（$i \neq j$）。

第二步：找出 $D_{(0)}$ 的非对角线最小元素，设为 D_{pq}，则将 G_p 和 G_q 合并成一个新类，记为 G_r，即 $G_r = \{G_p, G_q\}$。

第三步：定义类与类之间的距离为两类最近样品（指标）的距离，即

$$D_{ij} = \min_{X_i \in G_i, X_j \in G_j} d_{ij}$$

并定义新类与其他类的距离公式：

$$D_{kr} = \min \{D_{kp}, D_{kq}\}$$

计算后得到新的矩阵，记为 $D_{(1)}$，即

$$D_{(1)} = (D_{ij}) = \begin{pmatrix} D_{11} & D_{12} & \cdots & D_{1n_1} \\ D_{21} & D_{22} & \cdots & D_{2n_2} \\ \vdots & \vdots & \vdots & \vdots \\ D_{n_1 1} & D_{n_1 2} & \cdots & D_{n_1 n_n} \end{pmatrix}$$

其中：n_1 为经第一次并类（迭代）后的类数（显然 n_1 要比初始类数 n 小）；$D_{ii} = 0$，$D_{ij} = D_{ji}$（$i \neq j$）。

第四步：对 $D_{(1)}$ 重复上述对 $D_{(0)}$ 的第一、二两步得 $D_{(2)}$，类数（即迭代次数）记为 n_2（小于 n_1）；如此下去，直到所有的元素并成一类为止，这时的类数记为 n_l（实际上 $n_l = 1$）。我们称 1 为最终迭代次数。

如果某一步 $D_{(k)}$ 中非对角线最小元素不止一个，则对应这些最小元素的类可以同时合并。其他系统聚类法除类与类间距离定义不同外，其余均与上述步骤相同。

三　青岛市房地产影响因素的聚类分析

在青岛市房地产业预警预报系统的层次分析过程中，确定了影响房地产业的基本因素（指标）共 20 个，这是我们继续进行聚类分析的基本依据，为此用 X_1，X_2，…，X_{20} 来表示这 20 个基本因素（指标），如表 5 - 17 所示。

X_1 = 青岛市 GDP

X_2 = 人均可支配收入

X_3 = 年末储蓄存款余额

X_4 = 恩格尔系数

X_5 = 城市产业结构水平

X_6 = 年吸引外资额

X_7 = 金融对房地产业的支持程度

X_8 = 住房二级市场发育程度

X_9 = 住房租赁市场发育程度

X_{10} = 房地产的用途结构

X_{11} = 住宅房地产的用途

X_{12} = 房地产商的期望利润

X_{13} = 居民对住房的心理预期

X_{14} = 青岛的区位优势

X_{15} = 城市规划管理水平

X_{16} = 基础设施综合水平

X_{17} = 房地产业政策

X_{18} = 人口规模和人口政策

X_{19} = 城市住房水平

X_{20} = 房地产土地供应量

原始数据如表 5 - 17 所示。

表 5—17

房地产影响因素的聚类分析

指标	X_1	X_2	X_3	X_4	X_5	X_6	X_7	X_8	X_9	X_{10}	X_{11}	X_{12}	X_{13}	X_{14}	X_{15}	X_{16}	X_{17}	X_{18}	X_{19}	X_{20}
2005 年	2687.46	12920.00	1343.10	0.38	28.5	365625	0.41	0.02	5	50	70	21	7.3	0.84	0.91	0.91	0.11	2057756	6.7	434.7
2006 年	3183.18	15328.00	1567.62	0.36	28.8	365815	0.4	0.02	5.2	52	72	100	7.5	0.84	0.92	0.92	0.12	2072201	7	435.1
2007 年	3750.16	17856.00	1702.04	0.37	31.2	380652	0.42	0.03	5.5	55	73	240	7.8	0.85	0.93	0.93	0.13	2092799	7.3	528.5
2008 年	4401.56	20464.00	2123.36	0.37	33.9	264295	0.21	0.04	6	56	76	368	8.1	0.85	0.93	0.93	0.13	2212057	7.5	704.4
2009 年	4853.87	22368.00	2527.87	0.38	35.6	186397	0.23	0.05	6.2	58	78	340	8.44	0.86	0.9	0.9	0.14	2238596	7.8	803.62
2010 年	5666.19	24998.00	2912.33	0.37	35.6	284281	0.9	0.06	7.6	67.08	79.34	455	8.74	0.86	0.9	0.9	0.15	2183793	8.1	1371
2011 年	6615.60	28567.00	3198.51	0.38	35	363350	0.91	0.1	16.5	57.95	83.73	409	9.06	0.86	0.94	0.94	0.5	2149746	8.44	1072.2
2012 年	7302.11	32145.00	3757.60	0.37	37.4	460027	0.93	0.13	4	60.36	83.33	526	9.36	0.86	0.94	0.94	0.6	2272209	8.74	1010.6
2013 年	8006.56	35227.00	4141.00	0.37	37.6	552227	1	0.15	9.9	71.37	85.46	455	9.82	0.88	0.95	0.95	0.7	2295769	9.06	998.9
2014 年	8692.10	38294.00	4436.00	0.36	38.6	608100	1.2	0.8	10	72.74	88.48	572	10.5	0.88	0.96	0.96	0.8	2319418	9.36	1057.8

资料来源：《青岛市统计年鉴》及专家打分。

将以上数据输入本系统，根据运行结果可绘制图5-7所示聚类图。

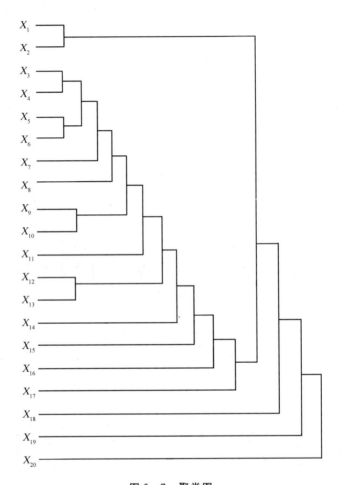

图5-7 聚类图

根据聚类图，我们把20个指标分为以下五类。

$$第一类：G_1 = \begin{Bmatrix} X_1 \\ X_2 \\ X_3 \\ X_{13} \\ X_{19} \end{Bmatrix} = \begin{Bmatrix} 青岛市 GDP \\ 人均可支配收入 \\ 年末储蓄存款余额 \\ 居民对住房的心理预期 \\ 城市住房水平 \end{Bmatrix}$$

这一类是集中反映宏观经济和人民生活水平的指标。

$$第二类：G_2 = \begin{Bmatrix} X_5 \\ X_6 \\ X_{10} \\ X_{14} \\ X_{17} \\ X_{18} \end{Bmatrix} = \begin{Bmatrix} 城市产业结构水平 \\ 年吸引外资额 \\ 房地产的用途结构 \\ 青岛的区位优势 \\ 房地产业政策 \\ 人口规模和人口政策 \end{Bmatrix}$$

这一类是反映产业协调水平及政策完善程度的指标，或称房地产业发展的软环境指标。

$$第三类：G_3 = \begin{Bmatrix} X_7 \\ X_{11} \\ X_{12} \\ X_{15} \\ X_{16} \\ X_{20} \end{Bmatrix} = \begin{Bmatrix} 金融对房地产业的支持程度 \\ 住宅房地产的用途 \\ 房地产商的期望利润 \\ 城市规划管理水平 \\ 基础设施综合水平 \\ 房地产土地供应量 \end{Bmatrix}$$

这一类是集中反映房地产业发展的硬环境指标。

$$第四类：G_4 = \begin{Bmatrix} X_8 \\ X_9 \end{Bmatrix} = \begin{Bmatrix} 住房二级市场发育程度 \\ 住房租赁市场发育程度 \end{Bmatrix}$$

这一类是集中反映房地产关联市场状况的指标。

第五类：$G_5 = \{X_4\} = \{$恩格尔系数$\}$。

这是在所有 20 项指标中唯一的一项逆指标，它对房地产业的发展起负作用，故自成一类；但其本质是反映宏观经济和人民生活水平的指标，故可忽略。

以上聚类分析的结果表明：①在影响房地产业发展的众多纷繁复杂的因素或指标中，主要存在着四个类型：第一类是以青岛市 GDP 和城市住房水平为代表的宏观经济发展和人民生活水平的指标；第二类是以房地产业政策为代表的房地产业发展的软环境指标；第三类是以城市基础设施综合水平为代表的房地产业发展的硬环境指标；第四类是房地产关联市场指标。②在一定程度上验证了本研究第二阶段，即层次分析结论的正确性。③为后续的主成分和多元回归分析提供了依据并做好了准备。因此，这是一个承上启下的重要研究阶段。

第四章　重庆路道路改造与房地产效益实证研究

第一节　重庆路道路建设改造历程

据青岛市相关资料，目前环湾路、重庆路、黑龙江路及青银高速四条干道承担起主城区南北交通，交通压力很大。综观青岛市南北快速路系统，由于环湾路及青银高速位于市区东西两侧——前者受铁路阻隔、后者为封闭收费公路，对疏散市内交通作用较小，主要承担中长距离且车速需求高的交通车流。通过加快横向道路的贯通建设，中部的重庆路则更多地分担中短距离且车速需求不高的区域车流。在重庆路纵跨四方、李沧、城阳三区及各种制约并行的条件下，改造重庆路是缓解城市南北交通压力的有效手段。

城市交通规划的对象是城市交通设施，城市交通规划作为城市规划的一部分，其目标应当与城市规划的目标相一致①。

事实上，据《青岛市城市总体规划》（2006—2020），坚持区域协调发展、集约发展、统筹城乡的指导思想就提出了合理引导城市功能布局，优化城市各类资源要素配置，调整、提升老城区功能，有序推进新城区建设，努力构建"环湾保护、拥湾发展"的城市空间格局。李群书记在中国共产党青岛市第十一次代表大会上的报告中提出，着力优化空间布局，推动城市品质实现新提升是今后五年的目标任务之一；继续拓展、深化和提升"环湾保护、拥湾发展"战略，全域统筹、三城联动、轴带展开、生态间隔、组团发展，拉开城市空间发展大框架，加快建设组团式、生态化的海湾型大都市，让青岛真正具有国内领先、世界知名的大

---

① 阮哲明：《城市交通规划经济评价研究》，博士学位论文，同济大学，2008 年。

城市品质①。

同时，随着青岛市城市空间发展战略的优化调整，特别是山东半岛蓝色经济区规划上升为国家层面战略，北部高新区、西海岸经济新区及蓝色硅谷等区域快速发展，城市空间布局进一步拉开。四方、李沧至城阳环湾区域，将积极实施老工业区的产业转型和空间重组，按照多组团、紧凑式、疏密相间的复合规划理念，升级换代都市产业，建设工、商、住一体的现代化滨海城市组团。因此，有必要在总体方案的基础上，结合交通需求和建设条件，对重庆路快速路工程进行研究，推进区域城市化进程。

结合数据来讲，据《青岛市公路网规划》（2005—2020）交通调查分析及预测专题中相关调查与数据预测，对关键断面进行交通需求预测可知，2020年青岛市区内出行总量为584421pcu/d，从分布来看，其中主要集中在青岛市区与城阳区之间，出行总量达到190991pcu/d，占青岛市区内出行总量的43.17%。在这一背景下，重庆路快速路工程作为青岛市"十二五"规划的重点交通基础设施项目，将成为市区环湾组团右侧交通大动脉，串联起环湾区域的大部分区域，演变为拥湾区域发展轴线。为进一步推进城市化进程，贯彻相关规划，重庆路的改造势在必行。

据《青岛市城市综合交通规划》（2008—2020），新一轮的规划目标为：构建以港口为中心，海、陆、空一体化的综合交通体系，实现市域内一小时、与半岛都市群主要城市之间两小时、与省内主要城市之间三小时的通行目标。

第二节　重庆路改造对沿线房地产影响

结合现状而言，重庆路是青岛市区规划"三纵四横"快速路网的重要组成部分，是市区南北向的交通大动脉，也是联系市区南部和北部城区的主要道路。重庆路作为公共产品，它的建设和运营都带有明显的公益性，给广大普通市民的生活带来了极大的便利，同时使道路沿线两旁区域的土地上升一个等级。随着地段的优化，从实践经验来看，道路沿线的区域必将吸引大量的房地产开发商来此投资。房地产开发商面临着不可忽视

---

① 李群：《率先科学发展实现蓝色跨越　加快建设宜居幸福的现代化国际城市》，《青岛日报》2012年第2期。

的机遇与挑战①。

图 5 - 8　重庆路沿途楼盘示意图

据初步统计，2013 年重庆路改造工程主线建成通车后，即将开拍的重庆南路 25 号地块楼面地价起拍价达到 4770 元/平方米，较 2012 年改造之前增加 10%；福顺佳苑地产开发项目房价达到 9700 元/平方米，较 2012 年改造之前增加 21.3%；中南世纪城地产开发项目房价达到 8000 元/平方米，较 2012 年改造之前增加 16.4%（同期青岛市区平均年增长率为 12.3%）。由此，显著提升了沿线土地价值、地产价值，加快了旧村旧城改造进程，对统筹区域发展、缩小城区建设差距效益显著。

一　区位因素改善，引发土地增值

结合历史经验，重庆路建成后将从以下几个方面影响地价：

（1）城市市政道路的建设改变了土地区位，从而促进土地增值。从区位上说，重庆路使通达性大大提高，城市市政道路建设的直接影响是改

---

① 刘建新：《城市市政道路建设对房地产开发影响的实证研究——以乌鲁木齐市中环路为例》，硕士学位论文，西安建筑科技大学，2007 年。

善了交通状况，减少了通行时间，降低了运输成本；从消费者盈余理论来看，对于使用者而言交通效益的产生是由于交通成本的减少，因此，从这个意义上来讲，交通效益就是交通成本的节约[①]；提高了物流、人流、资金流的密度；对企业而言，经营成本下降，收益提高，具体体现在土地的生产力方面，直接影响级差地租，使土地收益提高，土地增值，地价上涨。

（2）城市市政道路的建设影响土地供求变化，从而促使土地增值。土地供给缺乏弹性，其位置的固定性、不可移动性等特性与对土地需求的日益增加，形成了相对无限的需求对相对有限的土地的争夺，造成供不应求的局面。重庆路的建设，使地块的基础设施配套程度得到了改善，对其周边的土地的需求更甚。从地租的角度来解释，对道路周边土地需求的增加，而供给有限，供求拉动使土地等级提高，从而使地价不断上涨。

（3）城市市政道路的建设驱动土地投资，提升土地价值。重庆路建设除自身的投资外，可以提高其他部门的效率和盈利能力，驱使人们对其周边土地进行投资，引起土地增值。

（4）城市市政道路的建设使周边土地用途发生转换。在道路建设改变了周边土地的区位后，在利益的驱使下，土地的用途自然会向高经济效益的方式转变，土地收益提高引起土地价格上涨。根据调查统计，青岛市房价从东西快速路建成之后的 2003 年左右开始快速上涨。从快速路拆迁成本看，年均增长率约 20%，截至目前增长约 5 倍。以东西快速路聚仙路—上清路段两侧未实施拆迁为例，工程总拆迁面积约 4.3 万/平方米，东西快速路建设时拆迁费用约 1.4 亿元，现在实施拆迁需 6 亿元以上。沿线土地被开发商征购后，成为房地产开发及商业用地。

（5）城市市政道路建设的外部辐射作用使土地增值。重庆路建设的外部辐射作用会使宗地外部环境得到改善，重新改变土地的集聚程度，使更多的物流、人流和资金流向该地区集聚，即产生更大的集聚效应，使宗地受益，产生增值，使土地价格上涨。

二　环境属性提升，引致增值回报

影响房地产价格的环境属性主要是指那些对房地产价格有影响的房地

---

① 阮哲明：《城市交通规划经济评价研究》，博士学位论文，同济大学，2008 年。

产周围的物理性状因素，结合重庆路周边的特点，这些因素主要包括自然环境、人文环境、生活配套设施和交通状况，比如：完善供水、排水、供电、供气、供热和通信等设施；建造公园，完善周围绿化等。具体分类如下：

1. 自然环境

影响房价的自然因素是指房地产周围的环境因素，主要包括绿化状况、空气污染状况、风向以及周围是否有水景等方面。绿化包括周围的绿化带、绿地面积的大小等方面。从消费者对于住宅选择的要求上来看，绿化因素是影响消费者购房动机的一个非常重要的因素，因此绿化状况直接影响了开发商在购地时的选择意向。风向与空气污染状况对住宅区位的影响与防止居住环境污染的要求密切相关。如果住宅区周围有工业区，房屋的价格一般不会很高。重庆路改造后，道路绿化建设更加完善，自然环境得到进一步的改善。

2. 人文环境

人文环境所包含的风俗习惯、语言文字、宗教信仰、价值观念、文化传统、教育水准等，影响着消费需求的形式和内容，进而影响投资项目开发和经营过程，制约着投资方案的选择，影响到房屋的价值。具体来讲，人文环境主要包括当地历史文化背景、大中小学校、科教园区、图书馆、博物馆等方面。当地的历史文化背景直接决定了当地消费者的素质、消费者结构以及消费意识和心理，从一定程度上反映出当地消费者对于住宅的消费倾向。中小学校的质量与孩子的成长密切相关，绝大部分居民都希望能够居住在优质中小学校附近，以解决子女的教育问题。重庆一小、重庆二小等教学资源的存在，大大提升了重庆路周边的房地产价值。

3. 生活配套设施

生活配套设施决定了居民生活的便利性。现代城市住宅需要配套建设居民日常生活所需要的各种商业、文化设施及水暖电配套设施等，才能满足居民的生活、学习、休闲等方面的要求。比较主要的生活配套设施包括银行、邮局、医疗机构、农贸场所、超市以及商业街等。可以预见，如果生活配套设施齐全，房价一般会高于平均房价水平。重庆路的改造工程共敷设排水管道、给水管道、电力管沟、通信管道、燃气管道、热力管道约220公里，辐射范围可达到重庆路沿线12平方公里以内，大大提升了周围居民生活配套设施的数量和质量。

4. 交通状况

交通状况主要是指道路通达程度、公共交通的便捷程度以及对外交通的便利程度。城镇居民的就业与生活空间半径大，尤其是特大城市和大城市中的居民，需要良好的交通来保证出行的便利与居民的广泛社会联系。影响交通的因素主要包括公路、公交汽车站（含沿线）、地铁站（含沿线）及火车站（含正负两方面影响）等。重庆路的扩建工程以及过街天桥、地下通道等的修建，直接作用了路面交通情况，使重庆路达到每小时9000辆车的通行能力，极大地提高了路面的通达性，以及公共交通的便捷程度。

综上所述，影响房价的因素众多，概括起来可以说自然环境、人文环境、生活配套设施、交通状况的改善引致房产增值。

第三节　道路建设对城市发展影响的实证研究

为探究道路交通建设对城市化进程的意义，杨东峰等（2008）[①] 认为在一般化的研究假设之下，可以在城市经济发展水平、城市人口数量、道路交通条件和城市建成区规模4个要素之间构建起一个概念模型，把城市建成区空间规模变化描述成城市经济发展、城乡人口增长和道路交通建设的函数关系。模型具体表示为：

$$Urban = f\ (Economy,\ Population,\ Transportation\cdots)$$

其中，$Urban$ 为城市建成区空间规模，$Economy$ 为城市经济发展水平，$Population$ 为城市人口数量，$Transportation$ 为城市道路交通条件。以2004年我国城市人口数量（包括市区非农业人口和流动人口）超过100万以上的全部51个城市作为研究对象。研究所选的数据来源于《中国城市统计年鉴》和《中国城市建设统计年鉴》。基于普通最小二乘法（OLS）对各变量之间关系的分析探讨，得出城市经济发展水平差异对建成区空间增长的影响在很大程度上是通过道路交通条件的变化而间接体现出来的结论，即随着城市经济发展水平的提高，必然使得城市有更强的能力来改善自身的道路交通条件，从而通过空间可达性的增强来影响城市建成区空间

[①]　杨东峰、王静文、殷成：《我国大城市空间增长基本动力的实证研究——经济发展、人口增长与道路交通》，《中国人口·资源与环境》2008年第5期。

的扩张进程。空间可达性的提高改变了地区的区位因素,从而改变了地租。

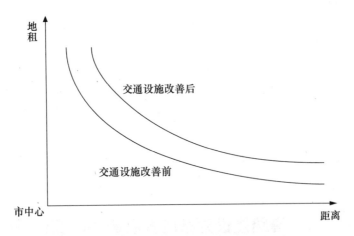

图 5 - 9   交通设施改善前后地租曲线变化示意图

姜轶嵩、朱喜(2014)① 通过采用永续盘存法估计了我国 1985—2002 年的基础设施存量,然后构建了柯布 - 道格拉斯生产函数,运用估计法得出的基础设施存量估算出基础设施投资的产出弹性为 0.12,从而证明了基础设施的增加或者改善,将会对我国的经济增长产生积极的推进作用。

将范围缩小到局部省市对地方省市经济增长实践意义更强。2014 年,张彰② 以湖北省宜昌市为例,选取 1993—2013 年宜昌市道路建设资金投入(用 invest 表示)、宜昌市道路里程(用 leng 表示)来反映样本期间内宜昌市道路建设的水平;同时,用 lfr 表示 1993—2013 年宜昌市的财政收入。湖北宜昌是 20 世纪末 21 世纪初发展起来的一座新兴城市,属于道路建设、经济发展和财政收入增长较快的城市,分析这一地区道路建设投资对地方财政收入的影响,对于发达地区政府决策道路建设具有重要的现实意义。通过实证,可以得出以下基本结论:第一,道路建设资金投入对地方财政收入的正影响是有限的。第二,道路建设里程的延伸对地方财政收

---

① 姜轶嵩、朱喜:《中国的经济增长与基础设施建设》,《管理评论》2004 年第 9 期。
② 张彰:《道路建设对地方财政收入影响实证分析——以湖北省宜昌市为例》,《财会通讯》2014 年第 20 期。

入的增加具有长期显著的正效应。

罗斯托曾说过："社会基础资本的先行建设是经济起飞的一个必要不充分条件，对于经济处于起飞阶段的发展中国家来说，基础设施投资对经济增长的作用尤其显著。"在王磊、王志强[①] 2012 年发表的文章中有所提及，具体内容如下：随着中央新疆工作座谈会的召开和新疆"十二五"规划纲要的出台，新时期新疆经济社会发展的总目标更加明确，即到 2015 年人均地区生产总值达到全国平均水平，城乡居民收入和人均基本公共服务能力达到西部地区平均水平，基础设施条件明显改善。新疆在我国境内正处于跨越式发展的新起点，处于区域经济发展的起飞阶段，因此对新疆基础设施的研究就显得尤为必要。文章中，经济增长变量指标用 GDP 表示，数据时间区间为 1980—2009 年，并用 GDP 指数进行折算后得到新疆各年 GDP 的 1980 年不变价和折算后的各年农村居民人均纯收入的 1980 年不变价。由于贫困数据很难获得，而贫困人口大多分布于农村地区，收入水平极低，因此采用"农村居民人均纯收入"作为减缓贫困的替代变量，用 P 表示。道路基础设施变量分别用 ROAD 和 RROAD 表示，所有数据来自《新疆统计年鉴》。对样本数据进行初步分析后，建立双对数线性回归模型如下：

$$\lg(Y) = \beta_0 + \beta_1 \cdot \lg(ROAD) + \beta_2 \cdot \lg(RROAD) + \mu$$

被解释变量 Y 分别代表新疆地区生产总值和农村居民人均纯收入，解释变量 ROAD 和 RROAD 分别代表公路里程和铁路营业里程，μ 是随机误差项，β_0、β_1 和 β_2 是待估参数。β_1 和 β_2 作为弹性系数，分别反映公路设施和铁路设施对新疆经济增长和减缓贫困的影响程度。文章得出结论为：公路里程每增加 1%，新疆 GDP 增长 0.26%，道路基础设施建设在推动经济增长中有规模经济效应，因此加强道路基础设施建设对新疆实现跨越式发展具有重要作用。同时，对于新疆地区，铁路在区域经济增长和人民减贫中的作用要大于公路。这和新疆独特的自然条件是密不可分的。

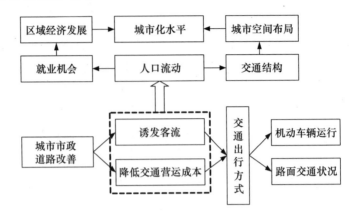

图 5 - 10　城市市政道路情况改善产生的社会效益示意图

第四节　重庆路改造"正能量"的数字解读

　　为调研重庆路改造对于沿线房地产产生的影响，我们通过搜集沿线楼盘信息并进行数据处理来进行该研究。鉴于可供选择的数据处理模型众多，综合对比特征价格法（项勇，2009）、TCM 模型（夏朝阳，2006）、资产价值法（吴奇兵，2004）等各种方法模型，结合重庆路实际情况，本课题组最终采用同济大学何宁博士（1998）等[①]在 Aoki 等的基础上的交通成本模型（Travel Cost Model，TCM），推导出最终的交通成本与土地价值的简明关系表达式。

　　交通成本的概念是从广义上描述居民到中心区的通达性属性。广义的出行交通成本不同于运输成本。不同收入阶层及年龄的群体、不同的出行目的、不同的时间段的出行，其交通成本是有较大差异的。本书以普通收入阶层的工作通勤作为计量交通成本的对象。交通成本模型是根据交通成本和房地产价值理论上的关系，构建房地产价值与交通成本函数关系的一种理论模型。

　　同济大学的何宁博士根据运输成本和土地价格的理论关系，修正了日本学者 Aoki 的定量关系式，构造了运输成本和土地价格的理论模型，用多元回归分析法研究交通对联合开发的办公楼房地产的积极影响。其主要

---

　　① 何宁、顾保南：《城市轨道交通对土地利用的作用分析》，《城市轨道交通研究》1998 年第 4 期。

影响因素有 4 类：

①车站影响范围房地产运作变量；

②交通服务变量，如客流量、发车频率、平均票价等；

③区域经济增长系数，如城市就业总数、地区平均租金率、吸收率和空房率等控制变量；

④车站范围的交通基础设施开发状态，如道路车道数、道路的交通量、最大容积率等控制变量。Aoki 等（1994）[①] 提出了土地价格与运输成本模型（TCM）和城市活动与运输成本的模型（TUM）。

假定从家出发到工作场所（或上学或购物），有 4 种形式：

①居住地附近活动，出行时间距离 d_1，单位运输成本 c_1；

②从家到最近的车站，出行时间距离 d_2，单位运输成本 c_2；

③到其他的车站，出行时间距离 d_3，单位运输成本 c_3；

④从最近的车站坐车到市中心，出行时间距离 d_4，单位运输成本 c_4。

每种方式的活动频率 $F = \{f_k\}$（$k = 1, 2, 3, 4$）。

假设每种出行形式的交通成本为 T_{ck}，分别表达如下：

$$T_{c1} = f_1 \cdot c_1 \cdot d_1 \tag{5.1}$$

$$T_{c2} = f_2 \cdot c_2 \cdot d_2 \tag{5.2}$$

$$T_{c3} = f_3 \ (c_2 \cdot d_2 + c_3 \cdot d_3) \tag{5.3}$$

$$T_{c4} = f_4 \ (c_2 \cdot d_2 + c_4 \cdot d_4) \tag{5.4}$$

$$T_c = T_{c1} + T_{c2} + T_{c3} + T_{c4} = f_1 \cdot c_1 \cdot d_1 + f_3 \cdot c_3 \cdot d_3 + (f_2 + f_3 + f_4) \ c_2 \cdot d_2 + f_4 \cdot c_4 \cdot d_4 \tag{5.5}$$

d_2、d_4 是重要的可达性指标，d_2（从家到车站）作为局部可达性，d_4（从车站到市中心）作为宏观可达性。

在 TCM 模型基础上，假定运输成本变化越大，价格变动越大。由此推导出最终的交通成本与土地价值的简明关系表达式：

$$P = e^{-aT_c} \cdot e^b = P_{max} \cdot e^{-aT_c} \tag{5.6}$$

式中：a、b 为常数。

用 n 组观察数据（P_i, Tc_i），用最小二乘法可拟合得到参数。土地使用的集约强度随距离市中心的远近而变化，意味着城市是由一大群紧密相

———————

①　Aoki Y, Osaragi T, Ishizaka K. An Interpolating Model for Land—price Data with Transportation Costs and Urban Activities. Environment and Planning B：Planning and Design. 1994，（21）.

连的空间占有区位单位组成的。住宅的选择受到缩短上下班路程期望的影响，土地使用密度在市中心达到峰值。在这种城市的总体可达性最佳点，地价达到最高值，即城市地价峰值根据剩余法有：

地价 = 房屋售价 - 建筑成本 - 利润 - 税金

由于建筑成本、利润和税金的准确数据难以得到，则考虑房价与地价的关系。房价包含土地价值，房价完全由区位和市场供需来左右，因此用同类房价来估计公式的参数，可预测交通对土地增值的影响，对式 (5.6) 可用实际的数据去拟合验证。

在实际操作中，本课题组以普通收入阶层的工作通勤作为计量交通成本的对象；将交通目的地定为台东商圈。根据专业房地产顾问公司 DTZ 戴德梁行的标准，青岛市商业地产可划分为五大商圈，即香港路商圈、中山路商圈、台东商圈、崂山商圈和李村商圈，其中台东商圈是目前青岛市人气最旺的商业集聚地：围绕台东三路，周边辐射较好；区内集聚了沃尔玛、万达广场、利群商厦等大型商业项目，这些项目一般定位于中低端市场，是岛城人民所熟知和青睐的休闲购物中心，因此更为符合模型要求。

课题组将重庆路划分为 4 段，分派给由 8 名成员组成的 4 个小组，对不同路段住宅到达市中心（台东步行街）的时间进行了统计。在两周的时间内，调研队员克服天气因素与来回奔波之劳，分别从重庆路沿线各段在调研范围内的 30 个楼盘出发，步行至公交站牌，记录时间 t_1，搭乘公交车从车站到目的地（台东商圈），记录所需时间 t_2 和票价；选择抵达目的地总距离最短的步行与公交路线，且分别计算存在直达公交与需要转乘的两种情况。表 5 - 18 所示为课题组设计的重庆路附近楼盘交通信息调查表。

表 5 - 18   楼盘信息调查表

楼盘基本信息	
楼盘名称	
楼盘均价（单位：元）	
楼盘附近站点信息	
楼盘附近公交站个数	
各公交站公交个数	
可达市中心（台东步行街）公交个数	

续表

到达市中心交通信息（存在直达公交情况下）	
从楼盘至附近车站步行所需时间（单位：分钟）	
在车站等车时间（单位：分钟）	
乘车后车厢人数（单位：人）	
乘车后是否有座位（是/否）	
乘车到达目的地时间（单位：分钟）	
到达目的地后步行至市中心（台东步行街）时间（单位：分钟）	
从楼盘至市中心（台东步行街）总共时间（单位：分钟）	
全程所需票价（单位：元）	
到达市中心交通信息（需要转乘公交情况下）	
从楼盘至附近车站步行所需时间（单位：分钟）	
在车站等车时间（单位：分钟）	
乘车后车厢人数（单位：人）	
乘车后是否有座位（是/否）	
乘车到达转乘站时间（单位：分钟）	
在转乘站等车时间（单位：分钟）	
乘车后车厢人数（单位：人）	
乘车后是否有座位（是/否）	
乘车到达目的地时间（单位：分钟）	
到达目的地后步行至市中心（台东步行街）时间（单位：分钟）	
从楼盘至市中心（台东步行街）总共时间（单位：分钟）	
全程所需票价（单位：元）	

　　此次调研，共回收有效问卷 28 份。实证分析中，对工作出行的冠以交通成本，以直接公交乘行至市中心的时间价值和交通费用的综合表示为 T_c。同时，乘车到市中心（台东商圈）的广义交通成本 = 乘行时间 × 单位时间价值 + 票价。单位时间价值，可以根据最新的《青岛市统计年鉴》提供的数据计算：2013 年青岛市平均工资为 42688 元，按照平均每天工作 8 个小时，每年工作 250 个工作日估算，其时间价值约为 0.356 元/

分钟。

对表 5 - 18 中的数据进行整合计算，得出表 5 - 19 所示汇总结果。

表 5 - 19 楼盘调查结果汇总表

小区名称	楼盘均价（P）（元/平方米）	票价（元）	总时间（分钟）	平均工资（元/分钟）	交通成本（T_C）
中南·世纪城	8000	2.5	108	0.356	40.948
蓝山湾	8000	2.5	112	0.356	42.372
御景小庄	8400	2.5	121	0.356	45.576
中铁华胥美邦	7500	3.5	182	0.356	68.292
阳光香蜜湖	10000	2.5	110	0.356	41.66
Coco 蜜城	8000	2.5	107	0.356	40.592
绿地·香颂	8000	2	101	0.356	37.956
蓝光·COCO·蜜城	9800	2	73	0.356	27.988
蓝山湾（荣域）	8500	2	72	0.356	27.632
海信·南岭风情	10761	3	92	0.356	35.752
阳光香蜜湖	8200	3	81	0.356	31.836
芳馨园	8500	3	79	0.356	31.124
唐街印象	8180	1	75	0.356	27.7
新园小区	12700	1	69	0.356	25.564
丰泽山庄	12000	1	45	0.356	17.02
万科·金色城品	13000	1	59	0.356	22.004
银鸥新村	11900	1	29	0.356	11.324
明泽智域	13000	1	44	0.356	16.664
黄金岁月	10000	1	26	0.356	10.256
裕龙·檀顶山	12000	1	28	0.356	10.968
海尔·云街	11000	1	30	0.356	11.68
重庆南路 26 号小区	8000	1	24	0.356	9.544
四方机厂宿舍	8300	1	26	0.356	10.256
海嘉社区	9700	1	28	0.356	10.968
小村庄	10000	1	19	0.356	7.764
瑞纳嘉兴	12900	1	23	0.356	9.188
新都心苑	11000	1	57	0.356	21.292
鲁南·梦境江南	11200	1	74	0.356	27.344

对各楼盘采集的楼盘均价和交通成本使用最小二乘估计法，即得到这段线路的交通成本 T_C 对沿线的土地价值影响的关系式。由于房价包含土地价值，房价完全由区位和市场供需来左右，因此用同类房价 P 来估计公式的参数即可预测交通对土地增值的影响。通过 TCM 模型可得交通成本与房产价格为反比指数型关系。

$$P = 11719e^{-0.007T_C}$$

$$F = 13.800$$

$$R^2 = 0.575$$

将 TCM 模型放到时间轴中，通过表 5 - 19 可得，重庆路改造项目完工后，各楼盘至市中心（台东步行街）平均广义时间成本为 25.76 元，经过定量计算得到平均房屋售价为 9785.4 元/平方米。实际调研得知，在重庆路项目完工之前，上述楼盘至市中心广义时间成本约为完工后的 1.5 倍即 38.64 元，进而可估算出平均房屋售价为 8941.8 元/平方米。因此得出，通过重庆路改造项目，房屋潜在升值为 843.6 元/平方米。经售楼处调查，重庆路 28 个小区其平均建筑面积约为 30 万平方米。保守估计，使用 28 个小区总面积替代重庆路沿线总房屋面积，即 840 万平方米，估计重庆路道路改造项目带来的潜在房屋升值为 70.1 亿元。

由此可知，重庆路的改造扩建为沿线土地创造了价值提升空间，并且随着区域发展，土地用途的改变，重庆路沿线存在着更为巨大的升值潜力。这不仅增强了周边居民对居住地环境的信心，而且代表着政府可以获取更多的土地转让收益，以增加财政收入进行下一轮的公共品融资。同时，伴随着央行最近的降息举措，重庆路的改造工程无疑给周边的房地产市场注入强有力的新生动力，为更好地实施《青岛市"十二五"住房建设发展规划》助力。

第五章　重庆路道路建设综合效益

在《国富论》中，亚当·斯密曾对当时运输业的特点进行了总结，指出商品交易范围在很大程度上取决于交通的便利与运费的低廉，交通运输是经济发展的条件。新古典学派创始人马歇尔也曾在《经济学原理》中提到交通运输是影响生产力布局（或产业区位）的重要因素。国际知名经济学家艾伦·斯密德在其《财产、权利和公共选择》一书中提及：在政府举办公共工程、提供公共产品时，产生了相应的"溢出"效应。并将其定义为政府行为外部效应的其中一种类型，把外部效应换成了对外相互依存性的讨论。城市基础设施也被叫做社会基础资本或社会先行资本，是实现城市经济效益、社会效益和环境效益相统一的必要条件，对城市经济发展起着重要作用，主要体现在三个方面：它是城市经济正常运转的前提条件；是城市居民生活质量的重要制约因素；是城市产生集聚效应的决定因素①。

结合重庆路的建设，从城市空间发展布局和对外交通衔接角度看，随着北部城区的快速发展和外围公路网、机场枢纽的建设，城市对外交通需求日益增长：一是需要尽快提高道路网容量、满足总量需要；二是迫切需要提高南北向交通的出行速度、拉近北部城区与市区的"时空距离"。重庆路的建设在满足这一大前提下，可以将其对沿线区域的影响进行分类。

城市市政道路建设对沿线区域的积极影响，按作用形式可大致分为直接利益和间接利益；按效益内容划分，有学者认为可分为交通效益、环境效益、经济效益和社会效益，另有学者增加了土地开发效益一项。所谓直接利益，就是道路建设对沿线区域所产生的直接影响，它在交通市场内表

---

① 石著露：《城市轨道交通外部效应作用机理及评价体系研究》，硕士学位论文，北京交通大学，2009 年。

现为该线路的利用者利益,在交通市场外表现为噪声、污染等对环境的不良影响。所谓间接利益,就是轨道交通对沿线区域间接产生的影响,即直接利益以外的利益,它在交通市场内表现为沿线区域交通拥挤现象的缓和;在交通市场外表现为沿线企业、商家的收益,沿线区域内土地、不动产等资产价值的增加,以及区域内人口重新分布带来的政府税收的增加。

事实上,城市交通外部效应主要体现在它的公益性和为国民经济带来的宏观效益,随着社会效用和社会福利问题逐渐得到重视,城市交通项目经济评价不再仅限于企业微观利益,国民经济效益成为这一公共产品项目评价重要的组成部分。本书试从外部效应理论出发,将重庆路建设带来的效益内容体现在消费者效益、经济效益、社会效益和土地开发效益四方面。

外部效益又称为正外部效应,是指一种消费或生产对他种消费或生产造成的影响而又未将这些影响计入市场交易的成本与价格中的那部分效益[①]。

第一节　重庆路建设综合效益分析

一　重庆路建设下的消费者效益

消费者效益是指市政道路的消费者所享受到的效益。由于城市市政道路具有公共品的性质并且投资量巨大,一般消费者支付的车票价格远远低于城市交通的运行成本和消费者自己乘坐城市交通工具所带来的效益。部分效益是被消费者无偿占有的,主要包括:

第一,乘客时间节省的效益。重庆路的建设缓解了交通拥堵,提高了可达性,加快了城市人口集散。

第二,减少乘客交通疲劳的效益。居民出行成本主要包括票价成本、时间成本、体力成本、精神成本等,减少居民交通疲劳即节约出行成本,提高了劳动生产效率。

重庆路拓宽后带来的行车通畅度提高、准时性好、舒适安全等特性,使广大乘客获得直接效益,包括交通成本的降低、出行时间的减少、舒适

---

① 夏朝阳:《城市轨道交通与土地资源综合开发研究》,硕士学位论文,同济大学,2006年。

性和安全性的增加及提高部分弱势群体出行的机动性。

二　重庆路建设下的经济效益

经济效益是指重庆路通过改善交通可达性和区位情况，诱发沿线土地价值和地租变化，以及由此带来的商业活动集聚和国民经济效益增加。比如，使沿线地区工商企业增多，商业和旅游业繁荣，就业人数上升，产值、收入和税收增加，等等。

具体来说，城市市政道路由其功能带来的外部效应改善了城市交通的通达性、快捷性、舒适性，人们在出行中消耗的时间和精力减少，提高了劳动效率，有利于日常经济活动的开展。市政道路的建设，缩短了顾客与沿线商家的时间距离，使城市各个片区的人流互为穿梭并在枢纽处聚集人气，营造商业氛围，吸引商业投资，既巩固了原市中心的商业中心地位，又带动了新城区的快速发展。

根据廊道效应和诱导效应，一方面，重庆路通过增强可达性和人员周转速度使沿线企业、商家收益增加，沿线土地价值和房产价格上涨，潜在商业利润进一步诱发沿线资源的开发和利用，从而为一些以往不具备发展条件或未开发的地区提供了新的发展机会和条件，促进了区域经济增长。另一方面，重庆路的建成投产将形成庞大的产业链，随着线路的延伸，大型居民区、写字楼、购物中心、医院、学校等不断建设，产业结构及布局得到优化，工作生活环境的改善和大量就业机会吸引着更多人员流入，反过来增加了对交通供给的需求，推动城市轨道交通的发展。

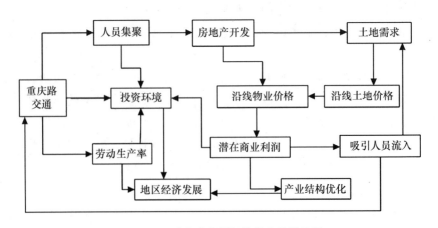

图 5-11　重庆路交通经济效应作用机理

图 5 - 11 描述了重庆路交通对地区经济发展的作用过程。由于廊道效应，人员集聚和劳动生产率提升，改善地方投资环境的同时激增了房地产开发需求和土地需求，在市场机制作用下沿线土地和物业价格随之上涨；由于诱导效应，潜在商业利润又进一步吸引投资和人员流入，相关经济活动使产业结构不断调整优化，促进城市经济良性发展。

三　重庆路建设下的社会效益

社会效益是指轨道交通运营过程中对地区各种社会性因素的影响，以及在整个城市发展进程中所起的调整与引导作用。

青岛市颁布的《青岛市城市总体规划》（2006—2020）中，依照"依托主城、拥湾发展、组团布局、轴向辐射"的空间发展战略，坚持以人为本，科学发展，统筹经济与社会发展，突出改善民生，注重社会公平，让全体市民共享发展成果，实现全面发展；坚持统筹城乡，优化人口、城镇、产业布局，充分发挥郊区城镇在人口、产业发展等方面的集聚作用，实现城乡一体协调发展。通过对城市市政道路的合理规划，可以切实地落实总体规划，引导城市布局向更好的方向发展，疏散城区人口，促进沿线经济繁荣，进而推动整个城市经济繁荣。

1. 市政道路建设期间的社会效益

对于城市轨道交通社会效益的研究，人们往往关注于城市轨道交通建成通车以后所带来的社会效益，而对于其在建设期间给社会带来的效益却较少论及。由于尚未建成通车，城市轨道交通建设期间的社会效益主要为直接投资效益，它是指在城市轨道交通项目投资建设过程中，由于项目的建设从而对区域内各相关行业、部门所产生的效益，体现在带动上游和下游相关产业的发展，进而刺激国民经济的增长。例如，城市轨道交通项目的兴建将带动区域内建筑业的发展，促进建筑行业的技术进步，与此同时，兴建过程中需要投入大量的钢材、水泥等建筑材料，从而促进这些建筑部门的发展，增加这些部门或行业的产值，随着这些部门的发展，其对自身的中间投入的需求将加大，如生产钢材、水泥所需的煤炭、电力等，进而又促进生产这些产品的部门扩大生产，增加其产值。在此连锁反应中，由城市轨道交通投资而引发的效益范围越来越大，从一个行业或部门影响到其他的行业或部门，最终扩大到整个区域经济。

借助系统动力学，上述连锁反应过程可用图 5 – 12 来表示①。

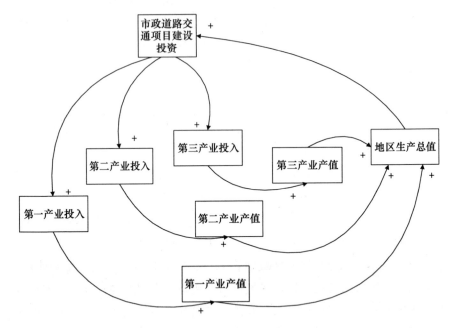

图 5 – 12 市政道路直接投资效应发生过程

如图 5 – 12 所示，由于城市市政道路的投资建设，引起第一产业、第二产业、第三产业的投入加大，从而使得第一产业、第二产业、第三产业的产值增加，最终刺激整个区域经济的发展。根据投入产出分析，城市市政道路建设期间直接投资效应作用机理可用图 5 – 13 表示。

对于城市轨道交通直接投资效益，本书将采用柯布 – 道格拉斯生产函数（即 C – D 生产函数）来对其进行定量分析。"生产函数模型于 1928 年由美国数学家 Charles Cobb 和经济学家 Paul Dauglas 提出，用来描述在一定的技术条件下，生产过程中所投入的各生产要素的数量与它们所能产出的最大产量之间的依存关系"，即：

$$Y = F\ (X_1,\ X_2,\ X_3,\ \cdots)\quad\quad\quad (5.1)$$

式中：Y 表示产出量；i 表示各种要素的投入量。

"生产函数是从资源的角度，分析生产过程中所投入的生产要素与其

---

① 张雪：《城市轨道交通社会效益研究》，硕士学位论文，哈尔滨工业大学，2011 年。

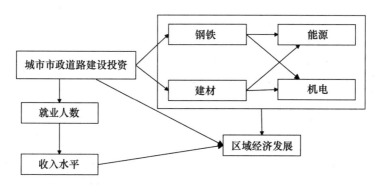

图 5 – 13　市政道路直接投资效应作用机理

产出量间的技术关系。"根据所投入生产要素数量的变化种类，生产函数可以分为一种可变投入生产函数和多种可变投入生产函数；"较常见的生产函数有柯布 – 道格拉斯生产函数（即 C – D 生产函数）和固定投入比例生产函数"，其中柯布 – 道格拉斯生产函数在实践中被大家普遍应用，其基本形式为：

$$Y = A \cdot K^\alpha L^\beta \tag{5.2}$$

式中：Y 为产出量；A 为反映综合技术水平的效率系数；K 为资本投入量；L 为劳动力投入量；α 为资本产出的弹性系数；β 为劳动力产出的弹性系数。

在该函数中，反映综合技术水平的效率系数是一个独立于其他要素的常量，这在技术迅猛发展的今天是不符合实际的。1957 年，Solow 对 C – D 生产函数模型进行了进一步的发展，即：

$$Y = e^{\lambda t} \cdot K^\alpha L^\beta \tag{5.3}$$

式中：λ 为技术的年进步速度；t 为年份；Y 为产出量；A 为反映综合技术水平的效率系数；K 为资本投入量；L 为劳动力投入量；α 为资本产出的弹性系数；β 为劳动力产出的弹性系数。

该函数将技术进步对产出量的作用分离出来，将其作为一项投入，使人们意识到经济增长中技术进步的作用。为了分析交通项目的建设投资对区域社会经济的直接拉动作用，我们将资本投入量中的城市交通建设投资资本量分离出来，单独作为一项生产要素投入代入改进的 C – D 生产函数模型，即：

$$Y_t = A_0 \cdot e_t^\lambda \cdot K_t^\alpha \cdot L_t^\beta \cdot R_t^\gamma \tag{5.4}$$

式中：t 为年份；Y_t 为第 t 年产出量；A_0 为初始技术水平；λ 为技术的年进步速度；K_t 为第 t 年将交通建设投资额分离出来以后的资本投入量；L_t 为第 t 年劳动力投入量；R_t 为第 t 年交通建设投资投入量；α 为资本产出的弹性系数；β 为劳动力产出的弹性系数；γ 为交通建设投资的产出弹性。

对式（5.4）两边进行全微分，再同时除以 Y，整理后可得：

$$\frac{\mathrm{d}Y_t}{Y_t} = \lambda + \alpha \frac{\mathrm{d}K_t}{K_t} + \beta \frac{\mathrm{d}L_t}{L_t} + \gamma \frac{\mathrm{d}R_t}{R_t} \tag{5.5}$$

进而交通建设投资增长对城市社会经济增长的贡献份额为：

$$M_R = \gamma \cdot \frac{\Delta R_t / R_t}{\Delta Y_t / Y_t} \tag{5.6}$$

城市轨道交通建设投资给社会带来的经济贡献，即直接投资效益为：

$$B = \gamma \cdot \frac{\Delta R_t / R_t}{\Delta Y_t / Y_t} \cdot \Delta Y_t \tag{5.7}$$

2. 市政道路运营期间的社会效益

随着重庆路重新修建后的投产运行，各项经济开发活动在其沿线也大量兴起，改变了区域土地利用性质，使区域环境功能和发展格局发生改变，从而提高了城市化水平。

城市轨道交通运营期间社会效益作用机理如图 5-14 所示。

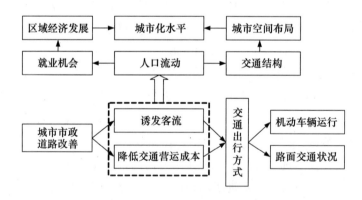

图 5-14　城市轨道交通运营期间社会效益作用机理

为了定量测算城市交通的社会效益，本书将城市交通的社会效益统计为诱发客流、减少营运成本、减少居民乘车时间、减少疲劳、提高生产效率、减少交通事故 6 项，通过分析考察，这 6 项效益之间没有重叠效益。下面将具体对这 6 个元素进行分析说明。

（1）节省居民乘车时间效益。

城市轨道交通的突出特点是运量大、快速、准时，其封闭的行车环境保证了列车行驶的顺畅。在我国，居民的出行主要以学习、工作为主要目的，约占全体居民出行的 50%；对于以工作、学习为目的出行的乘客来说，其乘坐城市轨道交通节省的时间是可以创造社会价值的；而对于非工作出行的乘客来说，路途中节省的时间也是有休闲价值的，城市轨道交通的运行速度在 30 千米/小时左右，与出租车的运行速度相当，但与路面公共汽车相比，其节省的在途时间是可观的，因此在计算减少居民乘车时间效益时将只考虑转移公交客流所节约的时间；除此之外，因城市轨道交通的运行而节约的时间并非全部用来工作、学习，即其利用率并不是百分之百的，有学者将该工作利用系数设为 30%。减少居民乘车时间的效益计算模型如下：

节省乘车时间效益 = 转移客流量 × 单位乘客平均节省时间 × 单位时间人均国民生产总值 × 工作客流系数 × 工作利用系数

即：

$$R_1 = Q_t \cdot \left(\frac{1}{V_1} - \frac{1}{V_2} \right) \cdot L \cdot G \cdot \varepsilon \cdot \alpha \tag{5.8}$$

式中：R_1 为节省居民乘车时间效益，单位为万元；Q_t 为轨道交通从地面公交转移的客流量，单位为万人次/年；V_1 为地面公交的平均行驶速度，单位为公里/小时；V_2 为轨道交通的平均行驶速度，单位为公里/小时；L 为轨道交通客流平均运距，单位为公里；G 为单位时间人均国民生产总值，单位为元/小时；ε 为工作客流系数，《建设项目经济评价方法与参数》将这一参数设定为 0.5；α 为工作利用系数，设为 0.3。

在本书中，"单位时间人均国民生产总值即乘客单位时间的价值，可以采用生产法来计算，劳动力是生产要素之一，乘客出行时间的节省相当于增加了生产要素，从而使得产量增加，因此出行所节省的时间价值可以根据每小时的产品进行度量"，乘客单位时间人均国民生产总值的计算如下：

$$c = \frac{I_t}{T} \tag{5.9}$$

其中：I_t 是第 t 年人均国内生产总值，单位为元/人；T 为每年的平均有效工作时间，按照我国劳动法的规定，每年的工作时间为 2000 小时。

（2）减少疲劳，提高生产效率效益。

对于大部分工作出行者来说，每天上班除了工作时间以外，其他时间主要都花在了乘坐交通工具上，常规公共交通的乘车空间一般比较狭小、拥挤，乘客长时间处在这样的环境中容易出现不适，产生疲劳，从而降低工作效率。苏联的研究结果表明，运输疲劳将会降低劳动生产率，具体的数值如下：城市轨道交通运输将会降低生产率 1.4%，公交车运输将会降低生产率 7%，从而我们可以发现，与常规公交车相比，乘坐城市轨道交通可以提高 5.6% 的生产效率。国内也有相关研究，表明每位乘客乘车后都会产生一定程度的疲劳，需要一定的时间来恢复，乘车产生的疲劳越严重，需要的恢复时间就越长，反之亦然。此效益的计算模型如下：

$$R_2 = Q_t \cdot N \cdot T \cdot G \cdot \rho \tag{5.10}$$

式中：R_2 为提高生产效率效益，单位为万元；Q_t 为轨道交通从地面公交转移的客流量，单位为万人次/年；N 为客流的往返系数，取 1.9；T 为劳动者每天的工作时间，单位为小时；G 为单位时间人均国民生产总值，单位为元/小时；ρ 为城市轨道交通运输相对于公交车所提高的劳动者生产率；ε 为工作客流系数，《建设项目经济评价方法与参数》将这一参数设定为 0.5。

（3）节省营运成本效益。

虽然城市轨道交通项目前期投入非常巨大，但其在投入运营后的运营成本要低于常规交通工具。城市轨道交通运量大、快速、准时，与公共汽车相比，在运输相同客流量的情况下，城市轨道交通所节省的营运成本将是可观的，这一效益的计算公式如下：

$$R_3 = D \times L \times Q_t \tag{5.11}$$

式中：R_3 为节省营运成本效益，单位为万元；D 为城市轨道交通单位节约营运成本，单位为元/人公里，取 1.47；L 为客流平均运距，单位为千米；Q_t 为城市轨道交通转移客流量，单位为万人次。

（4）诱发客流效益。

城市轨道交通的产生，会优化城市交通结构，加速城市人口的流动速度，同时也会诱发新增客流。城市轨道交通的客流量将由转移客流和新增客流两部分组成，两者之间的区别在于，前者是指从路面公交（公共汽车和出租车）中转移的客流，是之前就存在的客流；后者是指由于城市可达性的提高从而诱发的新的客流，是因为轨道交通的运行而带来的，诱发的客流量可由下式计算：

$$R_4 = Q \times \beta \tag{5.12}$$

式中：R_4 为诱发客流量，单位为万人次；Q 为城市轨道交通总客流量，单位为万人次；β 为诱发客流系数，取 0.3。

该效益的计算采用影子票价，影子票价是反映项目实际价值的真实票价，该效益的计算公式如下：

$$诱发客流效益 = 影子票价 \times 诱发客流量 \tag{5.13}$$

（5）减少交通事故效益。

城市轨道交通减少交通事故的效益通过节约社会成本来实现，它有两种表现形式：首先，城市轨道交通的行车环境几乎都是全封闭的，有专用的行车道，不受行人、天气和其他交通方式的干扰，发生交通事故的概率较小；其次，由于城市轨道交通的运行，分流了地面公交客运量，缓解了地面交通的行车压力，减少了交通拥堵，从而减少了地面交通发生交通事故的概率。对该效益进行准确计算非常困难，一般通过相同客运量由地面公交承担所产生交通事故的经济损失来进行粗略估算。日本学者冈田宏对城市轨道交通运输与汽车运输的伤亡率进行了研究，减少交通事故效益的计算模型如下：

$$R_5 = Q_t \times \rho \times L \tag{5.14}$$

式中：R_5 为减少交通事故效益，单位为万元；Q_t 为城市轨道交通转移客运量，单位为万人次/年；ρ 为单位交通运营损失，单位为元/人公里；L 为客流平均运距，单位为公里。

通常，交通事故所造成的损失包括直接损失、间接损失。直接损失比较直观，容易量化；而间接损失涉及的因素较多，不容易量化，并且相关文献很少。因此，本书计算的城市轨道交通带来的减少交通事故效益主要是节约的直接损失。

总的来说，投资期和运营期间内重庆路建设产生的社会效益可以下两个方面。

（1）促进社会协调。

城市轨道交通建设会涉及大量的土地收购、拆迁、安置等社会敏感问题，将对沿线居民及企事业单位的生产生活以至社会心理产生影响，导致人口与就业分布的变化。而在城市轨道交通运营后，随着区域区位条件的改变，各种经济活动在沿线地区活跃起来，投资环境改善创造了大量就业机会，商业利润增长带动了收入增加，集聚在中心区的人们开始流入这些原先较偏远、发展较滞后的地区，收入分配地区间的差距在一定程度上有所缩小。就业问题得到缓解，收入水平得到提高，有利于减少社会性根源的不稳定因素，建立以人为本的和谐社会。协调发展的地区环境，又吸引人力资本流入和增大土地开发利用，为城市交通的进一步发展奠定物质基础和开拓市场需求空间。

一方面，市政道路将原先较偏远的地方与城市中心区连接了起来；另一方面，劳动力、生产资料在各枢纽之间运输效率提高，资源配置和交易成本降低，地区根据自身优势进行分工和明确功能，这些都利于城市空间结构优化、旧城改造、人口向郊区疏散、联系卫星城镇等。

（2）影响城市发展。

城市轨道交通在提供实现空间位移服务的同时，加强了地区之间的交流与联系，这一交流包括资源、人员、信息、文化等方面。城市的政治、经济、文化中心从核心区分离了出来，变成分散的多中心、多功能区，产业结构与布局随各个区域功能的定位逐步得到调整和优化。

由于交通沿线地区人流和物流强度和速度加大，周边商业活动的集聚效应也开始显现，餐饮娱乐、购物休闲等服务行业人员需求增加，提供了大量就业机会，对缓解失业问题，实现地方稳定有重大社会意义。此外，市政道路交通使地区间交流逐步便利频繁，增进沟通合作，缩小地区差距，有利于社会和谐发展。

重庆路的建设作为一项社会工程，对于贯彻以人为本的可持续发展理念和和谐青岛的建设发挥着不可估量的作用。社会稳定和城市结构的优化，为经济发展提供良好投资环境，各种资源在轨道交通高效承载下得到有效配置；地区经济增长有利于提高人们的物质水平和生活质量，有利于提升居民素质和城市品位，对提高城市地位、促进市民综合素质的提高有很大影响，在一定程度上减少了准公共产品不可避免存在的对环境的影响和拥挤造成的治安问题等负外部效应。

四　重庆路建设下的土地开发效益

城市土地利用与城市交通运输是形成城市空间结构的两种基本活动，

两者相互影响、相互促进。每日的通勤出行是一种最稳定和最大的城市交通活动，对城市形态、土地利用、房地产开发等产生非常重要的影响。

交通沿线用地地价和房价上涨，促使用地的高密度开发和高强度利用，调整沿线土地的用地类型，形成高效益的用地结构。轨道交通主要通过增强可达性来影响其沿线站点周边区域土地利用的功能、强度及价格。轨道交通的建成运营，直接促使沿线地块可达性的提高，使其潜在的商业价值得到空前的提升。开发商为了追求利润，就会扩大开发规模，提高用地强度。同时，轨道交通将促使住宅和商业等高价值的用地设施向轨道交通沿线影响范围内高度集聚，土地开发的宏观效益主要表现在对城市空间结构的引导，这是微观效益长期作用的综合效果。

土地开发效益在一定程度上综合了经济效益以及社会效益，体现了区位因素、开发费用等对土地增值的影响。如图 5 - 15 所示，城市轨道交通的建设使沿线土地需求量增加，导致绝对地租上涨；土地需求结构的变化又导致了级差地租的上涨。沿线土地因交通状况改善提高了可通达性，区位优势不再仅限于空间距离，而体现在时间距离的缩短上；农业用地转化为住宅或商业用地，土地利用性质的转变增加了单位利润，改变原地段级差等级，进入更高级差。

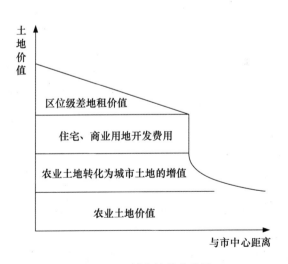

图 5 - 15　城市地价曲线图

第二节   重庆路建设受益者分析

对于城市交通外部效益的受益者，本书认为主要有三类。一是居民。居民通过支付乘坐交通工具的票价获取了在途时间的节省，减轻了疲劳程度，提高了安全性。二是城市政府（代表全体市民）。城市交通外部效益中的缓解城市交通压力的效益、减少失业的效益、增强安全性的效益、改善环境质量的效益和改善城市布局促进城市繁荣的效益的受益者都是城市的全体市民，直接地表现为政府税收的增加。三是城市交通沿线企业、商家和房地产商。城市市政道路交通沿线不动产增值的效益为沿线的开发商与居民所占有，当然，对于居民和开发商的这部分效益都是在不动产产权转移或出租的时候才能实现。

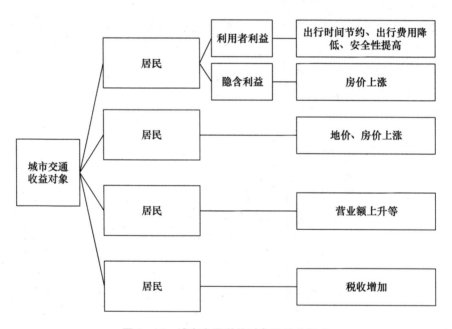

图 5 - 16   城市交通受益对象及受益形式

虽然市政道路最直接的用户是旅客，但是随着时间的推移，土地所有者代替旅客成了沿线范围内最主要的受益对象。这一规律在国外的相关研究中已经被广泛接受，对我国来说，虽然其具体数据会有所不同，但是城市市政道路影响沿线区域的根本规律应该是一致的[①]。

一　道路交通利益作用过程分析

道路交通会给城市带来巨大的经济效益和社会效益，但大量利益被沿线受益者无偿占有，投资者却得不到相应的回报。因此，针对这些利益进行相应的理论研究就显得尤为重要。在此将市政道路交通建设运营所带来的其线路沿线区域内土地、不动产等资产价值的增值定义为交通开发利益。

交通对沿线区域的影响是一个动态发展过程。参考国外学者的研究成果，市政道路建成运营后，会给沿线区域带来出行时间节约、出行成本降低、安全性提高等直接利益，即利益发生状态；相应地，交通沿线区域的经济活动也会随之增加，由于各种经济活动间的联系，市政道路的作用会进一步影响到相关地区及行业，从而产生间接利益，即利益扩散；进一步在区域经济发展的作用下，利益在各主体以及各区域之间重新调整和分配，即利益转移；最终达到各主体之间的均衡状态，即利益归属状态。

利益扩散与转移阶段从理论上说是存在的，而且其发生也确有先后顺序，但在区域经济作用下两者的发生实际上是结合在一起连续进行的。所以从市政道路建设初期开始，直接利益不断产生又不停地扩散与转移，各主体的归属利益呈现动态的变化过程，考虑到交通利益作用的复杂性与动态性，把握过程中的利益状态存在相当困难，但利益归属状态客观反映了各主体享有利益的多少，所以通过研究最终的归属状态来分析市政道路交通利益是一条重要的理论研究途径。

二　城市道路交通利益归属分析

国外学者通常采用理想化的模型计算方法对道路交通利益归属状态进行分析。具体做法是先对沿线各不同主体的受益进行分类归纳，通常可简单归纳为三类：沿线居住者的出行时间节约、出行费用降低以及安全性提高；商家企业因客流增加而带来的营业额上升；不动产所有者的土地、房产价格上升。在此基础上，将各类主体的受益抽象为效用函数并建立模型

---

① 叶霞飞、蔡蔚：《城市轨道交通开发利益还原方法的基础研究》，《铁道学报》2002年第1期。

进行研究。由于本书研究深度尚浅，在此直接引用日本学者的研究成果，以名古屋城市圈轨道交通路网中某郊外延伸线为对象说明问题。该线路为独立线路且与既有路网不相交，利益计算对象为沿线范围内的土地所有者、居民和商家企业，计算时间长度为线路开通后的 15 年，分 3 个 5 年将各主体利益累加进行对比，结果如表 5 - 20 所示。

表 5 - 20 　　　　　　　　对象线路沿线各主体利益归属量　　　　　　单位：亿日元、%

主体		时间		
		0—5 年	5—10 年	10—15 年
土地所有者	利益归属量	1301	1465	1515
	占利益比	70	73	73
商家、企业等	利益归属量	246	283	312
	占利益比	13	14	15
居民	利益归属量	296	262	259
	占利益比	17	13	12

从表 5 - 20 可以看出，最终归属状态下的利益有 70% 以上被土地所有者占有。也就是说，虽然道路交通的直接作用对象是该线路的利用者，但随着时间推移，土地所有者上升为最主要的受益对象。这一规律在国外相关研究中已被广泛接受，从我国的实践看，尽管其具体数据会有所不同，但目前国内各大城市所出现的轨道交通房产效应已基本验证了这一规律。根据调查，上海轨道交通 1 号线于 1995 年试运营，1994 年莘庄站 2 公里范围内的平均房价为 2399 元/平方米，1995 年平均房价已上涨至 3190 元/平方米，这也充分证明道路交通建设对莘庄地区房价带来了巨大影响。

本篇小结

我国正处于城镇化的关键时期，由于城镇化是现代化建设的必由之路，这就使得扎实、稳妥地推进城镇化建设具有重大现实意义。城镇化面临的一个显著问题就是人口激增，人口激增会增加对住房的需求，因此必然对房地产业产生影响。而城市交通基础设施的供给又会对房地产的升值产生直接影响，若道路建设滞后于城市发展速度时，则会造成交通拥堵等"大城市病"。因此，道路建设是支撑城镇化顺畅进行的基础，城市交通基础设施的发展水平决定了房地产升值可能达到的水平。本篇研究了城镇化背景下，道路建设是如何对房地产升值产生影响的。本书首先阐释了我国城镇化发展的进程，并阐明城镇化发展历程中住房制度的演变，通过阐释房地产增值的影响因素，分析了道路建设对青岛市房地产业的影响，进而表明了重庆路的综合效益。作为城市交通基础设施的重要组成部分，道路建设本身就具有对经济活动的吸引力，居民都倾向于良好交通完善的住宅区，频繁的经济活动容易吸引居民和企业的集聚，故交通对房地产业的增值具有促进作用。市政道路建成运营后，会给沿线区域带来出行时间节约、出行成本降低、安全性提高等直接利益；相应地，交通沿线区域的经济活动也会随之增加，由于各种经济活动间的联系加大，市政道路的作用会进一步影响到相关地区及行业，从而产生间接利益；进一步在区域经济发展的作用下，利益在各主体以及各区域之间重新调整和分配；最终达到各主体之间的均衡状态，即道路建设通过增加房地产的价值使多方主体都能受益。

后　　记

　　1975 年的"后文革"时代，思想政治建设的道路逐步被经济发展取代，邓小平同志以徐州铁路局的改革为切入点，着力发展我国的交通运输行业。40 余年过去了，许多事情都已发生改变，也有许多事情依旧保持着原有的面貌。犹记 2004 年自澳洲学成而归，脚踩热土，满怀赤诚，欲投身于祖国发展建设之中。以期以己所学，偿报国之志。十余载倏忽而过，虽为国效力之初心未改，却苦于机遇难寻，仅能在教学与科研方面尽绵薄之力。

　　2015 年年初，接受市委委派对青岛市重庆路改造项目进行效益评估，得此机遇，备感欣喜，将成果集结成册，此书的完成也算是对该任务的一个圆满交代。

　　于团队而言，对政府道路改造项目进行效益评估并非易事。这既是一个应用型课题也是一个学术型课题，既要满足应用中的合理性又要保持学术上的严谨性，除此之外，还要符合国家宏观发展的时代背景。在这三重约束下，定下了本书的基调，将其命名为《新型城镇化视角下道路建设效益研究》。一路走来，从构思到成书付梓，团队付出良多。时事更迭，迫于压力，我和李院长甚至几度产生放弃项目，抽身而出的想法。走过、来过、路过、笑过、哭过、痛过，每思于此，百感交集。可是不管你喜不喜欢，重庆路一直就在那里，它的存在一直提醒着我们，科研不应因困难和阻力而搁置不前。在此，由衷地对为该任务贡献过的前辈、伙伴表示感谢，是你们的付出促成了这项任务的完成，实现了本书的出版面世。

　　感谢青岛市建委李主任、于处长、吕主任，重庆路指挥部李梅老师，青岛市发展规划研究院秦工、蔡工。

　　感谢鸿帅、姜瑜。你们不辞辛苦地带领同学们多次在重庆路进行实地调研工作，搜集了大量图片、录音、问卷等第一手资料，用自己的双脚丈量了重庆路和周边辅路。为节省经费，常常天不亮便坐公交赶往现场，近乎深夜才返回宿舍。为了确保资料的严谨性、真实性，更是查阅了青岛市档案馆和图书馆所有相关资料。

感谢秀敏、文秀、徐瑾、赵飞、美香、少华、献坤、许杰。

感谢亓彬、邱林、泽鹏、月明、胖子和瘦子、海洋、刘霞。

感谢亚楠、海歌、永琪、少榆、一涵。

感谢刘艳编辑严谨认真的编辑。

感谢青城散仙兰婷君的一路相伴。

感谢父母、妻子和宝贝女儿。

无数的过往影响了现在，曾彷徨过、痛苦过、挣扎过，然而一切过后，心中唯有感激。感激同行相伴的人，也感激自己，坚持走完了一段又一段征程。走过的路，每一步，都算数。无数的现在将会影响着未来，或许未来依然会彷徨、痛苦、挣扎，但盼望心中会坚守着一直以来的信念。路漫漫其修远兮，勿忘初心，方得始终。

王崇锋

2016 年 11 月于青岛大学睿思楼